Logistik- und Supply Chain Management

Susanne Hohmann

Logistik- und Supply Chain Management

Grundlagen, Theorien und quantitative Aufgaben

 Springer Gabler

Susanne Hohmann
Westfälische Hochschule
Gelsenkirchen, Deutschland

ISBN 978-3-658-13630-7   ISBN 978-3-658-13631-4   (eBook)
https://doi.org/10.1007/978-3-658-13631-4

Die Deutsche Nationalbibliothek verzeichnet diese Publikation in der Deutschen Nationalbibliografie; detaillierte bibliografische Daten sind im Internet über http://dnb.d-nb.de abrufbar.

Planung/Lektorat: Susanne Kramer
Springer Gabler ist ein Imprint der eingetragenen Gesellschaft Springer Fachmedien Wiesbaden GmbH und ist ein Teil von Springer Nature.
Die Anschrift der Gesellschaft ist: Abraham-Lincoln-Str. 46, 65189 Wiesbaden, Germany

Vorwort

Dieses Buch befasst sich mit dem Logistik- und dem Supply Chain Management. Beide Themenbereiche sind bereits in vielen Veröffentlichungen untersucht worden und so liegt die Vermutung nahe, dass es nicht eines weiteren Buches in diesem Bereich bedurft hätte. Dennoch ist das vorliegende Buch entstanden und ich möchte die ausschlaggebenden Gründe kurz darlegen. In vielen Lehrbüchern wird zum einen keine Unterscheidung zwischen Logistik und Logistikmanagement vorgenommen. Zum anderen findet eine Abgrenzung vom Logistik- zum Supply Chain Management häufig nur am Rande statt. Diese Unterscheidung und Abgrenzung ist im Buch vorgenommen worden, sodass der Rahmen für eine inhaltliche Bearbeitung des Logistik- und des Supply Chain Management geschaffen wird.

Im Logistikmanagement werden die grundlegenden logistischen Bereiche zur Beschaffung, Produktion, Distribution und Entsorgung betrachtet. Es wird aufgezeigt, welche Themen und Aspekte das Management dieser Logistikbereiche umfassen. Die Ausführungen sind mit hilfreichem Hintergrundwissen und zahlreichen Übungen untermauert, um die vorgestellten Themen anschaulich und nachvollziehbar zu schildern.

Bci dcr Logistik geht es vielfach um die Optimierung bestimmter Begebenheiten, wie dem Materialfluss, der Kapazitätsauslastung, der Transportstrecke oder der Maschinenbelegung. Aus diesem Grund finden sich im Buch viele quantitative Beispiele anhand derer die Optimierungsbestrebungen aufgezeigt werden.

Im Bereich des Supply Chain Management wird die Funktionsweise und Koordination der Supply Chain beschrieben. Anhand von Referenzmodellen wird dargelegt, welche theoretischen Grundlagen für die Funktionsweise vorliegen, bevor anhand von möglichen Strategien der Einsatz in der Praxis geschildert wird. Abschluss der Betrachtungen bildet die Resilienz von Supply Chains. Aufgrund der Ereignisse der letzten zwei Jahre, in denen resultierend aus der Coronapandemie und dem Ukrainekrieg, viele Lieferketten vor nie dagewesenen Herausforderungen stehen, wird der Frage nachgegangen, ob es möglich ist, Lieferketten derart zu gestalten, dass sie weiterhin erfolgreich fortbestehen können.

Das Buch richtet sich in erster Linie an Bachelor- und Master-Studierende in Wirtschaftsstudiengängen, die sich mit den unterschiedlichen Bereichen des

Logistikmanagements und dem Supply Chain Management befassen. Ihnen soll mit dem Buch eine Ausarbeitung an die Hand gegeben werden, die es ermöglicht, nachvollziehbar und in Form von vielen Anwendungs- und Rechenbeispielen das im Studium benötigte Wissen zu erlangen und zu vertiefen.

Die Ausführungen stellen zugunsten einer besseren Lesbarkeit nicht explizit auf männliche, weibliche und diverse Personenbezeichnungen ab. Alle enthaltenen Bezeichnungen gelten gleichermaßen für alle Geschlechter.

An dieser Stelle möchte ich selbstverständlich den Personen danken, die mich bei der Erstellung dieses Lehrbuches unterstützt haben. Frau Susanne Kramer vom Springer Verlag danke ich für die professionelle, geduldige und stets freundliche Unterstützung bei der Veröffentlichung.

Meiner Kollegin Prof. Dr. Anke Simon gebührt ein herzlicher Dank für die gründliche Revision der quantitativen Beispiele. Frau M.A. Verena Thiem danke ich für das übernommene Korrekturlesen.

Zu guter Letzt steht bei der Danksagung die für immer wichtigste Person, mein lieber Mann. Er hat den Entstehungsprozess dieses Buches mit begleitet und unterstützt. Dies umfasste sowohl das Lektorat als auch den Verzicht auf gemeinsame Zeit.

Ich hoffe, mit dem vorliegenden Buch einen weiteren Beitrag zum Verständnis und zur Vertiefung der Kenntnisse des Logistik- und Supply Chain Management leisten zu können. In diesem Sinne wünsche ich allen Lesern eine gut verständliche und erkenntnisreiche Lektüre.

                                                        Prof. Dr. Susanne Hohmann

Inhaltsverzeichnis

Abkürzungs- und Akronymverzeichnis

AbfG	Abfallgesetz
Abs.	Absatz
AG	Aktiengesellschaft
AHP	Analytic Hierarchy Process
AltfahrzeugV	Altfahrzeugverordnung
APICS	Association for Operations Management
ASCM	Association for Supply Chain Management
B	Berlin
BAG	Bundesamt für Güterverkehr
BASt	Bundesanstalt für Straßenwesen
BatterieG	Batteriegesetz
BAuA	Bundesanstalt für Arbeitsschutz und Arbeitsmedizin
BDB	Bundesverband der Deutschen Binnenschifffahrt
BFU	Bundesstelle für Flugunfalluntersuchung
BMUV	Bundesministerium für Umwelt, Naturschutz, nukleare Sicherheit und Verbraucherschutz
BMVI	Bundesministerium für Digitales und Verkehr
BMZ	Bundesministerium für wirtschaftliche Zusammenarbeit und Entwicklung
BoA	Belastungsorientierte Auftragsfreigabe
BUND	Bund für Umwelt und Naturschutz Deutschland
bzw.	beziehungsweise
C.I.	Konsistenzindex
C.R.	Konsistenzwert
C2C	Cradle to Cradle
CAO	Computer assisted Ordering
CMI	Co-managed Inventory
CORSIA	Carbon Offsetting and Reduction Scheme for International Aviation

CPFR	Collaborative Planning, Forecasting and Replenishment
CRM	Customer Relationship Management
CSR	Corporate Social Responsibility
CST	Cargo Sous Terrain
DD	Dresden
DIN	Deutsche Industrienorm
Dwt	deadweight tonnage
E	Essen
ECR	Efficient Consumer Response
EDI	Electronic Data Interchange
ElektroG	Elektro- und Elektronikgerätegesetz
EPS	Einlastungsprozentsatz
ERM	Enterprise Relationship Management
ERP	Enterprise Ressource Planning
ETA	Estimated Time of Arrival
EU	Europäische Union
F	Frankfurt
FZ	Frühester Zeitpunkt
GbR	Gesellschaft bürgerlichen Rechts
GGBefG	Gesetz über die Beförderung gefährlicher Güter
GP	Gesamtpuffer
GVZ	Güterverkehrszentrum
HH	Hansestadt Hamburg
IATA	International Air Transport Association
ICAO	International Civil Aviation Organization
IMO	International Maritime Organisation
ISO	International Organization for Standardization
K	Köln
km	Kilometer
KPI	Key Performance Indicator
KrWG	Kreislaufwirtschaftsgesetz
KS	Kassel
KV	Kombinierter Verkehr
LD	Lower Deck
LkSG	Lieferkettensorgfaltspflichtengesetz
LKW	Lastkraftwagen
LKWÜberlStVAusnV	Verordnung über Ausnahmen von straßenverkehrsrechtlichen Vorschriften für Fahrzeuge und Fahrzeugkombinationen mit Überlänge
M	München
MA	Mitarbeiter
MIT	Massachusetts Institute of Technology

MRP II	Manufacturing Ressource Planning
MW	Mittelwert
NP	nichtdeterministisch polynomielle Zeit
o. J.	ohne Jahr
o. V.	ohne Verfasser
OEG	Obere Eingriffsgrenze
OEM	Original Equipment Manufacturer
OWG	Obere Warngrenze
P	Predecessor
PL	Party Logistics
PPS	Produktionsplanung und -steuerung
q. e. d.	quod erat demonstrandum
R.I.	Random Index
RSU	regelmäßig, schwankend, unregelmäßig
S	Succesor
s. d.	so dass
SAF	Sustainable Aviation Fuel
SCM	Supply Chain Management
SCO	Supply Chain Orientation
SDG	Sustainable Development Goals
StVO	Straßenverkehrsordnung
StVZO	Straßenverkehrszulassungsordnung
SZ	Spätester Zeitpunkt
t/m	Zeit pro Minute
TEU	twenty-foot equivalent units
TSP	Travelling Salesman Problem
TUL	Transport, Umschlag, Lagerung
UEG	Untere Eingriffsgrenze
UIRR	Union internationale pour le transport combiné Rail-Route
ULD	Unit Load Devices
UN	United Nations
UWG	Untere Warngrenze
VAS	Valued added services
VDI	Verein Deutscher Ingenieure e. V.
VerpackG	Verpackungsgesetz
vgl.	vergleiche
VK	Variationskoeffizient
VMI	Vendor managed Inventory
vs.	versus
WBZ	Wiederbeschaffungszeit
WCED	World Commission on Environment and Development
WEEE	Waste of Electrical and Electronic Equipment

z. B.	zum Beispiel
ZSVR	Zentrale Stelle Verpackungsregister
7-Rs	Seven Rights

Abbildungsverzeichnis

Tabellenverzeichnis

Rahmenlegung

1

Zusammenfassung

Die Logistik und das Supply Chain Management sind profund untersuchte Bereiche. Es gibt bereits zahlreiche Veröffentlichungen sowohl aus dem Bereich der Wissenschaft als auch der Praxis. In diesem Lehrbuch werden das Logistik- und das Supply Chain Management untersucht. In der Rahmenlegung wird aufgezeigt, inwiefern die Bereiche abgrenzbar sind und warum eine Unterscheidung zwischen Logistik und Logistikmanagement sinnvoll ist.

Die Logistik und das Supply Chain Management sind wissenschaftliche Bereiche, in denen es seit mehreren Jahrzehnten zahlreiche Veröffentlichungen gibt. Die Vermutung liegt nahe, dass bereits alles zur Thematik gesagt und geschrieben wurde und es mithin nicht eines weiteren Lehrbuchs bedarf. In vielen Veröffentlichungen wird auf die unterschiedlichen logistischen Disziplinen oder auch die Ausgestaltung des Supply Chain Management eingegangen. Die Abgrenzung des Logistik- vom Supply Chain Management wird oft gar nicht oder nur am Rande behandelt. Hier setzt das vorliegende Lehrbuch an, mit dem Ziel, das Zusammenspiel zwischen dem Management der Logistik und der Supply Chain darzulegen.

Während der Begriff der Logistik in den 1960er Jahren Eingang in die Betriebswirtschaftslehre genommen hat, hat es beim Begriff des Supply Chain Management von seiner ersten Prägung in den 1980er Jahren noch bis in die späten 1990er Jahre gedauert, bis er vermehrt verwendet wurde (vgl. z. B. Bretzke 2020, S. 80) und sich regelrecht zu einem „Modewort" entwickelt hat. Eine einheitliche, allgemein anerkannte Definition hat sich bis heute nicht durchgesetzt. Vielen, die sich des Begriffs des Supply Chain Management bedienen, haben sich aus diesem Grund ihre eigene Definition und in der Praxis ihre eigene Realität vom Supply Chain Management geschaffen. Insbesondere die Abgrenzung zwischen der Logistik und dem Supply Chain Management ist nicht

© Springer Fachmedien Wiesbaden GmbH, ein Teil von Springer Nature 2022
S. Hohmann, *Logistik- und Supply Chain Management,*
https://doi.org/10.1007/978-3-658-13631-4_1

eindeutig, worauf an späterer Stelle etwas ausführlicher eingegangen wird (Abschn. 2.2). Der Grund für diese oft nicht erbrachte Abgrenzung liegt vornehmlich an der nicht eindeutigen Zuweisung von Tätigkeiten zu den beiden Bereichen und insbesondere an der Unschärfe bei der Definition des Logistikbegriffes. Wie unten (Abschn. 2.1) aufgezeigt, ist auch die Definition der Logistik nicht eindeutig und kann in drei unterschiedlich weitreichenden Umfängen definiert werden. Der am wenigsten weitreichende Umfang inkludiert nur die operativen Logistikleistungen wie Transport, Umschlag und Lagerung. Der weitreichendste Umfang bezieht sich auf eine unternehmensübergreifende Betrachtungsweise und schließt die Organisation der Lieferkette mit ein und ist somit je nach zugrunde liegender Definition mit dem Supply Chain Management gleichzusetzen.

In diesem Lehrbuch werden die Begrifflichkeiten erläutert und voneinander abgegrenzt. Es wird aufgezeigt, dass sowohl Schnitt- als auch Differenzmengen zwischen dem Logistik- und dem Supply Chain Management bestehen. Hier wird bewusst der Begriff Logistik*management* und nicht der Begriff Logistik verwendet. Diese Unterscheidung ist bewusst getroffen, da bereits anhand der Verwendung des Wortes Management in diesem Kontext deutlich wird, dass es sich bei Logistik nicht nur um die Ausführung bloßer operativer Tätigkeiten handelt. Vielmehr handelt es sich um ein komplexes Geflecht an Aufgaben, das sich über viele Unternehmensbereiche erstreckt und die logistischen Tätigkeiten zu einer Querschnittsfunktion im Unternehmen machen. Beide Managementbereiche, sowohl in der Logistik als auch der Supply Chain, bilden einen Oberbegriff zu vielen enthaltenen Konzepten und Tätigkeiten, die hier grundlegend aufgegriffen werden. Der Umfang des Logistikmanagements ist dabei größer als der Umfang des Supply Chain Management.

Auf dieser Basis werden kurz der Aufbau und die Struktur des Lehrbuchs erläutert, die dem gerade erläuterten Zusammenhang Rechnung tragen:

Im Kap. 2 werden die Begrifflichkeiten Logistik und Supply Chain Management definiert und voneinander abgegrenzt. Die Kap. 3, 4, 5 und 6 fokussieren einzelne Logistikbereiche, die dem Logistikmanagement zugerechnet werden. Es handelt sich um die Beschaffungslogistik, die innerbetriebliche Logistik, die Distributions- sowie die Entsorgungslogistik. Das Logistikmanagement ist ein Oberbegriff für die Tätigkeiten und Konzepte, die in diesen vier Bereichen angewendet werden. Zur begrifflichen Vereinfachung und durch die in dieser Rahmenlegung vorgenommene definitorische Basis, wird in den Kapiteln jeweils auf die explizite Nutzung des Wortes Management verzichtet. So wird beispielsweise von Distributionslogistik und nicht von Distributionslogistikmanagement gesprochen. Das im Buchtitel referierte Logistik*management* bezieht sich folglich auf die Kap. 3, 4, 5 und 6. Im abschließenden siebten Kapitel steht das Supply Chain Management im Fokus.

Literatur

Bretzke, W.-R. (2020): Logistische Netzwerke. 4. Auflage. Berlin: Springer Vieweg Verlag.

Entwicklung, Definitionen und Abgrenzung

2

Zusammenfassung

Der Begriff der Logistik ist in der Literatur nicht einheitlich definiert. In diesem Kapitel wird eine Entwicklung des Logistikbegriffs anhand von drei Phasen nachvollzogen. Diese Entwicklung resultiert aus der Tatsache, dass sich die Logistik in den letzten Jahrzehnten aus der Unternehmenspraxis entwickelt hat und diese stetigen Veränderungen unterworfen ist. Die letzte, flussorientierte, Entwicklungsphase der Logistik weist große Deckungsbereiche mit dem Supply Chain Management auf. Hier werden neben einer Erläuterung der Lieferkette und der Bedeutung sowie der Aufgaben des Supply Chain Management Unterschiede zur und Gemeinsamkeiten mit der Logistik aufgezeigt.

2.1 Logistik

Der Begriff der Logistik lässt sich auf verschiedene sprachliche Quellen zurückführen. Dazu gehören unter anderem gemäß Duden (2022):

- griechisch logistikḗ (téchnē) = Rechenkunst, zu: logistikós = zum (Be)rechnen gehörend, zu: lógos: Rede, Wort, Vernunft
- französisch logistique = spätlateinisch logisticus = die Finanzverwaltung betreffend

Historisch wurde der Begriff zunächst vom Militärwesen geprägt. Als Logistik wurde verstanden, die Truppenbewegungen zu planen und zu koordinieren sowie für den Nachschub an militärischem Bedarf zu sorgen (Jomini 2009).

Durch die wirtschaftliche Entwicklung des letzten Jahrhunderts und die damit einhergehende Komplexität der Warenströme und Lieferketten bestand auch im zivilen Bereich

© Springer Fachmedien Wiesbaden GmbH, ein Teil von Springer Nature 2022   3
S. Hohmann, *Logistik- und Supply Chain Management*,
https://doi.org/10.1007/978-3-658-13631-4_2

die Notwendigkeit der Planung und Koordination von Material- und Informationsflüssen, so dass logistische Ansätze von Unternehmen aufgegriffen und auf betriebswirtschaftliche Kontexte übertragen wurden.

Bei dieser Übertragung auf den wirtschaftlichen Bereich stellte sich die Frage, was überhaupt unter Logistik zu verstehen ist. Zunächst ist festzustellen, dass es in der Literatur keine einheitliche Logistikdefinition gibt (weiterführend dazu Göpfert 2019, S. 41 ff.). Ebenso wenig besteht ein Konsens über die Grenzen der Logistik in Wissenschaft und Praxis (Klaus et al. 2012, S. XVII ff.). Dies resultiert aus der Tatsache, dass die Logistik sich in den letzten Jahrzehnten aus der Unternehmenspraxis entwickelt hat und diese dem wirtschaftlichen sowie gesellschaftlichen Wandel unterworfen ist. Die Ansprüche an ein Unternehmen, ein Produkt oder einen Service ändern sich beständig und damit muss sich auch die Logistik stetig wandeln können (Heiserich et al. 2011, S. 5). Aus diesem Grund lassen sich die unterschiedlichen Definitionen der Logistik anhand von drei verschiedenen Phasen nachvollziehen:

Phase 1: Logistik als Definition von operativen Kernleistungen
Die weitverbreitetste Definition ist, dass unter der Logistik alles verstanden wird, was mit Transport, Umschlag und Lagerung in Verbindung steht, den sogenannten TUL-Prozessen. Dies sind die Kernleistungen der Logistik und damit stellt diese Auslegung eine Definition dar, in der die Tätigkeiten umfasst sind, die im betriebswirtschaftlichen Bereich der Leistungserstellung auf operativer Ebene anfallen.

Fragt man sich, was die Logistik im betriebswirtschaftlichen Kontext leisten muss, welche Ziele sie verfolgt, gelangt man zu der Definition der Seven Rights oder auch „7-Rs" (Plowman 1964, S. 1):

Die Logistik sorgt für die Herstellung oder Sicherstellung der Verfügbarkeit

- der richtigen Güter,
- für den richtigen Kunden,
- zur richtigen Zeit,
- am richtigen Ort,
- in der richtigen Menge,
- mit der richtigen Qualität und
- zu den richtigen Kosten.

Basierend auf diesen Logistikzielen lässt sich nun überlegen, welche Tätigkeiten zur Logistik dazugehören, um eine möglichst große Zielerreichung zu gewährleisten. Dies umfasst zwangsläufig die oben beschriebenen TUL-Prozesse. Bei weiterer betriebswirtschaftlicher Auslegung wird die Stellung des die TUL-Prozesse durchführenden Logistikunternehmens im Kontext einer Lieferkette betrachtet, da es alleinig die Zielerreichung der 7Rs nicht sicherstellen kann, sondern nur mit Hilfe seiner Lieferanten und Kunden. Man gelangt somit zu einer flussorientierten Definition der Logistik.

Phase 2: Flussorientierte Definition der Logistik – Logistik als Querschnittsfunktion

Der flussorientierten Definition liegt die Überlegung zugrunde, dass allein die Durchführung der TUL-Prozesse nicht zu Erreichung der Logistikziele führen, sondern dass dazu auch die Planung und Organisation der Material- und Informationsflüsse über die gesamte Lieferkette gehören. Diese umfassendere Logistikdefinition trägt sozio-ökonomischen sowie technologischen Weiterentwicklungen Rechnung, indem auf der einen Seite stetig neue Anforderungen an die Logistik wie durch die Entwicklung der Gesellschaft und die Globalisierung betrachtet werden. Auf der anderen Seite stehen eine permanente technische Weiterentwicklung und Digitalisierung, die Potenziale in der Umstrukturierung und Optimierung der logistischen Prozesse bietet. Häufig wird dies in der Literatur auch unter „Logistiktrends" aufgegriffen, indem dargelegt wird, welche Entwicklungen die Logistik besonders beeinflussen. Dort werden beispielsweise die Wertorientierung in den Unternehmen, die steigende Kundenorientierung, die Internationalisierung sowie die Informations- und Kommunikationstechnologien genannt (Pfohl 2021, S. 7 ff. oder Froschmayer und Göpfert 2004, S. 42).

Um in diesem sich wandelnden Umfeld zu bestehen, passt die Logistik sich an und man gelangt von der TUL-Definition hin zu einer flussorientierten Definition, bei der das Unternehmen unter dem Aspekt der Wertschöpfungskette betrachtet wird. Bei dieser Betrachtungsweise werden die Funktionen eines Unternehmens nicht mehr isoliert, sondern als ganzheitliches System untereinander vernetzter Prozesse verstanden (Lasch 2014, S. 9). Somit gehören nicht mehr nur die originären TUL-Prozesse zur Logistik, sondern auch die Koordination und Optimierung aller logistischen Prozesse eines Unternehmens, unabhängig von der Zugehörigkeit zu Abteilungen oder Unternehmensbereichen.

Die Logistik wird damit eine Querschnittsfunktion im Unternehmen (Schulte 2017, S. 6 oder Bretzke 2020, S. 28 ff.).

Die grundlegenden betrieblichen Funktionen lassen sich aufteilen in die Bereiche Beschaffung, Produktion und Absatz, wobei die Beschaffung und der Absatz Schnittstellen zu externen Unternehmen oder Personen aufweisen. Ableitend aus diesen betrieblichen Funktionen erhalten die Bereiche der Logistik ihre Namen: Beschaffungs-, Produktions- sowie Distributionslogistik. Diese logistischen Funktionen sind jedoch sehr häufig nicht in einer Logistikabteilung zusammengefasst, sondern werden den Abteilungen organisatorisch zugewiesen, die die entsprechenden betrieblichen Funktionen abdecken. Die Beschaffung wird beispielsweise in der Regel von der Einkaufsabteilung übernommen. Es fällt hier schwer, die Grenze zwischen betrieblichen und logistischen Funktionen zu ziehen. Betrachtet man das Zusammenspiel von betrieblichen und logistischen Funktionen, wird deutlich, dass die Logistik eine Querschnittsfunktion über verschiedene betriebliche Bereiche hinweg einnimmt. Gäbe es eine Logistikabteilung, die alle logistischen Funktionen übernimmt, hätte diese Schnittstellen zu allen betrieblichen Bereichen. Dieser Zusammenhang ist der Abb. 2.1 zu entnehmen.

Aus der Querschnittsfunktion erwächst die Bedeutung der Logistik. Gelingt es, die Logistik insgesamt effektiv und effizient zu gestalten, bedeutet dies in der Konsequenz, dass auch alle betroffenen Betriebsbereiche effektiv und effizient funktionieren. Die

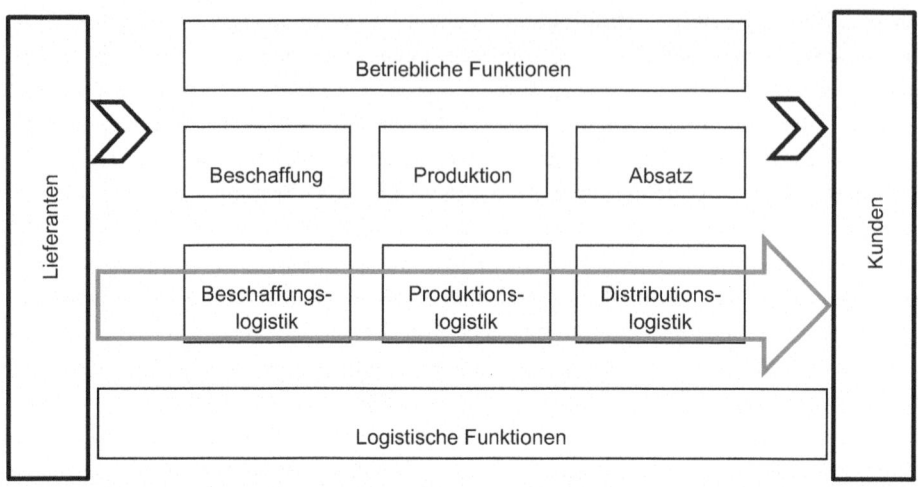

Abb. 2.1 Querschnittsfunktion der Logistik

Optimierung der Logistikfunktionen entfaltet somit eine große Wirkung auf alle Bereiche des Unternehmens. Diese Optimierung der Logistikfunktionen ist jedoch aufgrund der Querschnittfunktion eine Herausforderung, da die organisatorische Verortung der Logistik und auch das Erkennen der Wirkungszusammenhänge zwischen den einzelnen Funktionen und Bereichen schwierig sind. Gelingt es, diese Herausforderung zu meistern, ergibt sich über alle Wertschöpfungsstufen hinweg eine große Wirkungsbreite. Zugleich birgt diese große Wirkungsbreite im Falle eines Scheiterns das Risiko eines umfassenden Verbesserungspotenzials.

Phase 3: Prozessorientierte Definition der Logistik – unternehmensübergreifende Betrachtungsweise
In dieser dritten Phase der Entwicklung und Definition der Logistik geht der Blickwinkel über die Unternehmensgrenzen hinaus und umfasst alle Unternehmen, die zur Wertschöpfungskette eines Unternehmens gehören. Die prozessorientierte Definition der Logistik setzt beim Gedanken an, dass die alleinige Optimierung über Unternehmensbereiche nicht ausreichend ist, um die 7Rs der Logistik zu erreichen. Die Zielerreichung ist vielmehr abhängig von der Zusammenarbeit aller Unternehmen in einer Lieferkette. Der Begriff der Lieferkette wird erstmal von Forrester (1961) beschrieben. Innerhalb einer Lieferkette werden alle Tätigkeiten erbracht, die zur Befriedigung der Produktnachfrage erforderlich sind (Jirik 1999, S. 547 oder Stevens 1989, S. 3). Dies beginnt bei der Gewinnung der Rohstoffe über die Produktion, die Distribution bis hin zur Konsumierung durch den Endverbraucher. In einer einfachen Ausprägung, wie in Abb. 2.2 zu sehen, besteht die Lieferkette beispielsweise aus dem Produzenten, dem Groß- und Einzelhändler sowie dem Endkonsumenten.

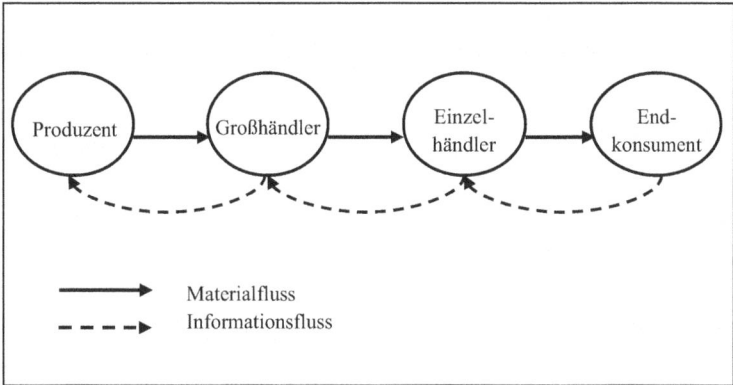

Abb. 2.2 Schematische Darstellung einer Lieferkette

2.2 Supply Chain Management

Supply Chain Management bezieht sich wörtlich auf das Koordinieren und Verwalten der Lieferkette. Die Abgrenzung zur Logistik ist somit, wie oben beschrieben, nicht einfach. Die Begriffe Supply Chain Management und Logistik werden teilweise sogar synonym verwendet. In anderen Auffassungen wird Supply Chain Management als eine weiter gefasste Definition von Logistik verstanden oder lediglich als neuer Name für ein altes Konzept (Larson und Halldorsson 2004).

Bei aller Vielfalt an Definitionen besteht Einigkeit darüber, dass die Logistik für das Verständnis des Supply Chain Management einen Erklärungsbeitrag leistet und die Basis in der Fluss- und Prozessorienticrung der Logistik liegt (Schulte 2017, S. 21).

In diesem Buch wird die Auffassung vertreten, dass Logistik und Supply Chain Management große Schnittbereiche, jedoch auch einige Diskrepanzen aufweisen. Dies kann beispielsweise anhand des Planungshorizonts und der Komplexität der betrieblichen Tätigkeiten festgemacht werden. Dabei wird in die drei Bereiche strategische, taktische und operative Planung unterschieden (Ehrmann 2013). Bei der *strategischen Planung* werden die Ziele des Unternehmens auf lange Sicht festgelegt. Sie gehört zu den originären, nicht delegierbaren Führungsentscheidungen. Die strategische Planung folgt keinem festgelegten Turnus, sondern wird bei Bedarf durchgeführt, um die Erfolgspotenziale des Unternehmens zu gestalten. Die *taktische Planung* wird auf der Basis der getroffenen strategischen Planung in regelmäßigen zeitlichen Abständen vorgenommen und dient der Umsetzung der Unternehmensstrategie und deren Transformation in mehrperiodige Planungen, die in der Regel quantitativ ausgerichtet ist. Die taktische Planung hat dabei einen Zeithorizont von etwa 3 bis 5 Jahren. Die *operative Planung* stellt die unterste hierarchische Ebene dar und zielt auf die konkrete Umsetzung der Pläne ab. Dabei wird in aller Regel in Jahresfristen geplant.

Bezogen auf die Logistik und das Supply Chain Management kann die Unterscheidung in die Planungsbereiche anhand von Tätigkeiten festgemacht werden (vgl. für einen umfassenden Überblick über die Literatur und auch weiterführend Göpfert 2019, S. 62 ff.). Die operativen Logistiktätigkeiten wie Transport, Umschlag und Lagerhaltung fallen in den Logistikbereich, da sie nicht unmittelbar mit dem Koordinieren von Lieferketten in Beziehung stehen. Strategische Planungen wie die Auswahl der Lieferkettenpartner oder der Entscheidung des globalen Beschaffens von Waren fallen eher in den Bereich des Supply Chain Management. Der taktische Bereich kann sowohl dem Supply Chain Management als auch der Logistik zugehörig angesehen werden. Hier werden Tätigkeiten wie die Nutzung von Informationstechnologie oder die Lieferantenauswahl durchgeführt.

Diese Abgrenzung zwischen Logistik und Supply Chain Management ist in Abb. 2.3 visualisiert. Hierbei ist zu beachten, dass die Grenzen zwischen den Planungsbereichen nicht als trennscharf verstanden werden, sie sind vielmehr fließend.

Die in Abb. 2.2. dargestellte Lieferkette veranschaulicht die einfachste mögliche Ausprägung einer Lieferkette. In der Unternehmenspraxis ist die Gestaltung der Lieferkette in der Regel ungleich komplexer, da ein Unternehmen nicht nur einen Händler beliefert und nicht nur über einen Lieferanten verfügt. Der Lieferant wiederum hat ebenfalls

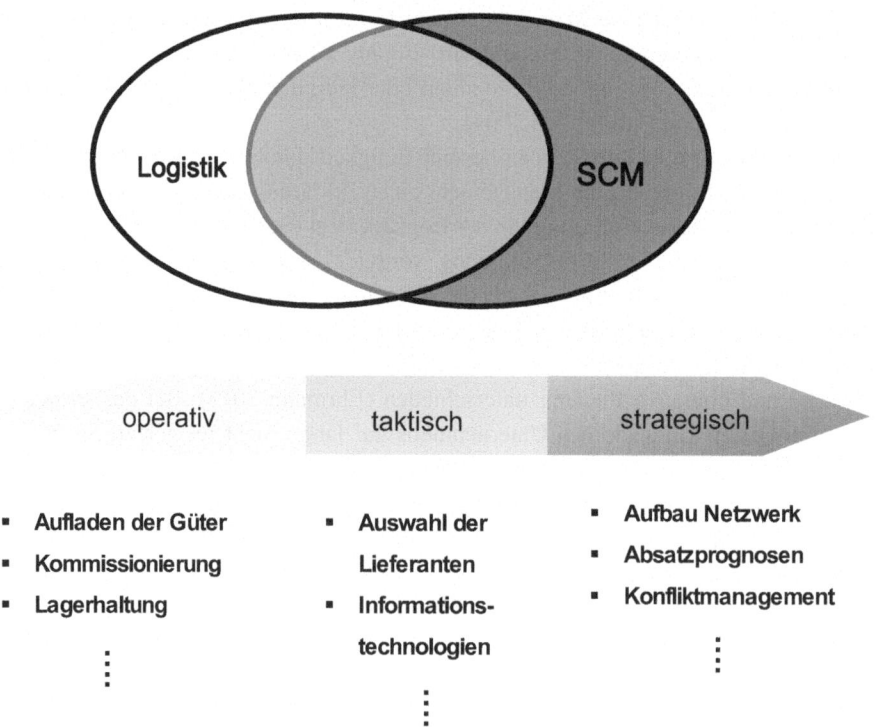

Abb. 2.3 Logistik vs. Supply Chain Management

mehrfach besetzte Stufen seiner Lieferkette. Der oben veranschaulichte Fall der Lieferkette wird also dadurch komplexer, dass:

a) eine Lieferkette nicht zwangsläufig nur aus vier Stufen besteht,
b) jede Wertschöpfungsstufe von mehr als einem Unternehmen besetzt sein kann und
c) ein Unternehmen Bestandteil mehrerer Lieferketten sein kann.

Daraus resultiert eine deutlich komplexere Lieferkette als die schematische Darstellung
der Abb. 2.2. In Abb. 2.4 wird dies aus Sicht des Einzelhändlers verdeutlicht (Hohmann
2016, S. 184): Der Einzelhändler hat mehrere Verbindungen auf- und abwärts der Lieferkette. Gleiches gilt für die anderen Beteiligten der Lieferkette. Des Weiteren kann es
mehrere Einzelhändler geben. Somit kann die aufgezeigte verkettete Struktur mehrfach
auftreten, was in der Abbildung durch die Fortsetzungspunkte in vertikaler Richtung
zwischen den verschiedenen Einzelhändlern und deren Lieferkette zu sehen ist.

   Es ist folgerichtig, in einem solchen komplexen Fall nicht mehr von einer Lieferkette,
sondern von einem Liefernetzwerk zu sprechen. In der Literatur hat sich dieser Begriff

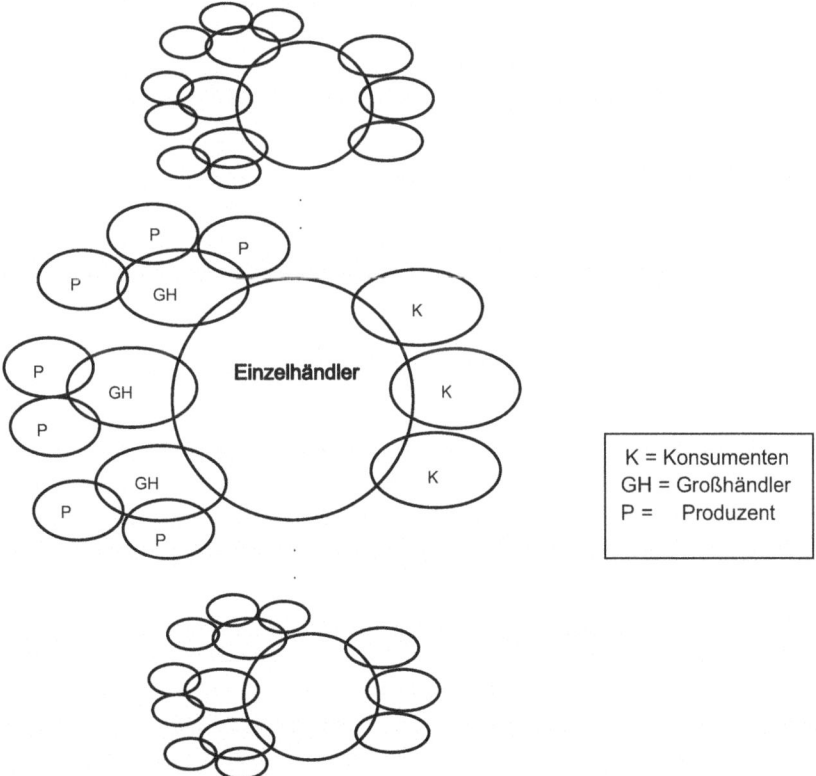

Abb. 2.4 Darstellung eines Liefernetzwerkes

nicht durchgesetzt und es wird von einer Lieferkette gesprochen, auch wenn damit eigentlich komplexere Strukturen gemeint sind. Im vorliegenden Lehrbuch wird dies ebenso gehandhabt und der Begriff Lieferkette verwendet.

Das Supply Chain Management übernimmt also neben taktischen Aufgaben, die ebenfalls der Logistik zuzurechnen sind, auch strategische Aufgaben zum Aufbau, zur Aufrechterhaltung und zur Steuerung der Lieferkette, die eigentlich ein komplexes Netzwerk ist. Eine Ausprägung der Strategie besteht häufig in der Definition und Realisierung eines einheitlichen Ziels in der Lieferkette.

Ziel des Supply Chain Management ist es, dass alle Teilnehmer einer Lieferkette das gleiche Ziel haben, nämlich die Befriedigung der Kundenbedürfnisse im Sinne der 7Rs. Die Ausrichtung am Kundenwunsch führt dazu, dass die Supply Chain in der Literatur teils als Demand Chain bezeichnet wird (z. B. Heikkilä 2002). Beim Supply Chain Management gilt es, den Zielkonflikt zwischen der Erreichung der Kundenzufriedenheit und den dazu eingesetzten Logistikkosten aufzulösen. Um dies zu erreichen, soll die Lieferkette als holistisches Konstrukt gesehen werden, in dem es keine Unternehmensgrenzen gibt, sondern jedes Unternehmen in die Lieferkette integriert wird (Houlihan 1989 und 1985). Jedes Unternehmen handelt nicht nach Maßgabe der Optimierung des eigenen Unternehmens, sondern mit dem Ziel der Optimierung der gesamten Lieferkette. Die beteiligten Unternehmen kooperieren diesbezüglich. Voraussetzung für ein erfolgreiches Supply Chain Management besteht in der informationstechnischen Unterstützung der Lieferkettenteilnehmer, um eine durchgehende Kommunikation und den dazugehörigen Datenaustausch zu gewährleisten (Corsten und Gössinger 2008, S. 97).

Unabhängig von allen Definitionsansätzen ist die *Bedeutung des Supply Chain Management* für die betriebswirtschaftliche Praxis unumstritten. Dem Supply Chain Management wird, wie bereits anhand der Planungsbereiche gesehen, eine strategische Funktion zugeteilt (Poluha, 2010, S. 31 ff.). Dies ist verständlich, wenn man die Veränderung des Unternehmensumfelds der letzten Jahrzehnte nachvollzieht. Dabei spielt beispielsweise der Trend zum Outsourcing eine Rolle, der aus der Beschränkung der Unternehmen auf ihre Kernkompetenzen und ihr Kerngeschäft resultiert. Wenn Leistungen outgesourct werden, heißt dies, dass ein Unternehmen sich Leistungen, Produkte oder Baugruppen von anderen Unternehmen anliefern lässt. Die Anzahl der Lieferanten eines Unternehmens steigt also, sein Liefernetzwerk wird damit umfangreicher und der Koordinationsaufwand wächst. Die Bedeutung des Supply Chain Management liegt somit zum Teil im reinen Mengenzuwachs an Unternehmen innerhalb einer Lieferkette begründet.

Die in den letzten Jahren und Jahrzehnten stattgefundene Globalisierung stellt eine weitere Veränderung des Unternehmensumfelds dar. Viele Unternehmen lassen aufgrund niedrigerer Produktionskosten in anderen Ländern oder anderen Kontinenten produzieren. Dabei sorgt beispielsweise die Containerschifffahrt für die reibungslose und kostengünstige Durchführung des Materialflusses. Der Informationsfluss zwischen den Lieferkettenteilnehmern kann durch Einsatz von Informations- und Kommunikationstechnologien schnell und fehlerfrei fließen, wobei geographische

Distanz bei der Informationsübertragungszeit keine Rolle mehr spielt. Das Supply Chain Management ist damit auch im globalen Bereich durchführbar. Die Anzahl und Vielfalt von Unternehmen innerhalb einer Lieferkette sind dadurch gestiegen und damit auch die Bedeutung des Supply Chain Management.

Die Organisation der Lieferkette, also die strategischen Tätigkeiten des Supply Chain Management, ist von entscheidender Bedeutung, da eine gute Organisation zu geringen Kosten und zu gleichzeitiger Erreichung von Kundenzufriedenheit führen kann, was wiederrum einen Wettbewerbsvorteil gegenüber konkurrierenden Lieferketten darstellt. Nur eine effizient organisierte Lieferkette kann am Markt bestehen. Der Wettbewerb findet mithin nicht mehr zwischen einzelnen Unternehmen, sondern zwischen ganzen Lieferketten statt.

Der Lieferkette und ihrer reibungslosen Funktion ist seit 2020 im Zuge der Corona-Pandemie und des Ukrainekriegs mehr Aufmerksamkeit als gewohnt gewidmet worden, da Grenzen der unternehmens- und länderübergreifenden Zusammenarbeit ersichtlich wurden. Die kommenden Jahre werden zeigen, ob dies zu einem nachhaltigen Umdenken im Bereich des Supply Chain Management führen wird.

Literatur

Bretzke, W.-R. (2020): Logistische Netzwerke. 4. Auflage. Berlin: Springer Vieweg.

Corsten, H., Gössinger, R. (2008): Einführung in das Supply Chain Management. 2. Auflage. München: Oldenbourg Verlag.

Duden (2022): www.duden.de.

Ehrmann, H. (2013): Unternehmensplanung. 6. Auflage. Herne: NWB Verlag.

Forrester, J.W. (1961): Industrial dynamics, Cambridge, Massachusetts.: Productivity Press.

Froschmayer, A., Göpfert, I. (2004): Logistik-Bilanz. Wiesbaden: Gabler Verlag.

Göpfert, I. (Hrsg.) (2019): Logistik der Zukunft – Logistics for the Future. 8. Auflage. Wiesbaden: Springer Gabler Verlag.

Jomini, A.H. (2009): Abriss der Kriegskunst, in: Hauser, R. (Hrsg.), Zürich: vdf Hochschulverlag.

Heikkilä, J. (2002): From supply to demand chain management: efficiency and customer satisfaction. Journal of Operations Management 20: 747–767.

Heiserich, O.-E. et al. (2011). Logistik – eine praxisorientierte Einführung. 4. Auflage. Wiesbaden: Gabler Verlag.

Hohmann, S. (2016): Supply Chain Management, in: Pepels, W. (Hrsg.): Lern- und Arbeitsbuch zur ABWL, Band 1, 2. Auflage. 181–202. Berlin. BWV Berliner Wissenschafts-Verlag.

Houlihan, J.B. (1985): International Supply Chain Management. International Journal of Distribution and Materials Management 15 (1): 22–38.

Houlihan, J.B. (1989): International Supply Chains: A New Approach. Management Decision 26 (3): 13–19.

Jirik, C.T. (1999). Supply Chain Management. WiSt 28 (10): 547–550.

Klaus, P. et al. (Hrsg.) (2012): Gabler Lexikon Logistik. 5. Auflage. Wiesbaden: Springer Gabler Verlag.

Larson, P.D., Halldorsson, A. (2004): Logistics versus Supply Chain Management: An International Survey. International Journal of Logistics: Research and Application 7 (1): 17–31.

Lasch, R. (2014): Strategisches und operatives Logistikmanagement: Prozesse. Wiesbaden: Springer Gabler Verlag.

Pfohl, H.-C. (2021): Logistikmanagement: Konzeption und Funktionen, 4. Auflage. Berlin: Springer Verlag.

Plowman, E.G. (1964): Lectures on elements of business logistics. Standford: Standford University. Graduate School of Business.

Schulte, C. (2017): Logistik. Wege zur Optimierung der Supply Chain. 7. Auflage. München: Vahlen Verlag.

Stevens, G.C. (1989): Integrating the Supply Chains. International Journal of Physical Distribution and Materials Management 8 (8): 3–8.

Logistikmanagement: Beschaffungslogistik

3

Zusammenfassung

Die Beschaffungslogistik stellt eine der betrieblichen Kernfunktionen dar. Ihre logistische Einordnung ist aufgrund der logistischen Querschnittsfunktion nicht immer trennscharf zum Einkauf. Die Beschaffung wird in strategische und operative Bestandteile gegliedert und deren Einfluss auf die Beschaffungslogistik dargestellt. Die strategische Beschaffung befasst sich insbesondere mit der Lieferantenauswahl und dem Lieferantenmanagement. In der operativen Beschaffung wird unter anderem die Losgrößenberechnung als Methode der Beschaffungsplanung und die Qualitätskontrolle erläutert.

Die Beschaffung gehört, wie in Abb. 2.1. dargestellt, zu den betrieblichen Kernfunktionen. Dazu zählen alle Tätigkeiten zur Versorgung eines Unternehmens mit benötigten Gütern, die nicht selbst erstellt werden. Die Beschaffungslogistik übernimmt dabei alle planenden, steuernden und durchführenden Tätigkeiten, die einer bedarfsgemäßen Bereitstellung der für die Produktions- und Absatzaufgaben erforderlichen Materialien dienen (Palupski 2002, S. 187). Dies umfasst Tätigkeiten vom Wareneingang, über die Lagerung und Bereitstellung bis zur Montage und Produktion.

Die Ziele der Beschaffungslogistik sollten dabei unmittelbar von den Unternehmenszielen abgeleitet sein und deren Erreichung unterstützen. So kann beispielsweise das Unternehmensziel der Renditemaximierung unter anderem durch niedrige Zulaufkosten in der Beschaffungslogistik erreicht werden.

Die Beschaffung lässt sich grob in strategische und operative Aufgaben unterteilen, wie in Abb. 2.3 zu erkennen. Zur strategischen Beschaffung gehören die Beschaffungsmarktforschung, die Lieferantenauswahl sowie das Lieferantenmanagement. Die operative Beschaffung setzt sich aus den Teilen der Materialbedarfsplanung, der Beschaffungsplanung und -durchführung sowie der Qualitätskontrolle zusammen.

© Springer Fachmedien Wiesbaden GmbH, ein Teil von Springer Nature 2022   13
S. Hohmann, *Logistik- und Supply Chain Management,*
https://doi.org/10.1007/978-3-658-13631-4_3

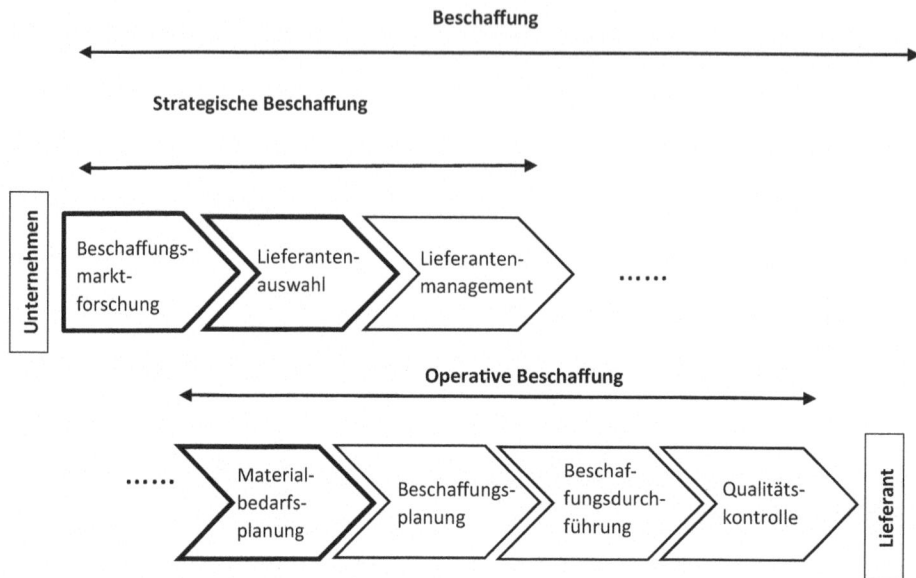

Abb. 3.1 Strukturierung der Beschaffung

Die strategische Beschaffung will dabei Kosten minimieren sowie Lieferanten- und Innovationspotenziale ausschöpfen. Sie bereitet dazu den Einsatz beschaffungslogistischer Konzepte vor. Die operative Beschaffung ist eng verzahnt mit der Abwicklung der Beschaffungslogistik (Koether 2011, S. 410).

Die in Abb. 3.1 dargelegten Komponenten der Beschaffung werden in den folgenden Unterkapiteln aufgegriffen und deren jeweiliger Einfluss auf die Beschaffungslogistik dargelegt.

3.1   Strategische Beschaffung und deren Einfluss auf die Beschaffungslogistik

3.1.1   Beschaffungsmarktforschung

Gegenstand der Beschaffungsmarktforschung ist die systematische Untersuchung des aktuellen und zukünftigen Lieferangebots. Dies betrifft auf der einen Seite die Produkt- und Technologieforschung, wo beispielsweise ermittelt wird, welche Eigenschaften das Produkt haben soll, aus welchen Materialien oder Materialsubstituten und mit welchen technischen Verfahren es hergestellt werden kann. Auf der anderen Seite ist die Analyse der Marktverhältnisse notwendig. Dazu gehört die Abgrenzung des Marktes hinsichtlich der Anbieter und Nachfrager (vgl. dazu weiterführend Meffert et al. 2014, S. 176 ff.) sowie die mengenmäßige Abschätzung von Angebot und Nachfrage in dem abgegrenzten

Markt. Die Ziele der Beschaffungsmarktforschung bestehen darin, die Entscheidungs-
träger im Unternehmen mit Informationen zu versorgen und dabei bereits frühzeitig
mögliche Beschaffungsrisiken, neue Beschaffungsquellen, neue Materialien oder neue
Produktionstechnologien transparent zu machen (vgl. dazu weiterführend Large 2013,
S. 99 ff.).

Die Beschaffungsmarktforschung ist aufwendig, da die Abgrenzung der Produkte
und Märkte gerade bei neuen Produkten schwierig ist und die Fülle an Informationen
im Zuge der Datengewinnung anhand von Primär- und Sekundärquellen groß ist. Hinzu
kommt, dass wie oben beschrieben, nicht nur die aktuelle Situation, sondern auch die
zukünftige Entwicklung mit einbezogen werden muss.

Die Ergebnisse der Beschaffungsmarktforschung bilden den Ausgangspunkt für alle
weiteren Entscheidungen innerhalb der strategischen Beschaffung.

3.1.2 Lieferantenauswahl

Die Auswahl der Lieferanten leitet sich mittelbar aus den Unternehmenszielen ab.
Die Unternehmensziele werden auf die einzelnen Unternehmensbereiche, wie die
Beschaffung, heruntergebrochen und beeinflussen somit die Lieferantenauswahl.
Besteht ein Unternehmensziel beispielsweise in der Steigerung der Produktqualität,
lässt sich dies durch Auswahl entsprechender Lieferanten hochwertiger Produkte oder
Komponenten beeinflussen.

Die Auswahl der Lieferanten erfolgt zunächst aus strategischer Sicht, da Grund-
sätze für die Eingrenzung der infrage kommenden Lieferanten bestimmt werden. Dies
geschieht in zwei Stufen. Im ersten Schritt wird zunächst entschieden, welche Produkte
fremdbezogen und welche selbst hergestellt werden sollen.

1. Schritt: Make-or-buy-Entscheidung
Diese Entscheidung über das *make* (Eigenfertigung) oder *buy* (Fremdbezug) reguliert
die Fertigungstiefe des Unternehmens. Wird wenig selbst hergestellt, wird folglich viel
fremdbezogen und damit ein Großteil der Leistung outgesourct. *Outsourcing* ist somit
das Ergebnis der make-or-buy-Entscheidung. Definitorisch spricht man dann von Outsourcing, wenn eine Leistung, die vorher vom Unternehmen selbst erbracht wurde, nun
langfristig oder sogar dauerhaft, an ein externes Unternehmen übertragen wird.

Outsourcing ist eine strategische Entscheidung, da es die Unternehmensziele
maßgeblich hinsichtlich Kostensenkungs- oder Qualitätssteigerungspotenzialen beeinflussen kann. Die Bedeutung des Outsourcings sowie der Umfang der fremdbeschafften
Produkte hat in den letzten Jahrzehnten in vielen Branchen zugenommen (vgl. dazu beispielsweise Kummer et al. 2013, S. 152).

Wie bei jeder make-or-buy-Entscheidung erwachsen Vor- und Nachteile aus der
jeweils verfolgten Strategie (in Anlehnung an , Lasch 2017, S. 18). Die Vorteile des Outsourcings, also des buy, führen in Analogie zu den Nachteilen des make und umgekehrt.

Vorteile Outsourcing

- Konzentration auf Kernkompetenzen im Unternehmen,
- Verringerung der Fertigungskomplexität,
- Flexible Kapazitätsanpassung,
- Risikoverlagerung hinsichtlich Invesitionen, Preis, Kosten.

Nachteile Outsourcing:

- Abhängigkeit vom Lieferanten,
- Verlust von Kernkompetenzen,
- Offenlegung von Betriebsgeheimnissen,
- Imageverlust.

Entscheidet sich ein Unternehmen dazu, Produkte fremd zu beschaffen, schließt sich der zweite Schritt in der Lieferantenauswahl an, bei dem die Charakteristika der Lieferanten aus strategischer Sicht bestimmt werden.

2. Schritt: Festlegen der Sourcing-Strategie
Die Beschaffungsstrategie wird bei der Lieferantenauswahl in Form von Sourcing-Strategien konkretisiert. Diese Sourcing-Strategien legen fest, nach welchen grundsätzlichen Maßstäben bewertet wird, ob ein externes Unternehmen als potenzieller Lieferant infrage kommt. Dabei lassen sich Sourcing-Strategien nach verschiedenen Dimensionen einteilen. Die am häufigsten verwendeten Dimensionen sind dabei die Lieferantenanzahl, die Herkunft der Lieferanten sowie der Funktionsumfang des Beschaffungsobjekts. In der Literatur werden teils noch weitere Kriterien, wie die Dauer der Zusammenarbeit, der Beschaffungsweg, die eingesetzte Technologie oder die Intensität der Zusammenarbeit unterschieden (vgl. z. B. Lasch 2017, S. 3, 2018, S. 502 ff. oder Kummer 2013, S. 180). Des Weiteren spielen ethische Aspekte eine Rolle (vgl. dazu weiterführend die späteren Ausführungen zum Lieferkettensorgfaltspflichtengesetz Abschn. 7.1.1). Da diese Kriterien jedoch vielfach aus den oben genannten Dimensionen folgen oder mit Ihnen einhergehen, werden sie hier nicht weiter betrachtet.

a) **Lieferantenanzahl:**
   Bei der Anzahl der Lieferanten unterscheidet man in Single, Multiple und Dual Sourcing.
   Beim *Single Sourcing* stammen alle bezogenen Güter eines bestimmten Typs von einem Lieferanten. Diese Entscheidung wird vom Unternehmen bewusst getroffen, selbst wenn es mehrere Lieferanten zur Auswahl gibt. Gäbe es nur einen Lieferanten, der eine Monopolstellung innehat und aus diesem Grund die Wahlfreiheit des Unternehmens entfällt, spräche man vom Sole Sourcing. Beim Single Sourcing bindet sich

das Unternehmen in aller Regel mittel- bis langfristig an den einen Lieferanten. Man baut ein Vertrauensverhältnis auf und kann Prozesse aufeinander abstimmen und optimieren. Transaktionskosten durch die Suche und Pflege mehrerer, zusätzlicher Lieferanten entfallen. Ein weiterer Vorteil liegt in der Nutzung von Mengenvorteilen. Nachteilig beim Single Sourcing ist der hohe Grad an Abhängigkeit, den das Unternehmen durch die Nutzung des einen Lieferanten erzeugt. Kann dieser Lieferant nicht liefern oder verschlechtert er die Konditionen, ist das Unternehmen nicht in der Lage kurzfristig den Lieferanten zu wechseln. Es besteht somit keine Wettbewerbssituation in dem Verhältnis, was zu höheren Preisen führen kann.

Das Multiple Sourcing ist die gegenteilige Strategie des Single Sourcing, da das Unternehmen seine Güter von mehr als zwei Lieferanten bezieht und sich nicht auf einen festlegt. Dies fördert den Preis- und Leistungswettbewerb zwischen den Lieferanten. Dabei kann es Quotenregelungen geben, die festlegen, welche Lieferanten wie viel Beschaffungsvolumen abdecken. Die Vielzahl der Lieferanten führt zu niedrigen Preisen und einer hohen Versorgungssicherheit. Auf der anderen Seite resultierten die Suche und Pflege der Lieferanten in hohen Kosten, z. B. in Form von Transaktion- oder Verwaltungskosten. Es gibt keine Mengendegressionseffekte und es kann zu Integrationsproblemen der Lieferanten kommen.

Das Dual Sourcing möchte die jeweiligen Vorteile des Single und des Multiple Sourcing vereinen, indem ein Unternehmen Güter von genau zwei Lieferanten bezieht. Dabei herrscht zumindest geringfügiger Wettbewerb zwischen den beiden Parteien und die Versorgungssicherheit steigt. Gleichzeitig sind die Transaktionskosten niedrig, da keine Vielzahl an Lieferanten gesucht werden muss.

b) **Lieferantenherkunft**

Bei der Herkunft der Lieferanten wird ausgehend von der Entfernung des Lieferanten zum Unternehmen in drei Kategorien eingeteilt:

Beim Local Sourcing liegen die Lieferanten in räumlicher Nähe, wobei nicht definiert ist, was genau „räumliche Nähe" bedeutet. Je nach Auslegung könnte dies beispielsweise die Region, das Bundesland oder auch das Land sein. Vorteilhaft ist die durch die Nähe zum Lieferanten entstehende kurze Reaktions- und Lieferzeit sowie die geringe Transportentfernung. Die geringe Transportentfernung kann aus ökologischer Sicht für Local Sourcing sprechen. Nachteilig kann das ggf. hohe Preisniveau beim Lieferanten sein.

Beim Regional Sourcing werden die Grenzen für die Auswahl der Lieferanten etwas weiter gesteckt als beim Local Sourcing. So können darunter beispielsweise alle EU-Staaten gezählt werden. Auch hier ist zu beachten, dass es keine eindeutige Definition für die geographische Abgrenzung der Lieferantenzugehörigkeit gibt. Bei der Auswahl von Lieferanten ist vorteilhaft, wenn diese unter Umständen ein niedrigeres Preisniveau als das Heimatland aufweisen. Die Transportentfernung ist beim Regional Sourcing zwar größer als beim Local Sourcing, jedoch immer noch vergleichsweise gering. Als nachteilig können sich hier Kultur- und Sprachbarrieren erweisen.

Beim Global Sourcing werden Lieferanten weltweit gesucht. Dies geschieht in aller Regel aufgrund des niedrigeren Einkaufspreises oder weil das Material oder Produkt nicht anderweitig verfügbar ist. Die Transportentfernung sowie -kosten sind beim Global Sourcing hoch. Das Risiko von Kultur- und Sprachbarrieren, politisch unsicheren Situationen sowie anderen Risiken wie Wechselkursschwankungen ist höher einzustufen als beim Regional Sourcing (vgl. dazu weiterführend Senft 2013, S. 7 ff.). Beim Global Sourcing kann außerdem eine längere Reaktionszeit aufgrund der Zeitverschiebung anfallen.

c) **Funktionsumfang des Beschaffungsobjekts**

Bei der Unterscheidung des Funktionsumfangs des Beschaffungsobjekts ist eine Einteilung der Lieferanten nach der Komplexität des gelieferten Objekts möglich. Es wird unterschieden, ob der Lieferant beispielsweise nur Rohstoffe und Einzelteile oder Baugruppen bis hin zu kompletten Modulen liefert. Aus dieser Einteilung entsteht die Lieferantenpyramide, die zeigt, dass es nur wenige Lieferanten gibt, die Module oder Systeme liefern und viele, die Einzelteile oder Rohstoffe bereitstellen. Je nach Entfernung zum Hersteller, der hier als Original Equipment Manufacturer (OEM) bezeichnet wird, unterscheidet man zwischen First Tier-, Second Tier- und Third Tier-Lieferanten (vgl. z. B. Hofbauer et al. 2012, S. 29 oder Piontek 2016, S. 59), wie in Abb. 3.2 dargestellt. Je weiter der Lieferant vom OEM entfernt ist, desto geringwertiger und weniger komplex ist sein Beitrag zum Endprodukt.

Die Einteilung der Lieferanten nach dem Funktionsumfang des Beschaffungsobjekts führt ebenso zu einer zahlenmäßigen Einteilung der Lieferanten wie die unter a) vorgestellten Aspekte. Das *Modular Sourcing,* wenn ein Unternehmen sich vom Lieferanten mit kompletten Systemen oder Modulen beliefern lässt, wird in der Literatur häufig als weitere Einschränkung der Lieferantenanzahl im Vergleich zum Single Sourcing gesehen (vgl. z. B. Ehrmann 2012, S. 330): Sollte es trotz Single Sourcing noch zu viele Lieferanten geben, kann die Anzahl durch Modular Sourcing weiter reduziert werden, da hier nicht mehr eine Vielzahl von Teilen oder Komponenten bezogen werden muss.

Beim Modular Sourcing gibt es eine Hierarchie unter den Lieferanten. Für den Hersteller ist vorteilhaft, eine schlanke Produktion mit wenigen Teilen zu haben und dabei seinen Produktionsprozess zu optimieren. Als nachteilig sind die hohe Abhängigkeit vom Lieferanten und ein möglicher Know-how-Verlust zu bewerten. Sollte es zu Qualitätsproblemen bei den gelieferten Modulen kommen, die im Endprodukt verbaut sind, wird der Kunde dennoch den Hersteller und nicht den Lieferanten dafür verantwortlich machen. Dies ist in der Praxis häufig bei Automobilrückrufen zu beobachten. Selbst wenn ein Zulieferteil wie ein Airbag oder Navigationsgerät für den Rückruf ursächlich ist, leidet dennoch die Reputation des Automobilherstellers. Der Käufer des Fahrzeugs nimmt die Unterscheidung zwischen OEM und Lieferant nicht wahr.

Nachdem durch diese beiden Schritte eine Strategie festgelegt wurde, wie viele und welche Art von Lieferanten prinzipiell für das Unternehmen infrage kommen, wird beim Lieferantenmanagement die Auswahl der Lieferanten weiter konkretisiert und man legt sich auf konkrete Unternehmen fest.

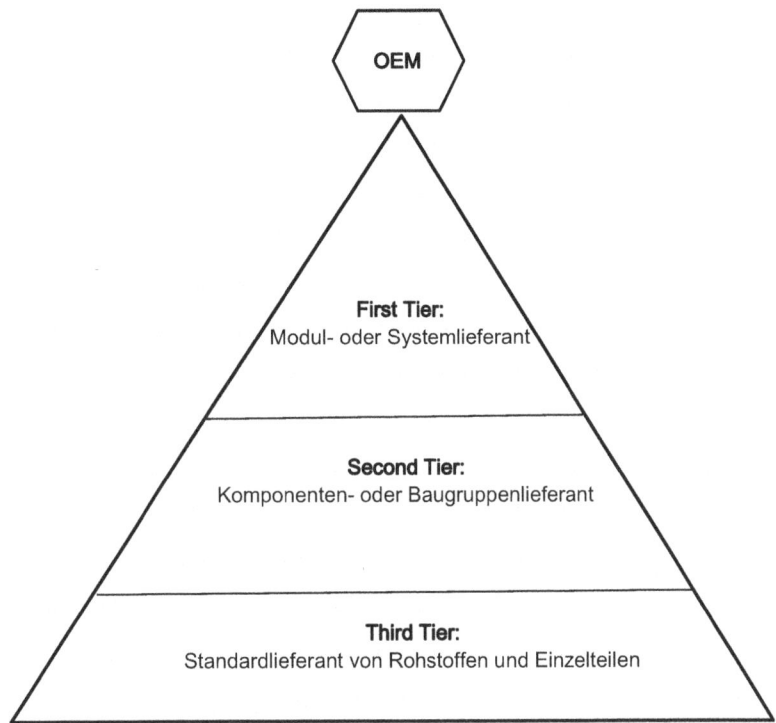

Abb. 3.2 Lieferantenpyramide

3.1.3 Lieferantenmanagement

Das Lieferantenmanagement bezeichnet die Summe aller Maßnahmen, die ergriffen werden, um Lieferanten im Sinne der Unternehmensziele zu beeinflussen. Dabei werden die Lieferanten, die mit den Kriterien der strategischen Lieferantenauswahl, wie oben gesehen, konform sind. Daraus resultieren eine Bewertung und abschließende Festlegung konkreter Lieferanten, mit denen eine Geschäftsbeziehung aufgenommen oder weiter gepflegt wird.

Die Bewertung der Lieferanten erfolgt anhand von unternehmensspezifischen Kriterien, indem das Unternehmen einen Kriterienkatalog erstellt, der die Prioritäten des Unternehmens hinsichtlich der Lieferantenauswahl widerspiegelt.

Eine Auswahl an möglichen Kriterien sind im Folgenden aufgelistet:

- Qualität der gelieferten Produkte,
- Preis der gelieferten Produkte,
- Menge der gelieferten Produkte,
- Bonität des Lieferanten,

- Zuverlässigkeit des Lieferanten,
- Innovationsfähigkeit des Lieferanten,
- Vertragsgestaltung des Lieferanten,
- Lieferkonditionen des Lieferanten,
- Konformität des Lieferanten mit der Corporate Social Responsibility des Unternehmens,
- Wettbewerbsposition des Lieferanten.

Mit der Nutzung der Kriterien versucht das Unternehmen die Lieferanten möglichst objektiv und fundiert zu bewerten. Dies setzt zunächst voraus, dass für alle potenziellen Lieferanten ausreichende Informationen vorliegen, um die gewählten Kriterien näher bestimmen zu können. Je nachdem, ob ein Kriterium quantitativer oder qualitativer Natur ist, kann die Informationserhebung vergleichsweise leicht oder anspruchsvoller sein, da quantitative Kriterien aufgrund ihrer Messbarkeit in aller Regel leichter zu erheben sind als qualitative Kriterien. Zudem ist bei quantitativen Kriterien die Objektivierbarkeit der Bewertung eher gegeben als bei qualitativen Kriterien (vgl. dazu weiterführend Disselkamp und Schüller 2004, S. 97 ff.).

Ist die Informationsbeschaffung bei allen Kriterien realisierbar, müssen die Kriterien ausgewertet werden. Prinzipiell kann dies mithilfe einer *Lieferantendatei* erfolgen, in der alle bereits abgewickelten Geschäfte registriert und bewertet werden. Ein weiteres Hilfsmittel zur Bewertung kann die *ABC-Analyse* bieten, bei der entweder die Lieferanten oder die Materialien in Klassen eingeteilt werden (vgl. dazu auch die späteren Ausführungen in Abschn. 3.2.1). Falls ein Lieferant oder ein System auditiert ist, beispielsweise gemäß ISO, kann das *Audit* als Bewertungsmaßstab herangezogen werden, ob der Lieferant die vom Unternehmen geforderten Kriterien erfüllt oder einhält (vgl. Helmold und Terry 2016, S. 57 ff.)

Bei allen betrachteten Ansätzen stellt sich immer die Frage, wie die Kriterien – unabhängig von der Art der Erhebung – bewertet werden sollen. Bei diesen *multikriteriellen Entscheidungen* kommen häufig *Scoring-Methoden* zum Einsatz.

Die bekannteste und am häufigsten genutzte Methode ist die Nutzwertanalyse. Bei der Nutzwertanalyse werden im ersten Schritt Kriterien aufgestellt und mit einer Gewichtung versehen. Die Skalierung der Gewichtung ist frei wählbar. Es könnten z. B. Gewichte von 1–10 vergeben werden, wobei 1 die schlechteste und 10 die beste Ausprägung wäre. Ebenso wäre eine Beurteilung nach Schulnoten oder eine einfache Gewichtung in 3 Kategorien denkbar. Im zweiten Schritt wird die Erfüllung der Kriterien durch die Lieferanten mit Punkten versehen. Auch hier ist, wie schon im ersten Schritt, die Skalierung frei wählbar. Abschließend werden die Gewichte der Kriterien mit den Ausprägungen der Kriterien multipliziert und der beste Lieferant ausgewählt.

Ein Beispiel zu einer Nutzwertanalyse im Lieferantenmanagement ist nachfolgend dargestellt.

Nutzwertanalyse im Lieferantenmanagement

Im Beispiel werden sieben Kriterien aufgestellt, anhand derer die Güte der zu untersuchenden drei Lieferanten festgemacht werden soll. Jedem Kriterium wird ein Gewicht zwischen 1 und 5 zugeordnet, wobei 1 eine geringe und 5 eine hohe Bedeutung darstellt. Im zweiten Schritt wird die Bewertung der Lieferanten in Bezug auf das jeweilige Kriterium auf einer Skala von 1 bis 10, wobei 1 das geringste Urteil darstellt, vorgenommen. Die Ergebnisse werden durch Multiplikation der Gewichte und der Bewertungen errechnet, wie Tab. 3.1 zu entnehmen ist.

Im Ergebnis ist zu sehen, dass Lieferant C eine höhe Punktzahl als die beiden anderen Lieferanten erhält und damit ausgewählt wird. ◄

Die Nutzwertanalyse ist schnell und einfach durchzuführen. Die Ergebnisse sind unmittelbar nachvollziehbar, da die Berechnung der Summen nicht kompliziert ist. Vordergründig sieht es danach aus, als wäre das Ergebnis objektiv, da es anhand der höchsten Summe abzulesen ist.

Dabei ist jedoch zu beachten, dass die Auswahl der Gewichte, die Skalierung und auch die Bewertung der Lieferanten subjektiv sind. Die Entscheidung über die Ausprägung der Kriterien ist nicht objektivierbar. Dies ist immanent, da ein Unternehmen

Tab. 3.1 Nutzwertanalyse zur Lieferantenauswahl

		Lieferant A		Lieferant B		Lieferant C	
		Ergebnis (Gewicht* Bewertung)	Bewertung 1–10	Ergebnis (Gewicht* Bewertung)	Bewertung 1–10	Ergebnis (Gewicht* Bewertung)	
Kriterien	Gewicht 1–5						
Produktqualität	5	7	35	4	20	8	40
Preis	4	2	8	5	20	3	12
Menge	3	4	12	1	3	7	21
Bonität	3	8	24	7	21	8	24
Zuverlässigkeit	4	6	24	9	36	7	28
Innovationsfähigkeit	2	1	2	3	6	4	8
Vertragseinhalt-ung	1	2	2	4	4	4	4
Summe			107		110		137
Rang			3		2		1

eine individuelle Entscheidung anhand von unternehmensinternen Prioritäten trifft und somit per Definition keine objektive Entscheidung vorliegt. Somit kann die Nutzwertanalyse als Instrument zur Lieferantenbewertung genutzt werden.

Sie sollte jedoch vor allem dazu dienen, sich einen Überblick über die genutzten Kriterien und die zu bewertenden Lieferanten zu verschaffen. Zur ausschließlichen Nutzung ist sie nicht zu empfehlen, da sie keinen Anspruch auf konsistente Ergebnisse erhebt. Damit ist gemeint, dass zwei oder mehrere Kriterien, die eigentlich ähnliche Charakteristika eines Lieferanten beschreiben, unterschiedlich bewertet werden. Am obigen Beispiel wäre die Bewertung der Kriterien „Zuverlässigkeit" und „Vertragseinhaltung" ein Indiz dafür, dass die Bewertung unter Umständen nicht konsistent ist, da die Kriterien zunächst unterschiedliche Gewichtungen erhalten haben und die Bewertung der Lieferanten hinsichtlich der beiden Kriterien teils stark voneinander abweicht. Insbesondere bei der Nutzung von vielen Kriterien kann es leicht zu solchen Inkonsistenzen kommen, die jedoch vom Verfahren der Nutzwertanalyse nicht aufgedeckt werden.

Ein Verfahren, das diese Kritik aufgreift und bei dem die Kriterien konsistent bewertet werden, ist das AHP-Verfahren.

AHP-Verfahren

AHP ist das Akronym für Analytic Hierarchy Process. Es ist ebenso bekannt als Saaty-Methode, benannt nach Thomas L. Saaty, der dieses Verfahren ab 1959 entwickelt und dazu fortwährend publiziert hat (vgl. z. B. Saaty 2004 (ursprüngliche Ausgabe 1959), Saaty und Vargas 2013 oder Saaty 2016). AHP ist ein Verfahren zur Lösung multikriterieller Entscheidungsprobleme. Es erfolgt in fünf Phasen:

Phase 1: Konstruktion des Entscheidungsproblems
Phase 2: Festlegung der Kriterien
Phase 3: Auswahl von Alternativen
Phase 4: Bewertung der Alternativen
Phase 5: Auswahl der besten Alternative

Die Beurteilung der Kriterien erfolgt, indem diese im Hinblick auf die Zielsetzung paarweise miteinander verglichen werden. Sind die Kriterien unterschiedlichen Bewertungsebenen zugeordnet, werden alle Ebenen sukzessive bewertet. Die Ergebnisse der Bewertung werden in einer Evaluationsmatrix zusammengefasst.

Die Evaluationsmatrix (Tab. 3.2) besteht aus den Elementen 1–9 und gibt die paarweise Evaluation jeweils zweier Kriterien wieder.

Die daraus entstehende Evaluationsmatrix enthält folglich auf der Hauptdiagonalen die Bewertung 1, da dort ein Kriterium mit sich selbst verglichen wird. Die an der Hauptdiagonalen gespiegelten Elemente müssen jeweils reziprok zueinander sein, da

Tab. 3.2 Bedeutung der Bewertungen beim AHP-Verfahren

Werte a_{ij}	Bedeutung der Werte a_{ij}
1	gleiche Bedeutung der beiden Elemente i und j
3	etwas höhere Bedeutung des Elements i
5	deutlich höhere Bedeutung des Elements i
7	viel höhere Bedeutung des Elements i
9	sehr viel höhere Bedeutung des Elements i
2,4,6,8	Zwischenwerte
1/2,1/3,1/4,1/5,1/6,1/7,1/8,1/9	Wenn a_{ij} einen Wert annimmt, ist a_{ji} der Reziprokwert

in beiden Fällen die gleichen Kriterien verglichen werden, nur aus der jeweils anderen Perspektive.

$$A = \begin{pmatrix} a_{11} & \ldots & a_{1j} & \ldots & a_{1n} \\ \ldots & \ldots & \ldots & \ldots & \ldots \\ a_{i1} & \ldots & a_{ij} & \ldots & a_{in} \\ \ldots & \ldots & \ldots & \ldots & \ldots \\ a_{n1} & \ldots & a_{nj} & \ldots & a_{nn} \end{pmatrix} \quad \text{mit}$$

$$\forall i = 1, \ldots, n \quad \forall j = 1, \ldots, n : \; a_{ij} > 0$$

$$\forall i = j: a_{ij} = 1$$

$$\forall i = 1, \ldots, n \quad \forall j = 1, \ldots, n : \; a_{ij} = a_{ij}^{-1}$$

Bei AHP wird nun überprüft, ob die paarweisen Vergleiche innerhalb der Evaluationsmatrix konsistent sind. Bei vollkommener Konsistenz ergäbe sich:

$$a_{ik} \cdot a_{kj} = a_{ij} \quad \text{mit} \begin{array}{l} \forall i = 1, \ldots, n \\ \forall j = 1, \ldots, n \\ \forall k = 1, \ldots, n \end{array}$$

Zur Überprüfung der Konsistenz der Paarvergleiche muss der größte Eigenwert und damit der Konsistenzindex bestimmt werden:

$$\text{Konsistenzindex C.I.} = \frac{\lambda_{max} - n}{n - 1} \quad \text{mit } \lambda_{max} = \textit{größter Eigenwert}$$

Die Konsistenz wird durch die Berechnung eines Konsistenzwerts beurteilt:

Konsistenzwert C.R. = C.I. / R.I. mit R.I. = Random Index

Der Random Index ist dabei ein durchschnittlicher Konsistenzindex, der aus zufällig ermittelten reziproken Matrizen errechnet ist. Der einzusetzende Random Index bemisst sich an der Anzahl der zu vergleichenden Kriterien, wie Tab. 3.3 zu entnehmen ist.

Eine Überarbeitung der paarweisen Evaluierung sollte erfolgen, wenn der Konsistenzwert C.R. bei $n = 3$ über 0,05, bei $n = 4$ über 0,09 und bei $n>4$ über 0,1 liegt.

Der Eigenwert kann beispielsweise mithilfe eines vierstufigen Approximationsverfahrens ermittelt werden.

1) Aufsummieren der Spalten der Evaluationsmatrix A

$$s_j = \sum\nolimits_{i=1}^{n} a_{ij} \forall j = 1, ..., n$$

2) Normierung der Evaluationsmatrix A, indem jeder Paarvergleich a_{ij} durch die jeweilige Spaltensumme s_j geteilt wird.

$$N = \begin{pmatrix} \frac{a_{11}}{s_1} & \cdots & \frac{a_{1j}}{s_j} & \cdots & \frac{a_{1n}}{s_n} \\ \cdots & \cdots & \cdots & \cdots & \cdots \\ \frac{a_{i1}}{s_1} & \cdots & \frac{a_{ij}}{s_j} & \cdots & \frac{a_{in}}{s_n} \\ \cdots & \cdots & \cdots & \cdots & \cdots \\ \frac{a_{n1}}{s_1} & \cdots & \frac{a_{nj}}{s_j} & \cdots & \frac{a_{nn}}{s_n} \end{pmatrix} = a_{ij}^r$$

3) Bildung der Zeilensummen der normierten Evaluationsmatrix und Division durch n, sodass sich für jedes Kriterium ein absolutes Bedeutungsurteil v_i ergibt:

$$v_i = \frac{\sum_{i=1}^{n} a_{ij}^r}{n} \forall i = 1,...,n$$

4) Ermittlung des approximativen Eigenwertes durch die Summe der Produkte der Bedeutungsurteile mit den Spaltensummen:

$$\lambda_{max} = \sum\nolimits_{i=1}^{n} v_i \cdot s_i$$

Tab. 3.3 Werte für den Random Index	n	R.I	n	R.I
	2	0,00	9	1,45
	3	0,52	10	1,49
	4	0,89	11	1,51
	5	1,11	12	1,54
	6	1,25	13	1,56
	7	1,35	14	1,57
	8	1,40	15	1,58

Zum Abschluss des AHP-Verfahrens werden aggregierte Urteile gebildet. Wenn Kriterien auf mehreren Ebenen bestehen, müssen die Bedeutungsurteile v_i der Kriterien und Subkriterien miteinander multipliziert werden, um zu einem aggregierten Bedeutungsurteil w_i zu gelangen. Ausgewählt wird final die Alternative mit dem höchsten Gesamtnutzenindex U

$$U = \sum\nolimits_{i=1}^{n} w_i \cdot u_i$$

Das AHP-Verfahren ist im Vergleich zur Nutzwertanalyse rechenaufwendiger, selbst wenn wie hier vorgeschlagen der Eigenwert nur näherungsweise (zu anderen Rechenmöglichkeiten vergleiche weiterührend z. B. Saaty und Hu 1998) berechnet wird. Dies wird an einem Beispiel verdeutlicht (in Anlehnung an Peters und Zelewski 2003), bei dem die Berechnung des AHP-Verfahrens im Vordergrund steht, nicht jedoch die Bestimmung der paarweisen Vergleiche in der Evaluationsmatrix. Diese werden jeweils als gegeben vorausgesetzt.

Beispiel

In einem Unternehmen wird die Lieferantenbewertung anhand verschiedener Kriterien vorgenommen, die sich hierarchisch in mehrere Ebenen gliedern lassen (vgl. Abb. 3.3)

Das betrachtete Unternehmen evaluiert vier potenzielle Lieferanten, über die es Informationen zu den oben stehenden Kriterien eingeholt hat und diese gemäß des AHP-Verfahrens in einem paarweisen Vergleich mit den Werten 1–9 bewertet hat.

Zunächst werden, wie auch bei der Nutzwertanalyse, die Kriterien gewichtet, bevor die Lieferanten im nachfolgenden Schritt bewertet werden

Dies wird zunächst für die zweite Ebene mit den Kriterien Zuverlässigkeit, Qualität, Quantität und Kooperation durchgeführt. Die Evaluationsmatrix wird normiert und dann der approximative Eigenwert ermittelt. Dies ist der Tab. 3.4 zu entnehmen (in dieser und den folgenden Tabellen kommt es unter Umständen zu Rundungsdifferenzen bei der letzten Nachkommastelle).

Der maximale Eigenwert liegt bei 4,01. Er errechnet sich wie oben gesehen, mithilfe der Summe der Produkte von Bedeutungsurteilen und Spaltensummen. Der C.I. hat eine Höhe von 0,002, was bei n = 4 und einem Random Index von 0,89 zu einem C.R. von 0,002 führt. Der C.R. ist kleiner als 0,09 und somit ist die Bewertung der Kriterien konsistent, es muss keine Überarbeitung erfolgen.

Im Ergebnis sind nun den Kriterien der zweiten Ebene Bedeutungsurteile v_i zugeteilt worden. Dieses Verfahren wird anschließend analog auf die Kriterien der dritten Ebene angewendet. Um dies durchzuführen, müssen vier Evaluationsmatrizen aufgestellt und berechnet werden. Veranschaulicht wird dies hier an einer verkürzten Evaluationsmatrix des Kriteriums der zweiten Ebene „Zuverlässigkeit" (Tab. 3.5). In der Matrix wird auf eine ausführliche Darstellung der Normierung und der

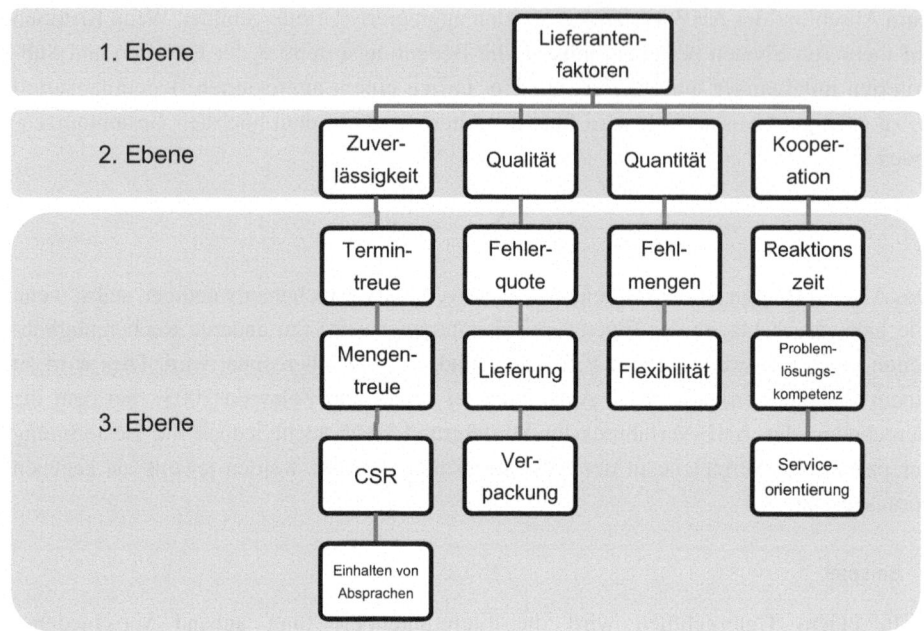

Abb. 3.3   Ebenen Lieferantenbewertung AHP

Tab. 3.4   AHP-Verfahren zweite Ebene

	A)	B)	C)	D)	Normierte Evaluationsmatrix a_{ij}^r				Zeilen summe	Bedeutungs urteil v_i
A) Zuver-lässigkeit	1,00	2,00	5,00	2,00	0,45	0,46	0,42	0,46	1,79	0,45
B) Qualität	0,50	1,00	3,00	1,00	0,23	0,23	0,25	0,23	0,94	0,23
C) Quantität	0,20	0,33	1,00	0,33	0,09	0,08	0,08	0,08	0,33	0,08
D) Kooperation	0,50	1,00	3,00	1,00	0,23	0,23	0,25	0,23	0,94	0,23
Spalten-summe s_j	2,20	4,33	12	4,33	1,00	1,00	1,00	1,00	4,00	1,00

Tab. 3.5   AHP-Verfahren dritte Ebene, Beispiel

Zuverlässigkeit	A)	B)	C)	D)	Bedeutungsurteil v_i
A) Termintreue	1,00	1,00	5,00	2,00	0,37
B) Mengentreue	1,00	1,00	5,00	2,00	0,37
C) CSR	0,20	0,20	1,00	0,33	0,07
D) Absprachen	0,50	0,50	3,00	1,00	0,19
Spaltensumme s_j	2,70	2,70	14,00	5,33	1,00

Berechnung der Zeilensumme verzichtet. Die anderen drei Evaluationsmatrizen sind nicht aufgeführt.

Der maximale Eigenwert liegt bei 4,01. Der C.R. liegt bei 0,002, die Evaluation ist folglich konsistent.

Nachdem nun sowohl die Bedeutungsurteile der 2. als auch der 3. Ebene errechnet sind, erfolgt eine Aggregation der Bedeutungsurteile. Dies geschieht durch Multiplikation der Bedeutungsurteile der 2. Ebene mit den jeweils untergeordneten Bedeutungsurteilen der 3. Ebene. Die Bedeutungsurteile der Kriterien, die hier nicht in einer ausführlich gezeigten separaten Evaluationsmatrix vorgestellt wurden, sind in Tab. 3.6 zur Aggregation ergänzt.

Nach Durchführung der Aggregation der Bedeutungsurteile ist nun für jedes Kriterium der untersten Ebene eine Gewichtung ermittelt worden. Vergleicht man diesen Status des AHP-Verfahrens mit der Nutzwertanalyse, erkennt man, dass das AHP-Verfahren durch die Berechnung mehrere Matrizen und der Aggregation aufwendiger ist. Bei der Nutzwertanalyse ist die Gewichtung der Kriterien in nur einem Schritt ohne Berechnungen festgelegt worden

Analog zur Nutzwertanalyse werden nun die zu vergleichenden Alternativen, die Lieferanten, bewertet, indem deren Nutzenindizes berechnet werden. Die Berechnung der Nutzenindizes kann analog zur Berechnung der Bedeutungsurteile erfolgen, wie nachfolgend verdeutlicht. Andere Möglichkeiten der Berechnung liegen in der Verwendung von Nutzenfunktionen oder bewerteten Intensitäten (vgl. weiterführend z. B. Peters und Zelewski 2003).

Tab. 3.6 Aggregation der Bedeutungsurteile

Kriterien 2. Ebene	Bedeutungs urteile	Kriterien 3. Ebene	Bedeutungs urteile	Aggregierte Bedeutungsurteile
Zuverlässigkeit	0,45	Termintreue	0,37	0,17
		Mengentreue	0,37	0,17
		CSR	0,07	0,03
		Absprachen	0,19	0,09
Qualität	0,23	Fehlerquote	0,46	0,11
		Lieferung	0,08	0,01
		Verpackung	0,48	0,11
Quantität	0,08	Fehlmengen	0,80	0,07
		Flexibilität	0,20	0,02
Kooperation	0,23	Reaktionszeit	0,60	0,14
		Problemlösungs-kompetenz	0,07	0,02
		Serviceorientierung	0,33	0,08
Summe	1,00		4,00	1,00

Tab. 3.7 AHP-Verfahren Lieferantenevaluation Beispiel

Serviceorientierung	A)	B)	C)	D)	Nutzenindex
Lieferant A	1,00	2,00	0,25	0,17	0,09
Lieferant B	0,50	1,00	0,25	0,13	0,06
Lieferant C	4,00	4,00	1,00	0,33	0,26
Lieferant D	6,00	8,00	3,00	1,00	0,58
Spaltensumme s_j	11,50	15,00	4,50	1,63	1,00

Die Lieferanten werden nun im Hinblick auf jedes der 12 Kriterien evaluiert. Im Folgenden wird beispielhaft die Bewertung der Lieferanten für das Kriterium „Serviceorientierung" gezeigt (Tab. 3.7).

Die auf diese Weise berechneten Nutzenindizes werden abschließend mit den vorher berechneten aggregierten Bedeutungsurteilen multipliziert. Anhand der daraus entstandenen gewichteten Nutzenindizes wird der Lieferant mit dem höchsten Nutzen ausgewählt, wie Tab. 3.8 zu entnehmen ist.

Der Lieferant mit dem höchsten Gesamtnutzenindex ist Lieferant D. ◄

Das AHP-Verfahren sorgt im Gegensatz zur Nutzwertanalyse für eine konsistente subjektive Bewertung der Lieferantenkriterien und der Lieferanten.

In der Literatur ist oft hinterfragt worden, ob die Berechnung gemäß dem AHP-Verfahren tatsächlich für Konsistenz sorgt und insbesondere ob die Reihenfolge der Alternativen eindeutig ist. Fügt man unter bestimmten Bedingungen beispielsweise eine Alternative hinzu, kann sich die Reihenfolge der Alternativen verändern, obwohl es logisch nicht konsistent ist. In der Literatur wird dies als „rank reversal" bezeichnet (vgl. dazu weiterführend z. B. Belton und Gear 1983; Dyer 1990; Harker und Vargas 1987 oder Triantaphyllou 2001).

3.2 Operative Beschaffung und deren Einfluss auf die Beschaffungslogistik

3.2.1 Materialbedarfsplanung

Die Aufgabe der Materialbedarfsplanung liegt darin, die Mengen und die Beschaffungszeitpunkte der benötigten Materialien zu ermitteln. Die in einem Unternehmen zu beschaffenden Materialien sind nicht alle gleichwertig, sondern unterscheiden sich hinsichtlich vieler Kriterien wie der zu beschaffenden Menge, dem Wert, der Bedeutung des Materials für das Endprodukt oder dem Bedarfsverlauf. Greift man den Wert des zu beschaffenden Materials auf, wird ersichtlich, dass es nicht sinnvoll ist, alle Materialien gleich zu behandeln. Ein Unternehmen wird der Beschaffung eines höherwertigen

Tab. 3.8 Gewichtete Nutzenindizes

Lieferanten-kriterien	Aggregierte Bedeutungs-urteile	Nutzenindex A	gew. Nutzenindex A	Nutzenindex B	gew. Nutzenindex B	Nutzenindex C	gew. Nutzenindex C	Nutzenindex D	gew. Nutzenindex D
Termintreue	0,17	0,11	0,02	0,63	0,10	0,21	0,03	0,05	0,01
Mengentreue	0,17	0,08	0,01	0,36	0,06	0,36	0,06	0,20	0,03
CSR	0,03	0,41	0,01	0,15	0,00	0,41	0,01	0,04	0,00
Absprachen	0,09	0,41	0,04	0,14	0,01	0,41	0,04	0,05	0,00
Fehlerquote	0,11	0,21	0,02	0,51	0,06	0,21	0,02	0,07	0,01
Lieferung	0,01	0,10	0,00	0,40	0,01	0,40	0,01	0,10	0,00
Verpackung	0,11	0,08	0,01	0,08	0,01	0,08	0,01	0,75	0,08
Fehlmengen	0,07	0,11	0,01	0,05	0,00	0,27	0,02	0,57	0,04
Flexibilität	0,02	0,13	0,00	0,41	0,01	0,41	0,01	0,05	0,00
Reaktionszeit	0,14	0,07	0,01	0,11	0,02	0,18	0,03	0,64	0,09
Problemlösungs-kompetenz	0,02	0,12	0,00	0,22	0,00	0,07	0,00	0,59	0,01
Service-orientierung	0,08	0,09	0,01	0,09	0,01	0,26	0,02	0,58	0,04
Gesamtnutzen-index			**0,14**		**0,29**		**0,25**		**0,32**
Rang			4		2		3		1

Materials mehr Aufmerksamkeit widmen als der eines geringwertigeren Materials, indem beispielsweise die Lieferanten, der Preis und die Qualität des Produktes und der Lieferung einer genauen und permanenten Überprüfung unterzogen werden. Bei einem geringwertigen Material und damit einem häufig für das Endprodukt unbedeutenden Teil, stünde dieser Aufwand in keinem Verhältnis zum davon erzielbaren Nutzen, da die Materialien keinen großen Wert besitzen und damit auch keine große Ersparnis oder Qualitätseinbußen zu erwarten sind.

Somit liegt der erste Schritt der Materialbedarfsplanung in der Klassifizierung von Materialien, auf den später aufbauend passgenaue Bezugsstrategien entwickelt werden können.

Die ABC-Analyse klassifiziert das Material anhand seines Mengen-Wert-Verhältnisses und wird in der Praxis häufig eingesetzt, da oft beobachtet werden kann, dass eine geringe Anzahl an Materialien einen großen Anteil des Gesamtwerts aller Materialien einnehmen. Gemäß der ABC-Analyse erfolgt eine Einteilung in drei Kategorien (vgl. z. B. Hungenberg 2014, S. 129):

- **Kategorie A:** ca. 5–20 % des Mengenanteils an der Gesamtanzahl der Materialien haben einen ca. 70–80 %igen Anteil am Gesamtwert aller Materialien.
- **Kategorie B:** ca. 15–30 % des Mengenanteils an der Gesamtanzahl der Materialien haben einen ca. 15–20 %igen Anteil am Gesamtwert aller Materialien.
- **Kategorie C:** ca. 60–80 % des Mengenanteils an der Gesamtanzahl der Materialien haben einen ca. 5–10 %igen Anteil am Gesamtwert aller Materialien.

Die Aufteilung der Prozentwerte ist eine ungefähre Angabe, die nur als Richtwert zu verstehen sind. Stellt man die Materialien mit Hilfe der Lorenzkurve dar, ergibt sich folgendes Bild (Abb. 3.4):

Die in der Mitte des Koordinatensystems schräg verlaufende gestrichelte Linie spiegelt eine Gleichverteilung wider. Die ABC-Kurve verläuft oberhalb der Gleichverteilungslinie und ist je nach Ausprägung der Mengen- und Wertanteile steiler oder flacher.

Bei der Klassifizierung in A, B oder C werden folgende Schritte durchlaufen:

1. Elemente festlegen und ermitteln (Material, Bedarf in Stück, Preis),
2. Bewertungsmaßstab festlegen und für alle Elemente ermitteln (Bedarf in €)
3. Elemente nach Wert sortieren und summieren
4. Berechnung des Prozentanteils der Materialwerte am Gesamtwert aller Materialien
5. Berechnung des Prozentanteils der Materialmengen an der Gesamtmenge
6. Kumulation der Prozentanteile
7. Zuordnung der Wertgruppen A, B oder C

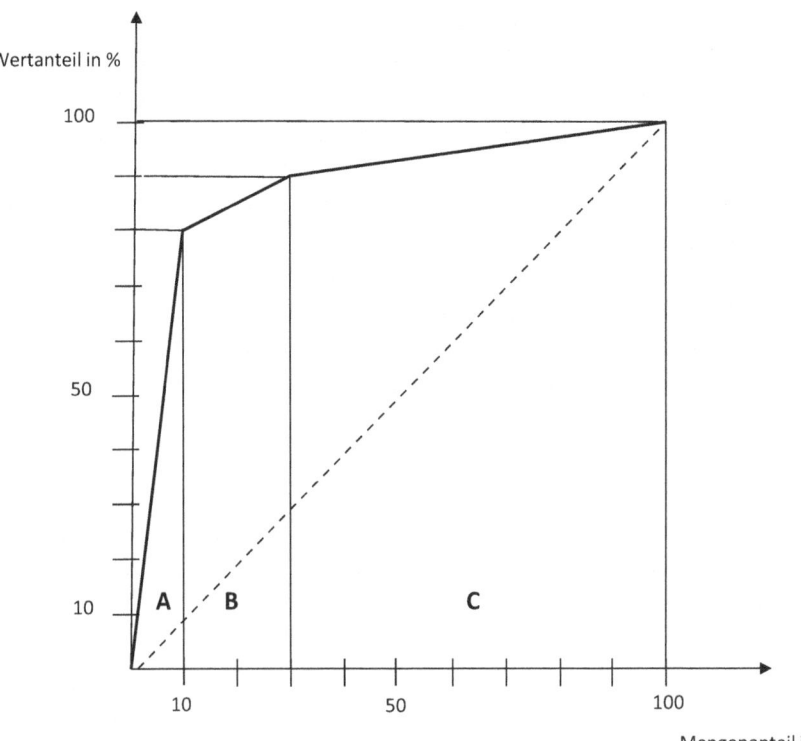

Abb. 3.4 Lorenzkurve ABC-Analyse

Beispiel

In einem Unternehmen werden 3.14 verschiedene Materialien beschafft, die mit Hilfe der ABC-Analyse klassifiziert werden sollen. Die Preise, Mengen sowie die Prozentvorgaben für die Einteilung der Klassen sind in Tab. 3.9 und 3.10 gegeben, womit der erste Schritt der ABC-Analyse bereits erfüllt ist

Im nächsten Schritt werden die Jahresbedarfe mit dem Stückpreis multipliziert und anschließend anhand dieser Werte (Jahresbedarf in €) absteigend sortiert. Im Anschluss werden die Mengen- und die Wertanteile in % errechnet und kumuliert. Im letzten Schritt erfolgt die Zuteilung der Wertgruppen A, B und C (vgl. Tab. 3.11, da die Werte auf eine Nachkommastelle gerundet sind, treten teils Rundungsdifferenzen auf).

Bei der Einteilung der Wertegruppen ist zu beachten, dass die Wertangaben für die Klasseneinteilung nur Richtwerte sind und ebenfalls nach Sinnhaftigkeit der Klassengrenzen eingeteilt werden müssen. Liegt z. B. der kumulierte Wertanteil eines Artikels mit einen 5 %igen Wertanteil bei 90 %, läge hier gemäß der Klasseneinteilung im Beispiel die Grenze zwischen B- und C-Artikel. Verfügt der nachfolgende Artikel

Tab. 3.9 Kategorien ABC-
Analyse

Wertanteil (%)	Kategorie
ca. 75	A-Güter
ca. 15	B-Güter
ca. 10	C-Güter

Tab. 3.10 Materialien,
Jahresbedarf, Stückpreis –
Beispiel ABC-Analyse

Material	Jahresbedarf (Stück)	Stückpreis in €
5101	550	620
5102	450	690
5103	890	3,7
5104	850	6,5
5105	1700	22
5106	40.000	0,02
5107	1750	58
5108	15.500	0,15
5109	20.000	0,05
5110	1100	37
5111	1500	3
5112	22.500	0,04
5113	18.000	0,02
5114	950	120

ebenfalls über einen 5 %igen Wertanteil wäre es hier jedoch nicht sinnvoll eine
Klassengrenze zu ziehen, da die beiden Artikel gleichwertig sind.

In der graphischen Übersicht (Abb. 3.5) ist der Verlauf der Lorenzkurve zu sehen. ◀

Eine weitere Analysemöglichkeit der Materialien liegt in der XYZ-Analyse, die die
Materialien nach Bedarfsverlauf klassifiziert (vgl. z. B. Wannenwetsch 2021, S. 38 ff.).
Je nach Bedarfsverlauf und Prognostizierbarkeit der Materialien wird eine Einteilung in
folgende Klassen vorgenommen:

- **Kategorie X:** Das Material weist einen regelmäßigen Bedarfsverlauf auf und die
  Prognostizierbarkeit ist somit hoch.
- **Kategorie Y:** Das Material weist einen schwankenden Bedarfsverlauf auf und die
  Prognostizierbarkeit ist somit mittelhoch.
- **Kategorie Z:** Das Material weist einen unregelmäßigen Bedarfsverlauf auf und die
  Prognostizierbarkeit ist somit gering.

Tab. 3.11 Beispiel ABC-Analyse

Rang folge	Nr	Jahres bedarf Stück	Stück preis €	Jahres bedarf €	Mengenanteil in %	Mengen anteil kumuliert	Wert anteil in %	Wert anteil kumuliert	Gruppe
1	5101	550	620	341.000	0,4	0,4	35,4	35,4	A
2	5102	450	690	310.500	0,4	0,8	32,2	67,6	A
3	5114	950	120	114.000	0,8	1,6	11,8	79,4	B
4	5107	1750	58	101.500	1,4	2,9	10,5	90,0	B
5	5110	1100	37	40.700	0,9	3,8	4,2	94,2	C
6	5105	1700	22	37.400	1,4	5,2	3,9	98,1	C
7	5104	850	6,5	5525	0,7	5,8	0,6	98,6	C
8	5111	1500	3	4500	1,2	7,0	0,5	99,1	C
9	5103	890	3,7	3293	0,7	7,7	0,3	99,4	C
10	5108	15.500	0,15	2325	12,3	20,1	0,2	99,7	C
11	5109	20.000	0,05	1000	15,9	36,0	0,1	99,8	C
12	5112	22.500	0,04	900	17,9	53,9	0,1	99,9	C
13	5106	40.000	0,02	800	31,8	85,7	0,1	100,0	C
14	5113	18.000	0,02	360	14,3	100,0	0,0	100,0	C
Summe	125.740			963.803					

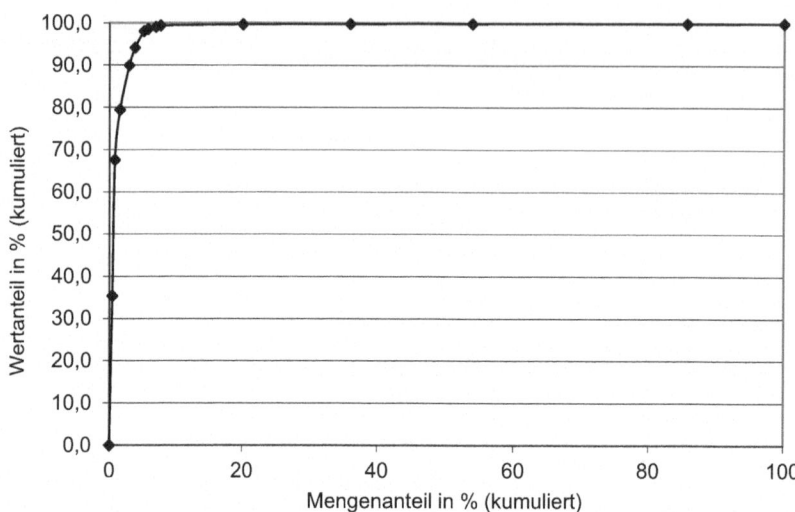

Abb. 3.5 Lorenzkurve Beispiel ABC-Analyse

Die XYZ-Analyse ist in der Literatur auch als RSU-Analyse bekannt (vgl. z. B. Springer 2013). RSU ist ein Akronym für regelmäßig, schwankend, unregelmäßig.

Der Bedarfsverlauf der Materialien wird anhand des Variationskoeffizienten (VK) bestimmt:

$$Variationskoeffizient : \frac{\sqrt{\frac{1}{n}\sum_{i=1}^{n}(x_i - \overline{x})^2}}{\overline{x}}$$

Die Klassengrenzen liegen bei X-Materialien bei einem Variationskoeffizienten der kleiner oder gleich 10 % beträgt. Für Y-Materialien liegt die Grenze bei kleiner oder gleich 25 %. Alle Materialien mit einem größeren Variationskoeffizienten sind Z-Materialien (vgl. z. B Fortmann und Kallweit 2007, S. 61).

Beispiel

Die oben bereits bei der ABC-Analyse betrachteten 3.14 Materialien werden nun hinsichtlich ihres Bedarfsverlaufs der letzten fünf Perioden analysiert (Tab. 3.12)

Beispielhaft wird die Berechnung des Variationskoeffizienten ausführlich anhand des Materials 5101 gezeigt:

Berechnung arithmetisches Mittel:

$$\overline{x}_{5101} = \frac{550 + 523 + 580 + 555 + 547}{5} = 551$$

$$VK_{5101} = \frac{\sqrt{\frac{1}{5}\left((550 - 551)^2 + (523 - 551)^2 + (580 - 551)^2 + (555 - 551)^2 + (547 - 551)^2\right)}}{551} = 0{,}03 \blacktriangleleft$$

Tab. 3.12 Beispiel Bedarfsverlauf Materialien

Nr	Jahres bedarf P (0)	Jahres bedarf P (-1)	Jahres bedarf P (-2)	Jahres bedarf P (-3)	Jahres bedarf P (-4)	VK	Klasse
5103	890	897	893	892	891	0,00	X
5109	20.000	20.144	21.333	19.878	20.574	0,03	X
5101	550	523	580	555	547	0,03	X
5114	950	923	980	964	890	0,03	X
5107	1750	1720	1710	1690	1840	0,03	X
5113	18.000	18.560	17.456	18.950	19.530	0,04	X
5102	450	400	412	452	430	0,05	X
5112	22.500	19.500	23.600	24.800	21.900	0,08	X
5110	1100	1098	1258	1230	1357	0,08	X
5111	1500	1270	1897	1568	1640	0,13	X
5105	1700	1280	1536	1889	1960	0,15	Y
5106	40.000	50.200	41.300	35.247	31.874	0,16	Y
5108	15.500	11.200	17.800	9500	25.100	0,35	Z
5104	850	350	120	840	860	0,37	Z

Im nächsten Schritt werden die Informationen aus beiden Materialklassifizierungen kombiniert, sodass eine **ABC/XYZ-Analyse** entsteht.

Aus der ABC-Analyse wird, wie oben gesehen, die Bedeutung der Materialien und damit das Maß an Aufmerksamkeit abgeleitet, das dem Material aus Beschaffungssicht zuteilwird. A-Materialien werden hinsichtlich der benötigten Anzahl exakt geplant, um weder Fehlmengen noch unnötig hohe Bestände zu verursachen. Dies geschieht mit Hilfe von programmorientierten Verfahren wie der Stücklistenauflösung (vgl. dazu Abschn. 4.5.3.1 oder auch weiterführend z. B. Oeldorf und Olfert 2018, S. 114 ff.). Bei C-Materialien wird der Bedarf verbrauchsorientiert mit Hilfe von Prognoseverfahren ermittelt. Das Ergebnis ist keine exakte Anzahl, sondern nur eine grobe Schätzung der benötigten Materialanzahl (vgl. dazu weiterührend z. B. Lasch 2017, S 107 ff.). B-Materialien sind eine Zwischengruppe, deren Beschaffungsbedeutung im Einzelfall des Unternehmens entschieden wird.

Die XYZ-Analyse klassifiziert nach Vorhersehbarkeit des Bedarfs. Je höher diese ist, umso besser kann der Bezug der Materialien geplant werden. Bei X-Materialien kann die Belieferung aufgrund der hohen Planungssicherheit produktionssynchron oder automatisiert erfolgen. Bei Y-Materialien ist dies nicht möglich, sondern hier könnte das Material beispielsweise bei Bedarf beim Lieferanten abgerufen werden. Bei Z-Materialien besteht die Möglichkeit, durch Rahmenverträge eine grundsätzliche Zusammenarbeit mit einem Lieferanten zu vereinbaren, sich jedoch für den konkreten Bedarfsfall Freiraum für die Beschaffung zu erhalten.

Durch die Kombination der beiden Analysen ist es möglich, eine genauere Beschaffungsstrategie pro Material zu entwickeln, da die Materialien hinsichtlich zweier bedeutender Eigenschaften eingeteilt werden und nicht mehr nur jeweils eine Eigenschaft, Bedeutung oder Regelmäßigkeit, isoliert betrachtet werden. Bei der Kombination der ABC- und XYZ-Analyse entsteht eine 3×3-Matrix aus deren Feldern sich pro Materialklassenkombination eine Beschaffungsart ableiten lässt. Dies ist der folgenden Abb. 3.6 zu entnehmen (zu ähnlichen Darstellungen vgl. z. B. Hartel 2015, S. 72; Klaus et al. 2007, S. 215 oder Bichler et al. 2010, S. 86). Die in der Abbildung integrierten Beschaffungsstrategien sind als Tendenzaussagen zu verstehen. Selbstverständlich hängt es vom Einzelfall des beschaffenden Unternehmens, des Materials, des Lieferanten etc. ab, welche Strategie genutzt wird.

Ein AX-Material ist ein hochwertiges Material, das regelmäßig benötigt wird. Aufgrund der guten Planbarkeit ist es möglich, das Material fertigungssynchron anliefern zu lassen. Dies verlangt eine sorgfältige Auswahl der Lieferanten. In aller Regel werden langfristige Verträge mit dem Lieferanten geschlossen, um eine verlässliche Partnerschaft einzugehen und hochwertige Produkte und zuverlässigen Lieferservice zu bekommen.

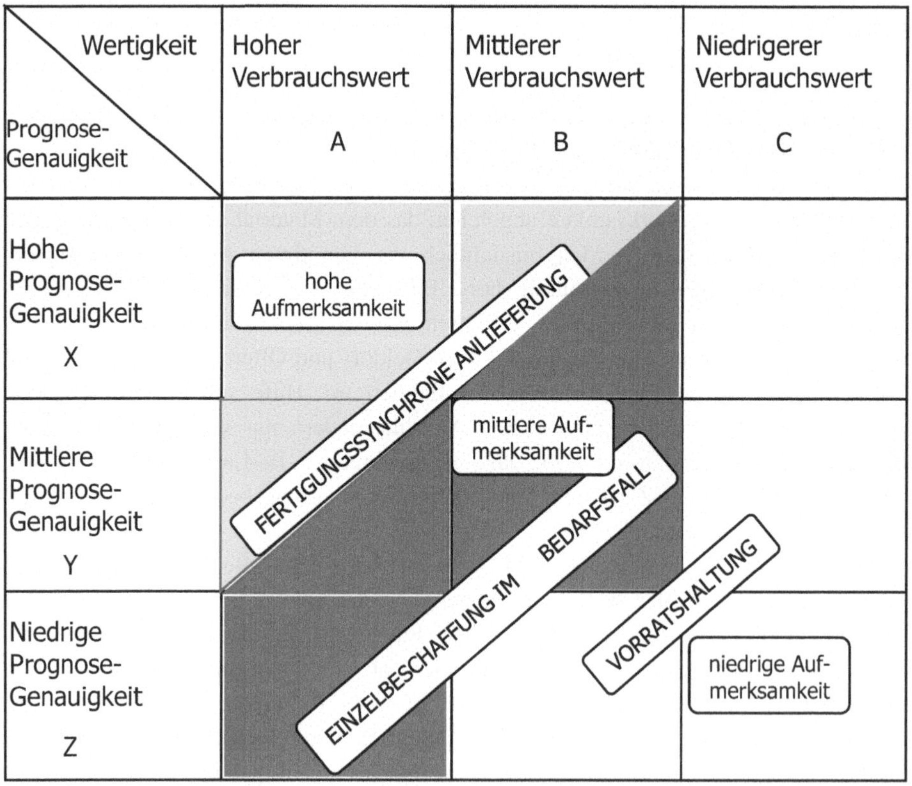

Abb. 3.6 ABC-XYZ-Matrix

Ein CX-Material fällt zwar auch regelmäßig an und ist gut planbar, jedoch wäre der Aufwand einer fertigungssynchronen Beschaffung nicht durch den hohen Wert des Materials gerechtfertigt. Hier bietet sich eher die Vorratshaltung an, da das Material aufgrund seines geringen Werts nur eine geringe Kapitalbindung hat.

Beispiel

Die in den obigen Beispielen für die 3.14 Materialien durchgeführte ABC- und XYZ-Analyse werden nun miteinander kombiniert (vgl. Tab. 3.13)

Die Materialien sind nun hinsichtlich zweier Kriterien charakterisiert und können anhand der oben dargelegten Matrix den jeweiligen Beschaffungsstrategien zugeordnet werden. ◀

3.2.2 Beschaffungsplanung

Nach der abgeschlossenen Materialbedarfsermittlung erfolgt die Beschaffungsplanung der Materialien, bei der Beschaffungsarten und die Menge der zu beschaffenden Materialien festgelegt und die Materialien bestellt werden. Wie oben bereits im Abschn. 3.2.1 beschrieben, ist die Klassifizierung der Materialien in ABC/XYZ ausschlaggebend für die Beschaffungsstrategie. Des Weiteren kommen zahlreiche andere Faktoren hinzu, die die Beschaffung beeinflussen. Dies ist beispielsweise die Lagerfähigkeit der Materialien oder auch die Lagerkapazität im Unternehmen. Ist es aufgrund der Verderblichkeit der Ware oder knapper Lagerfläche im Unternehmen nicht möglich, große Mengen auf Vorrat zu halten, kann entweder eine andere Beschaffungsart oder eine kleinere Bestellmenge sinnvoll sein.

Ebenso beeinflussen die Lieferantenzuverlässigkeit, der gewünschte Abhängigkeitsgrad vom Lieferanten oder auch finanzielle Restriktionen die Beschaffungsplanung.

Bei der Planung der Bestellmengen geht es um die Frage, welche Menge auf einmal beschafft werden soll. Diese Menge wird auch als Los bezeichnet.

Im Falle der Vorratsbeschaffung wird anhand eines einfachen Modells verdeutlicht, welche Zusammenhänge zwischen der gelagerten Menge, der Bestellmenge und der Bestellzeit bestehen. In Abb. 3.7. ist der Bestandsverlauf eines Materials abgebildet.

Tab. 3.13 Beispiel Kombination ABC-/XYZ-Analyse

	A	B	C
X	5101	5107	5103 5111
	5102	5114	5109 5112
Y			5105
			5106
Z			5104
			5108

Bestand

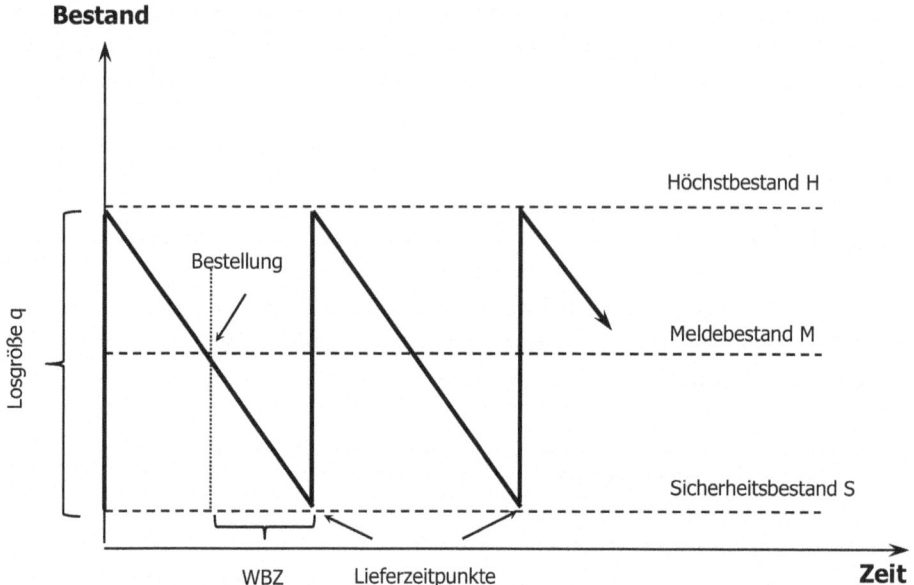

Abb. 3.7 Sägezahnmodell

Im Modell ist die Bestandsentwicklung eines Materials gezeigt. Im Zeitpunkt 0 ist der Bestand zunächst auf der Höhe des Sicherheitsbestands S. Zu diesem Zeitpunkt trifft bestellte Ware in Höhe der Losgröße q ein und der Bestand erreicht den Höchstbestand H. Von da aus wird kontinuierlich Menge nachgefragt, sodass der Bestand proportional mit der Zeit abnimmt. Wenn der Meldebestand M erreicht ist, wird eine Bestellung generiert. Die neue Bestellung trifft nach Ablauf der Wiederbeschaffungszeit (WBZ) genau dann ein, wenn nur noch der Sicherheitsbestand S verfügbar ist. Die Menge steigt dann wieder auf den Höchstbestand und die Bestandsentwicklung nimmt erneut den gleichen Verlauf wie gerade beschrieben. Aufgrund der zackenartigen Struktur des Bestandsverlaufs wird das Modell auch häufig als „Sägezahnmodell" bezeichnet.

Im Modellverlauf wird unterstellt, dass der Materialabgang kontinuierlich und planbar ist, was am proportionalen, gleichförmigen und störungsfreien Verlauf der Mengen zu sehen ist. Gleiches gilt für die Wiederbeschaffungszeit, die immer wiederkehrend gleich lange dauert, ohne dass Abweichungen oder Schwankungen auftreten. Auf diese Weise ist genau zu berechnen, zu welchem Zeitpunkt welche Menge bestellt werden muss und wie hoch der Sicherheits-, der Melde- und der Höchstbestand sind. In den Bestellungen findet sich eine Regelmäßigkeit: Bei Erreichen des festgelegten Meldebestandes wird eine feste Bestellmenge, ein Los, bestellt.

In der Praxis wird selten eine so hohe Regelmäßigkeit und Planbarkeit aller Faktoren zutreffen, sodass der oben gezeigte Bestandsverlauf ein idealisiertes Modell darstellt. Nichtsdestotrotz kann man sich anhand des Modells – selbst bei weniger regelmäßigen

Verläufen – die Zusammenhänge zwischen den unterschiedlichen Bestandshöhen, dem Bestellzeitpunkt und der Wiederbeschaffungszeit verdeutlichen. Dies ist auch auf Modelle übertragbar, die nicht der idealisierten Regelmäßigkeit der oben gezeigten Abbildung unterliegen.

Das Sägezahnmodell ist Grundlage vieler anderer Modelle im Bereich der Lagerhaltung und Beschaffung, wie dem unten dargelegten Andler-Modell. Dies betrifft insbesondere die Tatsache, dass sich aufgrund des Materialverlaufs durchschnittlich immer genau die Hälfte des Loses q im Lager befindet.

Die oben gezeigte Regelmäßigkeit bei den Bestellungen stellt eine Strategie dar, die zur Auffüllung der Bestände angewendet wird. Diese Strategien, auch Bestellpolitiken genannt, können nach unterschiedlichen Größen ausgerichtet sein. Sie dienen dazu, Losgrößen und Bestellrhythmen auch in Situationen, in denen der Materialbedarf nicht mit Sicherheit bekannt ist, festzulegen.

Einen Überblick über verschiedene Bestellpolitiken ist der Tab. 3.14 zu entnehmen. Dabei werden folgende Variablen verwendet (in Anlehnung an Zelewski et al. (2008, S. 382):

- s: Meldebestand, bei dessen Erreichen ein neues Los bestellt wird.
- S: Soll-Lagerbestand, der nach Eingang des bestellten Loses erreicht werden soll.

Tab. 3.14   Bestellpolitiken

Bestellpolitik	Erläuterung	Beispiel
(s,q)-Politik	Bei Erreichen des Meldebestands s wird ein konstant großes Los q bestellt	Nachbestellung von Taschentüchern im Einzelhandel in Höhe einer Palette, wenn Meldebestand erreicht
(s,S)-Politik	Bei Erreichen des Meldebestands s wird das Lager mittels einer variablen Losgröße auf den Soll-Lagerbestand S aufgefüllt	Volltanken eines Fahrzeugs bei Leuchten der Tankanzeige
(t,q)-Politik	Nach einer Zeitdauer t wird ein konstant großes Los q bestellt	Tägliche Lieferung einer bestimmten Menge an Tageszeitungen an einen Kiosk
(t,S)-Politik	Nach einer Zeitdauer t wird das Lager mittels einer variablen Losgröße auf den Soll-Lagerbestand S aufgefüllt	Auffüllen der Lücken eines Snack-Automaten alle 3 Tage
(t,s,q)-Politik	Nach einer Zeitdauer t wird ein konstant großes Los q bestellt, falls der Meldebestand s erreicht wurde	Quartalsmäßige Nachbestellung von jeweils 10 Nähmaschinen eines Typs, falls weniger als 2 Nähmaschinen zur Verfügung stehen
(t,s,S)-Politik	Nach einer Zeitdauer t wird mittels einer variablen Losgröße auf den Soll-Lagerbestand S aufgefüllt, falls der Meldebestand s erreicht wurde	Nachfüllen eines Lagers für Blumenerde an jedem Dienstag, falls montags festgestellt wurde, dass sich weniger als 20 Säcke auf Lager befinden

- q: Los, Bestellmenge
- t: Zeit, die bis zur nächsten Bestellung vergeht.

Diese stochastischen Modelle der Materialbeschaffung agieren anhand weniger Einflussgrößen. Besonderer Bedeutung kommt dabei dem Zusammenspiel des Melde-bestandes, der Losgröße, dem Soll-Lagerbestand und der Zeit zu.

In der Literatur gibt es insbesondere viele Abhandlungen zur Ermittlung der **optimalen Losgröße**. Wie oben bereits gesehen, gibt es konstante Losgrößen und Lose, bei denen die Bestellmenge variabel ist. Bei den konstanten Losgrößen ist insbesondere das Modell zur klassischen Losgröße bekannt.

Klassisches Losgrößenmodell
Das klassische Losgrößenmodell hat in der Literatur mehrere Bezeichnungen. So wird es nach seinen Verfassern als Harris/Andler- oder auch nur als Andler-Modell (Andler 1929; Harris 1913) bezeichnet. Ebenso gebräuchlich ist die Bezeichnung „Wurzel-formel", die auf die charakteristische Form der Modelllösung mit Wurzel anspielt.

Beim klassischen Losgrößenmodell wird eine statische Losgröße ermittelt. Es wird davon ausgegangen, dass der Lagerabgang im Sinne des oben gezeigten Sägezahn-modells gleichförmig ist. Die Menge eines bestellten Loses q ist jeweils für einen bestimmten Zeitraum t ausreichend. Somit liegt bei diesem unterstellten Bedarfsverlauf durchschnittlich immer die Hälfte eines Loses q auf Lager.

Weitere Annahmen des Modells sind (vgl. z. B. Fandel et al. 1994, S. 157 ff.; Gronau und Lindemann 2010, S. 161 oder Schuh und Stich 2013, S. 105):

- die Gesamtkosten bestehen aus Lagerhaltungs- und Bestellkosten
- es gibt keine Wiederbeschaffungszeit
- Kosten und Preise sind im betrachteten Zeitraum konstant
- es gibt keine Fehlmengen

Die Gesamtkosten des Modells sollen minimiert werden. Dazu werden die Lagerhaltungs- und die Bestellkosten formuliert. In der Literatur gibt es viele ver-schiedene Arten die Kosten zu formulieren und daraus die optimale Losgröße abzuleiten. Allen Modellen ist gemein, dass sie den gleichen Ansatz zur Gesamtkostenoptimierung wählen, selbst wenn die einzelnen Formulierungen der Kostenbestandteile im Detail voneinander abweichen (zu weiteren Formulierungen vgl. z. B. Dyckhoff 2000, S. 312 ff.; Hansmann 2006, S. 300 ff.; Schneeweiß 2002, S. 112 ff. oder Steven 2014, S. 119 ff.).

Verwendet werden folgende Größen (in Anlehnung an Zelewski et al. 2008, S. 328 ff.):

- K   Gesamtkosten
- K_B Beschaffungskosten

- K_{FB} fixe Beschaffungskosten
- K_{FL} fixe Lagerkosten
- K_{lf} losfixe Bestellkosten
- K_L Lagerhaltungskosten
- k_L kalkulatorischer Lagerhaltungskostensatz
- m   bereitzustellende Gesamtmenge
- n   Planungszeitraum
- p   Beschaffungspreis einer Materialeinheit
- q   Losgröße

Die Beschaffungskosten K_B sind in Abhängigkeit der Losgröße q definiert:

$$K_B(q) = K_{FB} + m \cdot p + K_{lf} \cdot \frac{m}{q}$$

Sie setzen sich aus den fixen und den variablen Beschaffungskosten zusammen. Die variablen Beschaffungskosten enthalten den Beschaffungspreis für die bereitzustellende Gesamtmenge sowie die losfixen Bestellkosten für die Anzahl der zu bestellenden Lose, die sich aus dem Quotienten der Gesamtmenge und der Losgröße errechnet.

Die Lagerhaltungskosten setzen sich aus den fixen Lagerhaltungskosten zusammen und dem durchschnittlich auf Lager liegendem Bestand q/2, der mit dem kalkulatorischen Lagerhaltungskostensatz im Planungszeitraum multipliziert wird:

$$K_L(q) = K_{FL} + \frac{q}{2} \cdot k_L \cdot n$$

Die zu minimierenden Gesamtkosten K ergeben sich aus der Summe der Beschaffungskosten K_B und den Lagerhaltungskosten K_L:

$$K(q) = K_B(q) + K_L(q) \rightarrow min!$$

Um das Gesamtkostenminimum zu ermitteln, wird mithilfe der ersten Ableitung geprüft, ob die notwendige Bedingung für das Vorliegen eines Minimums gegeben ist. Die erste Ableitung wird gleich Null gesetzt und nach der abhängigen Größe q aufgelöst.

$$\frac{\partial K}{\partial q} \overset{!}{=} 0$$

$$\partial \left(\left(K_{FB} + m \cdot p + K_{lf} \cdot m \cdot q^{-1} \right) + \left(K_{FL} + \frac{q}{2} \cdot k_L \cdot n \right) \right) / \partial q = 0$$

$$\Leftrightarrow \left(0 + 0 + (-1) \cdot K_{lf} \cdot m \cdot q^{-2} \right) + (0 + 0{,}5 \cdot k_L \cdot n) = 0$$

$$\Leftrightarrow -K_{lf} \cdot m \cdot q^{-2} + 0{,}5 \cdot k_L \cdot n = 0$$

$$\Leftrightarrow K_{lf} \cdot m \cdot q^{-2} = 0{,}5 \cdot k_L \cdot n$$

$$\Leftrightarrow q^{-2} = \frac{0{,}5 \cdot k_L \cdot n}{K_{lf} \cdot m}$$

$$\Leftrightarrow q^2 = \frac{K_{lf} \cdot m}{0{,}5 \cdot k_L \cdot n}$$

$$\Leftrightarrow q = \sqrt{\frac{2 \cdot K_{lf} \cdot m}{k_L \cdot n}}$$

Die positive zweite Ableitung, die hinreichende Bedingung, bestätigt, dass bei der oben ermittelten Losgröße q ein Minimum der Gesamtkostenfunktion vorliegt.

$$\frac{\partial^2 K(q)}{\partial q^2} > 0$$

$$\partial\left(-K_{lf} \cdot m \cdot q^{-2} + 0{,}5 \cdot k_L \cdot n\right)/\partial q > 0$$

$$\Leftrightarrow (-2) \cdot \left(-K_{lf}\right) \cdot m \cdot q^{-3} + 0 > 0$$

$$\Leftrightarrow 2K_{lf} \cdot m \cdot q^{-3} > 0$$

$$\text{für } q, K_{lf}, m > 0 \text{ gilt}$$

$$2 > 0 \text{ q .e .d.}$$

Die Optimierung lässt sich grafisch darstellen. Die Lagerhaltungskosten sind linear und steigen mit der Bestellmenge an. Die Bestellkosten sind eine fallende Funktion, da sie mit steigender Menge abnehmen. Der Kostenverlauf ist jedoch nicht linear.

Werden die Lagerhaltungs- und Bestellkosten addiert, ergibt sich daraus eine konvexe Gesamtkostenfunktion mit einem Gesamtkostenminimum, anhand dessen die optimale Bestellmenge abgelesen werden kann. Die Kostenverläufe sind Abb. 3.8 zu entnehmen.

Das Andler-Modell wählt einen Optimierungsansatz zur Bestimmung der Losgröße. Fraglich ist, ob damit tatsächlich in der Praxis die im Sinne der Gesamtkosten-minimierung optimale Losgröße bestimmt werden kann. Unstrittig ist, dass das Andler-Modell eine Minimierung der Gesamtkosten vornimmt und damit eine optimale Losgröße berechnet. Somit bleibt zu überprüfen, ob die Voraussetzungen des Andler-Modells der betrieblichen Realität entsprechen und die optimale Losgröße damit auch für die Praxis gültig wäre.

Wie oben gesehen, geht das Andler-Modell von vielen Annahmen aus, die der Lager- und Bestellverlauf erfüllen muss. Allein durch den im Sägezahnmodell unterstellten regelmäßigen Bestellverlauf und dem daraus resultierenden durchschnittlichen Lager-bestand werden Annahmen getroffen, die sehr restriktiv sind. Die fehlende Wieder-beschaffungszeit und Fehlmengen sowie die Kosten- und Preiskonstanz machen eine unmittelbare Übertragbarkeit in die Praxis schwierig, da dies nicht der Realität ent-spricht. Würde ein Unternehmen alle Voraussetzungen des Andler-Modells erfüllen, könnte es anhand der Formel die optimale Losgröße ermitteln. Für alle anderen Unter-

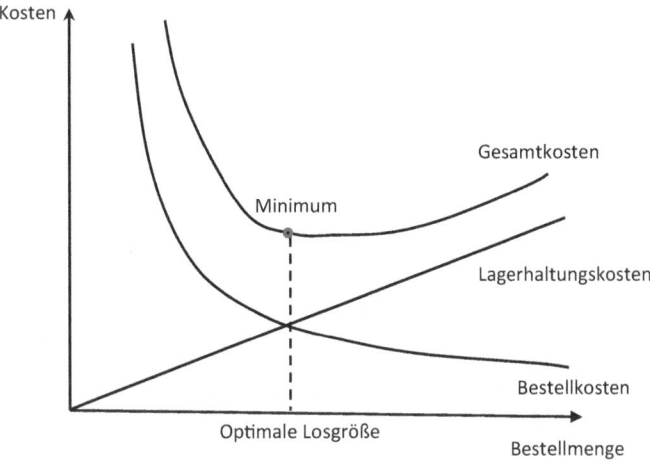

Abb. 3.8 Kostenverläufe Andler-Modell

nehmen kann es nur einen Anhaltspunkt bei der Suche nach der optimalen Losgröße bieten.

Die Sensitivität der Lösung hängt vom Verlauf der Lagerhaltungs- und Bestellkosten ab. Verlaufen die Kurven beide flach, ergibt sich in der Summe auch eine flach verlaufende Gesamtkostenkurve. Eine flach verlaufende, konvexe Gesamtkostenkurve hat zwar ein Minimum, die Steigung der Kurve ist jedoch zu beiden Seiten nicht hoch. Eine Abweichung der Bestellmenge führt folglich nur zu geringen Abweichungen der Gesamtkosten. Aus einem steilen Verlauf der Lagerhaltungs- und Bestellkosten resultiert eine stark konvexe Gesamtkostenfunktion, bei der eine geringe Abweichung in der Bestellmenge große Abweichungen in den Gesamtkosten nach sich zieht.

Beispiel

Der Materialbedarf eines Unternehmens ist für die nächsten 3.10 Wochen bekannt (vgl. Tab. 3.15). Die losfixen Bestellkosten K_{lf} liegen bei 3.190 € und der kalkulatorische Lagerhaltungssatz k_L beträgt 3.2,3.50 €

Summiert man den Bedarf über die angegebene Dauer von 10 Wochen auf, erhält man eine bereitzustellende Gesamtmenge $m = 537$.

Mithilfe der oben dargestellten Formel wird die klassische Losgröße berechnet:

$$q = \sqrt{\frac{2 \cdot 190 \cdot 537}{2{,}50 \cdot 10}} = 90{,}35 \approx 90$$

Da das Ergebnis keine ganze Zahl ist, wird mathematisch gerundet. Die optimale Losgröße beträgt für das Zahlenbeispiel 90 Stück.

Das gewählte Zahlenbeispiel liefert alle für das Andler-Modell benötigten Rechengrößen. Gleicht man jedoch mit den oben vorgestellten Voraussetzungen des Andler-Modells ab, fällt auf, dass insbesondere die Prämisse des gleichmäßigen Bedarfsverlaufs und die daraus resultierende Annahme des durchschnittlichen Lagerbestandes von q/2 nicht erfüllt sind. Somit muss die Güte der berechneten Lösung für die optimale Losgröße infrage gestellt werden.

Das Zahlenbeispiel ist bewusst mit unregelmäßigem Bedarfsverlauf gewählt worden, da es zum einen der betrieblichen Praxis näherkommt und zum anderen mithilfe dieses Beispiels auch die folgenden Losgrößenmodelle, die für schwankende Bedarfsverläufe ausgelegt sind, erläutert werden. Durch ein durchgängig gewähltes Zahlenbeispiel werden ein Vergleich und eine Evaluation der unterschiedlichen Ergebnisse im weiteren Verlauf der Ausführungen ermöglicht.

In der Praxis kann die klassische Losgröße mithilfe zusätzlicher Entscheidungsregeln an schwankende Materialbedarfe angepasst werden (vgl. weiterführend Zelewski et al. 2008, S. 351 ff.), indem vorgegeben wird, wie verfahren werden soll, wenn die Bedarfe nicht der optimalen Losgröße entsprechen. Dazu wird zunächst der Bedarf in Brutto- und Netto-Bedarf unterschieden. Im Beispiel wird die Annahme getroffen, dass ein neues Los nur bestellt wird, wenn der Netto-Bedarf – also der Bruttobedarf abzüglich der Bestände – positiv ist. Ist der Nettobedarf kleiner oder gleich der optimalen Losgröße, wird exakt die optimale Losgröße beschafft. Liegt er darüber, wird der benötigte Nettobedarf beschafft.

Wie im Sägezahnmodell wird hier davon ausgegangen, dass das Los zu Beginn einer Periode zur Verfügung steht.

Die oben gezeigte Tab. 3.15 wird um den Nettobedarf, die Losgröße und Bestandsgrößen erweitert (Tab. 3.16):

Tab. 3.15 Materialbedarf eines Unternehmens

Woche	1	2	3	4	5	6	7	8	9	10
Bedarf	30	60	50	132	0	90	70	10	30	65

Tab. 3.16 Beispiel zur Anwendung der klassischen Losgröße

Woche	1	2	3	4	5	6	7	8	9	10
Bedarf (brutto)	30	60	50	132	0	90	70	10	30	65
Bedarf (netto)	30	0	50	92	0	90	70	0	20	0
Losgröße	90	0	90	92	0	90	90	0	90	0
Anfangsbestand	90	60	90	132	0	90	90	20	100	70
Endbestand	60	0	40	0	0	0	20	10	70	5
Durchschnittsbestand	75	30	65	66	0	45	55	15	85	37,5

Im gezeigten Beispiel wird die optimale Losgröße von 90 Stück nur in 5 der 10 Wochen bestellt, was dem schwankenden Bedarfsverlauf geschuldet ist. In vier Perioden wird nichts bestellt und in einer Periode eine suboptimale, größere Losgröße.

Der Durchschnittbestand wird aus dem Mittelwert des Anfangs- und Endbestands berechnet.

Die Gesamtkosten des Beispiels lassen sich aus den Bestell- und den Lagerhaltungskosten ermitteln, indem die Anzahl der Bestellungen mit den bestellfixen Kosten multipliziert wird und dazu die Summe der Produkte von Durchschnittbestand mit kalkulatorischem Lagerhaltungskostensatz addiert wird:

$Gesamtkosten = 190 \cdot 6 + (75 + 30 + 65 + 66 + 45 + 55 + 15 + 85 + 37{,}5) \cdot 2{,}50 = 2323{,}75$ ◄

Stück-Perioden-Ausgleich

Der Stück-Perioden-Ausgleich ist im Gegensatz zum Andler-Modell ein heuristischer Ansatz, bei dem keine konstante Losgröße festgelegt wird. Es ist ein dynamisches Modell, bei dem die Losgröße im betrachteten Zeitraum variieren kann, um schwankenden Bedarfsverläufen gerecht zu werden. Dabei wird die Losgröße so lange erhöht, bis ein Abbruchkriterium erreicht ist. Dieses Abbruchkriterium besteht darin, dass die Losgröße so lange erhöht wird, bis die losgrößenabhängigen Lagerhaltungskosten die losfixen Beschaffungskosten überschreiten. Dieses Kriterium ist in Anlehnung an das klassische Losgrößenmodell gewählt, bei dem das Optimum im Schnittpunkt der Lagerhaltungs- und Bestellkosten liegt (vgl. Abb. 3.8). Wird das Optimum verlassen, wird ein neues Los aufgelegt.

Der Stück-Perioden-Ausgleich wird am gleichen Zahlenbeispiel erläutert, welches oben bereits zur Darstellung der klassischen Losgröße herangezogen wurde.

Beispiel

Die Bedarfe des Zeitraums von 3.10 Wochen sind bekannt (vgl. Tab. 3.4). Beim Stück-Perioden-Ausgleich wird vorausgesetzt, dass die Bedarfe zu Periodenbeginn anfallen

Die losfixen Beschaffungskosten betragen 190 €. Die Kosten werden nun pro Periode jeweils mit den losgrößenabhängigen Lagerhaltungskosten verglichen.

In Woche 1 liegt ein Netto-Bedarf von 30 Stück vor, der zu Beginn der Periode vollständig verbraucht wird. Somit fallen für die erste Periode keine Lagerhaltungskosten an. Die Lagerhaltungskosten sind somit kleiner als die losfixen Beschaffungskosten:

Woche 1: 0 < 190.

Das Abbruchkriterium ist nicht erreicht, sodass nun überprüft wird, ob die Losgröße um den Bedarf von Woche 2 erweitert werden kann. Würde der Bedarf der beiden Wochen zusammengefasst, müsste der Bedarf von Woche 2 eine Woche lang zu Lagerhaltungskosten von 2,50 € gelagert werden:

Woche 2: $0 + 60 \cdot 1 \cdot 2,50 = 150 < 190$.

Die Lagerhaltungskosten liegen mit 150 € unter den losfixen Beschaffungskosten, sodass geprüft wird, ob das Los um den Bedarf von Woche 3 erweitert werden kann. Dieser müsste bei einer gemeinsamen Beschaffung 2 Wochen gelagert werden:

Woche 3: $150 + 50 \cdot 2 \cdot 2,50 = 400 > 190$.

Das Abbuchkriterium ist erreicht, da die Lagerhaltungskosten nun die losfixen Beschaffungskosten überschreiten. Damit muss in Woche 3 ein neues Los aufgelegt werden. In Woche 1 werden nur die Bedarfe von Woche 1 und 2 gemeinsam beschafft.

In Woche drei wird ein neues Los aufgelegt, bei dem keine Lagerhaltungskosten anfallen und es wird geprüft, ob das Los um den Bestand der Woche 4 erweitert werden kann:

Woche 3: $0 < 190$.

Woche 4: $0 + 132 \cdot 1 \cdot 2,50 = 330 > 190$.

Das Abbruchkriterium ist erreicht und das zweite Los umfasst nur den Bedarf der dritten Woche.

Die Lose der weiteren Perioden werden analog berechnet. Dies wird nicht mehr ausführlich gezeigt, sondern ist Tab. 3.17 zu entnehmen. Wie bereits beim Beispiel der klassischen Losgröße sind auch hier die Anfangs-, End- und Durchschnittsbestände notiert, mithilfe derer abschließend die Gesamtkosten ermittelt werden.

Die Gesamtkosten des Stück-Perioden-Ausgleichs werden wieder mithilfe der Anzahl der Bestellungen und den durchschnittlichen Beständen berechnet:

Gesamtkosten $= 190 \cdot 6 + (75 + 30 + 25 + 66 + 115 + 35 + 35 + 15 + 32,5) \cdot 2,50 = 2211,25$

Die Gesamtkosten liegen hier unter den Gesamtkosten des Andler-Modells in Höhe von 2323,75. ◄

Gleitende wirtschaftliche Losgröße

Das Losgrößenmodell mit gleitender wirtschaftlicher Losgröße ist ebenso wie der Stück-Perioden-Ausgleich ein dynamisches Modell, das mithilfe eines Abbruchkriteriums

Tab. 3.17 Beispiel zur Anwendung des Stück-Perioden-Ausgleichs

Woche	1	2	3	4	5	6	7	8	9	10
Bedarf (brutto)	30	60	50	132	0	90	70	10	30	65
Bedarf (netto)	30	0	50	132	0	90	0	10	0	65
Losgröße	90	0	50	132	0	160	0	40	0	65
Anfangsbestand	90	60	50	132	0	160	70	40	30	65
Endbestand	60	0	0	0	0	70	0	30	0	0
Durchschnittsbestand	75	30	25	66	0	115	35	35	15	32,5

die Größe des aufzulegenden Loses bestimmt. Die Erweiterung des Loses wird dann abgebrochen, wenn die Stückkosten des Loses ansteigen. Ziel der gleitenden wirtschaftlichen Losgröße besteht in der Bildung von stückkostenminimalen Losen.

Das Modell wird erneut am bereits bekannten Zahlenbeispiel erläutert.

Beispiel

Die Stückkosten errechnen sich aus den Gesamtkosten – bestehend aus den losfixen Bestellkosten und den Lagerhaltungskosten – bezogen auf die Stückzahl

Genau wie im Stück-Perioden-Ausgleich wird angenommen, dass der Bedarf jeweils zu Beginn der Woche stattfindet und für die laufende Woche somit keine Lagerhaltungskosten anfallen.

In Woche 1 fallen folglich nur die losfixen Bestellkosten in Höhe von 190 € an, die durch die Stückzahl von 30 geteilt werden. Die so errechneten Stückkosten gelten als Grenze für das aufzulegende Los. Wird diese Grenze bei Erweiterung des Loses im ersten Schritt überschritten, ist das Abbruchkriterium erreicht und ein neues Los wird aufgelegt. Bei allen folgenden Erweiterungen gelten jeweils die aktuellen Stückkosten. Steigen diese erstmalig an, wird die Erweiterung des Loses abgebrochen.

Woche 1: $\frac{190}{30} \approx 6{,}33$

Woche 2: $\frac{190+60\cdot1\cdot2{,}50}{30+60} = \frac{340}{90} \approx 3{,}78$

Woche 3: $\frac{340+50\cdot2\cdot2{,}50}{90+50} = \frac{590}{140} \approx 4{,}21$

Die Stückkosten steigen bei einer Erweiterung des Bedarfs von Woche 3 im Vergleich zu Woche 2 an. Das Abbruchkriterium ist erreicht. Im ersten Los wird der Bedarf von Woche 1 und 2 zusammengefasst.

Die Lose der weiteren Perioden werden analog berechnet. Dies wird nicht mehr ausführlich gezeigt, sondern ist Tab. 3.18 zu entnehmen. Wie bereits beim Beispiel der klassischen Losgröße und des Stück-Perioden-Ausgleichs sind auch hier die Anfangs-, End- und Durchschnittsbestände notiert, mithilfe derer abschließend die Gesamtkosten ermittelt werden.

Gesamtkosten $= 190 \cdot 5 + (75 + 30 + 157 + 66 + 45 + 45 + 5 + 80 + 32{,}5) \cdot 2{,}50 = 2288{,}75$

Die Gesamtkosten liegen über denen des Stück-Perioden-Ausgleichs (2211,25), jedoch noch unter denen des Andler-Modells (2323,75). ◄

Die gezeigten Losgrößenmodelle sind nur eine Auswahl von Modellen. Die gezeigten Modelle sind im Falle der gleitenden wirtschaftlichen Losgröße und dem Stück-Perioden-Ausgleich heuristische Ansätze, die keine optimale Lösung finden wollen. Wird die optimale Lösung getroffen, ist dies Zufall. In aller Regel kann die Güte der Lösung nicht überprüft werden, da kein Vergleichsmaßstab zur Verfügung steht. Dafür ist die Lösung mit vergleichsweise geringem Aufwand zu ermitteln.

Tab. 3.18 Beispiel zur Anwendung der gleitenden wirtschaftlichen Losgröße

Woche	1	2	3	4	5	6	7	8	9	10
Bedarf (brutto)	30	60	50	132	0	90	70	10	30	65
Bedarf (netto)	30	0	50	0	0	90	70	0	30	0
Losgröße	90	0	182	0	0	90	80	0	95	0
Anfangsbestand	90	60	182	132	0	90	80	10	95	65
Endbestand	60	0	132	0	0	0	10	0	65	0
Durchschnittsbestand	75	30	157	66	0	45	45	5	80	32,5

Das Andler-Modell ist zwar ein optimierendes Modell, das jedoch, wie oben gezeigt, aufgrund seiner restriktiven Prämissen in der Praxis bei schwankendem Materialbedarf nicht zu optimalen Lösungen führen kann.

Es gibt optimierende Losgrößenmodelle, die auch bei schwankendem Materialbedarf das Optimum ermitteln wie das Wagner/Whitin-Modell. Es sei hier auf weiterführende Literatur verwiesen (vgl. z. B. Wagner und Whitin 1958, Herrmann 2009, S. 250 ff., Tempelmeier 2008, S. 148 ff. oder Dangelmaier 2009, S. 462 ff.)

3.2.3 Qualitätskontrolle

Die Qualität der zu beschaffenden Materialien spielt in der Beschaffungslogistik eine wichtige Rolle. Generell geht es darum, die Qualität der Materialien auf einem vorher festgelegten Niveau sicherzustellen und damit das Risiko für das beschaffende Unternehmen so gering wie möglich zu halten. Entsprechen Materialien nicht der festgelegten Qualität, droht die Qualität des hergestellten Produktes oder Dienstleistung nicht mehr dem Unternehmensstandard zu entsprechen.

▶ Gemäß DIN 55350 (DIN 55350 2021) ist Qualität die Beschaffenheit einer Einheit bezüglich ihrer Eignung, festgelegte oder vorausgesetzte Erfordernisse zu erfüllen.

Qualität drückt somit nicht aus, dass ein Unternehmen das beste, hochwertigste, teuerste, beständigste oder innovativste Material verwendet, sondern lediglich, dass es sich an das hält, was vorher unternehmensintern als Qualitätsstandard definiert wurde (vgl. Wannenwetsch 2021, S. 273 ff.). Es geht nicht um ein objektives Maximalbestreben, sondern um einen individuellen Unternehmenswert, der aus der Unternehmensstrategie resultiert. Ebenso ist möglich, dass der Qualitätsstandard nicht als interne Strategie festgelegt wird, sondern einer überbetrieblichen Norm wie Deutsche Industrie Norm (DIN) oder auch Verbandsnormen (vgl. dazu weiterführend Oeldorf und Olfert 2018, S. 412 ff.) folgt.

Zur Sicherung der in einem Unternehmen festgelegten Qualität können verschiedene Werkzeuge angewendet werden. Sie alle dienen der systematischen Erfassung, Visualisierung und Analyse der Erhebungsdaten (vgl. dazu weiterführend zu einem Überblick unterschiedlicher Werkzeuge der Qualitätssicherung Kamiske 2015, S. 33–58).

Die Qualität wird häufig aus Kundenperspektive betrachtet und als „perceived quality" definiert. Dabei ist Qualität das, was der Kunde als Qualität wahrnimmt. Es muss gemessen werden, welche Leistung der Kunde erwartet und wie er auf positive oder negative Abweichungen reagiert (vgl. dazu weiterführend Schmitt und Pfeifer 2015, S. 138 ff.)

Im Kontext der Beschaffungslogistik wird die Prüfung der Qualität aus Sicht des kaufenden Unternehmens bewertet und im Wareneingang vorgenommen. Im Rahmen der Wareneingangsprüfung muss zunächst festgelegt werden, welche Qualitätseigenschaften die Materialien vorweisen müssen, um angenommen zu werden. Dies kann beispielsweise die Abmessungen, Eigenschaften, Funktionen oder Beschaffenheit eines Materials betreffen. Bei der Durchführung der Qualitätsprüfung wird ferner im Vorfeld der Prüfumfang festgelegt. Bei einer Hundertprozentprüfung würden alle Materialien getestet, bei einer Stichprobenprüfung nur repräsentative Materialien, von denen auf die Qualität der Grundgesamtheit geschlossen werden kann (vgl. weiterführend Oeldorf und Olfert 2018, S. 316 ff.).

Bei der Durchführung der Qualitätsprüfung muss – unabhängig von der zu überprüfenden Qualitätseigenschaft – eine Toleranzgrenze bestimmt werden, innerhalb derer das Material im Unternehmen angenommen wird und außerhalb derer die Annahme des Materials verweigert oder das Material retourniert wird.

In der Praxis wird häufig angenommen, dass die Qualität der Materialien standardnormalverteilt ist und in ihrem visualisierten Verlauf der Gaußschen Glocke entspricht: Ein Großteil der geprüften Materialien liegt dabei im Mittelfeld der Bewertungen, kleine Teile liegen qualitativ besser oder schlechter. Das Mittelfeld der Bewertungen wird mit dem Erwartungswert gemessen und die Werte streuen um diesen, was mit der Varianz berechnet wird. Die daraus abgeleitete Standardabweichung entspricht einer Toleranz für die Akzeptanz der Materialqualität.

Ein Beispiel für die Auswertung der Qualitätsüberprüfungen stellt die Qualitätsregelkarte (oder auch Kontrollkarte) dar, mithilfe derer Prüfergebnisse im Zeitablauf grafisch dargestellt werden, um so mögliche Qualitätsabweichungen zu erkennen und zu bewerten. In einem Koordinatensystem werden zweiseitig Warngrenzen festgelegt, die die Warn- bzw. Eingriffsgrenzen markieren. Diese Grenzen können beispielsweise mithilfe der Standardabweichung quantifiziert werden, wie Abb. 3.9 (in Anlehnung an Kamiske und Brauer 2011, S. 224) zu entnehmen ist. Im Zeitablauf wird dargestellt, wie sich die Messwerte entwickeln und in welchen Bereichen sie sich befinden.

Gemäß der unterstellten Standardnormalverteilung liegt ein Großteil der Messungen im Bereich um den Mittelwert zu- oder abzüglich einer Toleranz in Höhe der Standardabweichung. Ca. 95 % aller Werte liegen im Bereich des Erwartungswerts zu- oder

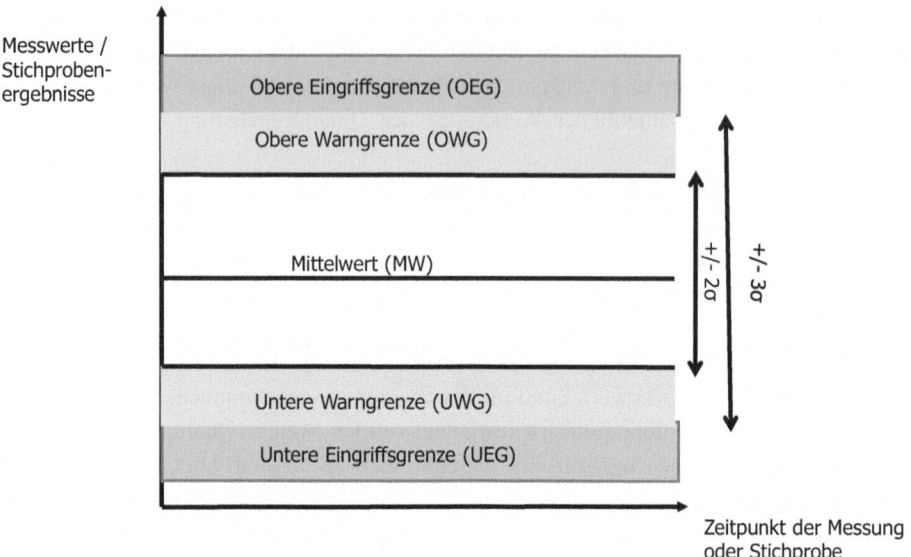

Abb. 3.9 Qualitätsregelkarte

abzüglich der doppelten Standardabweichung. In diesem Fall sind Warngrenzen erreicht, da die Abweichungen an der Grenze des Tolerierbaren liegen. Im Fall einer Abweichung in Höhe der dreifachen Standardabweichung um den Mittelwert sind Eingriffsgrenzen erreicht.

Im folgenden Beispiel ist die Berechnung der Kontrollwerte sowie die Bestimmung von möglichen Grenzen verdeutlicht.

Beispiel

In einem Unternehmen werden Pinsel für den künstlerischen Bedarf, insbesondere für Aquarellmalerei herstellt. Die Pinsel werden von den Kunden als qualitativ hochwertig erachtet, weil sie trotz einer hohen Aufnahme von Farbe ihre spezielle Borstenform bewahren und so für sehr dünne Pinselstriche einzusetzen sind. Diese spezielle Borstenform wird unter anderem durch die Anzahl an Pinselhaaren garantiert. Bei einer Kontrolle wird der Durchmesser der Pinselhaare ermittelt aus der dann später die Anzahl der Pinselhaare abgeleitet werden kann

Es wurden Qualitätsprüfungen durchgeführt und 20 Werte zum Borstendurchmesser ermittelt (vgl. Tab. 3.19).

Tab. 3.19 Qualitätsprüfung Werte Borstendurchmesser

Stichprobe	Ausprägung
1	13
2	16
3	14
4	15
5	11
6	16
7	19
8	13
9	16
10	15
11	12
12	15
13	15
14	16
15	17
16	14
17	15
18	15
19	15
20	18

Aus den zur Verfügung stehenden Informationen soll eine Qualitätsregelkarte erstellt werden. Dazu werden zunächst der Mittelwert sowie die Standardabweichung errechnet.

$$\bar{x} = \sum_{i=1}^{n} \frac{x_i}{n} = \frac{300}{20} = 15$$

$$\sigma = \sqrt{\frac{1}{n-1} \sum_{i=1}^{n} (x_i - \bar{x})^2} = \sqrt{\frac{1}{19} \cdot 68} = \sqrt{3{,}58} = 1{,}89$$

Die Grenzen werden daraus abgleitet:

$$OEG = \bar{x} + 3\sigma = 20{,}67$$
$$OWG = \bar{x} + 2\sigma = 18{,}78$$
$$UWG = \bar{x} - 2\sigma = 11{,}22$$
$$UEG = \bar{x} + 3\sigma = 9{,}33$$

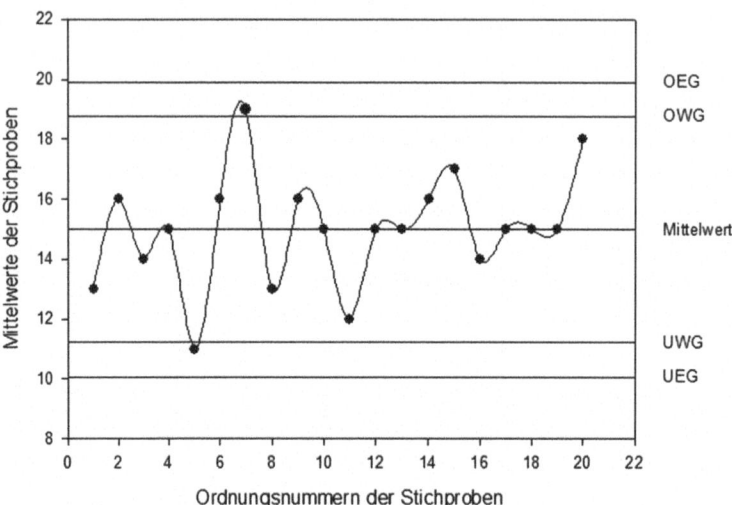

Abb. 3.10 Qualitätsregelkarte Beispiel

Graphisch dargestellt, sieht der Verlauf der Stichprobenwerte innerhalb der Grenzen folgendermaßen aus (Abb. 3.10):

Man sieht an der Qualitätsregelkarte, dass bei zwei Werten ($i = 5$ und $i = 7$) die untere bzw. obere Warngrenze überschritten werden. Alle anderen Werte liegen innerhalb der Toleranzgrenze um den Mittelwert ($MW \pm \sigma$). Die Visualisierung der Stichprobenqualität offenbart somit, dass die Qualitätsvorgaben des Unternehmens eingehalten werden, es ist kein weiteres Eingreifen erforderlich. ◀

Literatur

Andler, K. (1929): Rationalisierung der Fabrikation und optimale Losgrösse. München: Oldenbourg Verlag.

Belton, V.; Gear, T. (1983): On a shortcoming of Saaty's method of analytic hierarchies. Omega 11 (3): 228–230.

Bichler, K. et al. (2010): Beschaffungs- und Lagerwirtschaft. Wiesbaden: Gabler Verlag.

Dangelmaier, W. (2009): Theorie der Produktionsplanung und Steuerung. Im Sommer keine Kirschpralinen? Berlin: Springer Verlag.

DIN 55350 (2021): Begriffe zum Qualitätsmanagement. Berlin: Beuth Verlag.

Disselkamp, M., Schüller, R. (2004): Lieferantenrating: Instrumente, Kriterien, Checklisten. Wiesbaden: Gabler Verlag.

Dyckhoff, H. (2000): Grundzüge der Produktionswirtschaft. 3. Auflage. Berlin: Springer Verlag.

Dyer, J.S. (1990): Remarks on the analytic hierarchy process. Management Science 36 (3): 249-258.

Ehrmann, H. (2012): Logistik. 7. Auflage. Herne: Kiehl Verlag.

Fandel, G. et al. (1994): PPS-Systeme. Berlin: Springer Verlag.

Fortmann, K-M., Kallweit, A. (2007): Logistik. 2. Auflage. Stuttgart: Kohlhammer Verlag.

Gronau, N., Lindemann, M. (2010): Einführung in das Produktionsmanagement. Berlin: Gito Verlag.

Hansmann, K.-W. (2006): Industrielles Management. 8. Auflage. München: Oldenbourg Verlag.

Harker, P.T.; Vargas, L.G. (1987): The Theory of Ratio Scale Estimation: Saaty's Analytic Hierarchy Process. Management Science 33 (11): 1383–1403.

Harris, F.W. (1913): How many parts to make at once. In: Factory: The Magazine of Management 10 (2): 135–136,152.

Hartel, D.H. (Hrsg.) 2015: Projektmanagement in der Logistik. Wiesbaden: Springer Gabler Verlag.

Helmold, M., Terry, B. (2016): Lieferantenmanagement 2030: Wertschöpfung und Sicherung der Wettbewerbsfähigkeit in digitalen und globalen Märkten. Wiesbaden: Springer Gabler Verlag.

Herrmann, F. (2009): Logik der Produktionslogistik. München: Oldenbourg Verlag.

Hofbauer, G. et al. (2012): Lieferantenmanagement. Die wertorientierte Gestaltung der Lieferbeziehung. 2. Auflage. München: Oldenbourg Verlag.

Hungenberg, H. (2014): Strategisches Management. 8. Auflage. Wiesbaden: Springer Gabler Verlag.

Kamiske, G.F. (2015): Qualitätssicherung – Praxiswissen. München: Carl Hanser Verlag.

Kamiske, G.F., Brauer, J.-P. (2011): Qualitätsmanagement von A bis Z. 7. Auflage. München: Carl Hanser Verlag.

Klaus, P. et al. (2007): Steuerung von Supply Chains. Wiesbaden: Gabler Verlag.

Koether, R. (Hrsg.) (2011): Taschenbuch der Logistik. 4. Auflage. München: Carl Hanser Verlag.

Kummer. S. et al. (2013): Grundzüge der Beschaffung, Produktion und Logistik. 3. Auflage. München: Pearson Verlag.

Large, R.O. (2013): Strategisches Beschaffungsmanagement. 5. Auflage. Wiesbaden: Gabler Verlag.

Lasch, R. (2017): Strategisches und operatives Logistikmanagement: Beschaffung. Wiesbaden: Springer Gabler Verlag.

Lasch, R. (2018): Sourcing-Strategien. Corsten, H. et al. (Hrsg.): Handbuch Produktions- und Logistikmanagement in Wertschöpfungsnetzwerken. Berlin: De Gruyter Verlag. 502–517.

Meffert, H. et al. (2014): Marketing: Grundlagen marktorientierter Unternehmensführung Konzepte – Instrumente – Praxisbeispiele. 14. Auflage. Wiesbaden: Gabler Verlag.

Oeldorf, G., Olfert, K. (2018): Material-Logistik. 14. Auflage. Herne: NWB Verlag.

Palupski, R. (2002): Management von Beschaffung, Produktion und Absatz. 2. Auflage. Wiesbaden: Gabler Verlag.

Peters, M., Zelewski, S. (2003): Fallstudie zur Lösung eines Standortproblems mit Hilfe des Analytical Hierarchy Process (AHP), Arbeitsbericht Nr. 19, Institut für Produktion und Industrielles Informationsmanagement, Universität Duisburg-Essen, Campus Essen.

Piontek, J. (2016): Bausteine des Logistikmanagements. 5. Auflage. Herne: NWB Verlag.

Saaty, T.L. (2004): Mathematical Methods of Operations Research. 2. Edition. New York: Dover Publications.

Saaty, T.L. (2016): The Analytic Hierarchy and Analytic Network Processes for the Measurement of Intangible Criteria and for Decision-Making in: Greco, S. et al.: Multi Criteria Decision Analysis. 2. Edition. New York: Springer Verlag. 363–419.

Saaty, T.L., Hu, G (1998): Ranking by Eigenvector Versus Other Methods in the Analytic Hierarchy Process. Applied Mathematics Letters, 11 (4):121–125.

Saaty, T.L., Vargas, L.G. (2013): Models, Methods, Concepts & Applications of the Analytic Hierarchy Process. 2. Edition. New York: Springer Verlag.

Schmitt, R., Pfeifer, T. (2015): Qualitätsmanagement. Strategien – Methoden – Techniken. 5. Auflage. München: Carl Hanser Verlag.

Schneeweiß, C. (2002): Einführung in die Produktionswirtschaft. 8. Auflage. Berlin: Springer Verlag.

Schuh, G., Stich, V. (Hrsg.) (2013): Logistikmanagement. 2. Auflage. Berlin: Springer Verlag,

Senft, D. (2013): International Sourcing. Wiesbaden: Springer Verlag.

Springer Fachmedien Wiesbaden (Hrsg.) (2013): 222 Keywords Logistik. Wiesbaden: Springer Gabler Verlag.

Steven, M. (2014): Produktionsmanagement. Stuttgart: Kohlhammer Verlag.

Tempelmeier, H. (2008): Material-Logistik. 7. Auflage. Berlin: Springer Verlag.

Triantaphyllou, E. (2001): Two new cases of rank reversals when the AHP and some of its additive variants are used that do not occur with the multiplicative AHP. Journal of Multi-Criteria Decision Analysis 10 (1): 11–25.

Wagner, H.M., Whitin, T.M. (1958): Dynamic version of the Economic Lot Size Modell. Management Science 1 (5): 89–96.

Wannenwetsch, H. (2021): Integrierte Materialwirtschaft, Logistik und Beschaffung. 6. Auflage. Berlin: Springer Vieweg Verlag.

Zelewski, S. et al. (2008): Produktionsplanungs- und -steuerungssysteme. München: Oldenbourg Verlag.

Logistikmanagement: Innerbetriebliche Logistik

4

Zusammenfassung

Die innerbetriebliche Logistik wird auch als Produktionslogistik bezeichnet. Zur innerbetrieblichen Logistik gehören alle Aufgaben, die die Planung und Steuerung der Material- und Informationsflüsse eines produzierenden Unternehmens mit sich bringen. Die Planung ist die Vorwegnahme des betrieblichen Produktionsprogramms, die anschließend in der Steuerung umgesetzt wird. Ferner umfasst die innerbetriebliche Logistik die Planung der Fabrik und auch die Organisation des eigentlichen Fabrikbetriebs. In allen Bereichen der innerbetrieblichen Logistik steht die Zielsetzung der Optimierung der Material- und Informationsflüsse im Vordergrund.

Die innerbetriebliche Logistik ist eine der in Abb. 2.1 dargestellten logistischen Funktionen. Der Begriff ist als allgemeine Bezeichnung für die innerbetrieblichen logistischen Abläufe in allen Unternehmensformen wie Industrie, Handel und Dienstleistung zu verstehen. In der produzierenden Industrie wird die Bezeichnung „Produktionslogistik" synonym zur Bezeichnung „Innerbetriebliche Logistik" verwendet.

Die innerbetriebliche Logistik umfasst die Aufgaben der Fabrikplanung, der Planung und Umsetzung der Material- und Informationsflüsse im Unternehmen sowie der Planung und Steuerung der Produktion.

Diese Aufgaben werden in den folgenden Unterkapiteln dargestellt.

© Springer Fachmedien Wiesbaden GmbH, ein Teil von Springer Nature 2022   55
S. Hohmann, *Logistik- und Supply Chain Management,*
https://doi.org/10.1007/978-3-658-13631-4_4

4.1   Fabrikplanung

4.1.1 Ziele und Einflussfaktoren

Die Fabrikplanung umfasst drei Planungsfelder. Dazu gehört die Bestimmung von Standorten (Standortplanung), der Entwurf von Bebauungsplänen (Generalbebauungsplanung)
sowie die Konzeption von Produktions- und Logistikprozessen innerhalb definierter
Flächen- und Raumsysteme (Fabrikstrukturplanung) (vgl. Grundig 2018, S. 12).
    Ziel dabei ist, die Fabrik möglichst optimal im Hinblick auf die

- Produktions- und Materialflüsse,
- Flächen- und Raumnutzung,
- Flexibilität und Wandlungsfähigkeit sowie
- Arbeitsbedingungen

zu gestalten. Wie bei den meisten betriebswirtschaftlichen Zielen, lassen sich auch die
Gestaltungsziele der Fabrikplanung in quantifizierbare Ziele wie Kosten und nicht oder
nur schwer quantifizierbare Ziele wie beispielsweise Layout oder Flexibilität unterteilen
(vgl. Schulte 2017, S. 568 ff.).
    Die Fabrikplanung weist die Besonderheit auf, dass sie nicht nur auf einer Wissen-
schaftsdisziplin basiert, sondern durch die vielfältig gesteckten Ziele mehrere Wissen-
schaften miteinander verbindet. Bei technischen Fragestellungen zur Produktion werden
Ingenieure zu Rate gezogen, Fragen zur Effizienz der Fabrik und Produktion gehören in
den Bereich der Wirtschaftswissenschaft. Die Ausgestaltung der Arbeitsbedingungen ist
der Arbeits- und Sozialwissenschaft zugehörig. Die Zielerreichung der Fabrikplanung ist
somit eine Frage des interdisziplinären Zusammenarbeitens verschiedener wissenschaft-
licher Fachrichtungen (vgl. Spur 1994, S. 14).
    Die Fabrikplanung unterliegt verschiedenen *Einflussfaktoren,* die im Folgenden
erläutert werden:
    Der *Kundenwunsch* bildet in vielen Fällen den Ausgangspunkt der Produktplanung,
die ihrerseits Konsequenzen auf die Fertigung und damit auch auf die Fabrikplanung hat.
Der Kunde wünscht häufig innovative Produkte, was in kurzen Produktlebenszyklen und
häufigen Produktionsveränderungen resultiert. Ferner ist ein Trend zu individualisierten
Produkten erkennbar. Aus Sicht der Produktion führt dies zur Notwendigkeit eine hohe
Vielfalt an Produkten herzustellen, was entsprechend bei der Fabrikplanung berücksichtigt werden muss, da diese die Voraussetzung zur Realisierung der kundenwunsch-
gerechten Produktion darstellt (vgl. z.B Schenk et al. 2014, S. 14 ff.).
    Die Eigenschaften und Zusammensetzung des zu fertigenden *Produkts* beeinflusst die
Fabrikplanung. So ist die Größe, das Gewicht, die Form und die technologische sowie
konstruktive Gestaltung des Produkts wichtig für die Größe und das Layout der Fabrik
und der verwendeten *Betriebsmittel* (vgl. Schulte 2017, S. 569 f.). Die Betriebsmittel

beeinflussen ihrerseits den *Flächenbedarf* im Unternehmen. Der Flächenbedarf setzt sich aus den für die Aufstellung der Betriebsmittel benötigten Flächen, den Lager-, Transport- und Verwaltungsflächen zusammen (vgl. Schulte 2017, S. 586 f.). Für jeden Maschinen-arbeitsplatz wird die benötigte Fläche ermittelt, wobei die Ausmaße der Maschine und die Funktionsflächen wie die Produktions-, Wartungs- oder Bereitstellfläche in die Kalkulation einbezogen werden (für einen Überblick von angewandten Flächen-berechnungsverfahren vgl. Grundig 2018, S. 96 ff.).

Das Produkt beeinflusst ferner das verwendete Fertigungsverfahren, was seinerseits Einfluss nimmt auf das Layout und die Größe der Fabrik. Fertigungsverfahren werden nach ihrer räumlichen Struktur in vier Formen eingeteilt, die im Folgenden kurz erläutert werden:

1) Wertstattfertigung,
2) Fließfertigung,
3) Gruppenfertigung,
4) Baustellenfertigung.

Bei der *Werkstattfertigung* werden die Arbeitsplätze nach dem Verrichtungsprinzip angeordnet, gemäß dem Arbeitsprozess. Die Materialien oder Produkte werden je nach Bedarf durch das System transportiert. Die Werkstatt- oder Maschinenfolge ist dement-sprechend je nach zu fertigendem Produkt variabel zu gestalten. Es gibt keine festgelegte Reihenfolge, die bei jedem Produkt verfolgt wird (vgl. z. B. Niehues et al. 2012).

In Abb. 4.1 ist zu sehen, dass der Materialfluss bei der Werkstattfertigung nicht grad-linig sein muss. Es kann je nach Anforderung des Produktes ein der Verrichtung ent-sprechender Weg durch die einzelnen Werkstätten gewählt werden, woraus oftmals ein

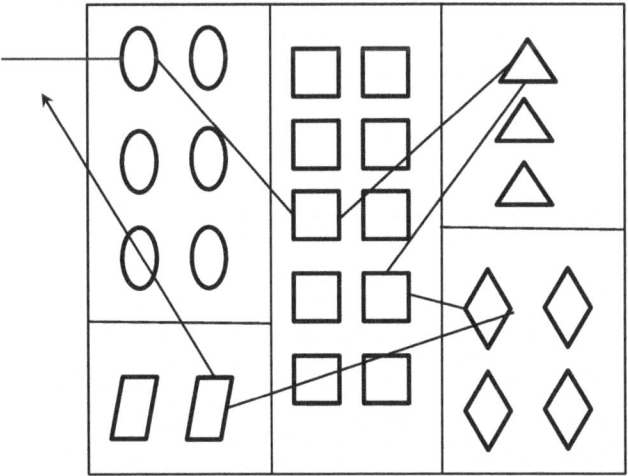

Abb. 4.1 Werkstattfertigung

nicht gradliniger Fluss entsteht. Auch Kreuzungen, Rückflüsse oder Umwege sind möglich.

Die Vorteile der Werkstattfertigung bestehen in ihrer Flexibilität und der Möglichkeit, verschiedene Produkte herzustellen. Die Flexibilität sowie die nicht standardisierten und nicht automatisierten Transportwege führen zu langen Durchlaufzeiten und vergleichsweise hohen Produktionskosten, was als nachteilig zu erachten ist.

Bei der *Fließfertigung* wird, im Gegensatz zur Werkstattfertigung, immer ein gleichgerichteter Materialfluss sichergestellt. Die Betriebsmittel sind gradlinig angeordnet und jedes Produkt durchläuft diese in der gleichen, vorher festgelegten Reihenfolge. Die Durchlaufzeiten sind damit gering, da die Transportwege kurz und automatisiert sind. Anders als bei der Werkstattfertigung ist der Materialfluss immer gradlinig und gleich. Folglich lassen sich bei der Fließfertigung keine unterschiedlichen, sondern nur gleichartige Produkte herstellen.

In Abb. 4.2 ist die Fließfertigung schematisch dargestellt.

Bei der *Gruppenfertigung* werden innerhalb einer Gruppe die jeweils identischen Arbeitsschritte durchgeführt. Pro Gruppe werden alle Stationen und Betriebsmittel, die für die Herstellung der Endprodukte notwendig sind, zusammengefasst. Eine Gruppe übernimmt eine ganzheitliche Arbeit, wobei jedes Gruppenmitglied alle Tätigkeiten übernehmen kann. Man verspricht sich davon eine verbesserte Arbeitszufriedenheit und eine höhere Qualität der Produkte. Die Mitarbeiter können ihre Arbeitsplätze wechseln (Job Rotation), erweitern (Job Enlargement) und bereichern (Job Enrichment) (vgl. z. B. Wiendahl et al. 2014, S. 90 ff.). Die Gruppenfertigung wurde beispielsweise in den 1970er Jahren beim schwedischen Automobilhersteller Volvo eingesetzt (vgl. z. B. Jönsson 1982 oder zur Bewertung Wiendieck 2008, S. 27 ff.). Das Fließband wurde abgeschafft und die Arbeiter fertigten in Gruppen beispielsweise den Motor und die Elektrik. In einem anderen Werk wurde pro Gruppe das ganze Auto gefertigt. Jeder Arbeiter musste alle Arbeiten beherrschen, da die Aufgaben immer gewechselt wurden. Volvo versprach sich davon bessere Arbeitsbedingungen, die nicht monoton sind und die Arbeitnehmer abstumpfen lassen. Dies sollte zu höherer Produktqualität führen.

Die Transportwege sind durch die Zusammenfassungen in Gruppen kurz, die Durchlaufzeiten durch fehlende Automatisierung eher lang.

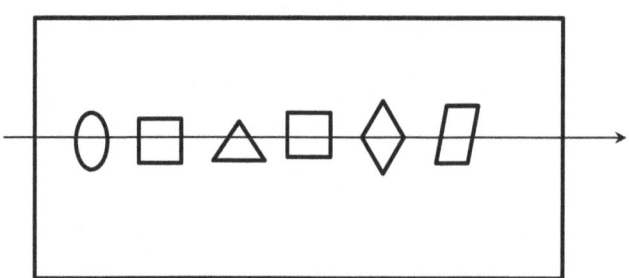

Abb. 4.2 Fließfertigung

Eine schematische Darstellung der Gruppenfertigung ist der Abb. 4.3 zu entnehmen.

Die *Baustellenfertigung* stellt eine Besonderheit bei den Fertigungsverfahren dar, da alle Betriebsmittel und Personen zu einer externen Produktionsstelle, wie einer Baustelle transportiert werden. Die Standorte der Produktion wechseln somit und die Materialflüsse und Durchlaufzeiten sind von externen Bedingungen abhängig. Das Fertigungsverfahren hat damit einen anderen Einsatzbereich als die anderen vorgestellten Methoden und ist somit mit diesen nur bedingt vergleichbar.

Die Fabrikplanung ist ferner dem Einfluss des *Arbeitnehmers* unterworfen. Die Arbeitsplätze müssen human gestaltet sein. Dies betrifft einerseits Vorschriften zur Arbeitssicherheit und zum Arbeitsschutz (vgl. dazu weiterführend die Ausführungen zur Arbeitsgestaltung im Betrieb der Bundesanstalt für Arbeitsschutz und Arbeitsmedizin (BAua)). Andererseits wird die humane Gestaltung der Arbeitsplätze durch „Wohlfühlfaktoren" wie Lichteinfall, Farbgebung und Raumkonzept geprägt. Die Anordnung der Arbeitsplätze ist eng verbunden mit dem gewählten Fertigungsverfahren.

Zusammenfassend lässt sich feststellen, dass die Einflussfaktoren der Fabrikplanung hauptsächlich auf dem Kundenwunsch, dem Produkt mit den derivativen Faktoren Betriebsmittel und Flächenbedarf, sowie dem Arbeitnehmer beruhen.

Aus dem Einflussfaktor Produkt lassen sich weitere Faktoren wie die Fertigungsverfahren ableiten. Je nachdem wie diese Einflussfaktoren ausgeprägt sind, wird die Ausgestaltung der Fabrik geplant. Eine ähnliche Unterscheidung ist aus der Produktionsplanung bekannt, bei der anhand von verschiedenen Einflussgrößen mögliche Produktionstypen festgelegt werden. Dieses Schema lässt sich auf die Fabrikplanung übertragen, da sich anhand des Produktionstyps ein idealtypisches Fabriklayout ableiten lässt. Im folgenden morphologischen Kasten (Tab. 4.1) sind in der linken Spalte mögliche Merkmale für Produktionstypen genannt. In den folgenden Spalten sind Merkmalsausprägungen aufgezeigt (vgl. Zelewski et al. 2008, S. 186 ff.)

Anhand der Merkmale sind die wesentlichen Attribute zur Charakterisierung eines Produktionstyps erfasst. Anhand der Merkmalsausprägungen lassen sich Produktionstypen

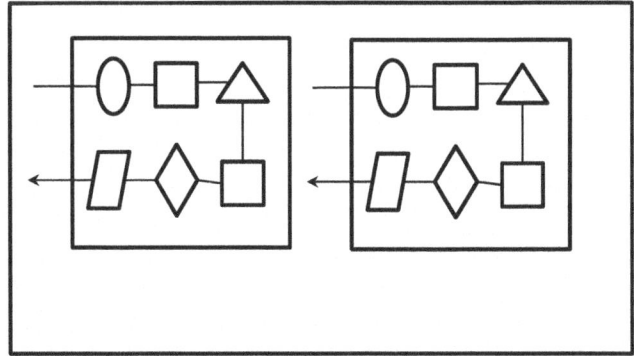

Abb. 4.3 Gruppenfertigung

Tab. 4.1 Morphologischer Kasten

Merkmal	Merkmalsausprägungen			
Auftragsaus-lösungsart	Produktion auf Bestellung mit Einzelaufträgen	Produktion auf Bestellung mit Rahmenver-trägen	Produktion auf Lager für einen anonymen Markt	
Produkt-spektrum	Produkte gemäß Kundenspezi-fikation	Typisierte Produkte mit kunden-spezifischen Varianten	Standardprodukte mit Varianten	Standard-produkte ohne Varianten
Kundenein-flussstärke	Kundeneinflüsse in größerem Umfang	Geringfügige Kundenein-flüsse	Unbedeutende Kundeneinflüsse	
Beschaffungs-art	Weitgehende Fremdbeschaffung	Fremd-beschaffung in größerem Umfang	Unbedeutende Fremdbeschaffung	
Produktionsart	Einmalproduktion	Einzel- und Kleinserien-produktion	Großserienproduktion	Massen-produktion
Produktions-organisation	Baustellen-produktion	Werkstatt-produktion	Gruppenproduktion	Fließproduktion
Produkt-struktur	Einteilige Produkte	Mehrteilige Produkte mit einfacher Struktur	Mehrteilige Produkte mit komplexer Struktur	
Produktions-tiefe	Produktion mit geringer Tiefe	Produktion mit mittlerer Tiefe	Produktion mit großer Tiefe	

definieren. Dabei gibt es Produktionstypen, die eindeutig besetzt sind wie der „Massen-fertiger". Darunter versteht man ein Unternehmen, welches wenig komplexe Produkte in immer gleicher Weise für den anonymen Markt fertigt. Die Produktion ist weitestgehend standardisiert. Die Merkmalsausprägungen sind im morphologischen Kasten eher auf der rechten Seite angesiedelt. Die gegenteilige Ausprägung auf der linken Seite des morpho-logischen Kastens würde einen „Einmalfertiger" verdeutlichen, bei dem die Produktion von komplexen Produkten auf Basis des Kundenwunsches und Kundenauftrags ausgelöst wird.

Neben diesen beiden „Standardtypen" lassen sich durch den morphologischen Kasten auch alle Zwischenformen von Produktionstypen abbilden.

Aus der Festlegung der Merkmalsausprägungen lassen sich Rückschlüsse auf die Fabrikplanung ziehen, da die Fabrik je nach Produktionstyp anders gestaltet werden sollte. Eine Fabrik, in der eine Fließproduktion stattfindet, weist beispielsweise andere Flächen-bedarfe für die Betriebsmittel und deren Anordnung auf, als eine Werkstattfertigung.

4.1.2 Planungsablauf

Zum Planungsablauf sei vorab angemerkt, dass in der Regel bei der Erörterung des Planungsablaufs impliziert wird, dass von einem Neubau der Fabrik ausgegangen wird. Für die Umgestaltung, Erweiterung oder den Rückbau von bestehenden Fabriken kann eine ähnliche Planungssystematik wie die folgend vorgestellte angewendet werden, jedoch sind die zugrunde liegenden Situationen häufig restriktiver als beim Neubau einer Fabrik (vgl. dazu weiterführend Grundig 2018, S. 17 ff.).

Resultierend aus den Zielen und Einflussfaktoren der Fabrikplanung lässt sich eine grobe Vorstellung über die Struktur der Fabrik ableiten, die im weiteren Planungsablauf stetig verfeinert und konkretisiert wird.

Gemäß VDI-Richtlinie (VDI 2011) werden bei der Fabrikplanung vier Planungsbereiche unterschieden:

1) Ziele: Festlegung von Fabrik- und Projektzielen, wie die Produktions- und Standortstrategie und Planungsvorgaben.
2) Standort: Bewertung unterschiedlicher Standorte und Auswahl des Fabrikstandorts.
3) Externe Logistik: Planung der Beschaffungs-, Distributions- und Entsorgungslogistik zur Anbindung an externe Logistiknetze.
4) Fabrik- und Produktionslogistik: Planung der Fabrik vom Gebäude bis zum Arbeitsplatz mit allen zur Produktion zugehörigen Funktionen.

Der Planungsbereich „Ziele" steht zu Beginn des Planungsprozesses und beeinflusst durch seine Ausprägungen die weiteren drei Planungsbereiche. In jedem Bereich wird die Planung von „grob" zu „fein" konkretisiert.

Die Fabrikplanung entspricht der Definition eines Projekts gemäß DIN, bei der ein Projekt als Vorhaben gekennzeichnet ist, das im Wesentlichen durch die Einmaligkeit der Bedingungen in ihrer Gesamtheit gekennzeichnet ist, wie hinsichtlich der Zielvorgabe, der zeitlichen, finanziellen, personellen oder anderen Begrenzungen sowie der projektspezifischen Organisation (DIN 69901-5 2009).

Somit werden zeitgleich zu den Planungsbereichen der Fabrikplanung die organisatorischen Tätigkeiten des Projektmanagements durchgeführt. Es finden hier die Vorgaben des DIN 69904 für den Aufbau von Projektmanagementsystemen Anwendung (DIN 69904 2000).

In der Literatur werden verschiedene Fabrikplanungssystematiken diskutiert (zum Vergleich der Vorschläge siehe weiterführend z. B. Grundig 2018, S. 38). Den Ansätzen ist gemein, dass sie eine ähnliche Struktur in der Planungsdurchführung wählen. Eine Möglichkeit besteht in der Planung vom „Idealen zum Realen" oder „vom Groben zum Feinen" (vgl. Bracht et al. 2018, S. 29). So werden zunächst die Ziele bestimmt, die in einer Grobplanung umgesetzt, in der Detailplanung konkretisiert und schließlich ausgeführt werden. Innerhalb jeder Planungsphase werden verschiedene aufeinander aufbauende Projektierungsschritte durchlaufen (vgl. Wirth und Gäse 2003):

1. Aufbereitung des Produktionsprogramms,
2. Funktions- und Prozessbestimmung (z. B. Technologie, Prozesse, Ausrüstung),
3. Dimensionierung (z. B. Ausrüstung, Betriebsmittel, Personal, Fläche),
4. Strukturierung (Raum, Zeit, Hierarchie),
5. Gestaltung (Layoutplanung).

Viele dieser Projektierungsschritte finden sich bereits in den oben beschriebenen Einflussfaktoren wieder (vgl. Abschn. 4.1.1). Auf die Layoutplanung wird im Folgenden
näher eingegangen. Die Planung wird hierarchisch strukturiert, indem drei Planungsebenen zugrunde gelegt werden (Schenk et al. 2014, S. 332 f.):

- *Generalbebauungsplanung,* bei der Objekte wie Fertigungsgebäude, Parkflächen und
  Verwaltungsgebäude geplant werden.
- *Groblayoutplanung*, die bei den Objekten der Generalbebauungsplanung ansetzt und
  diese konkretisiert. So werden z. B. für ein Fertigungsgebäude die Fertigungsbereiche
  und Lagerflächen geplant.
- *Feinlayoutplanung*, die bei den Objekten der Groblayoutplanung ansetzt und diese
  detailliert. Bei einem Fertigungsbereich werden beispielsweise die Fertigungs-
  gruppen, Maschinen, Arbeitsplätze und Transportwege geplant.

Die Planung ist hierarchisch gestaltet und der Detaillierungsgrad nimmt mit
abnehmender Hierarchiestufe zu. Dies ist in Abb. 4.4 veranschaulicht.

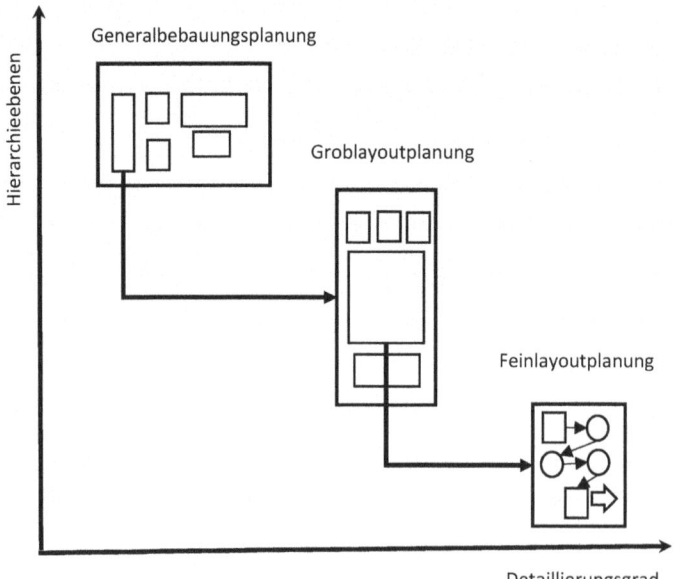

Abb. 4.4 Hierarchische Fabrikplanung

In allen drei Ebenen läuft die Planung nach dem gleichen Prinzip, bei dem jeweils die Planungsgrundlagen systematisiert sowie die Ideal- und die Reallayoutplanung durchgeführt werden. Dies ist der Abb. 4.5 zu entnehmen (vgl. weiterführend Schenk et al. 2014, S. 335).

In Abb. 4.5 wird eine Gliederung der für die Layoutplanung durchzuführenden Planungsschritte vorgenommen, anhand derer Details zu den einzelnen Schritten genannt werden.

Ebene 1: Systematisieren der Planungsgrundlagen

In diesem Schritt werden alle für die Layoutplanung relevanten Daten erfasst und aufbereitet, indem Ist-Daten zu den Unternehmensprozessen erhoben werden. In diesem Schritt sollten bereits mögliche Schwachstellen oder Problemfelder in der Planung aufgedeckt werden. Aus der Zielvorgabe für die Layoutplanung werden Teilziele für die jeweiligen Planungsebenen abgeleitet.

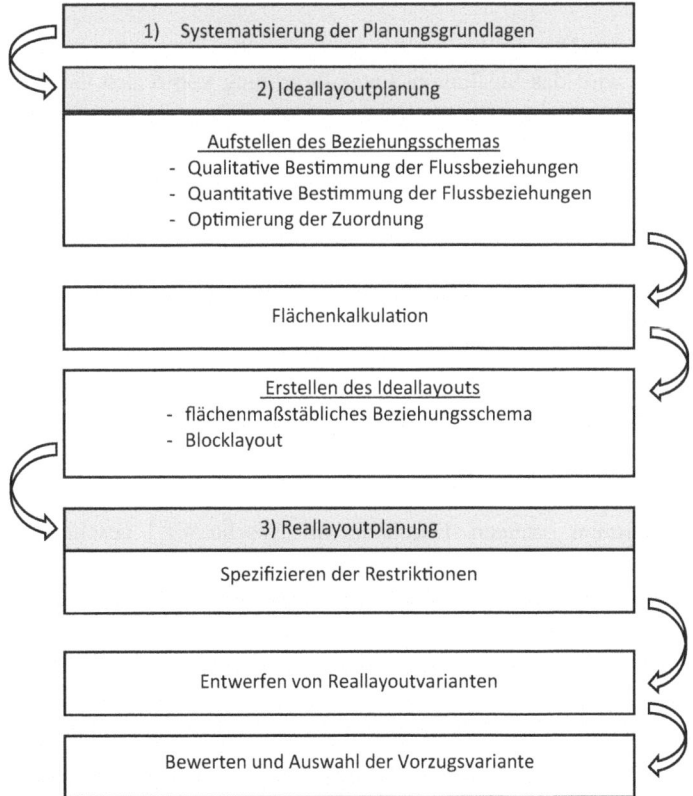

Abb. 4.5 Ablauf Layoutplanung

Ist die Systematisierung der Planungsgrundlagen abgeschlossen, sollte eine grobe Struktur der Fabrik vorliegen und das Produktionsprogramm bekannt sein (vgl. z. B. Pawellek 2014, S. 165 ff.).

Ebene 2: Ideallayoutplanung

In der Ideallayoutplanung wird eine idealisierte räumliche Anordnung der Objekte ohne Rücksicht auf mögliche Restriktionen vorgenommen. Die Ideallayoutplanung ist damit eine Wunschvorstellung, der räumliche Gestalt gegeben wird. Die zugrunde liegenden Flussbeziehungen werden zunächst qualitativ spezifiziert und in Material-, Informations- und Energieflüsse unterteilt, die im nächsten Schritt quantifiziert werden. Abschließend erfolgt eine Optimierung der Zuordnung im Hinblick auf ein bestimmtes Zielkriterium, wie die Minimierung des Transportwegs oder der Maximierung der Transportintensität.

Im Anschluss werden die benötigten Flächen kalkuliert und in ein Ideallayout über- führt, in dem die Flächenbedarfe und die benötigten Flüsse dargestellt werden. Beim Blocklayout werden zunächst keine räumlichen Restriktionen beachtet und die Planung erfolgt in Form eines „Blocks", also rechteckig.

Ebene 3: Reallayoutplanung

In diesem Schritt wird das Ideallayout unter Beachtung von realen Gegebenheiten und Restriktionen in das Reallayout überführt. Dazu werden zunächst die Restriktionen spezifiziert. Dies können beispielsweise bauliche, behördliche oder betriebliche Ein- schränkungen sein, die dazu führen, dass das Ideallayout nicht realisierbar ist. Es werden nun mehrere Reallayoutvarianten entworfen, die auf dem Ideallayout basieren, aber die Erfordernisse der Realität mit einbeziehen.

Abschließend erfolgt eine Bewertung der Reallayoutvarianten anhand vorher definierter Kriterien.

4.2   Wandlungsfähige Fabrik

Die zu planende Fabrik sollte nach Möglichkeit den Ansprüchen des Unternehmens für einen langen Zeitraum genügen. Durch die in Abschn. 4.1.1 geschilderten Einfluss- faktoren ist die Fabrik jedoch verschiedenen Einflussfaktoren unterworfen, die im Zeit- ablauf nicht notwendigerweise konstant bleiben: So kann sich der Kundenwunsch in einer geänderten Produktnachfrage, einer anderen Produktionsweise oder einer kürzen Lieferzeit beispielsweise niederschlagen. Das Produkt kann möglicherweise aufgrund technischer Entwicklungen im Bereich der Produktions- oder der Informationstechnik anders produziert werden.

Diese nicht konstanten Einflussfaktoren resultieren möglicherweise in einer anderen Fabrikausgestaltung als es in der ursprünglichen Planung vorgesehen war. Idealer- weise ist eine Fabrik in der Lage, diesen Wandlungen stattzugeben und sich in ihrer Form und Nutzungsart zu verändern. Grundsätzlich widerspricht dies der Bauweise eines Gebäudes. Gebäude, und damit auch Fabriken, sind für sich genommen nicht wandlungsfähig. In Bezug auf die Fabrikplanung wird die Wandlungsfähigkeit so verstanden, dass damit die potenzielle Möglichkeit zur schnellen Anpassung einer Fabrik mit geringem Investitionsaufwand gemeint ist (Wiendahl et al. 2002). In Anbetracht der sich ändernden Einflussfaktoren ist die Wandlungsfähigkeit einer Fabrik als strategischer Erfolgsfaktor anzusehen (Nyhuis et al. 2010, S. 3).

▶ **Wandlungsfähigkeit** charakterisiert das Potenzial einer Fabrik, sich vorausschauend oder als Reaktion auf bevorstehende Änderungen mit geringem Aufwand an neue Situationen anzupassen und damit den Fortbestand und Erfolg der Fabrik zu gewährleisten.

Eine Fabrik ist demnach wandlungsfähig, wenn sie in der Lage ist eine Transformation durchzuführen. Die Transformation kann als Reaktion auf Ereignisse oder als Antizipation zukünftiger Entwicklungen erfolgen („Turbulenz- oder Entwicklungsfähigkeit" gemäß Spath et al. 2002). Zu diesem Zweck muss die Fabrik insbesondere drei Systemeigenschaften vorweisen (Wiendahl et al. 2014, S. 132):

- Dynamik, verstanden als Änderungsrate von Elementen und Beziehungen
- Komplexität, verstanden als Fähigkeit, mehrere Systemzustände in einer vorher definierten Zeit einzunehmen und
- Vernetztheit, verstanden als Regelkreise, die dem System erlauben zu wachsen, zu schrumpfen oder stabil zu bleiben.

Aus diesen drei wandlungsrelevanten Systemeigenschaften lassen sich gemäß Wiendahl et al. die sogenannten *Wandlungsbefähiger* ableiten: Universalität, Mobilität, Skalierbarkeit, Modularität und Kompatiblität (Wiendahl et al. 2014, S. 132 f.), deren Erläuterung der Abb. 4.6 zu entnehmen ist.

Die Wandlungsbefähiger ermöglichen eine aufwandsarme Umgestaltung der Fabrik. Betriebsmittel, Bauteile, Komponenten und Materialien sollen derart gestaltet sein, dass sie vielfältig, in verschiedenen Kombinationen und an verschiedenen Orten genutzt werden können.

Ein weiteres Konzept zur Erreichung einer wandlungsfähigen Fabrik besteht in der *Segmentierung*. Eine segmentierte Fabrik zeichnet sich dadurch aus, dass sie als Segmente bezeichnete Organisationseinheiten besitzt, die auf spezielle Kundenanforderungen ausgerichtet sind (Schenk et al. 2014, S. 498 ff.). Durch die Bildung der Segmente werden die unterschiedlichen Kundenanforderungen aufgegriffen und pro Segment werden verschiedene Varianten gefertigt. Folglich resultiert die Segmentierung in einer größeren Varianz an Produkten und einer gestiegenen Wandlungsfähigkeit, da die Fabrik nach Segmenten aufgefächert ist, die reaktionsschneller sind als eine starre nicht-segmentierte Fertigung.

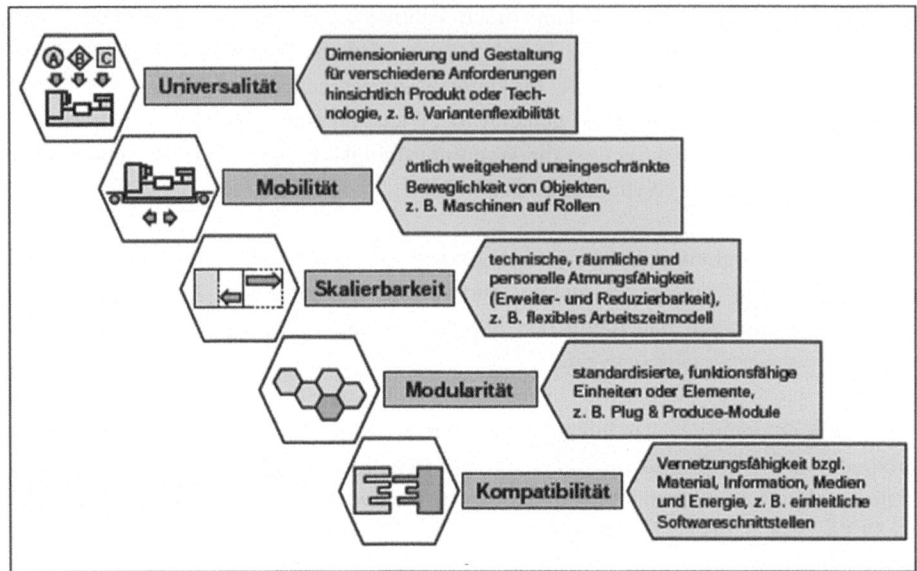

Abb. 4.6 Wandlungsbefähiger Fabrikplanung

Die Einteilung der Segmente kann nach Länderklassen, Ausstattungsmerkmalen, Funktionalitäten oder Kundengruppen erfolgen, wobei die Kundenwunschanalyse im Vordergrund steht.

Die Segmentierung der Fabrik erfolgt in einem oder mehreren Bereichen. Eine Grundform liegt in der Segmentierung der Fertigung oder Montage (vgl. Schenk et al. S. 503 ff.) und kann bis zu einer Segmentierung über alle Prozessstufen erweitert werden.

In der *Vernetzung* liegt ein weiterer Ansatzpunkt, der der Wandlungsfähigkeit von Fabriken dient. Unternehmen, einzelne Fabriken oder Abteilungen vernetzen sich miteinander. Diese Vernetzungen können hierarchisch oder hierarchiearm strukturiert sein. Sie können auf langfristige oder kurzfristige Zusammenarbeit ausgelegt sein und verschiedene geographische Ausrichtungen haben. (vgl. weiterführend Schenk et al. 2014, S. 516 ff.).

Die Vernetzung führt zur Wandlungsfähigkeit von Fabriken, da der Rückgriff auf externe Fähigkeiten oder Wissen zu einer Diversifikation des Leistungsangebots des Unternehmens führt und damit das Portfolio der Fabrik erweitert werden kann. Den sich wandelnden Kundenwünschen kann folglich mit geringem Aufwand entsprochen werden.

4.3   Digitale Fabrik

Der Begriff der Digitalen Fabrik gewinnt im Zuge der Überlegungen zu einer umfassenden Digitalisierung, der Diskussion um die sogenannte vierte industrielle Revolution – Industrie 4.0 – an aktueller Bedeutung, obwohl der Begriff seit mehreren Jahren in der wissenschaftlichen Literatur vertreten ist. Die am häufigsten zitierte Definition, was unter einer Digitalen Fabrik zu verstehen ist, stammt aus 2008 und findet sich in der VDI Richtlinie 4499 (2008):

▶ **Digitale Fabrik** „Die Digitale Fabrik ist der Oberbegriff für ein umfassendes Netzwerk von digitalen Modellen, Methoden und Werkzeugen – u. a. der Simulation und dreidimensionalen Visualisierung – die durch ein durchgängiges Datenmanagement integriert werden. Ihr Ziel ist die ganzheitliche Planung, Evaluierung und laufende Verbesserung aller wesentlichen Strukturen, Prozesse und Ressourcen der realen Fabrik in Verbindung mit dem Produkt."

Die Digitale Fabrik hat ihren Fokus im Bereich der Produktionsplanung und Gestaltung der Fabrik und beeinflusst dadurch auch viele andere Unternehmensprozesse wie die Entwicklung und Konstruktion, die Forschung und Produktfindung sowie auch den operativen Auftragsabwicklungsprozess eines Unternehmens (Bracht et al. 2018, S. 12).

Bei der Diskussion um Digitale Fabriken werden häufig Begriffe im gleichen Zusammenhang oder auch synonym verwendet, von denen die wichtigsten im Folgenden thematisch abgegrenzt werden:

Digitale Produktionsplanung: Die Digitale Produktionsplanung umfasst die Planung und Optimierung der Produktionsprozesse durch Nutzung von integrierten Produktionsmodellen. Sie ist ein Teilprozess der Digitalen Fabrik (Bracht et al. 2018, S. 13).

Digital Mock-Up und Fabrik Digital Mock-Up: Ein Mock-Up ist ein Anschauungs- und Demonstrationsmodell, das im Vorfeld zur eigentlich Produkt- oder Fabrikkonstruktion geplant wird, um die Planungen zu unterstützen und zu verbessern, bevor mit deren Realisierung begonnen wird.

Industrie 4.0: Industrie 4.0. ist ein Oberbegriff für die Weiterentwicklung von IT-Anwendungen, die die reale und die digitale Welt verbinden. Die Verbindung erfolgt über cyberphysische Systeme. Cyberphysische Systeme sind selbststeuernde Systeme, die aus einer Vernetzung eingebetteter Systeme bestehen. Diese Systeme kommunizieren und kooperieren sowohl unternehmensintern als auch unternehmensübergreifend entlang der Supply Chain (vgl. weiterführend z. B. Andelfinger und Hänisch 2017, Steven 2019 oder Vogel-Heuser et al. 2017).

Smart Factory: Smart Factory bezeichnet eine intelligente Fabrik, in der cyber-physische Systeme miteinander vernetzt sind. In der Smart Factory kommunizieren Menschen, Maschinen und Ressourcen miteinander. Die in der Fabrik vorherrschende Komplexität der Prozesse wird damit beherrscht und die Produktion ist weniger störanfällig (vgl. weiterführend Steven und Dörseln 2020).

Die Entscheidung, ob eine Fabrik als Digitale Fabrik gestaltet wird, beeinflusst die Fabrikplanung, da sie die oben bereits ausgeführten Projektierungsschritte in vielen Bereichen ändert. Dies betrifft z. B. die Funktions- und Prozessbestimmung, die Dimensionierung, sowie die Gestaltung im Bereich der Layoutplanung.

Der Nutzen einer Digitalen Fabrik liegt gemäß Bracht (Bracht 2017) unter anderen in Marktvorteilen durch eine schnellere Produkteinführung, einer gestiegenen Produktqualität, einer flexiblen Produktion zu geringen Produktionskosten, einem schlanken Informationsfluss sowie einer ganzheitlichen Planung.

4.4   Nachhaltigkeit

Dem Thema Nachhaltigkeit kommt in der allgemeinen gesellschaftlichen Entwicklung aufgrund der Diskussionen zum Klimaschutz, Klimawandel und Umweltschutz eine in den letzten Jahren stetig gestiegene Aufmerksamkeit zu.

▶ **Nachhaltigkeit** ist ein Prinzip, nach dem nicht mehr verbraucht werden darf, als jeweils nachwachsen, sich regenerieren oder künftig wieder bereitgestellt werden kann. Häufig sind damit ökologische Prinzipien gemeint. Bezogen auf die Forstwirtschaft meint dies z. B. eine über längere Zeit anhaltende Wirkung, ein forstwirtschaftliches Prinzip, nach dem nicht mehr Holz gefällt werden darf, als jeweils nachwachsen kann (Duden 2022). Das Wort „Nachhaltigkeit" stand 1915 erstmals im Rechtschreibduden, es handelt sich folglich nicht um einen neuen Begriff. Eine erstmalige Erwähnung der Nachhaltigkeitsthematik findet sich bei Hans Carl von Carlowitz im 18. Jahrhundert im Zusammenhang mit verantwortungsvollem Umgang mit Ressourcen (Carlowitz 2009). Gemäß der World Commission on Environment and Development (WCED 1987) wird im sogenannten Brundtland-Bericht die Nachhaltigkeit folgendermaßen definiert: "Sustainable development is development that meets the needs of the present without comprising the ability of future generations to meet their own needs. "

Nachhaltige Ansätze im Bereich der innerbetrieblichen Logistik setzen sich zum Ziel, auf der einen Seite einen effizienten Umgang mit Ressourcen zu ermöglichen und auf der anderen Seite möglichst wenig Emissionen, beispielsweise gemessen in CO_2-äquivalenten Treibhausgasen, zu verursachen.

Die Nachhaltigkeit beeinflusst die Teilbereiche der innerbetrieblichen Logistik in deren Ausgestaltung. Im Bereich der Fabrikplanung beeinflusst die Nachhaltigkeit beispielsweise die Gebäudegestaltung sowie die Infrastrukturplanung. Soll der Material- und

Informationsfluss nachhaltig gestaltet werden, kann dies ressourceneffizient erreicht werden, indem die Auslastung der Maschinen maximiert oder die zurückgelegten Transportstrecken minimiert werden. Bei der Produktionsplanung und -steuerung steht ebenso die Maximierung der Auslastung und die Verwendung ressourceneffizienter Produktionsverfahren im Zentrum nachhaltiger Betrachtung. Ebenso liegt das Augenmerk auf den zu produzierenden Produkten und der Frage, ob die Produkte als solche als nachhaltig zu bewerten sind.

Ein Ansatzpunkt in der Diskussion um nachhaltige Produktions- und Fabrikplanung ist das Cradle to Cradle Prinzip (C2C). „Cradle" ist der englische Begriff für Wiege („von der Wiege zur Wiege"). Damit soll verdeutlicht werden, dass Produkte einen immerwährenden Lebenszyklus haben und kein Müll entsteht, da sie entweder recyclet und wiederverwendet oder rückstandslos zersetzt werden können und als Nährstoffe wieder in die Natur eingehen. Der bisherige Lebenszyklus von Produkten ist im Vergleich zum C2C kurz, da Produkte gebraucht und dann typischerweise entsorgt werden („von der Wiege zur Bahre"). Werden Produkte recyclet, werden sie häufig zu geringerwertigen Produkten. Man spricht hier von einem Downcycling.

In dem von Braungart und McDonough im Jahr 2002 entwickelten C2C-Ansatz (Braungart und McDonough 2014) wird der Begriff der *Ökoeffektivität* geprägt, da kein Abfall mehr entsteht und verwendete Produkte in biologische Kreisläufe zurückgeführt werden.

Im Bereich der Fabrikplanung würde ein Bau nach dem C2C-Ansatz bedeuten, dass nicht nur energiesparende Gebäude gebaut werden, sondern dass alle eingesetzten Materialien dem C2C-Prinzip genügen und somit ökoeffektiv sind.

▶ **Cradle to Cradle-Konzept** Beim Cradle to Cradle-Konzept steht die Ökoeffektivität im Vordergrund, mit dem Anspruch, dass kein Abfall mehr entsteht. Dies führt dazu, dass ein Material sich in einen von zwei Rohstoffkreisläufen einfügt, dem biologischen oder dem technischen Kreislauf.

Im *biologischen Kreislauf* ist ein Produkt biologisch abbaubar. Es ist vergleichbar mit Kompost, bei dem Produkte entsorgt werden und nach einer Zeit zu nährstoffreicher Erde werden, die für den Anbau von Pflanzen genutzt werden können. Aus den Pflanzen werden neue Rohstoffe, womit sich der Kreislauf schließt.

Im *technischen Kreislauf* ist ein Produkt nicht biologisch abbaubar, es kann jedoch wiederverwendet werden. Voraussetzung ist, dass das Produkt ohne naturschädigende Schadstoffe produziert wurde. Ein solches Produkt wird nach seiner Verwendung an den Hersteller zurückgegeben, der es auseinander baut und die Teile in einem neuen Produkt erneut einsetzt.

Die Vermischung der beiden Kreisläufe ist möglich, sofern die Produktbestandteile sortenrein trennbar sind. In aller Regel haben Cradle to Cradle-Produkte durch die schadstofffreie Produktion und den Anspruch der Wiederverwendbarkeit eine höhere Qualität.

Cradle to Cradle-Produkte können zertifiziert und mit einem international anerkannten Gütesiegel vom Cradle to Cradle Products Innovation Institute versehen werden. Die Nachhaltigkeit wird anhand von fünf Kategorien bewertet (Cradle to Cradle Products Innovation Institute 2022):

- Materialgesundheit: Gewährleistung der Sicherheit von Materialien für Mensch und Umwelt
- Produktzirkularität: Ermöglichung einer Kreislaufwirtschaft durch regenerative Produkte und Prozessgestaltung
- Saubere Luft und Klimaschutz: Schutz sauberer Luft, Förderung erneuerbarer Energien und Reduzierung schädlicher Emissionen
- Verantwortungsvoller Umgang mit Wasser und Boden: Schutz von sauberem Wasser und gesunden Böden
- Soziale Fairness: Achtung der Menschenrechte und Beitrag zu einer fairen und gerechten Gesellschaft

Je nach Leistung des zertifizierten Produktes in diesen Kategorien wird das Gütesiegel in den Ausprägungen Basic, Bronze, Silber, Gold und Platin vergeben.

Beispiele für C2C-zertifizierte Produkte in der Bekleidungsindustrie sind in Deutschland bei Trigema oder C&A zu finden. Trigema verkauft unter dem Namen Trigema Change Kleidungsstücke, die C2C-Gold zertifiziert sind (Trigema 2022). Die Produkte sind aus Baumwolle kontrollierten biologischen Anbaus hergestellt und komplett kompostierbar.

Gleiches gilt für C&A, die eine Breite an C2C-zertifizierten Produkten anbieten (C&A 2022).

Als Beispiel für eine Cradle to Cradle-Region sei Venlo in den Niederlanden genannt, die beispielsweise die Stadtverwaltung nach dem C2C-Prinzip gebaut hat (vgl. weiterführend C2CVenlo). Venlo ist weltweit die erste Region, die nach dem Vorbild des Cradle to Cradle agiert und möchte damit ein innovatives Wirtschaftsprinzip initiieren. Viele ansässige Unternehmen haben bereits in C2C-Produkte investiert. Nach eigenem Bekunden möchte sich die Region Venlo zu einem C2C Valley transformieren und eine komplett nachhaltige Gesellschaft verwirklichen.

4.5   Fabrikbetrieb

Der laufende Fabrikbetrieb ist durch mehrere Faktoren determiniert, die Einfluss auf die Gestalt und Struktur einer Fabrik nehmen. Einige dieser Faktoren hängen auch mit den bereits in Abschn. 4.1.1 dargelegten Zielen und Einflussfaktoren der Fabrikplanung zusammen. Dies betrifft die Ausgestaltung der Produktionslogistik, die Charakterisierung der Material- und Informationsflüsse sowie die eigentliche Produktionsplanung und -steuerung. Diesen drei Bereichen sind die folgenden Unterkapitel gewidmet.

4.5.1 Produktionslogistik

Die Ausgestaltung der Produktionslogistik steht in Zusammenhang mit der Rolle der Lieferanten eines Unternehmens. Aufgehend von der Fertigungstiefe im Unternehmen, wird zunächst festgelegt in welchem *Umfang* Materialien von Lieferanten beschafft werden. Dies betrifft die Fertigungstiefe sowie das Beschaffungsvolumen. Eine große Fertigungstiefe führt zu einer tendenziell größeren und komplexeren Fabrik als eine geringe Fertigungstiefe, da mehr vom Unternehmen produziert wird. Eine geringe Fertigungstiefe bringt eine höhere Anzahl an Belieferungen mit sich, die koordiniert werden müssen, da Materialien, Baugruppen und Komponenten fremdbeschafft werden. Zudem sind die angelieferten Teile häufig komplexer und teils sensibler in der Lagerung. Die Gestaltung einer Fabrik eines Unternehmens mit geringer Fertigungstiefe wird in den Bereichen des Wareneingangs und der Lagerung folglich anders erfolgen als bei einem Unternehmen mit großer Fertigungstiefe.

Die Größe des Wareneingangs und der eigenen Läger hängt von der Ausgestaltung der Anlieferprozesse ab, die wesentlich mit der Anlieferfrequenz einhergehen. Je häufiger ein Unternehmen von einem Lieferanten beliefert wird, desto geringer sind die gelieferten Mengen. Dies wirkt sich auf den Umfang der Lagerhaltung aus. Zugleich nimmt der Koordinationsaufwand der Beschaffungslogistik zu. Gleiches gilt für die Größe und Qualität der Infrastruktur des Wareneingangs, der ebenfalls mehr Aufmerksamkeit gewidmet werden sollte, wenn häufigere Anlieferungen erfolgen.

Die Anlieferfrequenz der Lieferanten hängt zum einen von der Distanz der Lieferanten zur Fabrik ab. Diese Distanzen können beispielsweise in fünf Kategorien eingeteilt werden (Schenk et al. S. 377 f.):

Kategorie 1 Fernverkehr: Große Entfernung und große Unsicherheiten bezüglich der Ankunftszeit führen zu großen Losen.

Kategorie 2 Nahverkehr: Kleine Entfernung und wenig Unsicherheiten bezüglich der Ankunftszeit führen zu kleineren Losen.

Kategorie 3 Industriepark: Die Nähe zur Fabrik schließt Unsicherheiten in der Belieferung nahezu aus. Kleine Lose können verbrauchssynchron geliefert werden.

Kategorie 4 Werksgelände: Kleine Lose können direkt bei Bedarf abgerufen werden. Es gibt nahezu keine Planungsunsicherheiten.

Kategorie 5 Fabrik: Der Lieferant stellt die Materialien oder Baugruppen synchron in der Fabrik zur Verfügung. Es bestehen keine Planungsunsicherheiten.

Zum anderen wird die Anlieferfrequenz durch die Durchgängigkeit der Anlieferung und den Verbrauchszeitpunkt determiniert (Schenk et al. S. 378 ff.). Erfolgt eine Lieferung nicht durchgängig vom Lieferanten zum Unternehmen, sondern über Lager im Anlieferungsprozess, die die Lieferung unterbrechen, so kann sie vom Verbrauchszeitpunkt entkoppelt werden und ist somit nicht mehr in jedem Fall als zeitkritisch zu erachten. Dies erhöht die Flexibilität in der Anlieferung.

Eine weitere Einflussgröße in der Ausgestaltung der Produktionslogistik liegt neben dem Umfang in der *Art der Lieferantenanbindung*. Hierbei werden Lieferanten nach der Art und dem Umfang der von ihnen übernommenen Dienstleistungen in Gruppen eingeteilt. In der Literatur werden die Logistikdienstleister als PL = Party Logistics oder PLP = Party Logistics Provider bezeichnet. Die Unterscheidungen reichen vom 1PL bis zum 4PL, 5PL oder LLP = Lead Logistics Provider (vgl. z. B. Hanus 2013; Vahrenkamp und Kotzab 2012, S. 55 ff.; Krampe et al. 2012, S. 317 ff.; Schenk et al., S. 383 ff.; Zacharia et al. 2011). Die einzelnen Gruppenbezeichnungen sind nicht immer präzise, ebenso wie der Übergang zwischen den einzelnen Gruppen. Im Folgenden wird eine mögliche Sichtweise auf die Logistikdienstleister und deren Definition angeboten.

Der wesentliche Begriff innerhalb dieser Gruppen ist der 3PL = Third Party Logistics. Die anderen Gruppen werden oft im Hinblick auf den 3PL definiert, da diese Bezeichnung ein wichtiges Logistikkonzept beschreibt. Der 3PL ist ein Logistikdienstleister, der über sein klassisches Arbeitsgebiet, das Anbieten der TUL-Leistungen, hinausgeht und zusätzliche Dienstleistungen anbietet. Diese zusätzlichen Dienstleistungen werden auch als Value-Added-Services (VAS) bezeichnet und führen dazu, dass der Logistikdienstleister zum Systemlieferanten von Logistikleistungen wird. Die zusätzliche Dienstleistung kann in einem logistischen Kontext stehen, wie Bestandsführung oder Lagerorganisation. Sie kann ebenso jeden anderen, auch logistikfremden, Bereich abdecken. Beispiele dafür wären eine Inkasso-Leistung einer Spedition, Zusatz- oder Mehrwertleistungen wie Auszeichnung, Verpackung oder Vormontage oder auch die Durchführung letzter Produktionsschritte, bevor ein Produkt vom Logistikdienstleister ausgeliefert wird.

Werden die Dienstleistungen des 3PL über einen längeren Zeitraum von einem Unternehmen genutzt, wird häufig von **Kontraktlogistik** gesprochen.

▶ **Kontraktlogistik** Die Kontraktlogistik ist eine längerfristige, in der Regel vertraglich (durch einen Kontrakt) festgelegte Zusammenarbeit zwischen einem Auftraggeber (= Verlader) und einem Logistikdienstleister als Auftragnehmer. Die Zusammenarbeit der beiden besteht nicht nur in reinen operativen logistischen TUL-Tätigkeiten, sondern ebenfalls in Zusatzleistungen, die sowohl logistischer als auch nicht-logistischer Natur sein können. Die Zusammenarbeit besteht aus einem individuellen Leistungspaket und bindet die beiden Parteien eng zusammen. Es bestehen in aller Regel wechselseitige Abhängigkeiten. Häufig wird Personal, Raum, Hard- und Softwarekomponenten und Daten gemeinsam genutzt oder ausgetauscht.

Der 1PL ist ein Dienstleister, der hauptsächlich den Transport als Dienstleistung für seine Kunden anbietet. Der 2PL bietet ein weiteres Spektrum an und deckt auch den Umschlag und die Lagerung mit ab. Der 3PL übernimmt Value-Added-Services. Dieses Angebot kann für einen Kunden als auch für einen längerfristigen Partner oder auch für mehrere Teilnehmer der unmittelbaren Lieferkette erfolgen. Der Umfang der Dienstleistung variiert von organisatorischen Tätigkeiten innerhalb der Lieferkette bis hin zu partnerschaftlicher Beziehung. Der 4PL übernimmt neben den originären und zusätzlichen Dienstleistungen organisatorische Funktionen in der erweiterten Lieferkette. Er wird als Systemintegrator bezeichnet.

Die Zusammenhänge sind der Abb. 4.7 zu entnehmen.

4.5.2 Materialfluss

Die Gestaltung der Material- und Informationsflüsse ist ein wesentliches Merkmal des Fabrikbetriebs, da sie sowohl die Struktur als auch die Nutzung der Fabrik beeinflussen.

Die folgenden Ausführungen behandeln schwerpunktmäßig die Betrachtung des Materialflusses. Der Informationsfluss ist ebenso wichtig, jedoch wird hier unterstellt, dass er in der Fabrik häufig mit dem Materialfluss mitläuft. Die Optimierung des Informationsflusses ist zudem häufig ein Aspekt der Informatik und wird deswegen hier nicht gesondert betrachtet.

Ein Materialfluss ist definiert als eine Verkettung von Vorgangsfolgen, in der alle Materialbewegungen inkludiert sind. Diese Vorgänge lassen sich gemäß Arnold, Furmans (Arnold und Furmans 2019, S. 1) unter folgende Oberbegriffe subsumieren:

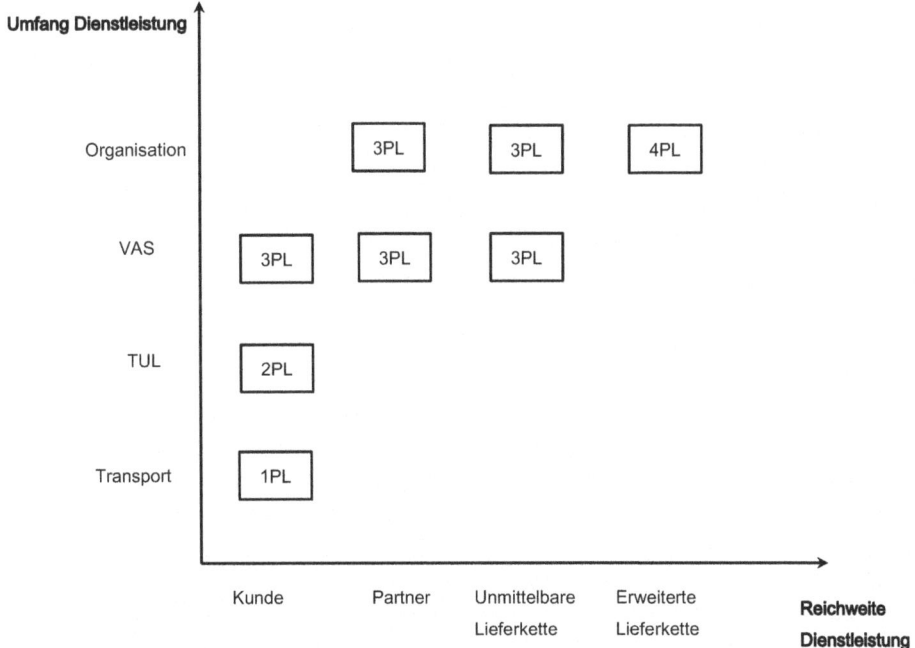

Abb. 4.7 Party Logistics

Bearbeiten, Montieren, Prüfen, Handhaben, Fördern (Transportieren), Lagern (Speichern, Puffern), Sammeln, Verteilen, Sortieren und Verpacken.

Dabei ist zu beachten, dass es sich entgegen dem, was der Begriff „Materialfluss" suggeriert, nicht um einen kontinuierlichen, fließenden Prozess handelt, sondern eher um eine stockende Bewegung, da das Material an vielen Stellen in einer Fabrik zwischen Wareneingang und -ausgang geplant oder ungeplant verweilt und sich nicht fortbewegt.

Das Materialflusssystem besteht typischerweise aus Fördersystemen, zu denen alle Einrichtungen zum Transportieren, Puffern und Verteilen gehören. Des Weiteren wird in Speichersysteme und Handhabungsgeräte unterschieden. In den Speichersystemen werden Arbeitsgegenstände von einem Produktionsbereich aufgenommen, gespeichert und zur gegebenen Zeit an den nachfolgenden Bereich weitergegeben. Die Handhabungsgeräte verknüpfen die Fördersysteme mit den Bearbeitungsschritten (vgl. weiterführend Arnold und Furmans 2019).

Der Materialfluss folgt bestimmten Gestaltungsprinzipien, die dazu dienen, die Ziele der Fabrikplanung wie Wirtschaftlichkeit, Flexibilität und Attraktivität umzusetzen. Zu diesen Gestaltungsprinzipien gehören unter anderem folgende Aspekte (vgl. weiterführend Kettner et al. 1984):

- Gestaltung des Materialflusses sollte geradlinig sein.
- Gegenläufige Transporte und kreuzende Materialflüsse sollten vermieden werden.
- Engpässen („bottlenecks") ist eine hohe Aufmerksamkeit zu widmen.
- Der Materialfluss sollte effizient und wirtschaftlich sein, z. B. durch kurze Wege, kurze Durchlaufzeiten und eine hohe Kapazitätsauslastung.
- Nebentransporte, z. B. zur Entsorgung sind ebenso effizient zu organisieren wie die Haupttransporte.
- Die Transporteinheit sollte zweckmäßig sein. Im Idealfall gilt: Produktionseinheit = Transporteinheit = Lagereinheit = Versandeinheit.
- Der Materialfluss muss unfallsicher gestaltet sein.

Um den Materialfluss erfassen, analysieren und bewerten zu können werden zunächst Daten erhoben, um den aktuellen Zustand erfassen zu können. Die Daten werden in Form von Kennzahlen verwendet, um zu messen, inwiefern das Material effektiv und effizient fließt und ob die daraus abgeleiteten Ziele der Planung erreicht werden. Beispielsweise könnte eine Kennzahl „Durchschnittliche Durchlaufzeit pro Auftrag" erhoben werden, um zu überprüfen, inwiefern ein bestimmter Servicegrad in der Lieferzeit für Kunden garantiert werden kann (vgl. weiterführend zum Einsatz von Kennzahlen als Steuerungsinstrument des Materialflusses Arnold et al. 2008).

Ein messbares Ziel des Materialflusses besteht in der Minimierung der Transportleistung. Die Anordnungsbeziehung zwischen Betriebsmitteln und Arbeitsplätzen soll so erfolgen, dass die Wegstrecke des Materials möglichst gering ist und somit die Transportleistung minimiert wird. Bei der Berechnung und Optimierung des Materialflusses ist es hilfreich, diesen zunächst abzubilden, was z. B. in Form eines gerichteten Graphen oder einer Matrix erfolgen kann (vgl. weiterführend z. B. Arnold und Furmans 2019).

▶ **Gerichteter Graph, Adjazenz- und Bewertungsmatrix** Ein gerichteter Graph besteht aus einer endlichen Menge an Knoten, die mit Pfeilen (= Kanten) verbunden sind. Hat ein Knoten keine Vorgänger, ist er eine Quelle. Hat ein Knoten keine Nachfolger, ist er eine Senke (vgl. weiterführend z. B. Diestel 2017). Eine weitere Darstellungsmöglichkeit besteht in der Adjazenz- oder Bewertungsmatrix. Bei einer Adjazenzmatrix wird eine binäre Notation verwendet. Existiert eine Verbindung zwischen zwei Knoten, wird eine 1 notiert, im Falle keiner Verbindung eine 0. In der Bewertungsmatrix werden zusätzlich die Distanzen zwischen den Knoten angegeben. Dabei werden direkte Knotenverbindungen mit der entsprechenden Distanz benannt. Knoten, die nicht direkt miteinander verbunden sind, werden mit ∞ gekennzeichnet.

Im Folgenden wird ein Beispiel präsentiert, in dessen Verlauf zunächst der Materialfluss in Form eines gerichteten Graphen dargestellt wird. Daraus wird die zugehörige Adjazenz- bzw. Bewertungsmatrix abgeleitet. Anschließend werden zwei Methoden zur Berechnung des Materialflusses vorgestellt und angewendet: die vollständige Enumeration und der Dijkstra-Algorithmus.

Vollständige Enumeration und Dijkstra-Algorithmus

Gegeben ist ein gerichteter Graph, der die Beziehung zwischen 6 Betriebsmitteln darlegt. Abzulesen sind die Vorgänger- und Nachfolgerbeziehungen der Betriebsmittel sowie die Distanzen zwischen den Betriebsmitteln (Abb. 4.8).

Abb. 4.8 Gerichteter Graph Dijkstra

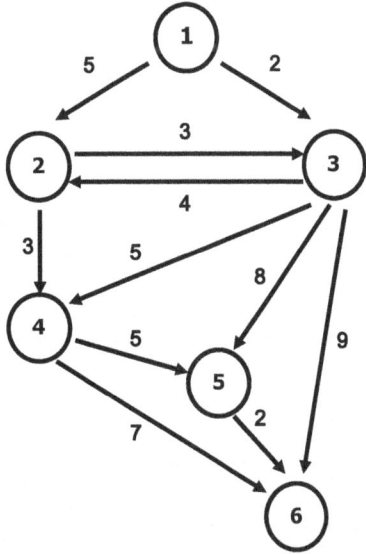

Die dazugehörige *Adjazenz- bzw. Bewertungsmatrix* sieht folgendermaßen aus:

i/j	1	2	3	4	5	6		i/j	1	2	3	4	5	6
1	0	1	1	0	0	0		1	0	5	2	∞	∞	∞
2	0	0	1	1	0	0		2	∞	0	3	3	∞	∞
3	0	1	0	1	1	1		3	∞	4	0	5	8	9
4	0	0	0	0	1	1		4	∞	∞	∞	0	5	7
5	0	0	0	0	0	1		5	∞	∞	∞	∞	0	2
6	0	0	0	0	0	0		6	∞	∞	∞	∞	∞	0

Bei der *vollständigen Enumeration* werden alle zulässigen Lösungen in Form eines Entscheidungsbaums ermittelt. Dies erlaubt durch Vergleich aller aufgezählten Lösungen das Finden der optimalen Lösung. Diese Lösungsweise ist nur bei Problemen mit einer geringen Anzahl von Variablen und Ausprägungen praktikabel, da sie sehr rechenaufwendig ist und der akzeptable Lösungsaufwand schnell erreicht ist (vgl. z. B. Zimmerman, Stache 2001, S. 148).

Für das Beispiel, wie in Abb. 4.9 zu sehen, werden im Entscheidungsbaum alle möglichen Wege, beginnend vom Startknoten 1 bis zum Endknoten 6 aufgeführt.

Es gibt insgesamt zehn Wege vom Knoten 1 bis 6. Der kürzeste Weg hat die Länge von 11 und verbindet die Knoten 1, 3 und 6 miteinander.

Ein auch für umfangreichere Lösungen geeignetes Verfahren zum Finden des kürzesten Weges ist der Dijkstra-Algorithmus. Der Algorithmus geht dabei von

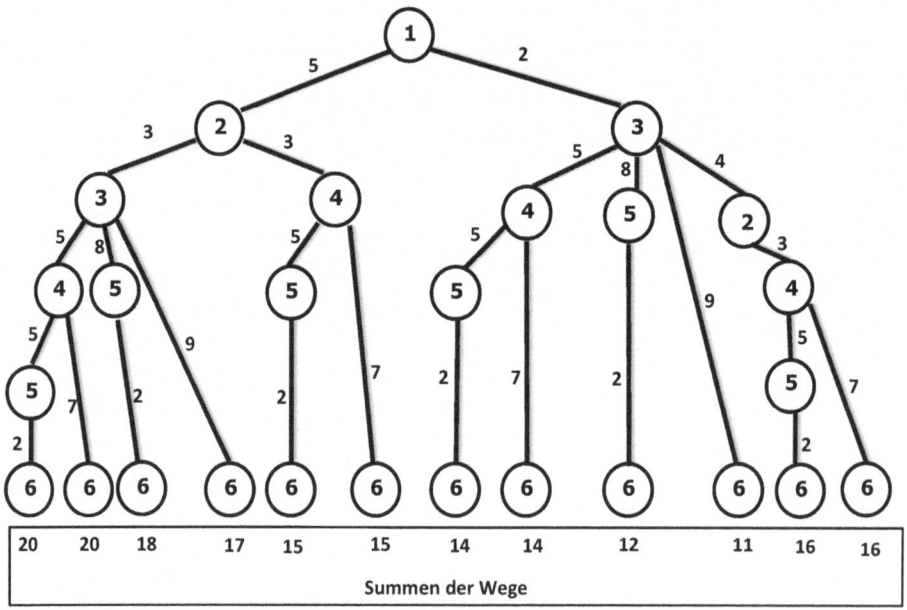

Abb. 4.9 Vollständige Enumeration

einem Starknoten aus und markiert als nächsten Knoten denjenigen Knoten, der auf dem kürzesten Weg zu erreichen ist. Eine einmal als „kürzester Weg" (d_{ij}) markierte Strecke wird nicht mehr geändert. Alle noch nicht markierten Knoten und die Strecken, auf denen diese Knoten zu erreichen sind, werden im Laufe des Algorithmus immer wieder verglichen.

Im Beispiel wird, beginnend vom Startknoten 1, überprüft, welche Knoten vom Knoten 1 aus erreicht werden können. Die Gesamtwege c_{ij} werden notiert und daraus wird der kürzeste Weg d_{ij} gewählt. Dieser markiert den nächsten Knoten. Im Beispiel wird der Knoten 3 mit einer Distanz von 2 markiert, da dieser Weg im Vergleich zum Knoten 2 mit einer Distanz von 5 der kürzere ist.

Im nächsten Schritt bildet der gerade markierte Knoten 3 die Basis. Vom Knoten 3 können die Knoten 2,4,5 und 6 erreicht werden. Es werden die Distanzen ermittelt und bei Knoten, die auch von bereits markierten Knoten erreicht werden können, mit früheren Distanzen verglichen. Im Beispiel betrifft dies den Knoten 2. Er kann über den bereits markierten Knoten 1 und über den aktuellen Knoten 3 erreicht werden. Da die Distanz über Knoten 1 kürzer ist, dominiert dieser Weg den Weg über den Knoten 3.

Diese und die weiteren Schritte des Dijkstra-Algorithmus sind Tab. 4.2 zu entnehmen.

Die genutzten Wege im Graphen sehen aus, wie in Abb. 4.10 dargestellt. ◄

4.5.3 Produktionsplanung und -steuerung

Die Produktionsplanung und -steuerung umfasst alle planerischen und ausführenden Tätigkeiten zur Produktion und hat damit Einfluss auf den Fabrikbetrieb. Im Folgenden wird zunächst auf die Herausforderung der Koordinierung und Planungsphilosophien der Produktionsplanung und -steuerung (kurz PPS) eingegangen, bevor in weiteren Unterkapiteln die Erläuterung der Bestandteile der PPS erfolgt.

Die Produktionsplanung und -steuerung umfasst mehrere Aufgabenbereiche. Bevor diese inhaltlich vertieft in den folgenden Kapiteln erläutert werden, soll auf die Komplexität der Lösungsfindung in der PPS hingewiesen werden. Üblicherweise wird sowohl in der Praxis als auch in der Theorie eine lineare Herangehensweise zur Problemlösung gewählt. Diese besteht zumeist in einer Abfolge von hierarchisch angeordneten Teilaufgaben. Beispiele hierzu sind Gliederungen, Checklisten oder Arbeitsanweisungen. Dies setzt voraus, dass eine eindeutige Zuordnung oder auch Rangfolge zwischen den Teilaufgaben gebildet werden kann. Übertragen auf die PPS hieße das beispielsweise, man könne mit der Bestimmung des Produktionsprogramms beginnen und daraus alle anderen Determinanten der PPS wie die Produktionsaufteilung, die Kapazitätsplanung, den zeitlichen Ablauf oder die Losgrößen in Einkauf und Produktion ableiten. Tatsächlich besteht aber keine Hierarchie in den zu bearbeitenden Aufgaben, sondern sie sind vielmehr interdependent und beeinflussen sich gegenseitig. So hat beispielsweise die Kapazität oder der zeitliche Ablauf Einfluss auf das Produktionsprogramm, das

Tab. 4.2 Beispiel Dijkstra-Algorithmus

Schritt	Basis	Knotenfolge	Gesamtweg c_{ij}	Kürzester Weg d_{ij}	Markierter Knoten
1	1	noch nicht markiert: 2,3,4,5,6			
		1–2	$c_{12}=5$		
		1–3	$c_{13}=2$	$d_{13}=c_{13}=2$	3
2	3	noch nicht markiert: 2,4,5,6			
		1–3–2	$d_{13}+c_{32}=6>c_{12}=5$	$d_{12}=c_{12}=5$	2
		1–3–4	$d_{13}+c_{34}=7$		
		1–3–5	$d_{13}+c_{35}=10$		
		1–3–6	$d_{13}+c_{36}=11$		
3	2	noch nicht markiert: 4,5,6			
		1–2–4	$d_{12}+c_{24}=8>d_{13}+c_{34}=7$	$d_{14}=d_{13}+c_{34}=7$	4
4	4	noch nicht markiert: 5,6			
		1–3–4–5	$d_{14}+c_{45}=12>$	$d_{15}=d_{13}+c_{35}=10$	5
		1–3–4–6	$d_{13}+c_{35}=10$		
			$d_{14}+c_{46}=14>$		
			$d_{13}+c_{36}=11$		
5	5	noch nicht markiert: 6			
		1–3–5–6	$d_{16}=d_{15}+c_{56}=12>$	$d_{16}=d_{13}+c_{36}=11$	6
			$d_{13}+c_{36}=11$		

Abb. 4.10 Gerichteter Graph
Dijkstra – genutzte Wege

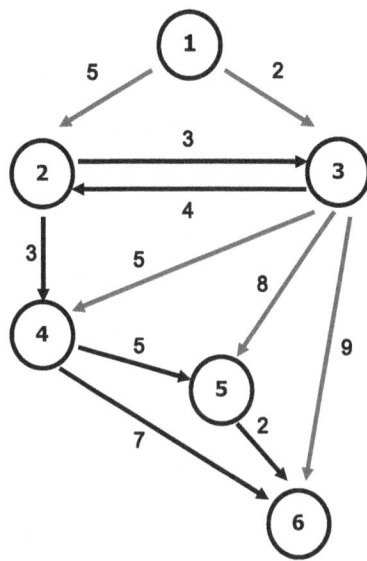

Produktionsprogramm beeinflusst seinerseits die Kapazität und den zeitlichen Ablauf. Kurzum sind alle Aufgabenbereiche der PPS miteinander verwoben.

Daran ist zu erkennen, dass es zu Gunsten einer möglichst realitätsnahen Abbildung der PPS theoretisch wünschenswert wäre, auf die gängige hierarchische Art einer Problemlösung zu verzichten. Jedoch ist gleichzeitig evident, dass ein Verzicht auf die Hierarchie, also eine simultane Lösungsweise für alle Aufgabenbereiche, in der Realität sehr komplex ist und vermutlich nicht lösbar sein wird. Wie in jedem wissenschaftlichen Bereich, gilt es hier ein Modell zu entwickeln, was von der Realität abstrahiert, die wichtigsten Zusammenhänge darlegt, jedoch zugleich so weit vereinfacht ist, dass eine Analyse oder Lösung des Problems mit vertretbarem Aufwand möglich ist. Gleiches gilt für die Anzahl der real bestehenden PPS-Aufgaben, die in der Problemlösung Aufnahme finden. Theoretisch wünschenswert wäre eine erschöpfende Betrachtung aller Aufgaben. Aus Komplexitätsgründen wird davon meist Abstand genommen und man beschränkt sich auf einige ausgewählte Aufgaben. Die Auswahl erfolgt z. B. nach Bedeutung, Umfang, Einfluss auf andere Aufgaben etc.

Diese verschiedenen Ansätze in den Planungsphilosophien sind in Tab. 4.3 dargestellt.

Ein großer Umfang an einbezogenen PPS-Aufgaben und eine zeitgleiche Prozesskoordinierung (hier mit „+" gekennzeichnet) würde der PPS-Realität entsprechen.

Tab. 4.3 PPS Planungsphilosphien

	Einbeziehung real bestehender PPS-Aufgaben	Zeitlicher Ablauf Prozesskoordinierung
+	Totalplanung	Simultanplanung
−	Partialplanung	Sukzessivplanung

Nimmt man von diesem Anspruch Abstand (hier mit „-" gekennzeichnet), erhält man eine Partial- und Sukzessivplanung. Genau diese Ansätze werden in der Praxis aus Komplexitätsgründen verfolgt.

Das daraus folgende *hierarchisch-sequentielle* PPS-Konzept gliedert sich in verschiedene Module, die der Reihenfolge nach „abgearbeitet" werden. Es gibt keine Rückkopplungen zwischen den einzelnen Teilen, da der hierarchische Ablauf eingehalten wird. Diese Vorgehensweise wird auch *als klassisches PPS-Konzept* bezeichnet. Der Einsatzbereich des klassischen PPS-Systems ist sinnvollerweise auf die Produktionstypen begrenzt, deren Produktionsprogramm und -ablauf von hoher Standardisierung geprägt ist und die nicht auf kurzfriste Änderungen oder Flexibilität angewiesen sind. Das klassische PPS-Konzept ist in Abb. 4.11 dargestellt.

4.5.3.1 Produktionsplanung

Die Produktionsplanung besteht aus den drei Teilbereichen Primärbedarfsplanung, Materialwirtschaft und Zeitwirtschaft.

Die *Primärbedarfsplanung* ist die erste Teilaufgabe der PPS. Die einzelnen Teilaufgaben werden in diesem Kontext auch als Module bezeichnet.

Die Primärbedarfsplanung verfolgt das Ziel, die Menge der im festgelegten Planungszeitraum zu fertigenden Endprodukten (= Primärbedarfe) zu ermitteln (vgl. z. B. Glaser et al. 1992). Der Planungszeitraum in einem Unternehmen könnte beispielsweise das nächste Geschäftsjahr umfassen. Das Unternehmen steht vor der Aufgabe, die Produktionsmengen für einen zukünftigen Zeitraum möglichst genau angeben.

Abb. 4.11 Klassisches PPS-System

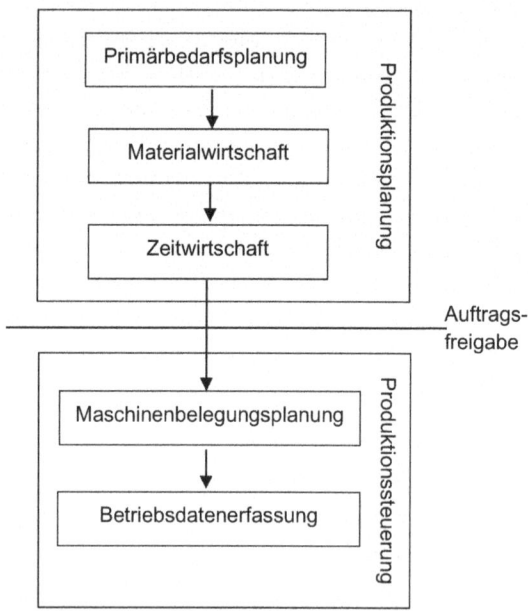

Für die Durchführung der Primärbedarfsplanung kommt grundsätzlich der Einsatz zweier verschiedener Planungsverfahren für die noch nicht bekannten Aufträge in Betracht: Prognoseverfahren und optimierende Verfahren. Sind dem Unternehmen bereits Aufträge für den Planungszeitraum erteilt worden, wird mithilfe einer Kundenauftragsverwaltung die Höhe des Primärbedarfs ermittelt. In diesem Fall besteht wenig Unsicherheit über die zu planenden Mengen.

Bei den Prognoseverfahren wird der Primärbedarf geschätzt, indem Vergangenheitswerte extrapoliert werden. Je nach Nachfrageverläufen der Vergangenheit kann über den Einsatz eines geeigneten Prognoseverfahrens entschieden werden (vgl. dazu weiterführend Günter und Tempelmeier 2016, S. 128 ff. oder Zelewski et al. 2008, S. 235 ff.).

Bei optimierenden Verfahren wird unter Berücksichtigung der Produktionsmöglichkeiten ein Produktionsprogramm bestimmt, das eine gegebene Zielfunktion optimiert und die vorherrschenden Restriktionen in Absatz und Produktion dabei einhält. In der Praxis erweist sich ein solches Vorgehen häufig als zu kompliziert, da die Modellgestaltung nicht trivial ist. Zudem ist die Lösungszeit in vielen Fällen unpraktikabel hoch, sodass der Lösungsaufwand in der Praxis in der Regel nicht zu vertreten ist (vgl. dazu weiterführend Zelewski et al. 2008, S. 258 ff. oder Herrmann und Englberger 2015, S. 25 ff.).

Die Erstellung der Primärbedarfsplanung sollte in größtmöglicher Kohärenz zu möglichen Unternehmenszielen wie Gewinnmaximierung, Kostendeckung oder Deckungsbeitragsmaximierung erfolgen.

Die *Materialwirtschaft* ist der zweite Teilbereich der Produktionsplanung. Die Ergebnisse der Primärbedarfsplanung gehen in die Materialwirtschaft ein. Die Primärbedarfe werden hier in Sekundärbedarfe transformiert. Es werden also die Mengen aller für die Herstellung des Endproduktes benötigten Rohstoffe, Teile und Baugruppen ermittelt. Finden bei der Ermittlung der Sekundärbedarfe die verfügbaren Lagerbestände Berücksichtigung, ist der Nettobedarf errechnet. Anderenfalls wäre es der Bruttobedarf.

Je nach Materialart finden verschiedene Verfahren der Bedarfsermittlung Anwendung. Bei höherwertigen A-Gütern (zur ABC-Klassifizierung vgl. Abschn. 3.2.1) wird der Bedarf programmgesteuert errechnet. Die benötigten Materialen werden exakt abgeleitet, z. B. mithilfe eines Stücklistenverfahrens (vgl. dazu weiterführend z. B. Oeldorf und Olfert 2018, S. 114 ff.).

Stückliste, Erzeugnisstruktur, Stücklistenauflösung

Eine Stückliste reflektiert die Zusammensetzung eines Produkts. Dabei wird in Erzeugnisse (E), Baugruppen (G) und Teile (T) unterschieden. Es gibt verschiedene Stücklistendarstellungen. Hier werden beispielhaft die Baukasten- sowie die Strukturstückliste erläutert. Zur Verdeutlichung werden diese beiden Stücklistenarten für das gleiche Erzeugnis abgeleitet.

Anhand der Erzeugnisstruktur ist die Zusammensetzung des Erzeugnisses zu erkennen (Abb. 4.12):

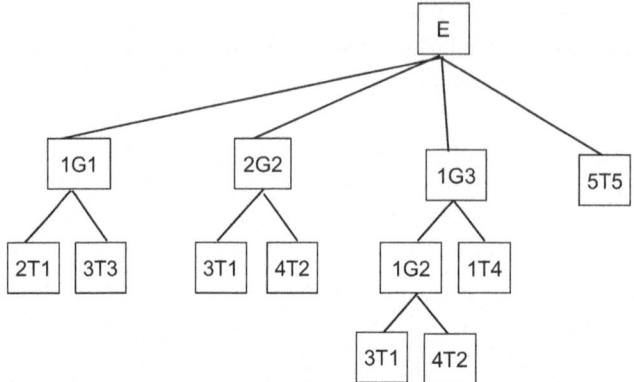

Abb. 4.12 Erzeugnisstruktur

E	
Name	Menge
G1	1
G2	2
G3	1
T5	5

G1	
Name	Menge
T1	2
T3	3

G2	
Name	Menge
T1	3
T2	4

G3	
Name	Menge
G2	1
T4	1

Abb. 4.13 Baukastenstückliste

Bei einer *Baukastenstückliste* wird die Zusammensetzung des Erzeugnisses in Ebenen wiedergegeben (vgl. Abb. 4.13). So enthält ein Baukasten die Zusammensetzung von E, bestehend aus den unmittelbar darunterliegenden Gruppen bzw. Teilen. Der nächste Baukasten gliedert die nächste Ebene auf. Insgesamt ergeben sich so vier Baukästen. Die letzte Ebene, die eine Doppeltnennung der Zusammensetzung von G2 ist, wird in der Baukastenstückliste nicht aufgeführt, da auf Redundanzen in der Auflistung verzichtet wird.

Die *Strukturstückliste,* in Abb. 4.14 dargestellt, wählt eine andere Veranschaulichung des Erzeugnisses, indem die Zusammensetzung des Produkts nach Stufen erfolgt. Hier sind im Gegensatz zur Baukastenstückliste Mehrfachnennungen gleicher Gruppenzusammensetzungen möglich.

Die *Stücklistenauflösung* kann anhand von *Fertigungs-* oder *Dispositionsstufen* erfolgen. Bei den Fertigungsstufen folgt man der oben dargestellten Erzeugnisstruktur, um anzugeben, wann welches Teil oder welche Baugruppe für die Fertigung benötigt wird. Die entsprechende Visualisierung ist bei der oben stehenden Erzeugnisstruktur zu sehen. Bei der Auflösung nach Dispositionsstufen werden gleichartige Teile oder Baugruppen zeitlich zusammenfasst, indem die Bestell- oder Produktionszeitpunkte auf den frühest erforderlichen Zeitpunkt reduziert werden. Die oben

Abb. 4.14 Strukturstückliste

E		
Stufe	Name	Menge
1	G1	1
2	T1	2
2	T3	3
1	G2	2
2	T1	3
2	T2	4
1	G3	1
2	G2	1
3	T1	3
3	T2	4
2	T4	1
1	T5	5

abgebildete Erzeugnisstruktur lässt sich folgendermaßen anpassen, wobei die Ebenen nun keine Fertigungs-, sondern Dispositionsstufen darstellen (Abb. 4.15):

Wie zu erkennen ist, befinden sich nun alle Bedarfe der Teile T1 und T2 auf der niedrigsten Dispositionsstufe, sodass sie gemeinsam beschafft oder produziert werden können. ◄

Bei der verbrauchsgesteuerten Bedarfsermittlung werden mit Hilfe von Prognoseverfahren der Verbrauch geringwertiger Güter (C-Teile) geschätzt (vgl. dazu weiterührend z. B. Lasch 2017, S 107 ff., Schulte 2017, S. 629 ff. oder Tempelmeier 2008. S. 31 ff.).

Wenn alle Gesamtmengen an Sekundärbedarfen ermittelt sind, erfolgt die Transformation in Losgrößen (vgl. Abschn. 3.2.1).

Der dritte Teilbereich der Produktionsplanung liegt in der *Zeitwirtschaft*. Sie besteht aus einem zweistufigen Aufbau, bei dem zunächst der Produktion mithilfe

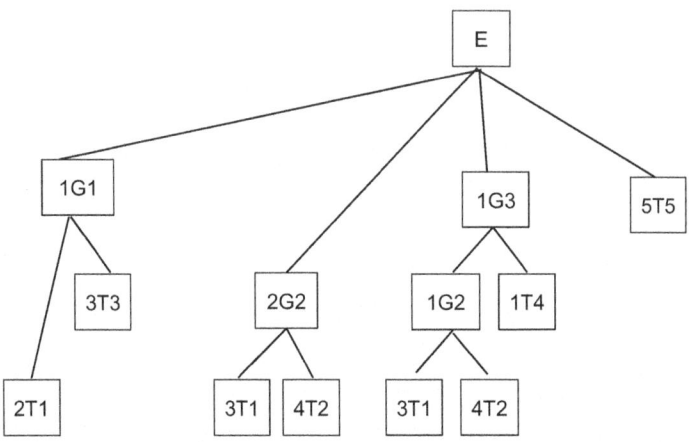

Abb. 4.15 Stücklistenauflösung Dispositionsstufen

der Durchlaufterminierung ein zeitlicher Rahmen gegeben wird. Hier werden keine kapazitativen Einschränkungen beachtet. Dies erfolgt erst in der zweiten Stufe des Moduls, beim Kapazitätsabgleich (vgl. z. B. Buzacott et al. 2010, S. 100 ff. oder Kiener et al. 2012, S. 243 ff.).

Die Terminierung erfolgt ähnlich zu Verfahren der Netzplantechnik mithilfe der Vorwärts- und Rückwärtsterminierung.

Netzplantechnik

Die Netzplantechnik wird häufig im Projektmanagement eingesetzt, um die Vorgänge eines Projektes und deren Beziehungen untereinander graphisch darzustellen und terminliche Zusammenhänge zu kalkulieren. Die Grundlage der Netzplantechnik bildet die Graphentheorie mit der Darstellung von Knoten und Pfeilen (= Kanten) in einem gerichteten, endlichen, zyklen-freien und zusammenhängenden Graphen (vgl. z. B. Noosten 2013, S. 3 ff. oder Zimmermann und Stache 2001, S. 13 ff.). Die Darstellung und Berechnung der Netzpläne ist mit verschiedenen Methoden möglich (vgl. weiterführend Domschke et al. 2015, S. 103 ff.). Im Folgenden wird ein einfaches Beispiel dargestellt. Die Vorgänge sind topologisch sortiert, sodass die Vorgänger- und Nachfolgerbeziehungen unmittelbar abzulesen sind.

Zur Ermittlung der frühest möglichen Anfangszeiten wird ein Algorithmus eingesetzt, der im Startknoten 1 zum Zeitpunkt 0 beginnt. Anschließend werden die frühesten Zeitpunkte (FZ) der Nachfolger bestimmt, indem das Maximum der jeweils frühesten Zeitpunkte der Vorgänger zuzüglich der jeweiligen Vorgangsdauern berechnet wird:

$$FZ_1 = 0; FZ_j = \max\left(FZ_i + d_{ij}\right) mit\ i \in P(j)$$

P bezeichnet die Menge der direkten Vorgänger von i, d_{ij} ist die Dauer von Knoten i zum Knoten j.

Das Ergebnis der Vorwärtsrechnung sind die frühesten Zeitpunkte aller Knoten, womit sich durch Berechnung des Endknotens das früheste Projektende ergibt.

Die Rückwärtsterminierung beginnt beim Endknoten. Ist kein vorgegebener Endtermin bekannt, wird der späteste Zeitpunkt (SZ) des Endknotens mit dem frühesten Zeitpunkt gleich-gesetzt. Anschließend werden nun rückwärts gerichtet die spätesten Zeitpunkte der unmittel-baren Vorgänger berechnet, indem das Minimum der jeweils spätesten Zeitpunkte abzüglich der jeweiligen Vorgangsdauern bestimmt wird:

$$SZ_n = FZ_n; SZ_i = \min\left(SZ_j - d_{ij}\right) mit\ j \in S(i)$$

S bezeichnet die Menge der direkten Nachfolger.

Im Beispiel besteht der Netzplan aus sechs Knoten (Abb. 4.17). Auf den Kanten sind die Vor-gangsdauern vermerkt (vgl. Legende Abb. 4.16).

Durch die Kombination der Vorwärts- und Rückwärtsrechnung können Puffer errechnet werden, wie der Gesamtpuffer: $GP_{ij} = SZ_j - FZ_i - d_{ij}$ (vgl. weiterführend z. B. Werners 2013, S. 232 ff.)

Zur Terminierung der Aufträge müssen die Durchlaufzeiten bekannt sein. Sie bestehen aus allen zeitlichen Elementen, die ein Auftrag im Unternehmen verweilt. Dies inkludiert

Abb. 4.16 Legende Netzplan

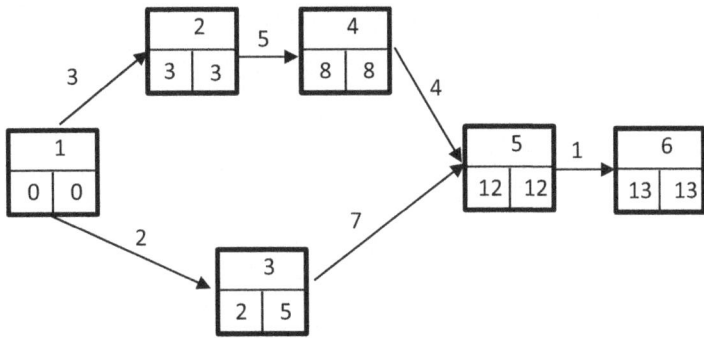

Abb. 4.17 Netzplan

nicht nur die reine Fertigungszeit, sondern auch andere Dauern wie Warte-, Lager-, Transport-, Rüst- und Reifezeiten. Im Vorfeld ist es herausfordernd, alle Zeiten zu bestimmen oder zuverlässig zu schätzen.

Der Terminierung schließt sich der Kapazitätsabgleich an, wobei das Kapazitätsangebot mit der Kapazitätsnachfrage abgeglichen wird. Das Kapazitätsangebot ist vor allem durch Betriebsmittel wie Maschinen und deren Laufzeit determiniert. Die Kapazitätsnachfrage spiegelt die Produktionsaufträge wider (vgl. z. B. Glaser et al. 1992, S. 253 ff.).

Das Kapazitätsangebot ist gemäß der Gutenbergschen Anpassungsformen (Gutenberg 1983) zeitlich, quantitativ oder intensitätsmäßig zu erhöhen.

Anpassungsformen nach Gutenberg

Gutenberg analysiert in seiner Produktionsfunktion, neben weiteren, hier nicht näher darzulegenden, Aspekten (vgl. weiterführend Sonntag 2004) die Abhängigkeit der Einsatz- und Ausbringungsmengen von der Fahrweise der Betriebsmittel. Ein Betriebsmittel kann z. B. eine Maschine sein. Kommt es zu Schwankungen in der Produktion, kann das Unternehmen durch zeitliche, quantitative oder intensitätsmäßige Anpassung die Ausbringungsmenge variieren (vgl. z. B Steven 1998, S. 129 ff.).

Bei der *zeitlichen Anpassung* wird die Laufzeit t der Betriebsmittel angepasst. Sie bewegt sich innerhalb der technischen und vertraglich festgelegten Grenze, wobei die Grenze sich unter Umständen durch Überstunden erhöhen lässt:

$$t \in [t_{min}; t_{max}]$$

Bei der *quantitativen Anpassung* erfolgt eine Variation der nutzbaren Betriebsmittel m. Die Anzahl der nutzbaren Betriebsmittel ist durch die Anzahl der vorhandenen Maschinen M festgelegt, da hier keine Investitions- oder Kaufentscheidungen getroffen werden. Vorhandene Maschinen können zugeschaltet und genutzt werden oder nicht. Eine Zuschaltung einer halben Maschine ist nicht möglich. Somit kann bei dieser Anpassungsform die Ausbringungsmenge nur als ganzzahliges Vielfaches der Maschinenanzahl erhöht werden:

$$m \in \{0; 1; 2; \ldots; M\}$$

Die *intensitätsmäßige Anpassung* basiert auf einer Variation der Produktionsgeschwindigkeit. Die Intensität, gemessen durch Leistungsabgabe pro Zeiteinheit, wird dabei erhöht. Die minimale und maximale Intensität ist i. d. R. durch technische Restriktionen determiniert:

$$d \in [d_{min}; d_{max}]$$

Die Anpassungsformen lassen sich im Rahmen ihrer Zulässigkeit miteinander kombinieren und bestimmen so die Höhe der Ausbringungsmenge:

$$x = t \cdot m \cdot d$$

In der Praxis entscheiden die jeweiligen Kosten der Anpassungsform und die technischen Bedingungen über deren Einsatz.

Die Anpassung der Kapazitätsnachfrage kann durch Variation der Ausführungsdauern der Produktionsschritte erfolgen. Dies kann beispielsweise durch Überlappung von Aufträgen, Parallelisierung oder durch Kürzen von Übergangszeiten geschehen (vgl. z. B. Schulte 2017, S. 644 ff. oder Zäpfel 1982, S. 232 ff.)

Das Resultat der Durchführung der drei Module der Produktionsplanung besteht in geplanten Produktionsaufträgen. In der Produktionssteuerung werden diese Produktionsaufträge anschließend operativ umgesetzt. Zwischen der Planung und Steuerung steht die *Auftragsfreigabe,* die darüber entscheidet, welche Aufträge zur Einlastung auf den Maschinen in der Produktionssteuerung bereitstehen. Der Auftragsfreigabe kommt eine wichtige Funktion für die Einhaltung von Effizienzzielen bei der Produktionssteuerung zu. Dies betrifft insbesondere die Kapazitätsauslastung sowie die Durchlaufzeiten. Auf diese Zusammenhänge wird im Rahmen eines speziellen Konzeptes zur Auftragsfreigabe im Abschn. 4.5.3.3 näher eingegangen.

4.5.3.2 Produktionssteuerung

Die in der Produktionsplanung geplanten und anschließend freigegebenen Aufträge erreichen die Produktionssteuerung. Die Produktionssteuerung umfasst die operative Umsetzung der Produktionsaufträge, indem die Aufträge den Maschinen zugeteilt werden. Diese *Maschinenbelegungsplanung* erfolgt unter dem Sachziel, dass alle frei gegebenen Aufträge unter Berücksichtigung von Restriktionen wie Lieferzeiten, Maschinenkapazität, Maschinenreihenfolgen oder Belegungsplänen fertig gestellt werden.

Formal wird das Sachziel mit weiteren betriebswirtschaftlichen Zielen kombiniert. Diese betriebswirtschaftlichen Ziele bestehen üblicherweise in der Kostenminimierung, der Auslastungsmaximierung, der Bestandsreduzierung oder der Durchlaufzeitenminimierung.

Die Maschinenbelegungsplanung stellt ein Zuordnungsproblem dar, dessen Resultat in der Festlegung besteht, welcher Auftrag zu welchem Zeitpunkt auf welcher Maschine gefertigt werden soll. Dabei sollen die jeweiligen Formalziele, die Präzedenzbeziehungen innerhalb der Aufträge sowie die Kapazitätsvorgaben der Maschinen eingehalten werden.

Theoretisch ist eine optimale Lösung einer Maschinenbelegungsplanung ermittelbar. Auch hier stößt man jedoch bedingt durch Modellierungs- und Lösungskomplexität schnell an Praktikabilitätsgrenzen (vgl. weiterführend zu verschiedenen Lösungskonzepten und Planungsverfahren Zelewski 2008 S. 243 ff.). Aus diesem Grund werden zur Durchführung der Maschinenbelegungsplanung heuristische Verfahren wie *Prioritätsregelverfahren* eingesetzt.

Bei der Anwendung eines Prioritätsregelverfahrens wird mit Hilfe von einfachen Regeln ermittelt, welcher Auftrag als nächstes an einer Maschine ausgeführt werden soll, falls mehrere Aufträge vor der jeweiligen Maschine warten. Der Auftrag, der gemäß der angewendeten Prioritätsregel die höchste Priorität genießt, wird als nächstes eingelastet.

Der Definition von Priorität in diesem Kontext ist in der Praxis keine Grenzen gesetzt, da es je nach Unternehmens- oder Fertigungssituation verschiedene Ziele geben kann. Prioritätsregeln spiegeln Formalziele unmittelbar wider. Soll beispielsweise das Formalziel „Minimierung der Terminüberschreitungszeiten" erreicht werden, so wird der Einsatz einer Prioritätsregel „Früheste-Liefertermin-Regel", bei der jeweils die Aufträge mit den frühesten Lieferterminen Priorität genießen, dieses Ziel in aller Regel besser erreichen als Prioritätsregeln mit anderen Schwerpunkten. Allgemein gilt, wie bei jedem heuristischen Verfahren, dass der Zielerreichungsgrad von Prioritätsregeln oder die Güte der Lösung in aller Regel ohne Kenntnis der optimalen Lösung nicht vollzogen werden kann.

Beispiele für Prioritätsregeln sind:

- Früheste-Liefertermin-Regel,
- Kürzeste-Fertigungsrestzeiten-Regel,
- Größter-Auftragswert-Regel,
- First-come-first-served-Regel,
- Kürzeste-Operationszeit-Regel,
- Längste-Operationszeit-Regel.

Prioritätsregeln können kombiniert verwendet werden, wenn der Einsatz einer Regel kein eindeutiges Ergebnis liefert (vgl. z. B. Corsten und Gössinger 2016, S. 569 ff.).

Bei Prioritätsregeln wird in statische und dynamische Regeln unterschieden. Bei *statischen* Regeln ändert sich die Reihenfolge der Priorisierung der Aufträge während der gesamten Maschinenbelegungsplanung nicht, wie bei der Früheste-Liefertermin-Regel. Ein Beispiel für eine *dynamische* Prioritätsregel ist die Kürzeste-Operationszeit-Regel, bei der die Operationszeit der Aufträge auf den jeweiligen Maschinen betrachtet wird. Somit kann sich die Priorisierung der Aufträge an den einzelnen Maschinen ändern, sie ist dynamisch.

Maschinenbelegungsplanung im Gantt-Chart

In einem Unternehmen werden vier Aufträge an drei Maschinen gefertigt. In Tab. 4.4 sind Maschinenreihenfolgen, Operationszeiten und Liefertermine der Aufträge gegeben:

Die Verwendung von Prioritätsregeln wird anhand von zwei Beispielen verdeutlicht. Die Darstellung erfolgt im Gantt-Chart, ein Balkendiagramm, bei dem die zeitliche Abfolge der Aufträge grafisch anhand von Balken visualisiert wird. Die Länge der Balken entspricht maßstäblich der Länge der Operationszeiten der Aufträge.

Kürzeste-Operationszeit-Regel

Bei dieser Prioritätsregel wird der Auftrag priorisiert, der an der gerade betrachteten Maschine die kürzeste Operationszeit hat. Dabei ist zu beachten, dass die Prioritätsregel nur in dem Fall Anwendung findet, bei dem mehrere Aufträge zeitgleich vor einer Maschine auf Bearbeitung warten. Ist dort nur ein Auftrag, besteht kein Konflikt, der mithilfe einer Prioritätsregel aufgelöst werden muss und der Auftrag wird folglich sofort an der leerstehenden Maschine eingelastet.

Vor Maschine 1 warten im Zeitpunkt 0 die Aufträge A_1, A_2 und A_4. A_3 beginnt mit Maschine M_2 und kann dort konkurrenzlos eingelastet werden. Bei den Aufträgen A_1, A_2 und A_4 greift die Prioritätsregel und wählt A_4 als Auftrag mit der vergleichsweise kürzesten Operationszeit auf Maschine M_1 aus. Nach Beendigung von A_4 ist auch bereits A_3 auf M_2 abgeschlossen und reiht sich in die Warteschlange bei M_1 ein. Auf M_1 folgen im Anschluss auf A_4 somit nach Priorisierung gemäß Operationszeit A_3, A_2 und A_1. Bei der Einlastung der Folgemaschinen ist jeweils zu beachten, dass mit der Fertigung der Aufträge erst begonnen werden kann, wenn die Bearbeitung auf der Vorgängermaschine abgeschlossen ist. Daraus ergibt sich folgende Maschinenbelegungsplanung (Abb. 4.18):

Die Gesamtdurchlaufzeit aller vier Aufträge beträgt bei der Kürzeste-Operationszeit-Regel in diesem Beispiel 20 min.

Kürzeste-Liefertermin-Regel

Bei dieser Prioritätsregel wird der Auftrag mit dem kürzesten Liefertermin priorisiert. Daraus ergibt sich an jeder Maschine die gleiche Priorität in der

Tab. 4.4 Daten Maschinenbelegungsplanung Beispiel

Aufträge A_i	Maschinenfolgen	Operationszeiten (A_i, M_j) in Minuten			Liefertermine
		M_1	M_2	M_3	
A_1	M_1 _ M_2 _ M_3	6	1	5	18
A_2	M_1 _ M_2 _ M_3	4	3	1	22
A_3	M_2 – M_1 _ M_3	1	2	3	19
A_4	M_1 _ M_2 _ M_3	3	4	6	23

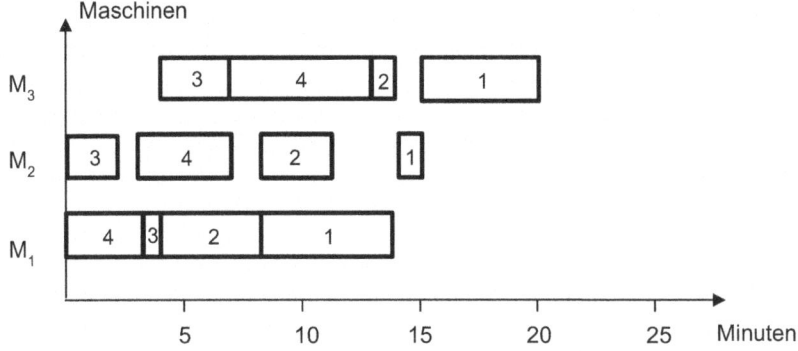

Abb. 4.18 Maschinenbelegungsplanung KOZ

Einlastungsreihenfolge A_1, A_3, A_2, A_4. Hierbei ist zu beachten, dass A_3 als einziger Auftrag eine andere Maschinenreihenfolge hat und somit konkurrenzlos vor Maschine 2 im Zeitpunkt 0 wartet. Hier erfolgt die sofortige Einlastung (vgl. Abb. 4.19):

Die Gesamtdurchlaufzeit aller vier Aufträge beträgt bei der Kürzeste-Liefertermin-Regel in diesem Beispiel 24 min. ◄

Mit Durchführung der Maschinenbelegungsplanung wird die Produktionssteuerung durchgeführt. Abschließend werden die Daten wie Durchlaufzeiten, Störungen, Kapazitätsauslastung im Rahmen einer Betriebsdatenerfassung zurückgemeldet und im nächsten Durchlauf der Produktionsplanung verwendet.

Wie oben bereits beschrieben, ist das hierarchisch-sequenzielle PPS-Konzept eher starr und spiegelt die Produktionsrealität vieler Unternehmen nur begrenzt wider. Dem soll mit neueren PPS-Konzepten Abhilfe geschaffen werden, in denen auch nicht starre Produktionsabläufe abgebildet werden.

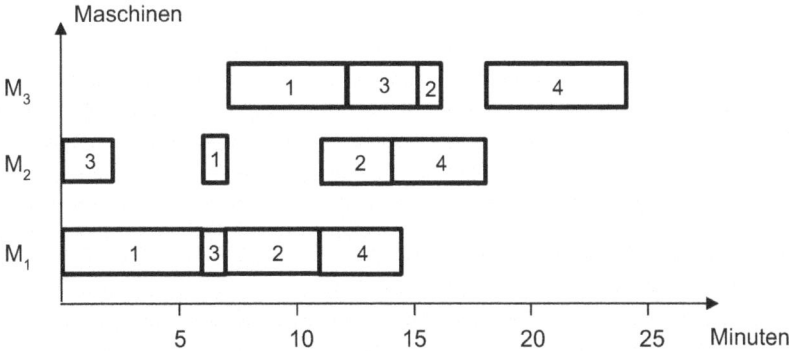

Abb. 4.19 Maschinenbelegungsplanung KLT

4.5.3.3 PPS-Konzepte

Die hier geschilderten neueren PPS-Konzepte sind nur eine Auswahl der bekanntesten Konzepte. Sie stellen jeweils Weiterentwicklungen des klassischen PPS-Konzepts dar. Dies kann ein ganzheitlicher Ansatz sein, wie beim nachstehend erläuterten MRPII-Konzept oder auch einzelne Module der PPS betreffen, wie bei der Belastungs-orientierten Auftragsfreigabe oder dem Kanban-Konzept zu sehen sein wird.

MRPII-Konzept

Das MRP im Namen des MRPII-Konzeptes steht für Manufacturing Resource Planning. Es bildet die Basis für moderne ERP-Systeme (vgl. weiterführend Schönsleben 2016, S. 223 ff.). Beim MRPII-Konzept werden alle Module der Produktionsplanung und -steuerung durchlaufen. Im Unterschied zum klassischen PPS-Konzept sind an mehreren Stellen des Ablaufs Rückkopplungen eingebaut, um so frühzeitig Änderungen abbilden zu können. Der Ablauf des MRPII-Konzeptes ist Abb. 4.20 (Quelle: in Anlehnung an Zelewski et al. 2008, S. 486) zu entnehmen.

Beim klassischen PPS-Konzept werden Änderungen erst im nächsten Planungslauf berücksichtigt. Das MRPII-Konzept zeichnet sich somit im Vergleich zum hierarchisch-sequenziellen Konzept durch eine größere Flexibilität aus, da Änderungen schneller erfolgen können.

Des Weiteren beginnt das MRPII-Konzept nicht erst mit der Primärbedarfsplanung, sondern mit einem Modul Geschäftsplanung, bei dem mithilfe einer Absatz- und Finanz-planung eine aggregierte Produktionsplanung für den betrachteten Planungsablauf ent-wickelt wird. Diese wird dann sachlich und zeitlich heruntergebrochen, um daraus die Primärbedarfsplanung, den Master Production Schedule, abzuleiten.

Das MRPII-Konzept ist ein holistisches Konzept, da es die komplette PPS abdeckt. Das nächste Konzept beschäftigt sich nur mit einem Teilbereich der PPS, der Auftragsfreigabe.

Belastungsorientierte Auftragsfreigabe

Das Konzept der Belastungsorientierten Auftragsfreigabe (BOA) wurde in den 1980er Jahren am Institut für Fabrikanlagen der Universität Hannover entwickelt. Es handelt sich hierbei um ein fokussierendes PPS-Konzept, bei dem keine ganzheitliche Planung und Steuerung vorgenommen wird, sondern nur ein spezieller Aspekt fokussiert wird. Der Auftragsfreigabe kommt im Rahmen der PPS eine besondere Bedeutung zu, da sie über die Zielerreichung der Produktionssteuerung maßgeblich entscheidet. Werden zu wenig Aufträge frei gegeben, kann es in der Konsequenz zu nicht ausgelasteten Maschinen kommen, wenn bei unplanmäßigen Auftragsausfällen der Nachschub fehlt. Werden indes zu viele Aufträge frei gegeben, warten die Aufträge lange zur Bearbeitung auf den Maschinen. Diese Wartezeiten zählen zu den Durchlaufzeiten, die folglich ansteigen. Dieser Zielkonflikt zwischen der Minimierung der Durchlaufzeiten einer-seits und der Maximierung der Kapazitätsauslastung andererseits ist seit Gutenberg als *Dilemma der Ablaufplanung* (Gutenberg 1983, S. 216) bekannt.

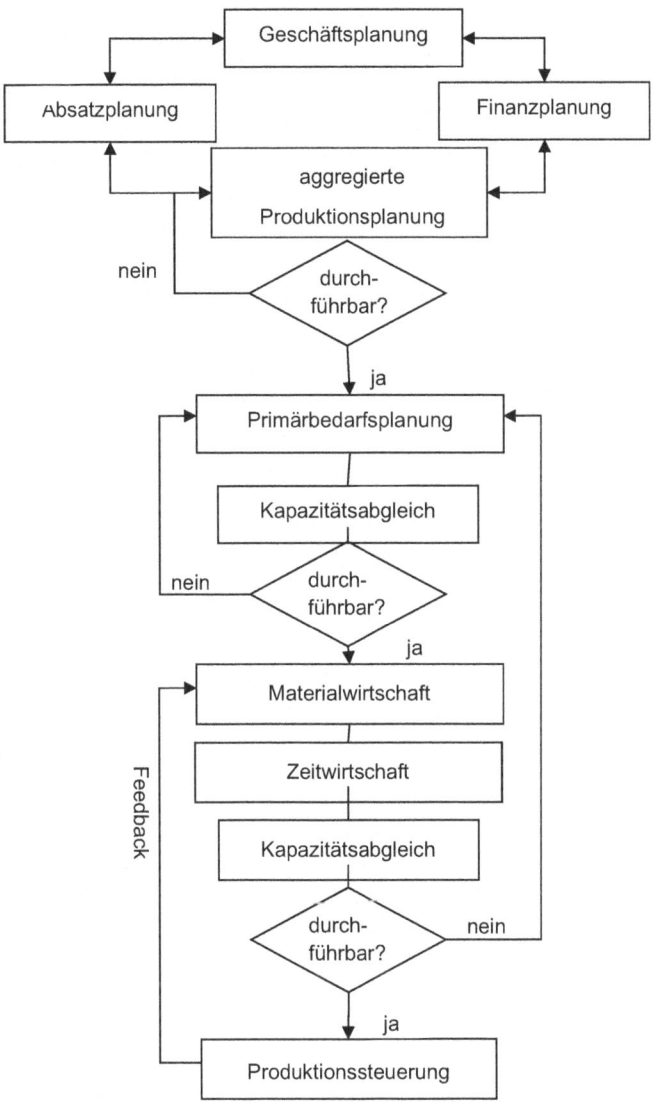

Abb. 4.20 MRPII-Konzept

Die Belastungsorientierte Auftragsfreigabe ist ein dezentrales Konzept, das auf Grobdaten aus der Produktionsplanung angewiesen ist. Diese Grobdaten werden als Planungsgrundlage verwendet, um zu entscheiden, welche Aufträge für die Produktionssteuerung frei gegeben werden.

Das BOA-Konzept basiert auf dem sogenannten Trichter-Modell (vgl. Wiendahl 1987, 1988 und Zäpfel et al. 1992), bei dem mithilfe verschiedener, nacheinander angeordneter Trichter darüber entschieden wird, welche Aufträge für die Produktion freigegeben werden. Das Prinzip des Trichters liegt darin begründet, dass nicht alle Aufträge, die oben in den weiten Bereich des Trichters eingefüllt werden, sofort frei gegeben werden, sondern nur diejenigen, die den engen Bereich des Trichters passieren. Dadurch wird gewährleistet, dass nur genau so viele Aufträge frei gegeben werden, wie das Produktionssystem ohne lange Wartezeiten verkraftet. Der schmale Bereich der Trichter lässt sich mit Hilfe von Steuerungsparametern in der Weite variieren, wodurch gleichzeitig nicht nur dafür gesorgt werden kann, dass nicht zu wenige Aufträge frei gegeben werden. Das BOA-Konzept versucht somit das Dilemma der Ablaufplanung aufzulösen und die genau richtige Anzahl an Aufträgen für die Produktionssteuerung freizugeben.

Das BOA-Konzept ist damit lediglich für lineare Produktionsprozesse einsetzbar.

Das Trichtermodell ist in Abb. 4.21 (in Anlehnung an Wiendahl 1987, S. 256) dargestellt. Darin sind die Steuerungsparameter sowie die Hilfsparameter zu erkennen, die nachfolgend erläutert werden.

Das BOA-Konzept verfügt über drei Steuerungsparameter:

1. *Terminschranke*

In den ersten Trichter gehen zunächst alle von zentraler Stelle geplanten Produktionsaufträge ein. Unten am Trichter reguliert der Steuerungsparameter Terminschranke mithilfe des Vorgriffshorizonts die Weite des Durchlasses. Nur die Aufträge, deren geplante Starttermine in den definierten Vorgriffshorizont fallen, werden als dringlich klassifiziert und passieren den ersten Trichter in diesem Freigabedurchlauf.

2. *Belastungsschranke*

Der zweite Steuerungsparameter ist maschinenspezifisch und gilt nicht mehr wie der Vorgriffshorizont für alle Maschinen des Produktionssystems. Die Belastungsschranke wird mithilfe des Parameters Einlastungsprozentsatz operationalisiert. Der Einlastungsprozentsatz gibt an, ob eine Maschine „überbucht" werden sollte. Dies geschieht aufgrund von Erfahrungswissen, da nicht jeder eingeplante Auftrag in voller Höhe bei den Maschinen ankommt. Je weiter eine Maschine in der Arbeitsreihenfolge hinten steht, umso wahrscheinlicher ist es, dass es aufgrund von Störungen, Fehlern, Unfällen oder Materialabnutzung zu Ausfällen kommt. Wartet ein Auftrag unmittelbar vor einer Maschine, kann der Auftrag in voller Höhe eingeplant werden, da es keine zu erwartenden Zwischenfälle mehr gibt. Man spricht hier von einer direkten Belastung.

Bei einer indirekten Belastung müssen die Aufträge vor Erreichen der betrachteten Maschinen noch weitere Maschinen durchlaufen, was das Risiko für kapazitätsmindernde Zwischenfälle erhöht. Somit werden die betroffenen Produktionsaufträge mit einem auftragsspezifischen Faktor abgewertet, um die erhöhe Wahrscheinlichkeit einer Kapazitätsminderung der Belastung abzubilden:

$$Abwertungsfaktor_{i,j} = \left(\frac{100}{EPS} \right)^{j-h}$$

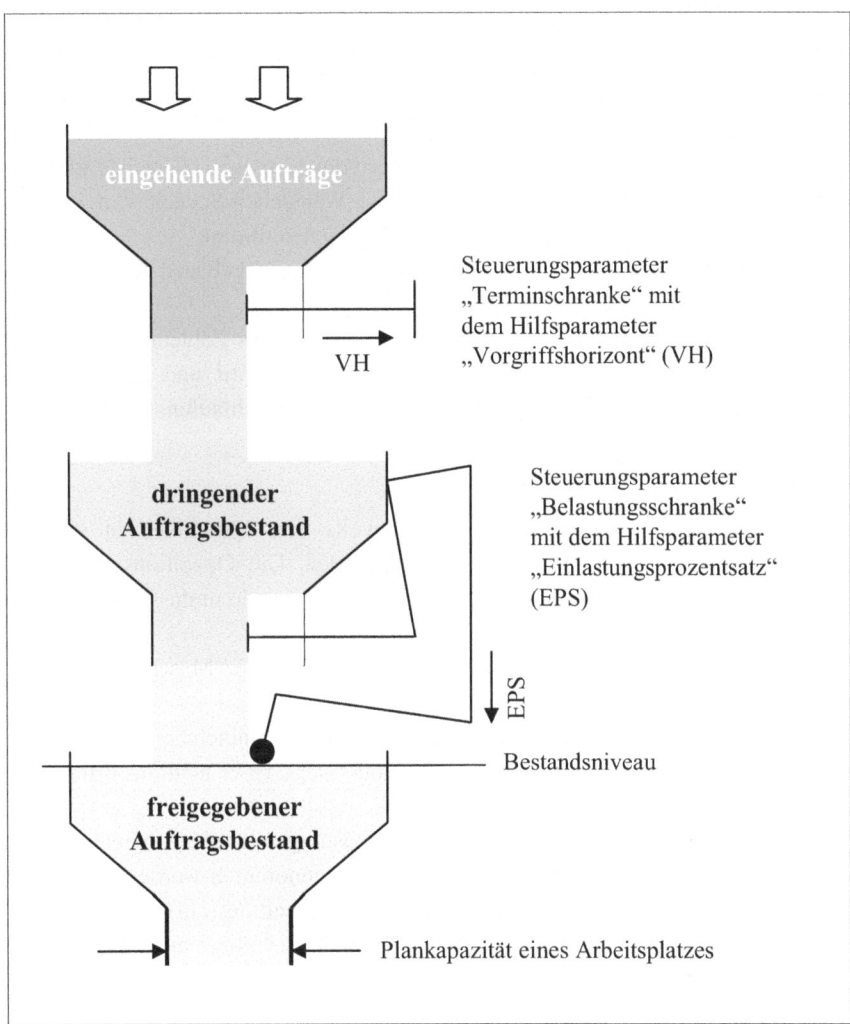

Abb. 4.21 BOA Trichtermodell

Der Index i ist der Index des betrachteten Produktionsauftrags. Mit dem Index j wird der Arbeitsplatz bezeichnet, dessen Belastung gerade ermittelt werden soll. Der Index h bezeichnet den Arbeitsplatz, an dem der Produktionsauftrag i gerade wartet. Die Differenz j-h gibt somit die Anzahl der für Auftrag i noch zu durchlaufenden Arbeitsplätze an, bevor Arbeitsplatz j erreicht wird. EPS steht für den Einlastungsprozentsatz.

Die Belastungsschranke spiegelt das Volumen wider, das an einem Arbeitsplatz maximal bearbeitet werden kann. Es errechnet sich aus der Plankapazität multipliziert mit dem Einlastungsprozentsatz.

Die Aufträge, die den zweiten Trichter passieren, sind die frei gegebenen Aufträge.

3. Zeitraum zwischen den Freigabedurchläufen

Der dritte Steuerungsparameter innerhalb des BOA-Konzeptes liegt in dem Zeitraum zwischen den Freigabedurchläufen. Dieser hat Einfluss auf den Vorgriffshorizont sowie die Belastungsschranke. Je größer der Zeitraum zwischen den Freigabedurchläufen ist, desto größer wird tendenziell der Vorgriffshorizont festgelegt. Gleiches gilt für die Bestimmung des Einlastungsprozentsatzes, da die Wahrscheinlichkeit von kapazitätsreduzierenden Zwischenfällen mit wachsendem Zeitraum zunimmt.

Vor Erreichen der Produktionssteuerung werden die freigegebenen Aufträge mit der Plankapazität der Arbeitsplätze abgeglichen.

Das BOA-Konzept wird im Folgenden durch ein einfaches Zahlenbeispiel erläutert, bei dem jedoch nur ein Planungsdurchlauf verdeutlicht wird und somit der dritte Steuerungsparameter, der Zeitraum zwischen den Freigabedurchläufen, irrelevant wird.

Belastungsorientierte Auftragsfreigabe

Betrachtet werden vier Aufträge, die an jeweils drei Maschinen in identischer Maschinenreihenfolge (M_1-M_2-M_3) gefertigt werden. Die Operationszeiten an den Maschinen sind in Stunden angegeben. Die Planungsperiode umfasst einen Zeitraum von 18 h, was dem Vorgriffshorizont entspricht.

Die Plankapazitäten der Maschine M_1 beträgt 10 h. Für Maschine M_2 und M_3 gelten 5 bzw. 8 h. Der Einlastungsprozentsatz beträgt 200 %.

Die Operationszeiten und Starttermine sind Tab. 4.5 zu entnehmen.

Da Auftrag A_4 außerhalb des Vorgriffshorizonts liegt, ist er nicht als dringlich eingestuft und passiert den ersten Trichter nicht.

Für den zweiten Trichter werden die Belastungsschranken berechnet, wozu zunächst die auftragsspezifischen Abwertungen vorgenommen werden. Da alle Aufträge die gleiche Maschinenreihenfolge in der Bearbeitung aufweisen, gelten die Abwertungsfaktoren für alle Aufträge. Die verwendeten Indizes an den Abwertungsfaktoren beziehen sich auf die Maschinen:

$$Abwertungsfaktor_{i;1} = \left(\frac{100}{200}\right)^{1-1} = 0{,}5^0 = 1\, f\ddot{u}r\, i = 1;\, 2;\, 3$$

Tab. 4.5 Beispiel Daten Belastungsorientierte Auftragsfreigabe

Auftrag	Starttermin	Operationszeiten in Stunden		
		M_1	M_2	M_3
A_1	14	5	12	3
A_2	17	15	8	14
A_3	5	2	8	10
A_4	19	3	15	8

$$Abwertungsfaktor_{i;2} = \left(\frac{100}{200}\right)^{2-1} = 0{,}5^1 = 0{,}5\,f\ddot{u}r\,i = 1;\,2;\,3$$

$$Abwertungsfaktor_{i;3} = \left(\frac{100}{200}\right)^{3-1} = 0{,}5^2 = 0{,}25\,f\ddot{u}r\,i = 1;\,2;\,3$$

Mithilfe dieser Abwertungsfaktoren können die direkten und indirekten Belastungen der Maschinen durch die einzelnen Aufträge ermittelt werden (Tab. 4.6):

Die Belastungsschranken der Maschinen errechnen sich aus der Plankapazität multipliziert mit dem Einlastungsprozentsatz. Dies resultiert hier für die Maschinen M_1, M_2 und M_3 in Belastungsschranken von 20, 10 bzw. 16 h.

Anschließend wird die Belastungsorientierte Auftragsfreigabe durchgeführt, indem die Aufträge nach ihrer Dringlichkeit gemäß Startterminen eingelastet werden. Dies ergibt die Reihenfolge A_3, A_1, A_2. Es wird anhand der Belastungsschranke überprüft, ob Maschinen gesperrt werden und ob der betreffende Auftrag frei gegeben werden kann. Dies ist in Tab. 4.7 dargestellt:

Bei Einlastung des Auftrags A_1 ist die Belastungsschranke von 10 h auf Maschine M_2 erreicht, jedoch noch nicht überschritten. Die Maschine wird gesperrt, der Auftrag wird noch freigegeben. Bei der Einlastung von A_2 sind die Belastungsschranken von M_1 und auch M_2 erreicht. A_2 wird nicht mehr freigegeben.

A_2 und A_4 werden somit erst im nächsten Planungsdurchlauf berücksichtigt. ◀

Kanban-Konzept

Das letzte hier vorgestellte PPS-Konzept ist ebenso wie das BOA-Konzept ein fokussierendes PPS-Konzept. Das Kanban-Konzept wurde von Taiichi Ohno im Rahmen

Tab. 4.6 Direkte und indirekte Belastungen Maschinen

Auftrag	Operationszeiten in Stunden		
	M_1	M_2	M_3
A_1	5	6	0,75
A_2	15	4	3,5
A_3	2	4	2,5

Tab. 4.7 Beispiel Belastungsorientierte Auftragsfreigabe

Auftrag	Belastungen der Maschinen			Gesperrte Maschinen	Freigabe
	M_1	M_2	M_3		
A_3	2	4	2,5	-	+
A_1	5	6	0,75	M_2	+
A_2	15	4	3,5	M_2, M_1	-
Belastungsschranken	20	10	16		

des Toyota Produktionssystems in Japan entwickelt (Ohno 2013). Das Toyota Produktionssystem wird auch als schlanke Produktion, „Lean Production", bezeichnet und umfasst mehrere Konzepte, durch die die Produktion kostengünstiger, schneller, mit weniger Fehlern und mit geringer Lagerhaltung erfolgen soll. Wenn alle Ziele zeitgleich erreicht werden, ist die Auflösung von Zielkonflikten scheinbar unvereinbarer Ziele erfolgt, wie es beispielsweise oben schon am Dilemma der Ablaufplanung verdeutlicht wurde.

Kanban ist das japanische Wort für Karte oder Aufkleber. Diese Karte wird an einem Behälter befestigt, in dem sich eine vorher festgelegte Menge an Materialien befindet. Die Behälter werden von den jeweiligen Stellen im Produktionssystem befüllt und in vollem Zustand an die nachgelagerte Stelle geliefert. Die Materialen werden dort verbraucht. Ist der Behälter leer, wird er – oder auch nur die Karte – an die materialliefernde Stelle zurückgesendet. Der Behälter wird neu befüllt und geht erneut an die materialverbrauchende Stelle. Die beiden Stellen sind also durch den Material- und Informationsfluss miteinander verbunden. Sie bilden einen Regelkreis, der sich gemäß der tatsächlich aufgetretenen Materialnachfrage selbst steuert. Dies ist Abb. 4.22 zu entnehmen.

Das Kanban-Konzept funktioniert nach dem Pull-Prinzip oder auch SupermarktPrinzip. Sobald eine definierte Menge, in diesem Fall der Inhalt eines Behälters, vergriffen ist, wird er aufgefüllt und auch nur dann (vgl. weiterführend zu den KanbanRegeln und der Durchführung z. B. Dickmann 2015 oder Wildemann 1983). Die Auffüllung ist nicht an zeitliche Kriterien geknüpft. Diese Vorgehensweise sorgt einerseits dafür, dass keine unnötig hohen Bestände vor den Maschinen auf Bearbeitung warten. Andererseits sind die Pufferbestände im Produktionssystem klein, so dass man sich auf einen reibungslosen Ablauf der Kanban-Regelkreise und eine hohe Produktqualität verlassen können muss.

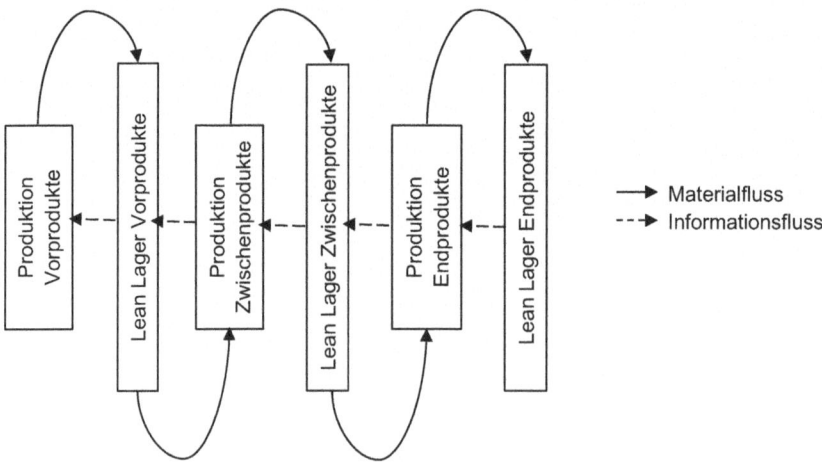

Abb. 4.22 Kanban Regelkreise

Das Kanban-Konzept verfügt somit über wichtige Stellgrößen, die im Sinne einer schlanken Produktion und eines funktionierenden Regelkreiskonzeptes eingehalten werden müssen:

- Anzahl der Kanbans
- Füllmenge der Behälter
- Striktes Befolgen der einfachen Kanban-Regeln durch die Mitarbeiter
- Zuverlässigkeit der Lieferanten
- Hohe Produktqualität

Sobald diese Stellgrößen unzureichend berechnet oder fehlerhaft umgesetzt werden, ist die Zielerreichung der Lean Production durch das Kanban-Konzept gefährdet. Wird z. B. die Anzahl der Kanbans oder die Füllmenge der Behälter zu hoch berechnet, wird das Ziel der bestandsarmen Fertigung nicht erreicht. Genügt die Zuverlässigkeit der Lieferanten, die Produktqualität oder die Regelbefolgung der Mitarbeiter nicht den Ansprüchen, gerät der bestandsarme Fertigungsprozess schnell in einen Bereich, in dem aufgrund von fehlendem Materialnachschub nicht mehr gefertigt werden kann.

4.6 Kommissionierung

Das Kommissionieren ist eine Tätigkeit, bei der nach Maßgabe eines Auftrags bestimmte Teilmengen des Artikelsortiments entnommen und zusammengestellt werden. Es erfolgt hier die Umwandlung von einem lagerspezifischen in einen verbrauchsspezifischen Zustand (vgl. Schulte 2017, S. 264). Die Kommissionierung kann der innerbetrieblichen Logistik zugeordnet werden, da sie den abschließenden logistischen Bearbeitungspunkt im Unternehmen bildet, bevor die Ware der Produktion, Montage oder der Distributionslogistik zugeführt wird. Die Distributionslogistik wird als logistisches Folgeelement durch die Wahl der Verpackung der kommissionierten Waren beeinflusst (vgl. Abschn. 5.5).

Die Kommissionierung beinhaltet viele Einzelvorgänge, die in einem hohen Koordinations- und Steuerungsaufwand resultieren. Die grundlegenden Vorgänge der Kommissionierung beinhalten folgende Funktionen, die nachstehend erläutert werden:

- Erfassen und Zurverfügungstellen von *Kommissionieraufträgen,*
- Bereitstellen der Artikel in *vorgegebenen Einheiten* (Palette, Einzelstück, Gebinde etc.),
- *Physische Annäherung* von Kommissionierpersonal und Ware,
- *Entnahme* der benötigten Artikel,
- *Abgabe* der kommissionierten Artikel in Sammel-, Transportbehälter oder der Abgabestelle,

- *Quittieren* des vollzogenen Kommissionioniervorgangs für den betreffenden Artikel und das
- *Zusammenführen der Sammelbehälter* an einem Sammelplatz als Schnittstelle zur Distributionslogistik.

Kommissionieraufträge bestehen aus Kunden- oder internen Aufträgen, die die unterschiedlichen Positionen an zu kommissionierenden Artikeln nach Art und Menge enthalten. Wird der Kundenauftrag um lagerspezifische Daten ergänzt, so kann dieser direkt als Kommissionierbeleg (= Pickliste) verwendet werden. Hier wird sequentiell kommissioniert. Wenn in mehreren Zonen des Lagers parallel kommissioniert wird, muss der Kundenauftrag geteilt werden, um in den verschiedenen Zonen zeitgleich bearbeitet zu werden. Abschließend erfolgt wieder eine Zusammenführung. Eine weitere Möglichkeit der Kommissionierung besteht im Sammeln von Kundenaufträgen, die dann simultan bearbeitet werden, indem artikelweise kommissioniert wird. Dies hat den Vorteil, dass die Transportwege geringer sind. Der Aufwand für die vorherige Sammelbildung und abschließende Aufteilung der Artikel auf die Aufträge ist häufig nur mit Softwareunterstützung fehlerfrei zu gewährleisten.

Die Bestimmung der *Einheiten,* in denen die Artikel bereitgestellt werden, ist abhängig von deren Charakteristika wie Größe, Gewicht, Form und Beschaffenheit. Zudem ist die Varianz innerhalb des Sortiments entscheidend, um geeignete Einheiten sinnhaft zu bestimmen. Im Idealfall entspricht die Kommissioniereinheit direkt der Transporteinheit, um weiteres Umpacken zu vermeiden. Dies wäre z. B. der Fall, wenn mehrere kleine Artikel in Einzelstücken direkt in den späteren Versandkarton kommissioniert werden.

Bei der *physischen Annäherung* von Kommissionierpersonal und Ware wird in statische und dynamische Artikelbereitstellung unterschieden. Bei der statischen Bereitstellung bewegt sich die Ware nicht, sondern das Kommissionierpersonal bewegt sich zur Ware hin, um diese aufzunehmen. Man spricht hier vom Prinzip „Personal zur Ware". Dem gegenüber steht das Prinzip „Ware zum Personal", bei dem die Ware zum Kommissionierpersonal gebracht wird, welches an einem festen Platz steht. Hier liegt zumeist ein automatisiertes Lager vor. Bei der statischen Kommissionierung sind alle Artikel im Zugriff, während bei dynamischen Lösungen meist nur eine geringe Greifvarianz aufgrund technischer Restriktionen bedient werden kann und somit nur wenige Artikel im direkten Zugriff sind. Die Fehleranfälligkeit von dynamischer Kommissionierung ist geringer, ebenso wie die Kommissionierzeiten. Bei der statischen Kommissionierung steht ein geringerer Investitionsaufwand höheren Personalkosten gegenüber. Bei der dynamischen Kommissionierung ist es gegenteilig (vgl. weiterführend z. B. Gudehus 2012, S. 717 ff.).

Die *Entnahme* und *Abgabe* der Artikel erfolgt je nach gewählter Kommissioniermethode automatisch oder manuell. In Abhängigkeit davon entwickelt sich die Kommissionierleistung in Bezug auf Qualität, Zeit und Zugriffsvarianz.

Das *Quittieren* des vollzogenen Kommissioniervorgangs steht in Zusammenhang mit der gewählten Kommissioniertechnik und der Frage, ob die Kommissionierung beleggebunden oder beleglos abläuft. In der einfachsten Form ist sie beleggebunden und nicht technisiert. Hier erfolgt die Kommissionierung mithilfe einer Pickliste in Papierform, auf der die kommissionierten Artikel mithilfe eines Zeichens händisch quittiert werden. Bei dieser Form der Kommissionierung ist die Kommissionierzeit vergleichsweise hoch, da das Kommissionierpersonal zwischen Pickliste und Lager hin- und herschauen muss und dazu noch eine Hand durch die Liste belegt ist. In einer einfachen Form einer technisierten, beleggebundenen Kommissionierung wird mithilfe einer elektronischen Pickliste gearbeitet, z. B. auf einem Lesegerät wie einem Tablet oder einem Barcodescanner. Häufig wird diese Form kombiniert mit dem Pick-by-Scan, bei dem das Quittieren des vollzogenen Kommissioniervorgangs mithilfe des Barcodescanners erfolgt.

In der beleglosen Kommissionierung werden verschiedene Techniken eingesetzt, die dem Kommissionierpersonal durch zwei freie Hände eine schnellere Kommissionierung ermöglichen. Nach Art der integrierten Hilfestellung zum Auffinden der Artikel werden diese Techniken als *Pick-by-Light, Pick-by-Voice* und *Pick-by-Vision* (vgl. z. B. ten Hompel und Heidenblut 2006 oder Schulte 2017, S. 278 ff.) bezeichnet.

Beim *Pick-by-Light* werden die Lagerorte mit numerischen Displayanzeigen versehen, die ein- oder zweifarbig leuchten können. Nach Einlesen eines Kommissionierauftrags leuchten alle Lagerorte, an denen Artikel zu entnehmen sind. Das Quittieren der Entnahme erfolgt durch Druck auf die Leuchttaste. Pick-by-Light eignet sich vor allem beim Kommissionieren von kleineren Artikeln, bei denen alle Lagerflächen im Blickfeld sind, so dass das Kommissionierpersonal nicht nach den leuchtenden Lagerorten suchen muss.

Beim *Pick-by-Voice* trägt das Kommissionierpersonal ein Headset, durch das es sprachliche Anweisungen zur Kommissionierung erhält und den Abschluss durch Quittieren mitteilen kann. Ähnlich wie beim Pick-by-Light sind beide Hände zum Picken frei.

Beim *Pick-by-Vision* nutzt das Kommissionierpersonal eine Datenbrille, in der nach dem Prinzip der Augmented Reality virtuelle Informationen im Blickfeld eingeblendet werden. Dies hat den Vorteil, dass der Blick nicht zwischen dem Lager und einer Liste wechseln muss und auch wie bei den beiden vorherigen Techniken, beide Hände zum Kommissionieren frei bleiben. Der Einsatz von Datenbrillen ist nur dann möglich, wenn das Gewicht der Brille aus Arbeitsschutzgründen zu vertreten ist und keine zusätzlichen körperlichen Belastungen für den Träger entstehen. Gegebenenfalls ist eine Gewöhnungszeit erforderlich, da die Augen des Datenbrillenträgers in unterschiedlichen Weiten zeitgleich fokussieren müssen, um einerseits die Information auf der Brille zu lesen und sich andererseits sicher im Lager zu bewegen und zu kommissionieren.

Als letzter Vorgang des Kommissionierens bleibt das *Zusammenführen der Sammelbehälter* an einem Sammelplatz. Wurde die Ware direkt in den Versandkarton kommissioniert, entfällt dieser Schritt. Anderenfalls werden die Waren anschließend für die Distribution vorbereitet.

Aus der räumlichen, personellen, maschinellen sowie zeitlichen Ausstattung der Kommissionierung eines Unternehmens ergeben sich, wie gerade aufgezeigt, eine Vielzahl an Kombinations- und Gestaltungsmöglichkeiten von Kommissionierverfahren. Hierbei ist zu beachten, dass die Kommissionierung in vielen Unternehmen, trotz vielfältiger technischer und digitaler Möglichkeiten, manuell erfolgt. Dies liegt daran, dass je nach Sortiment eine große Varianz der Artikel hinsichtlich Form, Größe, Gewicht und Beschaffenheit vorliegt, die häufig dazu führt, dass technische Lösungen nicht das komplette Sortiment abdecken würden. Die manuelle Kommissionierung ist technischen Lösungen bei der großen Varianz an Artikeln häufig kognitiv und haptisch überlegen (vgl. Schulte 2017, S. 266). Hinzu kommt, dass sie oft günstiger ist als eine technische Lösung.

Literatur

Andelfinger, V.P., Hänisch,T. (Hrsg.) (2017): Industrie 4.0.- Wie cyber-physische Systeme die Welt verändern. Wiesbaden: Springer Gabler Verlag.

Arnold, D. et al. (Hrsg.): Handbuch Logistik. 3. Auflage. Berlin: Springer Verlag.

Arnold, D., Furmans, K. (2019): Materialfluss in Logistiksystemen. 7. Auflage. Berlin: Springer Vieweg Verlag.

BAua (2018): Arbeitsgestaltung im Betrieb. https://www.baua.de/DE/Themen/Arbeitsgestaltung-im-Betrieb/Arbeitsgestaltung-im-Betrieb_node.html. Abruf: 05.05.2022.

Bracht, U. et al. (2018): Digitale Fabrik. 2. Auflage. Berlin: Springer Verlag. München: Piper Verlag.

Braungart, M., McDonough, W. (2014): Cradle to Cradle: Einfach intelligent produzieren. München: Piper Verlag.

Buzacott, J.A. et al. (2010): Produktionsplanung und -steuerung. Grundlagen, Konzepte und integrative Entwicklungen. München: Oldenbourg Verlag.

Carlowitz, H.C von (2009): Sylvicultura oeconomica: hausswirtschaftliche Nachricht und naturmäßige Anweisung zur wilden Baum-Zucht. Reprint der 2. Auflage, Leipzig, Braun, 1732. Remagen-Oberwinter. Kessel Verlag.

Corsten, H., Gössinger, R. (2016): Produktionswirtschaft. 14. Auflage. München: De Gruyter Oldenbourg Verlag.

Cradle to Cradle Products Innovation Institute (2022): What is Cradle to Cradle Certified? https://www.c2ccertified.org/get-certified/product-certification. Abruf: 12.04.2022.

C2CVenlo: https://c2cvenlo.nl/de/stadtverwaltung-venlo/. Abruf: 12.04.2022.

C&A (2022): Cradle to Cradle Certified®. Biologisch. Verantwortungsvoll. Umweltbewusst. https://www.c-and-a.com/de/de/corporate/company/nachhaltigkeit/c2c/. Abruf: 12.04.2022.

Dickmann, P. (2015) (Hrsg.): Schlanker Materialfluss mit Lean Production, Kanban und Innovation, 3. Auflage. Berlin: Springer Verlag.

Diestel, R. (2017): Graphentheorie. 5. Auflage. Berlin: Springer Verlag.

Domschke, W.et al. (2015): Einführung in Operations Research. 9. Auflage. Berlin: Springer Verlag.

DIN 69901-5 (2009): Projektmanagement. Projektmanagementsysteme. Teil 5: Begriffe. Berlin: Beuth Verlag.

DIN 69904 (2000): Projektwirtschaft. Projektmanagementsysteme. Elemente und Strukturen. Berlin: Beuth Verlag.

Duden (2022): www.duden.de. Abruf: 10.04.2022.

Glaser, H. et al. (1992): Produktionsplanung und -steuerung, Grundlagen-Konzepte-Anwendungen. Wiesbaden: Gabler Verlag.

Grundig, C.-G. (2018): Fabrikplanung. 6. Auflage. München: Carl Hanser Verlag.

Günther, H.-O., Tempelmeier, H. (2016): Produktion und Logisitk. 12. Auflage. Norderstedt: Books on Demand.

Gutenberg, E. (1983): Einführung in die Betriebswirtschaftslehre, 1. Band: Die Produktion. 24. Auflage. Berlin: Springer Verlag.

Hanus, P. (2013): The business profile shaping and the logistics information systems of 2PL, 3PL, 4PL operators. Journal of Economics and Management. Issue 12: 5–21.

Herrmann, F., Englberger, J. (2015): Robuste Optimierung zur Produktionsplanung. Claus, T. et al. (Hrsg.): Produktionsplanung und -steuerung. Forschungsansätze, Methoden und deren Anwendungen. Berlin: Springer Gabler Verlag. 25–45.

Hompel ten, M., Heidenblut, V. (2006): Taschenlexikon Logistik. Abkürzungen, Definitionen und Erläuterungen der wichtigsten Begriffe aus Materialfluss und Logistik. Berlin: Springer Verlag.

Jönsson, B. (1982): The Quality of Work Life. The Volvo Experience. Journal of Business Ethics 1 (2): 119–126.

Kettner, H. et al. (1984): Leitfaden der systematischen Fabrikplanung. München: Carl Hanser Verlag.

Kiener, S. et al. (2012): Produktions-Management. Grundlagen der Produktionsplanung und -steuerung. 10. Auflage. München: Oldenbourg Verlag.

Krampe, H. et al. (Hrsg.) (2012): Grundlagen der Logistik. Einführung in Theorie und Praxis logistischer Systeme. 4. Auflage. München: Huss Verlag.

Lasch, R. (2017): Strategisches und operatives Logistikmanagement: Beschaffung. Wiesbaden: Springer Gabler Verlag.

Niehues, M. et al. (2012): Moderne Werkstattfertigung. ZWF. Zeitschrift für wirtschaftlichen Fabrikbetrieb 107 (12): 892–896.

Noosten, D. (2013): Netzplantechnik. Wiesbaden: Springer Vieweg Verlag.

Nyhuis, P. et al. (2010): Wandlungsfähigkeit – ein systemischer Ansatz. Nyhuis, P. (Hrsg.): Wandlungsfähige Produktionssysteme. Berlin: Gito-Verlag. 3–21.

Oeldorf, G., Olfert, K. (2013): Material-Logistik. 13. Auflage. Herne: NWB Verlag.

Ohno, T. (2013): Das Toyota Produktionssystem. 3. Auflage. New York: Campus Verlag.

Pawellek, G. (2014): Ganzheitliche Fabrikplanung. 2. Auflage. Berlin: Springer Verlag.

Schenk, M. et al. (2014): Fabrikplanung und Fabrikbetrieb. 2. Auflage. Berlin: Springer Verlag.

Schönsleben, P. (2016): Integrales Logistikmanagement: Operations und Supply Chain Management innerhalb des Unternehmens und unternehmensübergreifend. 7. Auflage. Berlin: Springer Vieweg Verlag.

Schulte C. (2017): Logistik. Wege zur Optimierung der Supply Chain. 7. Auflage. München: Vahlen Verlag.

Sonntag, S. (2004): Die Gutenberg-Produktionsfunktion. Eigenschaften und technische Fundierung. Wiesbaden: Deutscher Universitäts-Verlag.

Spath, D. et al. (2002): Wandlungsfähigkeit und Planung von Fabriken. ZWF. Zeitschrift für wirtschaftlichen Fabrikbetrieb 97 (1–2): 28–32.

Spur, G. (1994): Handbuch der Fertigungstechnik, Band 6: Fabrikbetrieb. München: Carl Hanser Verlag.

Steven, M. (1998): Produktionstheorie. Wiesbaden: Gabler Verlag.

Steven, M. (2019): Industrie 4.0. Grundlagen, Teilbereiche, Perspektiven. Stuttgart: Kohlhammer Verlag.

Steven, M., Dörseln, J.N. (2020): Smart Factory. Einsatzfaktoren, Technologie, Produkte. Stuttgart: Kohlhammer Verlag.

Tempelmeier, H. (2008): Material-Logistik. 7. Auflage. Berlin: Springer Verlag.

Thonemann, U. (2010): Operations Management. 2. Auflage. München: Pearson Verlag.

Trigema (2022): Kollektionen Trigema Change. https://www.trigema.de/damen/trigema-change/. Abruf: 12.04.2022.

Vahrenkamp, R., Kotzab, H. (2012): Logistik. Management und Strategien. 7. Auflage. München: Oldenbourg Verlag.

VDI (2008): VDI-Richtline 4499: Digitale Fabrik, Blatt 3: Berlin: Beuth Verlag.

VDI (2011): VDI-Richtlinie 5200: Fabrikplanung, Blatt 1. Berlin: Beuth Verlag.

Vogel-Heuser, B. et al. (Hrsg.): Handbuch Industrie 4.0, Band 1 Produktion. 2. Auflage. Berlin: Springer Vieweg Verlag.

WCED (1987): Our common future. Oxford: Oxford University Press.

Werners, B. (2013): Grundlagen des Operations Research. 3. Auflage. Berlin: Springer Gabler Verlag.

Wiendahl, H.-P. (1987): Belastungsorientierte Fertigungssteuerung – Grundlagen, Verfahrensaufbau, Realisierung. München: Carl Hanser Verlag.

Wiendahl, H.-P. (1988): Die belastungsorientierte Fertigungssteuerung. Adam, D. (Hrsg.): Fertigungsgsteuerung II – Systeme zur Fertigungssteuerung. 51–87. Wiesbaden: Gabler Verlag.

Wiendahl, H.-P. et al. (2002): Planung wandlungsfähiger Fabriken. ZWF. Zeitschrift für wirtschaftlichen Fabrikbetrieb 97 (1–2): 12–17.

Wiendahl, H.-P. et al. (2014): Handbuch Fabrikplanung, 2. Auflage. München: Carl Hanser Verlag.

Wiendieck, E. (2008): Organisationen im Wandel. In: Fisch, R. et al.: Veränderungen in Organisationen. Wiesbaden: Verlag für Sozialwissenschaften.

Wildemann, H. (1983): Produktionssteuerng nach japanischen KANBAN-Prinzipien. Wirtschaftswissenschaftliches Studium 12 (11): 582–584.

Wirth, S., Gäse, T. (2003): Partizipative logistikgerechte Layoutplanung mittels intelligenter Planungswerkzeuge. Jahrbuch der Logistik. 214–217. Düsseldorf: Verlagsgruppe Handelsblatt.

Zacharia, Z.G. et al. (2011): The emerging role of the third-party logistics provider (3PL) as an orchestrator. Journal of Business Logistics. 32 (1): 40–54.

Zäpfel, G. (1982): Produktionswirtschaft. Operatives Produktions-Management. Berlin: De Gruyter Verlag.

Zäpfel, G. et al. (1992): PPS-Systeme mit belastungsorientierter Auftragsfreigabe – Operationscharakteristika und Möglichkeiten zur Weiterentwicklung. Zeitschrift für Betriebswirtschaft 62 (8). 897–919.

Zelewski, S. et al. (2008): Produktionsplanungs- und –steuerungssysteme. München: Oldenbourg Verlag.

Zimmermann, W., Stache, U. (2001): Operations Research: Quantitative Methoden zur Entscheidungsvorbereitung. 10. Auflage. München: Oldenbourg Verlag.

Logistikmanagement: Distributionslogistik

5

Zusammenfassung

Die Distributionslogistik befasst sich mit der Distribution von Produkten, welche möglichst schnell, kostengünstig und umweltschonend erfolgen soll. Um diese Ziele zu erreichen, muss einerseits die Infrastruktur zur Verteilung geschaffen werden, indem über Anzahl und Standort der Distributionszentren entschieden wird. Die Standortwahl kann mithilfe quantitativer Verfahren unterstützt werden. Andererseits müssen Entscheidungen bezüglich der genutzten Verkehrsträger getroffen werden. Jeder Verkehrsträger verfügt über Vor- und Nachteile hinsichtlich der Zielerreichung der Distributionslogistik. Bei der Distribution spielt außerdem die Frage der angemessenen Verpackung eine Rolle.

Die Distributionslogistik ist eine der in Abb. 2.1 dargestellten logistischen Funktionen. Bei der Distributionslogistik geht es vor allem um die Frage wie Waren oder Güter verteilt werden. Sie bildet demnach die Schnittstelle eines Unternehmens zum Kunden, zur Absatzseite. Die Distributionslogistik repräsentiert den operativen Kernbereich der Logistik, die TUL-Leistungen. Ziel ist es, die Ware gemäß der oben beschriebenen 7Rs richtig auszuliefern. Dabei gilt es, den potenziellen Zielkonflikt zwischen hoher Kundenzufriedenheit einerseits und niedrigen Logistikkosten andererseits weitestgehend zu lösen.

Die Distributionslogistik steht dabei in einem Spannungsfeld verschiedener Einflussfaktoren, die sie teils nur bedingt beeinflussen kann (vgl. Schulte 2017, S. 695 f.). Die wichtigsten Einflussfaktoren sind der Abb. 5.1 zu entnehmen. Es wird deutlich, dass die Distributionslogistik neben den direkten Zielen, wie TUL-Leistungen zu minimalen Kosten anzubieten oder der Erreichung der Kundenzufriedenheit, viele weitere indirekte Ziele erreichen soll. Dazu gehört beispielsweise die Einhaltung von ökologischen Zielen. Andere Einflussfaktoren wie die Verkehrsinfrastruktur oder die Personalsituation bilden

Abb. 5.1 Einflussfaktoren Distributionslogistik

Rahmenbedingungen, die die Distributionslogistik wenig beeinflussen kann und folglich auf die aktuellen Begebenheiten nur reagieren kann.

Im folgenden Kapitel werden zunächst Gestaltungsmöglichkeiten von Distributionsstrukturen und –systemen dargelegt. Dies führt zur Frage der Standortplanung von Distributions- oder Lagerzentren. Des Weiteren werden im Rahmen der Tourenplanung Methoden aufgezeigt, wie mehrere Destinationen auf einer Auslieferungstour zusammengefasst werden können und welche Einflussfaktoren und Ziele hierbei zu beachten sind.

Ergänzend zu diesen Aspekten werden operative Aspekte wie die Transportleistungen verschiedener Verkehrsträger, Kommissionierungstechniken und der Verpackungsmitteleinsatz dargestellt.

5.1 Distributionsstrukturen und -systeme

In der Distributionslogistik erfolgt die Ausgestaltung der Distributionsstruktur im Sinne einer möglichst großen Unterstützung der gesetzten Ziele. Mögliche Ziele können wie oben beschreiben, die Minimierung der Distributions- und Lagerkosten, die Maximierung der Kundenzufriedenheit oder auch die Minimierung der Lieferzeit sein. Die Planung der Distributionsstruktur richtet anhand mehrerer Merkmale aus, die jedoch nicht unabhängig voneinander bestimmt werden, sondern sich vielmehr gegenseitig beeinflussen. Die Entscheidung sollte simultan getroffen werden und nicht in hierarchischen Einzelentscheidungen (vgl. weiterführend Pawellek 1996). Diese Merkmale betreffen folgende Eigenschaften einer Distributionsstruktur:

- Anzahl der Stufen im Distributionssystem (vertikale Ausrichtung),
- Anzahl der Distributions- und Lagerzentren pro Stufe des Distributionssystems (horizontale Ausrichtung),
- Zuordnung der Kunden zu den Distributions- und Lagerzentren,
- Entscheidung über den geografischen Standort der Distributions- und Lagerzentren.

Da die letztgenannte Eigenschaft, die Standortentscheidung, sehr komplex ist, wird ihr unten ein separates Kapitel (Abschn. 5.2) gewidmet.

Die vertikale und horizontale Ausrichtung ist in Abb. 5.2 dargestellt. Je nach Anzahl der Lagerstufen, können verschiedene Läger genutzt werden. Wird selbst gefertigt, ist eine Stufe mit einem oder mehreren Werkslägern enthalten. In der einfachsten Form liegt eine einstufige Distribution vor, bei der die Kunden aus einem Zentrallager beliefert werden. Ist zusätzlich ein Regionallager enthalten, spricht man von zweistufiger Distribution. Als dritte Distributionsstufe können zusätzlich Auslieferungsläger enthalten sein, von denen die Kunden beliefert werden (zu ähnlichen Darstellungen vgl. z. B. Kummer et al. 2019, S. 445, Schulte 2017, S. 700 oder Steven 2007, S. 386 f.). Die Anzahl der Läger pro Stufe variieren je nach Werks- und Kundenanzahl. Ebenso spielen die angestrebte Lieferzeit, die Zuordnung der Kunden zu den Lägern und der geografische Standort der Läger eine Rolle bei der Anzahl der horizontalen und vertikalen Stufen.

Die in Abb. 5.2 auf den einzelnen Stufen dargestellten Punkte zeigen, dass es mehrere Stellen, also Läger oder Kunden, auf der jeweiligen Stufe gibt. Die Anzahl kann beliebig variiert werden. Das Werkslager als erste Stufe ist in Klammern gesetzt, da es nicht zwingend in jeder Struktur vorkommen muss. Beispielhaft ist es hier in im dreistufigen Modell hinzugefügt.

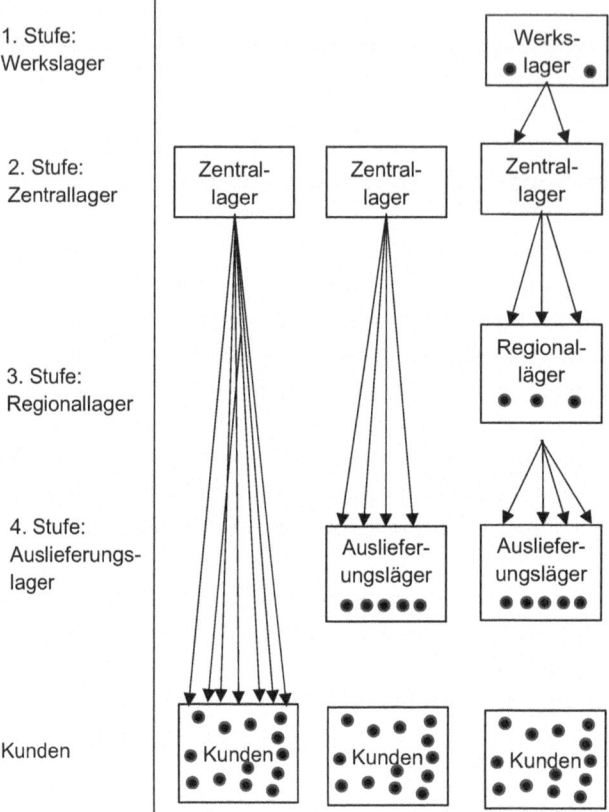

Abb. 5.2 Distributionsstruktur

Üblicherweise verfügt jedes Unternehmen über sein eigenes Distributionssystem. Wenn Unternehmen mit anderen Unternehmen kooperieren, um Teile der Distributionsstruktur gemeinsam zu nutzen, spricht man von *vertikalen* oder *horizontalen*
Kooperationen.

Unter Kooperation versteht man allgemein gesprochen eine Zusammenarbeit
mehrerer Parteien. Im betriebswirtschaftlichen Kontext sind mit den Parteien in aller
Regel rechtlich und wirtschaftlich selbstständige, gleichberechtigte Unternehmen
gemeint, die in einem bestimmten unternehmerischen Feld zusammenarbeiten. Der
Sinn der Kooperation erschließt sich aus einer erzielbaren Kooperationsrente, die
bei individuellem Vorgehen der Partner nicht erreichbar wäre (vgl. Picot et al. 2015,
S. 249 ff.). Dennoch bleibt das Autonomiebestreben der Partner erhalten (vgl. weiterführend zum Kooperationsbegriff Bahrami 2003, S. 51 ff.). In einer erfolgreichen
Kooperation tritt kein opportunistisches Verhalten der Partner auf. Bei opportunistischem
Verhalten würde ein Partner versuchen, den eigenen Nutzen zu Lasten des Partners
zu maximieren. Es muss also folglich in einer erfolgreichen Kooperation gelingen,

potenzielle Zielkonflikte zwischen den eigenen Unternehmenszielen und den Zielen des Kooperationspartners aufzulösen. Findet eine Kooperation zwischen ansonsten konkurrierenden Unternehmen statt, ist dies allein aufgrund der Wettbewerbsposition nicht leicht zu verwirklichen. Zur Realisierung einer erfolgreichen Kooperation muss also das Spannungsfeld zwischen Konkurrenz und Kooperation aufgelöst werden (vgl. Harting 2011).

Kooperieren Unternehmen der gleichen Logistikstufe, also beispielsweise Auslieferungslager mit Auslieferungslager oder Spediteur mit Spediteur, spricht man von *horizontaler Kooperation.* Die Partner agieren meist gleichberechtigt. Dabei sollten die Partner einen gemeinsamen Nutzen verfolgen. Dies kann im Rahmen der Beschaffungslogistik beispielsweise das Zusammenlegen bestimmter Teile der Distributionsstruktur wie Läger betreffen, um eine hohe Auslastung von Lägern sowie Fahrzeugen zu erreichen.

Praxisbeispiele horizontaler Kooperationen

In der Logistik werden horizontale Kooperationen beispielsweise im Bereich der Transporte oder der Lagerung eingegangen, wenn durch die Kooperation eine Win/Win-Situation für die Beteiligten entsteht. Durch Kooperationen im Transportbereich verspricht man sich vor allem eine Erhöhung der Fahrzeugauslastung und damit eine Reduzierung der CO_2-Emissionen und Kosten. Werden die daraus resultierenden Effizienzgewinne gerecht zwischen den Kooperationspartnern geteilt, besteht für die Beteiligten ein Anreiz, eine solche Kooperation einzugehen.

Im Rahmen des Projektes NexTrust, einem durch die EU geförderten Projekt, an dem 31 Organisationen teilnahmen, um Logistikprozesse durch Vernetzung und Kollaborationen nachhaltig und effizient zu gestalten (European Commission 2022), führte GS1 Germany eine Studie durch, aus der hervorgeht, dass viele Unternehmen willig sind, eine Kooperation einzugehen. Des Weiteren werden die Auswirkungen einer Kooperation hinsichtlich der Einsparpotenziale bezüglich der Kosten und Emissionen sowie des Auslastungsgrads der Fahrzeuge regelmäßig unterschätzt (GS1 Germany 2018).

In aller Regel erweist es sich bei Kooperationen von Unternehmen der gleichen Logistikstufe, die üblicherweise in einem Konkurrenzverhältnis stehen, als hilfreich, wenn eine neutrale Instanz, der sogenannte Trustee, mit eingebunden wird. Auf diese Weise fällt es den Beteiligten leichter, dem eigentlichen Konkurrenten Informationen und Ressourcen zur Verfügung zu stellen, da dies normalerweise vermieden wird und ein Verlassen der Komfortzone häufig Konfliktpotenzial birgt.

In der Praxis kooperierten vor einigen Jahren die Hersteller Mars und Ferrero im Rahmen ihrer Agenda 2017 miteinander. Sie gaben dabei den Slogan „Konkurrenz im Regal, nicht im LKW" aus, um zu verdeutlichen, dass man in der Lage sei, den potenziellen Konflikt, der dadurch entsteht, dass die Unternehmen im Einzelhandel Konkurrenten sind, zu Gunsten von Effizienzgewinnen im Transport zu beherrschen.

Mars und Ferrero nutzten gemeinsam Lager und LKW von Dienstleistern und konnten so nach eigenen Angaben die Lagerbestände bei Edeka um fünf und bei Mars um zwei Tage reduzieren. Außerdem sind die Anlieferzeit und die Anzahl an Leerfahrten zu einem Kunden reduziert worden (vgl. o.V. 2011).

Weitere Beispiele gelungener Kooperationen werden jährlich von der GS1 Germany mit dem ECR-Award prämiert, der in mehreren Kategorien vergeben wird. Bei Kooperationen wird weiter nach Supply Side oder Demand Side unterschieden (vgl. GS1 Germany o.J.) ◄

Bei *vertikaler Kooperation* arbeiten Unternehmen unterschiedlicher Logistikstufen zusammen, z. B. Verlader und Spediteur (vgl. z. B. Pfohl 2018). Übernimmt der Logistikdienstleister neben den operativen logistischen Funktionen weitere Aufgaben, wie oben Abschn. 4.5.1 beim Beispiel der 3PL und der Kontraktlogistik gesehen, ist dies ein Beispiel vertikaler Kooperation. In aller Regel steuert bei stufenübergreifender Kooperation das stufenhöchste Mitglied die Zusammenarbeit (Arnold et al. 2008, S. 993).

Neben der Anzahl und Ausgestaltung der Logistikstufen in einem Distributionssystem, wird die Art der Distribution festgelegt. Diese Distributionsstruktur hängt wieder wie oben gesehen von mehreren, sich gegenseitig beeinflussenden, Faktoren wie Anzahl der Kunden und dem Standort der Läger und Kunden ab. Im Folgenden werden beispielhaft zwei mögliche Distributionsstrukturen aufgezeigt. Ausschlaggebend für die Auswahl ist, dass diese Strukturen in der Praxis häufig eingesetzt werden, es handelt sich aber nicht um eine abschließende Aufzählung aller möglichen Distributionsstrukturen. Dargelegt werden hier der Direktverkehr sowie das Hub-and-Spoke-System. Als Anwendungsbeispiel im Handel wird ferner das Cross-Docking Konzept kurz präsentiert.

Distributionsstruktur Direktverkehr

Beim Direktverkehr werden Sendungen von jedem Sendungsdepot zu jedem Empfangsdepot direkt transportiert. Diese Art des Distributionssystems wird auch als Rasternetzwerk (vgl. z. B. Bretzke 2020, S. 247 f.) bezeichnet. Ein solches System zeichnet sich dadurch aus, dass die Transporte mit wenig Koordinationsaufwand geplant werden, da alle benötigten Strecken bilateral gefahren werden. Die Transportzeiten sind durch den direkten Zielanlauf kurz. Nachteilig an dem System ist das hohe Auslastungsrisiko, da je nach transportierten Mengen keine voll ausgelasteten Fahrzeuge fahren. Eine Konsolidierung der Ware mehrerer Ziele zu Gunsten einer höheren Auslastung ist standardmäßig nicht vorgesehen.

Distributionsstruktur Hub-and-Spoke-System

Das Hub-and-Spoke-System oder auch nur einfach als Hubverkehr bezeichnet, hat seinen Namen nach den englischen Bezeichnungen für Nabe und Speiche. Dies ist so zu verstehen, dass es einen zentralen Drehpunkt – die Nabe – gibt, um die sich die Speichen kreisförmig anordnen. Übertragen auf Distributionssysteme bedeutet dies, dass es einen oder auch mehrere zentrale Punkte gibt, über die die Belieferung der Empfangsdepots abgewickelt wird. Dabei muss je nach Größe des Distributionssystems entschieden werden, wie hoch die Anzahl der Versand- und Empfangsdepots ist, wo die Standortorte sind und wie diese dimensioniert und technisch ausgestattet sind (vgl. weiterführend Zäpfel und Wasner 2018, S. 372 ff.). Bezogen auf die oben dargestellten Distributionsstruktren ist das Hub-and-Spoke-System an der Zentrallagerstruktur angelehnt.

Im Vergleich zum Direktverkehr gibt es im Hubverkehr tendenziell eine höhere Auslastung der Belieferungsfahrzeuge, da Transporte gebündelt werden. Die höhere Auslastung wird mit gestiegenem Koordinationsaufwand bezahlt. Durch den Hubverkehr kann es zu gegenläufigen Transporten kommen, wenn zwei Nachbarstädte nicht direkt beliefert werden, sondern die Sendung standardmäßig über das Hub gezogen wird. Dies würde dann zu vergleichsweise höheren Laufzeiten führen, da die Transportwege länger als im Direktverkehr sind.

Die Strukturen der beiden Distributionssysteme Direktverkehr und Hub-and-Spoke-System sind in Abb. 5.3 dargestellt.

Die Kreise stellen ausgewählte Städte dar, deren Abkürzungen den Autokennzeichen entsprechen, wie B für Berlin, E für Essen oder KS für Kassel. Links in der Abbildung ist der Direktverkehr zu sehen, bei dem jede Stadt mit jeder anderen Stadt direkt verbunden ist. Jede Stadt hat folglich 7 Zu- und Abgangsmöglichkeiten im Direktverkehr. Insgesamt summieren sich die Verbindungen in den Hauptläufen, also den Verbindungen der großen Strecken, auf 56.

Im Hubverkehr, rechts in der Abbildung zu sehen, hat sich die Anzahl der Verbindungen deutlich reduziert auf 14, da jede Stadt nur mit dem Hub in Kassel verbunden

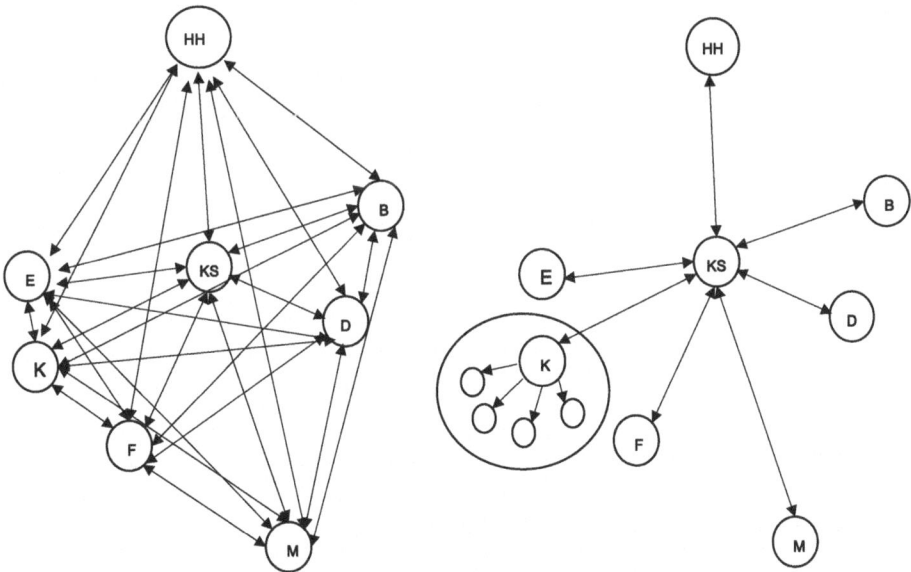

Abb. 5.3 Direktverkehr, Hubverkehr

ist. Bei der Sendung von Essen nach Köln, würde die Ware über das Hub Kassel transportiert werden, sodass es einen gegenläufigen Transport gibt. Gibt es in einem Distributionssystem mehrere Hubs, würden von dort aus im Nebenlauf weitere Transporte
vorgenommen. In der Abbildung ist dies am Beispiel der Stadt Köln zu sehen.

Anwendungsbeispiel im Handel: Cross Docking

Das Cross Docking-Konzept wird in vielen Bereichen eingesetzt, insbesondere bei
der Filialbelieferung im Handel. Prinzipiell wird beim Cross Docking ähnlich wie
auch beim Zentrallagerkonzept Ware gebündelt, es wird jedoch auf die Zwischenlagerung verzichtet, da es sich beim Cross Docking um einen formal bestandslosen
Umschlagspunkt handelt (vgl. Besse 2018, S. 12 ff.).

Die Ware wird beim Cross Docking empfangen und dann kurzfristig, in der
Regel innerhalb von 24 h, weitertransportiert. Die Ware steht also nur kurze Zeit im
Lager und wird nicht vereinnahmt zur längeren Lagerhaltung. Bei diesem Konzept
wird bewusst auf Bestände verzichtet. Dies führt auf der einen Seite zu geringen
Lagerhaltungskosten und kurzer Durchlaufzeit. Auf der anderen Seite birgt die
Synchronisierung von Belieferung und Kundennachfrage ohne eine Entkopplung
durch die Lagerhaltung immer gewisse Risiken mit sich, da die Reaktionszeiten
kürzer sind und keine Pufferbestände vorhanden sind, um Unsicherheiten oder
Volatilitäten in den Liefermengen auffangen zu können (vgl. Stickel 2006, S. 23).

Das Cross Docking-Konzept kann in unterschiedlicher Weise ausgestaltet sein.
Ein wichtiges Kriterium in der Ausgestaltung betrifft den Umfang der Tätigkeiten,
die im Cross Docking-Umschlagsort durchgeführt werden. Auf dieser Basis wird
unterschieden, ob ein ein- oder zweistufiges Cross Docking vorliegt (zu dieser und
auch weiteren Unterscheidungen vgl. z. B. Göpfert 2013, S. 298 ff.; Gudehus 2012,
S. 941 ff.; Heiserich et al. 2011, S. 261 ff.; Schulte 2017, S. 741 ff., Tripp 2021,
S. 303 oder Vahrenkamp und Kotzab 2012, S. 113 ff.).

Beim *einstufigen Cross Docking* wird die Palette – dies kann eine ganze Palette
oder eine Mischpalette sein – im Cross Docking-Terminal entgegengenommen
und unverändert weiter versendet. Die Paletten werden nicht aufgebrochen,
kommissioniert und in neuer Zusammenstellung ausgeliefert. Die Lieferung ist direkt
vom Hersteller empfängerbezogen zusammengestellt worden.

Beim *zweistufigen Cross Docking* versenden die Hersteller artikelreine, ganze
Paletten, die im Cross Docking-Terminal aufgebrochen und empfängerbezogen
zusammengestellt werden. Man spricht hier von der Pick-to-Zero-Strategie, da so
lange kommissioniert wird, bis kein Artikel der erhaltenen Paletten verbleibt. Die
empfangene Ware wird in voller Höhe weiter versendet, da nichts eingelagert wird.

Diese beiden Ansätze des Cross Docking sind in der Abb. 5.4 verdeutlicht. ◄

Der Aspekt der Standortplanung von Distributionszentren oder Lägern wird im
folgenden Unterkapitel untersucht.

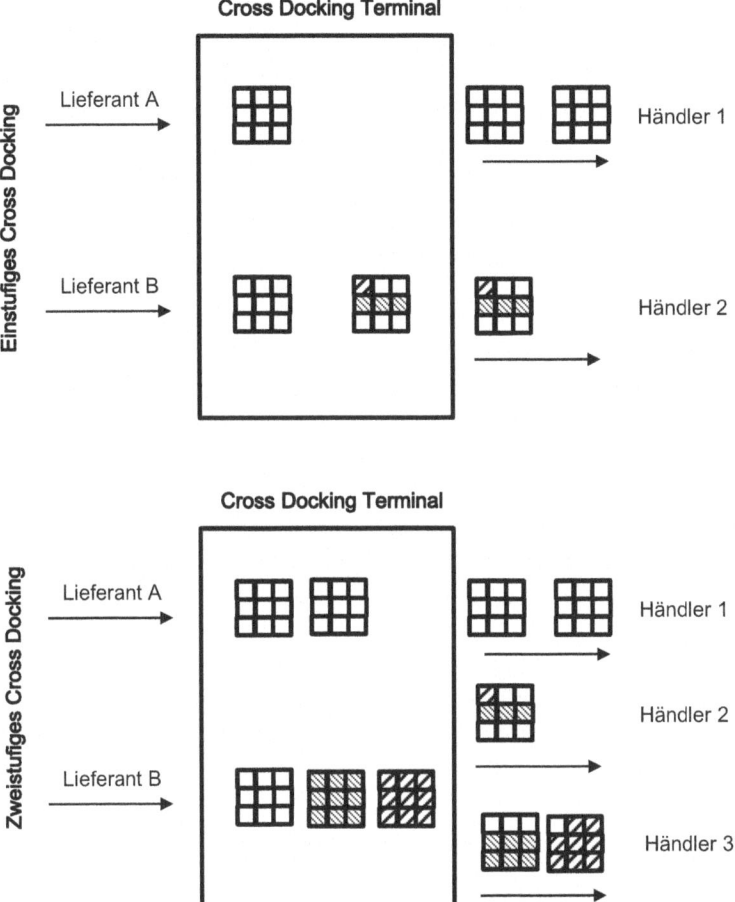

Abb. 5.4 Cross Docking

5.2   Standortplanung

Die Frage der Wahl eines geeigneten Standorts ist nicht nur eine Frage, die man sich bei der Planung von Distributionssystemen stellt, sondern sie ist auch gültig für alle anderen Handels- und Dienstleistungsunternehmen.

Die Frage der Standortwahl ist eine strategische Grundsatzentscheidung, da mit ihr eine langfristige Festlegung der externen Marktsituation und auch der internen Planung verbunden ist. So werden unter anderem die Erreichbarkeit, die Verkehrsanbindung, die Konkurrenzsituation sowie der Personalbedarf für den Zeitraum der Standortnutzung fixiert. Die Standortwahl ist kostenintensiv und somit in aller Regel nicht kurzfristig revidierbar (vgl. Bienert 1996, S. 3 ff.).

Diese strategischen Punkte der Standortplanung sind in allen Dienstleistungs-bereichen identisch. Darüber hinaus gibt es Aspekte der Standortplanung, die die Logistik von anderen Branchen, wie den Handel, unterscheiden. Im Handel ist ein guter Standort in aller Regel ein Engpassfaktor. Mit der Bewertung „gut" ist gemeint, dass das Handelsunternehmen mit dem Standort seine Unternehmensziele wie beispielsweise die Erhöhung der Verkäufe durch Laufkundschaft, umsetzen kann. Ist ein Standort schon von einem Konkurrenzunternehmen besetzt, so kann der Standort nicht imitiert werden. Ein benachbarter Standort ist für ein Handelsunternehmen möglicherweise nicht mehr attraktiv, wenn sich in unmittelbarer Nachbarschaft bereits Konkurrenz angesiedelt hat.

Für die Logistik lässt sich dieser Ansatz in der Standortwahl nicht übertragen. Logistikunternehmen haben in der Regel keinen unmittelbaren Kundenkontakt. Sie sind beispielweise nicht auf Laufkunden angewiesen wie der Einzelhandel. Vielmehr zeichnet sich ein guter Standort in der Logistik unter anderem durch die Verkehrsanbindung und die Infrastruktur aus. Wird ein Logistikstandort in diesem Sinne als gut bewertet, ist es nicht unüblich, dass sich mehrere Logistikunternehmen an der gleichen Stelle ansiedeln und die Struktur nutzen. Sie stehen in dem Sinne in keinem konkurrierenden Verhältnis wie Handelsunternehmen des Einzelhandels. Vielmehr ist der Ansiedlungserfolg für ein Logistik-Gewerbegebiet ein Kriterium, mithilfe dessen die Güte des Standorts gemessen werden kann.

Eine Auswahl an Bewertungskriterien für Logistikstandorte bietet eine Studie, in der in 2015 erstmals die erfolgreichsten Logistik-Gewerbegebiete ermittelt wurden (vgl. Logivest 2015). Die Attraktivität eines Logistikstandorts wurde anhand folgender Kriterien ermittelt:

• Ansiedlungserfolg:	Bestandsfläche, Anzahl an Logistikimmobilien, Neubaudynamik
• Infrastruktur:	Nähe zur Autobahn, Qualität Autobahn, Nähe zum KV-Terminal, Nähe zum Frachtflughafen
• Ökonomisches Umfeld:	Beschäftigungspotenzial, Industriedichte, Anzahl der Betriebe, Bevölkerungsdichte, BIP pro Kopf
• Kosten:	Grundstückspreise, Lohnkosten, Gewerbesteuersatz
• Dienstleistungsangebot:	ÖPNV-Anbindung, Gastronomie, Tankstelle/Rasthof, LKW-Werkstatt
Rahmenbedingungen:	24h-Nutzbarkeit, Nutzungsauflagen, Autobahnzugang ohne Ortsdurchfahrt, Verfügbare Flächen

Bei allen Betrachtungen ist zu bedenken, dass ein Standort dynamisch ist und sich die Bewertung im Laufe der Zeit ändern kann. Ein als attraktiv bewerteter Standort kann seine Vorzüge beispielsweise durch Änderung der Infrastruktur, Änderungen in der Bevölkerungsstruktur oder geänderte Ansprüche an den Standort einbüßen.

Ein Anlass für eine Standortentscheidung eines Unternehmens kann z. B. eine Kapazitätsänderung, also Kapazitätsbedarf oder -überschuss sowie interne oder externe Standortunzulänglichkeiten sein (vgl. Arnold et al. 2008, S. 95).

Bei der Auswahl des Standortes wird zwischen dem Einsatz *deskriptiver* und *normativer* Ansätze unterschieden (vgl. Arnold et al. 2008, S. 96).

Bei den *deskriptiven Ansätzen* werden zunächst die Prämissen und Abläufe von Standortentscheidungen möglichst allgemeingültig, intersubjektiv, beschrieben. Aus den potenziellen Standorten wird dann derjenige ausgewählt, bei dem eine weitestgehende Übereinstimmung zwischen Standortanforderung und Standortbedingung vorliegt. Dies setzt eine Systematik von Standortfaktoren voraus.

Standortfaktoren können in qualitative und quantitative Merkmale unterschieden werden. Beispiele für solche Standortfaktoren sind (vgl. z. B. Hansmann 2006, S. 108 f.):

Qualitative Standortfaktoren:

- Grundstück,
- Verkehrslage,
- Arbeitskräftebeschaffung,
- Absatzbereich,
- Erschließung Marktzugang,
- Infrastruktur,
- Klimatische Bedingungen,
- Politische Situation.

Quantitative Standortfaktoren:

- Transportkosten,
- Grundstückskosten,
- Kosten der Gebäudeerrichtung,
- Personalkosten,
- Beschaffungskosten Material,
- Standortabhängige Finanzierungskosten,
- Fördermaßnahmen der öffentlichen Hand,
- Grund- und Gewerbesteuer,
- Regionale Differenzierung bei Absatzpreisen.

Die Standortauswahl wird mithilfe dieser qualitativen und quantitativen Kriterien vorgenommen. Zu diesem Zweck werden sie vom Unternehmen gemessen und bewertet (dies geschieht analog zu den oben in Abschn. 3.1.3 dargestellten Überlegungen zu multikriteriellen Entscheidungen im Lieferantenmanagement).

Bei den *normativen Ansätzen* geht es um die Entwicklung objektiv nachprüfbarer Kriterien wie Modelle oder Lösungsverfahren, mit deren Hilfe eine Standortentscheidung getroffen werden kann. Die optimalen Standorte werden mit Hilfe von Standortfaktoren ermittelt. Dazu werden in aller Regel die Minimierung der Kosten (Transport-, Arbeits- und Materialkosten) als Ziel gesetzt.

Die normativen Ansätze werden ihrerseits weiter unterteilt in kontinuierliche und diskrete Modelle, was in den folgenden Unterkapiteln aufgegriffen wird.

5.2.1 Kontinuierliche Modelle zur Standortplanung

Bei kontinuierlichen Modellen zur Standortplanung geht man von folgenden Annahmen aus (vgl. Domschke und Drexl 1996, S. 162):

- Die Orte sind auf einer homogenen Fläche (= Ebene) verteilt,
- jeder Punkt der Ebene ist ein potenzieller Standort und
- die Entfernung zwischen zwei Orten wird gemäß einer bestimmten Metrik gemessen.

Ein Modell, das häufig in der betriebswirtschaftlichen Literatur in Zusammenhang mit kontinuierlichen Modellen zur Standortplanung genannt wird, ist das *Steiner-Weber-Modell* (auch als Weber-Problem oder allgemeines Fermat-Problem bezeichnet). Bei diesem Ansatz wird die Entfernung zwischen zwei Orten als euklidische Distanz gemessen. Die Orte sind dabei durch zwei Koordinatenwerte bestimmt, z. B. durch die Variablen x und y. Übertragen auf die Praxis können die kartesischen Koordinaten durch Längen- und Breitengrade repräsentiert werden.

Im Folgenden wird die Ausgangssituation des Steiner-Weber-Modells an einem einfachen Modell veranschaulicht und eine Zielfunktion sowie deren Lösungsmöglichkeiten aufgezeigt (vgl. z. B. Domschke und Drexl 1996, S. 167 ff., Hansmann, S 112 ff. oder Steglich et al. 2016, S. 394 ff.).

Steiner-Weber-Modell
Betrachtet wird ein Unternehmen, das Produkte zu Kunden liefert (= Zielorte). Gleichzeitig werden für die Produktion Materialien von verschiedenen Orten (= Abholorte) bezogen. Gesucht wird ein Standort S, der dazu führt, dass die Transportkosten T zu den Abhol- und Zielorten O minimiert werden. Die n Orte sind mit dem Index i differenziert. Dabei gelten folgende Voraussetzungen:

- Die Nachfrage an Produkten und Bedarf an Materialien ist bekannt. Die Menge der zu transportierenden Materialien wird mit a_i bezeichnet.
- Die Transportkosten sind konstant und pro Tonne und Kilometer angegeben. Sie werden mit c bezeichnet.
- Die Transportstrecken werden als Luftlinie gemessen. Sie werden mit r_i bezeichnet.

Daraus ergibt sich die zu minimierende Funktion der Transportkosten:

$$\min T = c(a_1 r_1 + a_2 r_2 + \ldots + a_n r_n) = c \sum_{i=1}^{n} a_i r_i$$

Die Zielfunktion T enthält n Variablen r_i. Durch Verwendung der Längen- und Breitegrade als Koordinaten wird die Zielfunktion umformuliert, so dass sie nur noch von zwei Variablen abhängig ist, hier weiter mit x und y bezeichnet. Der Abstand zwischen zwei Punkten wird mit Hilfe dieser Koordinaten angegeben. Dazu verwendet man die Berechnung der euklidischen Distanz, die auf dem Satz des Pythagoras basiert.

Dies ist in Abb. 5.5 dargestellt.

In der Abbildung ist ein rechtwinkeliges Dreieck zu sehen. Die Hypotenuse stellt die Distanz zwischen einem Abhol- oder Zielort O_i und dem gesuchten kostenminimierenden Standort S dar. Gemäß dem Satz des Pythagoras ist das Quadrat der Hypotenuse gleich der Summe der Katheten-Quadrate ($c^2 = a^2 + b^2$). Angewendet auf die Abbildung lässt sich formulieren:

$$r_i^2 = (x - x_i)^2 + (y - y_i)^2 \text{ und } r_i = \sqrt{(x - x_i)^2 + (y - y_i)^2}$$

Setzt man diese Formulierung für die Distanz r_i in die Zielfunktion zur Minimierung der Transportkosten ein, erhält man:

$$\min T = c \sum_{i=1}^{n} a_i \sqrt{(x - x_i)^2 + (y - y_i)^2}$$

Abb. 5.5 Steiner-Weber-Modell: euklidische Distanz

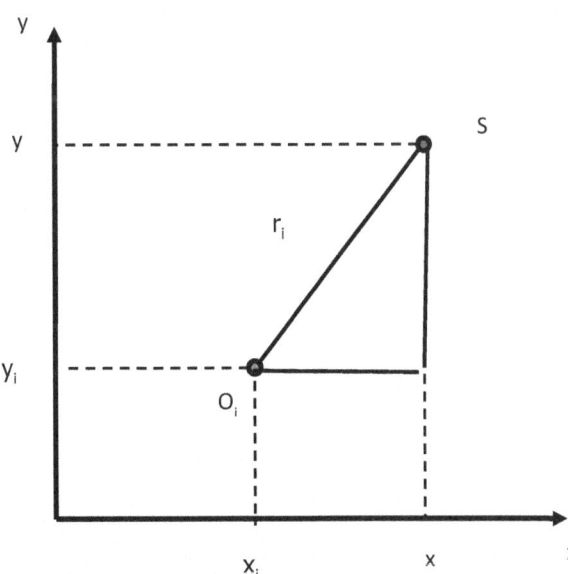

Da die Transportkosten minimiert werden sollen, kann die Berechnung des Minimums mithilfe der Differentialrechnung erfolgen. Dazu wird die erste Ableitung – im konkreten Fall hier partielle erste Ableitungen nach den beiden Variablen x und y – gebildet und gleich Null gesetzt, um die notwendige Bedingung zu erfüllen. Die hinreichende Bedingung wird anschließend wird mit der zweiten Ableitung überprüft.

Die partielle Ableitung der Transportkostenfunktion nach der Variablen x bzw. y ergibt sich, indem zweimal die Kettenregel verwendet wird:

$$\frac{\partial T}{\partial x} = c \sum_{i=1}^{n} a_i \frac{1}{2 \cdot \sqrt{(x - x_i)^2 + (y - y_i)^2}} \cdot 2(x - x_i) \cdot 1 = 0$$

Dies kann weiter zusammengefasst werden zu.

$$\frac{\partial T}{\partial x} = c \sum_{i=1}^{n} \frac{a_i(x - x_i)}{\sqrt{(x - x_i)^2 + (y - y_i)^2}} = 0$$

Analog dazu gilt:

$$\frac{\partial T}{\partial y} = c \sum_{i=1}^{n} \frac{a_i(y - y_i)}{\sqrt{(x - x)^2 + (y - y_i)^2}} = 0$$

Auf die Durchführung der zweiten Ableitung und Überprüfung, ob die hinreichende Bedingung erfüllt ist, wird hier verzichtet.

Die Gleichungen werden nun weiter umformuliert, um die im Zähler stehenden Variablen x und y zu isolieren. Es ist nicht möglich, die Gleichungen komplett nach x bzw. y aufzulösen, sodass keine unmittelbaren Werte für x und y durch Auflösen der Gleichungen gewonnen werden können. Man formt zunächst folgendermaßen um:

$$\sum_{i=1}^{n} \frac{a_i(x - x_i)}{\sqrt{(x - x_i)^2 + (y - y_i)^2}} = 0$$

$$\Leftrightarrow \sum_{i=1}^{n} \frac{a_i x}{\sqrt{(x - x_i)^2 + (y - y_i)^2}} - \sum_{i=1}^{n} \frac{a_i x_i}{\sqrt{(x - x_i)^2 + (y - y_i)^2}} = 0$$

$$\Leftrightarrow \sum_{i=1}^{n} \frac{a_i x}{\sqrt{(x - x_i)^2 + (y - y_i)^2}} = \sum_{i=1}^{n} \frac{a_i x_i}{\sqrt{(x - x_i)^2 + (y - y_i)^2}}$$

$$\Leftrightarrow x \sum_{i=1}^{n} \frac{a_i}{\sqrt{(x - x_i)^2 + (y - y_i)^2}} = \sum_{i=1}^{n} \frac{a_i x_i}{\sqrt{(x - x_i)^2 + (y - y_i)^2}}$$

$$\Leftrightarrow x = \frac{\sum_{i=1}^{n} \frac{a_i x_i}{\sqrt{(x-x_i)^2+(y-y_i)^2}}}{\sum_{i=1}^{n} \frac{a_i}{\sqrt{(x-x_i)^2+(y-y_i)^2}}}$$

Analog dazu gilt:

$$y = \frac{\sum_{i=1}^{n} \frac{a_i y_i}{\sqrt{(x-x_i)^2+(y-y_i)^2}}}{\sum_{i=1}^{n} \frac{a_i}{\sqrt{(x-x_i)^2+(y-y_i)^2}}}$$

Die so gewonnenen Ausdrücke können für ein Iterationsverfahren verwendet werden, indem Startpunkte ermittelt werden und diese erneut in die Ausdrücke eingesetzt werden.

Als Ausgangspunkt für das Iterationsverfahren nutzt man die Koordinaten des Schwerpunkts:

$$x_0 = \frac{\sum_{i=1}^{n} a_i x_i}{\sum_{i=1}^{n} a_i}$$

Analog für y:

$$y_0 = \frac{\sum_{i=1}^{n} a_i y_i}{\sum_{i=1}^{n} a_i}$$

Die Startwerte werden erneut in die Ausgangsgleichung eingesetzt, was zur Berechnung neuer Werte für x_1 und y_1 führt. Die Iterationen werden so lange fortgesetzt, bis die Differenz von x_{k+1}-x_k eine vorgegebene Genauigkeitsgrenze ε unterschreitet.

Standortplanung mit dem Steiner-Weber-Modell

Ein Unternehmen möchte ein Zentrallager eröffnen, das alle anderen Standorte beliefern kann. Es wird der Standort gesucht, der die anfallenden Transportkosten minimiert.

In Tab. 5.1 sind die Koordinaten (Längen- und Breitengrade) der bestehenden Standorte bzw. die zu transportierenden Mengen gegeben.

Tab. 5.1 Daten Steiner-Weber-Modell

	Längengrad (x_i)	Breitengrad (y_i)	Menge in t (a_i)
Bochum	7,31	51,49	320
Freiburg	7,84	47,99	280
Hamburg	9,59	53,33	250
Meißen	13,49	51,16	150
Peine	10,52	52,26	190
Potsdam	13,06	52,39	200

Der Abstand zwischen den Längengraden beträgt ungefähr 71,5 km, der zwischen den Breitengraden ungefähr 111 km.

Der Transportkostensatz liegt bei 12 €/100 km.

Zunächst werden als Startpunkte die Koordinaten der Schwerpunkte errechnet. Dazu müssen die Längen- und Breitengrade mithilfe der Kilometerangaben umgerechnet werden. Die Längengrade werden mit der Koordinate x bezeichnet und mit 71,5 multipliziert. Die Koordinate y stehen für die mit 111 multiplizierten Breitengerade. Dies führt zu folgenden Werten (Tab. 5.2):

Die Errechnung der Startkoordinaten wird am Beispiel der x-Koordinate ausführlich gezeigt. Gemäß des Steiner-Weber-Modells errechnet sie sich zu.

$$x_0 = \frac{\sum_{i=1}^{n} a_i x_i}{\sum_{i=1}^{n} a_i}$$

Im Zähler wird die Summe aus den Produkten von Mengen und Standorten berechnet. Im Nenner steht die Gesamtmenge in Tonnen. Für das Zahlenbeispiel führt dies zu folgenden Ergebnissen in der Tab. 5.3 (die Werte sind auf zwei Nachkommastellen gerundet):

$$x_0 = \frac{969983,30}{1390} = 697,83$$

Tab. 5.2 Umrechnung Längen- und Breitengrade Steiner-Weber-Modell

Standorte	x_i	y_i
Bochum	522,67	5715,39
Freiburg	560,56	5326,89
Hamburg	685,69	5919,63
Meißen	964,54	5678,76
Peine	752,18	5800,86
Potsdam	933,79	5815,29

Tab. 5.3 Ergebnisse Steiner-Weber-Modell

Standorte	Menge in t (a_i)	Menge in t (a_i)·x_i	Menge in t (a_i)·y_i
Bochum	320	167.254,40	1.828.924,80
Freiburg	280	156.956,80	1.491.529,20
Hamburg	250	171.422,50	1.479.907,50
Meißen	150	144.681,00	851.814,00
Peine	190	142.914,20	1.102.163,40
Potsdam	200	186.758,00	1.163.058,00
Summe	1390	969.986,90	7.917.396,90

Zurückgerechnet auf den Längengrad, also dividiert durch 71,5, entspricht dies 9,76.

Für die y-Koordinate ergibt sich bei analogem Vorgehen $y_0 = 5695{,}97$, was durch Division mit 111 zu einem Breitengrad von 51,32 führt.

Diese Startwerte werden nun in die nach x und y aufgelösten Gleichungen eingesetzt. Um dies schrittweise und nachvollziehbar darzustellen, werden zunächst die Distanzen r_i der bisherigen Standorte zum Ausgangsort berechnet.

Beispielhaft für den Standortort Bochum ergibt sich folgendes:

$$r_i = \sqrt{(x - x_i)^2 + (y - y_i)^2} = \sqrt{(697{,}83 - 522{,}67)^2 + (5695{,}97 - 5715{,}39)^2} = 176{,}23$$

Für alle Standorte erhält man folgende Distanzen (Tab. 5.4):

Der Zähler der nach x aufgelösten Gleichung lässt sich wie folgt errechnen:

$$\sum_{i=1}^{n} \frac{a_i x_i}{\sqrt{(x - x_i)^2 + (y - y_i)^2}} = \sum_{i=1}^{n} \frac{a_i x_i}{r_i}$$

$$= \frac{320 \cdot 522{,}67}{176{,}23} + \frac{280 \cdot 560{,}56}{393{,}78} + \frac{250 \cdot 685{,}69}{223{,}99} + \frac{150 \cdot 964{,}54}{267{,}26}$$

$$+ \frac{190 \cdot 752{,}18}{118{,}13} + \frac{200 \cdot 933{,}79}{264{,}41} = 4570{,}44$$

Der Nenner errechnet sich folgendermaßen:

$$\sum_{i=1}^{n} \frac{a_i}{\sqrt{(x - x_i)^2 + (y - y_i)^2}} = \sum_{i=1}^{n} \frac{a_i}{r_i}$$

$$= \frac{320}{176{,}23} + \frac{280}{393{,}78} + \frac{250}{223{,}99} + \frac{150}{267{,}26} + \frac{190}{118{,}13} + \frac{200}{264{,}41}$$

$$= 6{,}58$$

Damit ergibt sich der neue Wert für die x-Koordinate:

$$x_1 = \frac{4570{,}44}{6{,}58} = 694{,}60$$

Analog erhält man für y_1 den Wert 5727,78. Dies entspricht dem Längengrad 9,71 und Breitengrad 51,6, was einem Ort in der Nähe von Göttingen zugehörig ist.

Tab. 5.4 Distanzen Standorte Steiner-Weber-Modell

Standorte	Distanzen r_i/Schwerpunkt
Bochum	176,23
Freiburg	393,78
Hamburg	223,99
Meißen	267,26
Peine	118,13
Potsdam	264,41

Zur Überprüfung der Frage, ob dies der transportkostenminimale Standort ist oder ob noch weitere Iterationen ausgeführt werden müssen, kann man sich auf die Tatsache berufen, dass die Approximation an das Optimum mit jeder weiteren Iteration größer wird. (vgl. Domschke und Drexl 1996, S. 170 ff.). So kann vorher festgelegt werden, ab welcher Größe α, mit der die betragsmäßige Differenz zwischen einer Koordinate und ihrer Folgekoordinate ausgedrückt wird, die Iteration abgebrochen wird. Beispielsweise könnte die Iteration abgebrochen werden, wenn die Koordinaten sich weniger als 5 % ändern oder es könnte eine Kilometerzahl festgelegt werden.

Im Beispiel war der Ausgangsort x_0/y_0 bei (697,83/5695,97). Der Folgeort nach einem Iterationsschritt liegt bei $x_1/y_1 = (694,60/5727,78)$. Die Orte liegen also nur wenige Kilometer auseinander, die Abweichung zwischen den Koordinaten liegt bei ca. 0,5 %. ◄

Zur Bewertung des Steiner-Weber-Modell kann festgestellt werden, dass die Modellannahmen und die Berechnung vergleichsweise einfach und nachvollziehbar sind, was als Vorteil gewertet werden kann. Jedoch sind die Modellannahmen nicht immer realistisch. Dies betrifft beispielsweise die Annahme der Luftlinienentfernung und konstanten Kosten, die so in der Praxis nicht aufrecht zu halten ist. Des Weiteren ist fraglich, ob eine Planung in der Ebene in dicht besiedelten Gebieten oder auch topografisch heterogenen Gebieten zu einem realisierbaren Standort führt, wenn dieser entweder bereits vergeben oder z. B. durch Gewässer oder Gebirge nicht nutzbar ist. In einem solchen Fall kann die Lösung des Steiner-Weber-Modells zumindest als Tendenz gewertet werden, welche Region für die Standortwahl vorteilhaft ist.

5.2.2   Diskrete Modelle zur Standortplanung

Die diskreten Modelle zur Standortplanung sind durch eine eingeschränkte Menge an potenziellen Standorten charakterisiert. Anders als bei den kontinuierlichen Modellen steht nicht von vornherein jeder definierte Punkt einer Ebene zur Verfügung. Man spricht deswegen auch von der Standortbestimmung in Netzen oder Graphen, da die potenziellen Standorte durch Knoten dargestellt werden können. Bezogen auf die Praxis würde dies z.B einer Standortwahl entsprechen, bei der die Entscheidung zwischen mehreren Standorten getroffen wird, die aufgrund vorher definierter Kriterien als potenziell nutzbar eingestuft wurden.

Diskrete Standortmodelle werden in der Literatur häufig in verschiedene Teilbereiche eingeordnet (vgl. weiterführend z. B. Mattfeld und Vahrenkamp 2014 S. 99 ff.). In diesem Buch werden beispielhaft die Bereiche Transportmodell, Warehouse-Location-Modell und Covering-Probleme vorgestellt.

5.2.2.1 Transportmodell

Das Transportmodell wird in der Literatur nicht immer eindeutig der Standortplanung zugeordnet, da es hierbei weniger um die Wahl von Standorten als um die Frage der

Zuordnung von Warenströmen zu bereits existenten Standorten geht. Es wird deswegen auch als Zuordnungsmodell bezeichnet. Wie zu Beginn des Kapitels Abschn. 5.1 bei den Distributionsstrukturen erläutert, sind viele Aspekte zur Planung des Distributionssystems nicht isoliert zu betrachten und Fragen des Standorts und der Zuordnung sind nicht trennscharf. Dies wird auch im Abschn. 5.2.2.2 beim Warehouse-Location-Modell zu sehen sein. Ferner wird deutlich werden, dass die Zielsetzung bei den Modellen, unabhängig davon, ob man sie als Standort- oder als Zuordnungsmodell bezeichnet, identisch ist. Es geht in Distributionssystemen um die Minimierung der Transportkosten. Dies haben alle hier aufgezeigten Ansätze gemeinsam. Der Unterscheid zwischen den Modellen liegt in der Annahme verschiedener Ausgangssituationen und Restriktionen. Unter eine solche verschiedene Ausgangssituation mit dazugehörigen Restriktionen kann auch das Transportmodell subsumiert werden und es wird somit hier nicht gesondert als Zuordnungsmodell deklariert.

Das Transportmodell ist ein bipartites Netzwerk, es gibt also zwei Gruppen von Knoten innerhalb deren Teilmengen keine Kanten verlaufen. Vereinfacht ist dies hier dargestellt durch drei Anbieter, die jeweils a_i Mengeneinheiten anbieten. Sie liefern ihre Mengen an vier Nachfrager, die einen Bedarf von b_j Mengeneinheiten haben. Dies ist Abb. 5.6 zu entnehmen.

Für das Modell gelten folgende Annahmen:

- Die Kosten für den Transport von A_i nach B_j sind konstant und werden mit c_{ij} bezeichnet.
- Die Summe der angebotenen Menge entspricht der Summe der nachgefragten Mengen. Sollte dies nicht der Fall sein, wird eine künstliche Stelle mit Transportkosten zu Null geschaffen, um diese Annahme zu erfüllen.
- Alle angebotenen Mengen werden abgeholt, alle nachgefragten Mengen gebracht. Die transportierte Menge wird mit x_{ij} bezeichnet.
- Es gilt die Nichtnegativitätsbedingung für die transportierten Mengen.

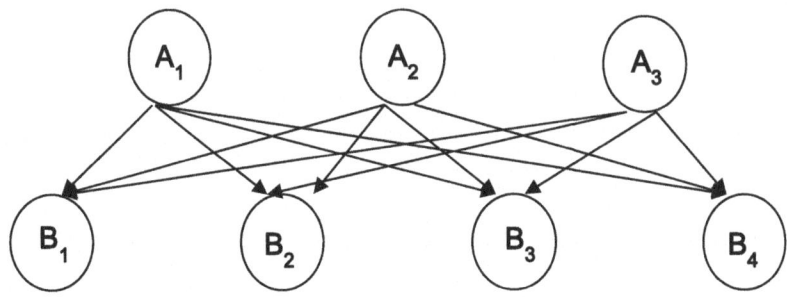

Abb. 5.6 Transportmodell

Mathematisch lässt sich das Transportmodell als lineares Optimierungsmodell mit einer Zielfunktion der Transportkostenminimierung formulieren. Die Restriktionen sind als Nebenbedingungen einzuhalten. Die Abkürzung s.d. steht für „so dass":

$$\min z = \sum_{i=1}^{n} \sum_{j=1}^{m} c_{ij} x_{ij}$$

$$\text{s.d.} \sum_{i=1}^{n} x_{ij} = b_j \forall j = 1, \ldots, m$$

$$\sum_{j=1}^{m} x_{ij} = a_i \forall i = 1, \ldots, n$$

$$x_{ij} \geq 0 \, \forall i, j$$

$$\text{Voraussetzung} \sum_{i=1}^{n} a_i = \sum_{j=1}^{m} b_j$$

Eine Lösung für das Transportproblem wird häufig in zwei Stufen erlangt, bei der in der ersten Stufe eine Startlösung generiert wird. Diese Startlösung ist eine Lösung, die die Nebenbedingungen einhält, aber nicht notwendigerweise die Zielfunktion beachtet. Sollte diese Startlösung bereits das Optimum darstellen, wäre dies ein zufälliges Erreichen des Optimums. Häufig ist die Güte der Startlösung ohne Kenntnis des Optimums nicht zu bewerten.

Im zweiten Schritt wird die Startlösung verbessert, bis die optimale Zuordnung gefunden ist.

In der Literatur werden verschiedene Verfahren verwendet (vgl. z. B. Mattfeld und Vahrenkamp 2014, S. 103). Im Folgenden werden beispielhaft die Nordwesteckenregel als Eröffnungsverfahren und die MODI-Methode als Verbesserungsverfahren vorgestellt. Die Nordwesteckenregel ist ein heuristisches Verfahren, welches unter Einhaltung der Nebenbedingungen eine zulässige Lösung generiert. Diese wird bei der MODI-Methode als Startlösung verwendet und schrittweise bis zum Optimum verbessert.

Lösung des Transportproblems mit der Nordwesteckeneneckenregel und MODI-Methode

Für das Beispiel sind drei Ausgangsorte und vier Bestimmungsorte gegeben. In der Matrix sind die jeweiligen Transportkosten sowie die Transportmengen pro Ort gegeben. Die Summe der Ausgangsortmengen entspricht mit einer Höhe von 70 der

Summe der Bestimmungsortmengen, sodass die Voraussetzung für das klassische Transportmodell erfüllt ist.

$$\begin{array}{c|cccc|c} \square & B_1 & B_2 & B_3 & B_4 & a_i \\ A_1 & 2 & 5 & 4 & 1 & 35 \\ A_2 & 9 & 7 & 1 & 3 & 15 \\ A_3 & 5 & 2 & 8 & 4 & 20 \\ b_j & 20 & 20 & 15 & 15 & 70 \end{array}$$

Im Inneren der Matrix sind die Transportkosten zu sehen. So kostet beispielsweise der Transport einer Mengeneinheit von A_1 nach B_1 2 Geldeinheiten.

Bei der Durchführung der Nordwesteckenregeln startet man gemäß dem Namen der Heuristik in der linken oberen Ecke und wählt das Minimum der Bedarfe der ersten Spalte und ersten Zeile:

- Beginne in der nordwestlichen Ecke und lege $x_{11} = \min\{a_1, b_1\}$ fest.
- Falls $x_{11} = a_1$, dann wähle $x_{21} = \min\{a_2, b_1 - x_{11}\}$.
- Falls $x_{11} = b_1$, dann wähle $x_{12} = \min\{a_1 - x_{11}, b_2\}$
- Falls das Minimum nicht eindeutig ist, also $x_{11} = a_1 = b_1$, dann wähle zusätzlich $x_{12} = 0$ oder $x_{21} = 0$ als Basiseintrag.

Man verteilt die Mengen im System von Nordwesten ausgehend und nimmt sogenannte Basiseinträge in der Matrix vor. Mit Basiseintrag sind im Fall des Transportmodells die Mengen bezeichnet, die von einer Angebots- zu einer Bedarfsstelle transportiert werden.

Im Beispiel beginnt man beim Eintrag $x_{11} = 20$, da dies das Minimum von $a_1 = 35$ und $b_1 = 20$ ist. B_1 hat damit die benötigte Menge erhalten und verlangt keine weitere Lieferung. A_1 verfügt noch über 15 Mengeneinheiten, die nun zu B_2 geliefert werden. Danach ist die komplette Menge von A_1 ausgeliefert. B_2 benötigt noch eine Restmenge von 5, die von A_2 geliefert wird. Den Rest der Menge von A_2 erhält B_3. B_3 erhält außerdem die 5 Mengeneinheiten von A_3. Der Rest von A_3 geht an B_4.

Die Mengenverteilung ist in der folgenden Zuordnung zu sehen.

$$\begin{array}{c|cccc|c} \square & B_1 & B_2 & B_3 & B_4 & a_i \\ A_1 & 20 & 15 & \square & \square & 35 \\ A_2 & \square & 5 & 10 & \square & 15 \\ A_3 & \square & \square & 5 & 15 & 20 \\ b_j & 20 & 20 & 15 & 15 & 70 \end{array}$$

Die Transportkosten betragen:

$$T = 20 \cdot 2 + 15 \cdot 5 + 5 \cdot 7 + 10 \cdot 1 + 5 \cdot 8 + 15 \cdot 4 = 260$$

Die Güte der gefundenen Lösung ist zunächst schwer zu bewerten, da es keine Vergleichswerte gibt. Wäre die Lösung das Optimum, wäre dies ein Zufall. Dieser Zufall erscheint umso unwahrscheinlicher, wenn man bedenkt, dass bei der gesuchten Lösung lediglich die Restriktionen, nicht aber die Zielfunktion beachtet wurden. So wurde bei der Auswahl der Basiseinträge, also der getätigten Transporte, lediglich nach der Maxime gehandelt, in nordwestlicher Richtung vorzugehen. Dies folgt jedoch reiner Willkür und stellt keine Strategie im Sinne der Minimierung der Transportkosten dar. Die gefundene Lösung ist nur eine zulässige Lösung. Sie wird als Einstieg für weitere Verbesserungen verwendet.

Die MODI-Methode beginnt mit einer Ausgangslösung, die z. B. durch Verwenden der Nordwesteckenregel generiert wird, und verbessert diese schrittweise (zur ausführlichen Darstellung der MODI Methode vgl. z. B. Zimmermann 2008, S. 141 ff.). ◄

▶ Basislösung Der Begriff Basislösung stammt aus der Linearen Optimierung und beschreibt bei einer graphischen Lösung die Ecken des Lösungspolyeders, das den Lösungsraum durch die verwendeten Restriktionen aufzeigt. Die Anzahl der möglichen Lösungen ist damit auf die Anzahl der Ecken im Lösungsraum limitiert. Eine Basisvariable ist eine Variable, die in der aktuellen Basislösung enthalten ist. Ist sie nicht enthalten, wäre es eine Nichtbasisvariable.

Dazu werden folgende Schritte durchlaufen:

- Die Zielfunktionskoeffizienten werden in die Matrix der Ausgangslösung eingetragen.
- Die Ausgangslösung wird mit Kreisen versehen.
- Die Transportkosten c_{ij} werden innerhalb der Felder oben rechts eingetragen.
- In der rechten Spalte und unteren Zeile werden Hilfsgrößen u_i und v_j eingetragen, die zur Errechnung der Nichtbasisvariablen dienen.
- $c_{ij} = u_i + v_j$ für alle Basisvariablen (setze z. B. $v_j = 0$, da unterbestimmtes System)
- $\Delta z_{ij} = c_{ij} - (u_i + v_j)$ für alle Nichtbasisvariablen.
- Die optimale Lösung ist erreicht, wenn $\Delta z_{ij} \geq 0$ für alle Nichtbasisvariablen.

Diese Schritte werden so lange durchlaufen, bis eine optimale Lösung gefunden ist oder gezeigt werden kann, dass keine optimale Lösung existiert.

Im ersten MODI-Tableau wird die Ausgangslösung mit Kreisen versehen und in die Felder zusammen mit den Transportkosten c_{ij} eingetragen. Alle Variablen, die nicht umkreist sind, sind Nichtbasisvariablen. Im Beispiel wird v_1 gleich Null gesetzt, um im unterbestimmten System einen Startpunkt zur Errechnung der weiteren v_j bzw. u_i zu haben. Dabei beginnt man bei der Basisvariable x_{11}. Die Transportkosten betragen 2, $v_1 = 0$ und damit ergibt sich aus der Formel $c_{ij} = u_i + v_j$, dass $u_1 = 2$ ist, da $2 = 2 + 0$. Anschließend errechnet sich mit Hilfe der Basisvariable x_{12}, dass $v_2 = 3$ ist, da $5 = 2 + 3$. Dies wird nun für alle Basisvariablen errechnet, so dass alle u_i und v_j bekannt sind.

Im nächsten Schritt werden die Zielfunktionskoeffizienten Δz_{ij} der Nichtbasisvariablen ermittelt. Für x_{21} errechnet sich beispielsweise $\Delta z_{ij} = 9 - (4 + 0) = 5$.

Alle Werte sind dem ersten MODI-Tableau (Abb. 5.7) zu entnehmen:

Es gibt insgesamt zwei negative Zielfunktionskoeffizienten, $\Delta z_{31} = -6$ und $\Delta z_{32} = -12$, so dass die gefundene Transportzuordnung noch nicht optimal ist. Der niedrigste Wert, in dem Fall Δz_{32}, wird ausgewählt und mit einem gestrichelten Kreis versehen, um zu zeigen, dass diese Nichtbasisvariable in Basis aufgenommen werden soll. Zu diesem Zweck wird ein Basistausch vorgenommen, sodass eine neue, bislang nicht in der Lösung enthaltene Variable, zu einer Basisvariable wird. Im Gegenzug wird aus einer bisherigen Basis- eine Nichtbasisvariable. Diese Vorgehensweise kennt man auch vom Simplex-Algorithmus (vgl. weiterführend z. B. Werners 2013, S. 144 ff.). Im Falle der MODI-Methode wird der Basistausch anders vollzogen, da die spezielle Struktur des Transportproblems genutzt wird. Soll ein neuer Transport von A_3 zu B_2 stattfinden, heißt dies, dass A_3 an anderer Stelle Transportmengen in gleicher Höhe einsparen muss. Gleiches gilt für B_2. Bezogen auf die Matrix muss also in der Zeile A_3 und der Spalte B_2 die Transportmenge in Summe gleichbleiben. Aus einer Basisvariable der zweiten Spalte oder dritten Zeile wird eine Nichtbasisvariable. Dazu sucht man sich um die aufzunehmende Nichtbasisvariable ein Rechteck aus Basisvariablen, die im Wechsel mit einem + bzw. – versehen werden. Dies verdeutlicht, ob Mengen aufgenommen oder abgegeben werden. Im Fall der aufzunehmenden Variable x_{32} kann ein Rechteck aus umliegenden Basisvariablen in den Feldern x_{22}, x_{23} und x_{33} gefunden werden. Der Mengenaustausch findet der Form statt, dass die Menge der kleinsten abgebenden Basisvariable des Rechtecks getauscht wird. Dies dient dazu, dass keine negativen Werte durch den Mengentausch entstehen sollen. Hier bedeutet es, dass die Menge 5 ausgetauscht wird.

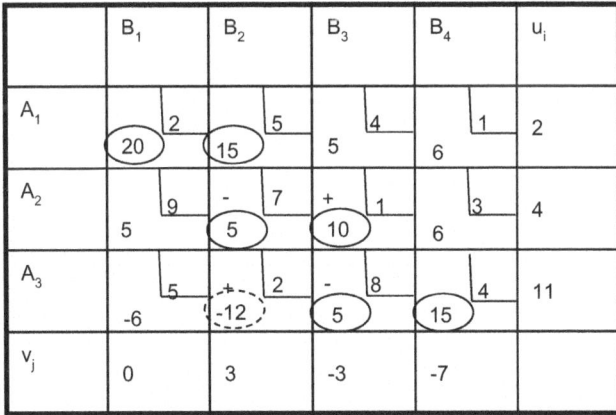

Abb. 5.7 MODI-Methode, Tableau 1

Die Auswahl des Basistauschs ist in diesem Fall nicht eindeutig, da sowohl x_{22} als auch x_{33} den Wert 5 aufweisen. Für das Beispiel wird aus x_{22} eine Nichtbasisvariable (vgl. Abb. 5.8).

Die Lösung ist weiterhin nicht optimal, da negative Zielkoeffizienten (Δz_{13} und Δz_{14}) auftreten. Der kleinste negative Wert liegt bei x_{13}. Hier wird erneut ein Rechteck aus alternierenden Plus- und Minuszeichen gebildet und die neue Lösung ermittelt (Abb. 5.9).

Die gefundene Lösung ist nicht optimal, da Δz_{14}=-6 und Δz_{24}=-1. Es wird folglich wieder ein Basistausch durchgeführt, indem die Variable x_{14} zur Nichtbasisvariable wird und x_{32} in Basis aufgenommen wird. Im letzten MODI-Tableau (Abb. 5.10) finden sich keine negativen Zielfunktionskoeffizienten mehr. Die Lösung ist also optimal.

Die Transportkosten betragen: $T = 20 \cdot 2 + 0 \cdot 4 + 15 \cdot 1 + 15 \cdot 1 + 20 \cdot 2 + 0 \cdot 4 = 110$.

	B_1	B_2	B_3	B_4	u_i
A_1	2 / (20)	- 5 / (15)	+ 4 / (-7)	1 / -6	2
A_2	9 / 17	7 / 12	1 / (15)	3 / 6	-8
A_3	5 / 6	+ 2 / (5)	- 8 / (0)	4 / (15)	-1
v_j	0	3	9	5	

Abb. 5.8 MODI-Methode, Tableau 2

	B_1	B_2	B_3	B_4	u_i
A_1	2 / (20)	- 5 / (15)	4 / (0)	+ 1 / (-6)	2
A_2	9 / 10	7 / 5	1 / (15)	3 / -1	-1
A_3	5 / 6	+ 2 / (5)	8 / 7	- 4 / (15)	-1
v_j	0	3	2	5	

Abb. 5.9 MODI-Methode, Tableau 3

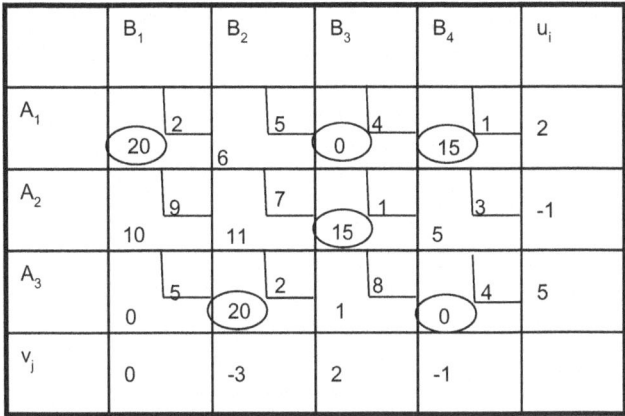

	B_1	B_2	B_3	B_4	u_i
A_1	2 / 20	5 / 6	4 / 0	1 / 15	2
A_2	9 / 10	7 / 11	1 / 15	3 / 5	-1
A_3	5 / 0	2 / 20	8 / 1	4 / 0	5
v_j	0	-3	2	-1	

Abb. 5.10 MODI-Methode, Tableau 4

Wie am Beispiel zu sehen ist, erfordert die Verbesserung der durch die Nordwest-eckenregel generierte Ausgangslösung mehrere Verbesserungsschritte, was auch an der mangelnden Güte der Ausgangslösung durch Missachtung der Zielfunktion liegt. Dies kann als Nachteil der Nordwesteckenregel betrachtet werden. Vorteilhaft ist die einfache und schnelle Gewinnung der Ausgangslösung.

5.2.2.2 Warehouse-Location-Modell

Das Warehouse-Location-Modell gehört wie das Transportkostenmodell zu den diskreten Modellen der Standortplanung. Wie bereits beim Transportmodell erwähnt, geht es hier nicht nur um reine Standortentscheidungen, sondern auch um Zuordnungsfragen. Beim Warehouse-Location-Modell sind potenzielle Standorte vorgegeben und man entscheidet über die Anzahl der zu nutzenden Standorte sowie die Zuordnung der Belieferungsorte. Es gibt ein Überangebot an Ausgangsorten. Anders als beim Transportmodell wird nicht jeder Ausgangsort genutzt.

Die Zielfunktion im Warehouse-Location-Modell besteht in der Minimierung der Gesamtkosten, die sich aus den Transportkosten und den Fixkosten für die Nutzung eines Standorts zusammensetzen. Damit werden im Gegensatz zum Transport- und Steiner-Weber-Modell auch standortspezifische Kosten berücksichtigt (vgl. Stich et al. 2013, S. 66).

Das Warehouse-Location-Modell lässt sich nach unterschiedlichen Merkmalen in ver-schiedene Problemklassen systematisieren (vgl. z. B. Steglich et al. 2016, S. 429 oder Stich et al. 2013, S. 66):

- Ein- oder mehrstufige Probleme,
- unkapazitierte oder kapazitierte Probleme,
- ein Produkt oder mehrere Produkte,
- statisches oder dynamisches Problem.

Die Basisform stellt ein einstufiges, unkapazitiertes, statisches System mit einem Produkt dar. Ziel ist die Minimierung der Gesamtkosten, bestehend aus den Transportkosten sowie den standortspezifischen Fixkosten f_i, so dieser Standort eröffnet wird. Formuliert man das Modell als gemischt-ganzzahliges Optimierungsproblem, gibt eine Binärvariable y_i an, ob ein Standort eröffnet wird oder nicht (vgl. z. B. Suhl und Mellouli 2013, S. 256 f.). Im Falle der Standorteröffnung ist $y_i = 1$. Im Modell gibt n die Anzahl der möglichen Standorte und m die Anzahl der Kunden an. x_{ij} ist der Anteil der Nachfragemenge von Kunde j, die aus Lager i geliefert wird. Die Transportkosten c_{ij} sind definiert als Geldeinheit je transportierter Mengeneinheit.

$$\min z = \sum_{i=1}^{n} \sum_{j=1}^{m} c_{ij}x_{ij} + \sum_{i=1}^{n} f_i y_i$$

$$s..d.\ x_{ij} \leq y_i \forall i = 1, \ldots, n\ und\ j = 1, \ldots, m$$

$$\sum_{i=1}^{n} x_{ij} = 1 \forall j = 1, \ldots, m$$

$$y_i \in \{0, 1\} \forall i = 1, \ldots, n$$

$$x_{ij} \geq 0 \forall i = 1, \ldots, n\ und\ j = 1, \ldots, m$$

Durch die erste Restriktion wird sichergestellt, dass ein Bestimmungsort nur von einem Standort beliefert wird, der potenziell eröffnet werden kann.

Das Warehouse-Location-Problem wird häufig mit heuristischen Verfahren gelöst. Ein Beispiel dafür sind Add-Algorithmen, bei denen im Startschritt und allen folgenden Schritten jeweils ein zusätzlicher Standort mit einbezogen wird, solange eine Gesamtkostenersparnis zu verzeichnen ist.

Beispielhaft wird hier der Add-Algorithmus von Kuehn und Hamburger näher dargestellt (vgl. die Originalquelle Kuehn und Hamburger 1963, Domschke und Drexl 19966, S. 62 ff. oder Mattfeld und Vahrenkamp 2014, S. 167).

Das Verfahren nach Kuehn und Hamburger vollzieht sich in mehreren Schritten, bei denen jeweils ein neuer Standort eröffnet wird, falls sich dadurch Einsparungen gegenüber dem vorhergehenden Schritt ergeben.

1. Schritt: Die Versorgung aller Standorte erfolgt zentral von dem Standort mit den geringsten Gesamtkosten. Die Gesamtkosten setzen sich aus variablen und fixen Kosten zusammen.

2. Schritt: Die Lösung wird nach Einsparpotenzialen untersucht, die realisiert werden können, falls die Belieferung von anderen Standorten ausgeführt würde. Ein zweiter Standort wird eröffnet, falls es eine Einsparung im Vergleich zur zentralen Lösung des ersten Schritts gibt. Alle Standorte mit negativer Einsparung werden für die weitere Analyse nicht betrachtet. Der Standort mit der größten Einsparung wird ausgewählt und die Versorgung der Standorte entsprechend aufgeteilt.

3. Schritt: Es erfolgt eine Erweiterung der Standorteröffnung, bis keine weitere Kostenersparnis realisiert werden kann.

Warehouse-Location-Modell: Heuristische Lösung mit dem Verfahren nach Kuehn und Hamburger

Ein Unternehmen verfügt über sechs potenzielle Standorte für ein Lager. Die variablen Transportkosten zwischen den Standorten und die fixen Standortkosten sind bekannt (vgl. Tab. 5.5):

Der kostenminimale Standort ist Standort 1, sodass in der Startlösung alle Standorte zentral von Standort 1 beliefert werden.

Im zweiten Schritt wird nun erfasst, ob es bei den variablen Kosten Einsparungen geben würde, falls die jeweiligen Standorte nicht vom Standort 1, sondern von anderen Standorten beliefert würden. Dazu wird z. B. beim Standort 2 Folgendes verglichen, wobei die Kosten für die Belieferung vom Standort 1 die Referenzwerte sind, die in der obigen Tabelle in der ersten Zeile stehen: Würde Standort 1 nun nicht mehr von Standort 1, sondern von Standort 2 beliefert, liegen die variablen Kosten bei 50 anstatt bei 20. Es gibt damit keine Ersparnis. Bei der Belieferung von Standort 2 werden variable Kosten von 10 im Vergleich zu 40 bei der Belieferung von Stand-

Tab. 5.5 Beispiel Kosten Warehouse Location Modell

Variable Kosten							Summe variable Kosten	Fixe Kosten	Gesamtkosten
nach von	1	2	3	4	5	6			
1	20	40	95	30	10	15	210	20	230
2	50	10	40	70	60	40	270	50	320
3	40	20	50	30	100	40	280	70	350
4	30	50	40	30	20	10	180	100	280
5	10	20	20	40	35	35	160	90	250
6	40	40	50	70	60	50	310	80	390

ort 1 aus, betrachtet. Hier ergibt sich Einsparpotenzial von 30. Bei der Belieferung von Standort 3 spart man bei Belieferung durch Standort 2 anstatt durch Standort 1, variable Kosten in Höhe von 55. Bei Standort 4, 5 und 6 ergeben sich keine Einsparungen.

Die Einsparungen werden summiert und in Tab. 5.6 den Fixkosten gegenübergestellt, sodass sich im Falle von Standort 2 eine Einsparung von 35 ergibt.

Der Standort mit den größten Einsparungen ist Standort 2. Dieser Standort wird eröffnet und beliefert die Standorte 2 und 3. Die Standorte 1, 4, 5 und 6 werden weiterhin von Standort 1 versorgt.

Standort 5 weist ebenfalls Einsparungen auf. Die Standorte 3, 4 und 6 haben negative Einsparungen und werden somit im folgenden Schritt nicht mehr betrachtet. Es wird folglich nur noch geprüft, ob es sinnvoll wäre, zusätzlich zu den Standorten 1 und 2 auch den Standort 5 zu eröffnen (vgl. Tab. 5.7). Referenzwerte für die Berechnung der Einsparungen sind nun die Belieferungen von 1 und 2.

Die Einsparungen bei einer Eröffnung des Standorts 5 sind negativ. Er wird folglich nicht eröffnet. Die Heuristik führt zur Lösung mit den beiden Standorten 1 und 2. ◄

Während beim Add-Algorithmus schrittweise Standorte hinzugefügt werden, gibt es andere Algorithmen, wie den Drop-Algorithmus, der genau umgekehrt verfährt und zunächst alle potenziellen Standorte einbezieht und dann schrittweise entfernt (vgl. weiterführend z. B. Domschke & Drexl, 1997, S. 61 ff.).

Tab. 5.6 Einsparungen Warehouse-Location-Modell Vergleich Zentralbelieferung

Einsparung variable Kosten im Vergleich zur Zentralbelieferung						Summe Einsparungen	Fixe Kosten	Einsparung insgesamt
nach	1	2	3	4	5	6			
von									
2	–	30	55	–	–	–	85	50	35
3	–	20	45	–	–	–	65	70	−5
4	–	–	55	–	–	5	60	100	40
5	10	20	75	–	–	–	105	90	15
6	–	–	45	–	–	–	45	80	−35

Tab. 5.7 Einsparungen Warehouse-Location-Modell Vergleich Belieferung Standorte 1 und 2

Einsparung variable Kosten im Vergleich zur Zentralbelieferung						Summe Einsparungen	Fixe Kosten	Einsparung insgesamt
nach	1	2	3	4	5	6			
von									
5	10	-	20	-	-	-	30	90	-60

5.2.2.3 Covering-Problem

Das Covering-Problem ist das letzte hier vorgestellte Modell zur diskreten Standortplanung. Es wird auch mit dem deutschen Begriff Überdeckungsproblem bezeichnet. Bislang war die Minimierung der Transport- und Standortkosten das Ziel der vorgestellten Modelle. Beim Covering-Problem wird dieses Ziel ebenfalls verfolgt, allerdings stehen die Standortkosten im Vordergrund. Außerdem wird beim Covering-Problem, eine weitere Komponente in die Planung einbezogen. Diese zusätzliche Komponente kann als Servicekomponente verstanden werden, die dafür sorgt, dass die Standorte so zu determinieren sind, dass alle in einem bestimmten Gebiet liegenden Nachfrageorte innerhalb einer zu definierenden Entfernung oder einer maximalen Zeit erreicht werden können.

Mathematisch lässt sich das Covering-Problem folgendermaßen modellieren (vgl. z. B. Steglich et al. 2016, S. 416 ff. oder Werners et al. 2001), wobei folgende Parameter verwendet werden:

A   Menge der potenziellen Standorte.
B   Menge der Bedarfsorte.
x_{ij} Standortvariable der potenziellen Standorte.
f_j Fixkosten der Standorteröffnung

$$\min z = \sum_{j \in A} x_j \left(+ \sum_{j \in A} f_j \cdot x_j \right)$$

$$\text{s. .d.} \sum_{j \in A} x_{ij} \geq 1; i \in B$$

$$x_j \in \{0, 1\}; j \in A$$

Mit j ist sind die Knoten der potenziellen Standorte, mit i die Knoten der Einsatzorte bezeichnet. Die Binärvariable x_j drückt aus, ob ein potenzieller Standort j eingerichtet wird. Im Falle der Einrichtung ist $x_j = 1$.

Die Anzahl der Standorte soll minimiert werden. Ggf. können dazu die in den Klammern stehenden Fixkosten zur Eröffnung eines Standortes einbezogen werden. Da dies im Covering-Problem nicht obligatorisch ist, ist es hier in Klammern hinzugefügt.

Die Restriktion sagt aus, dass jeder Bedarfsort i von mindestens einem Standort j im Sinne des vorher definierten Servicekriteriums abgedeckt wird. Das Servicekriterium ist in vielen Fällen eine Maximaldistanz.

Das oben beschriebene Modell ist ein *Set Covering Location Problem,* bei dem versucht wird, Bedarfssorte innerhalb einer Maximalentfernung mit einer minimalen Anzahl an Standorten zu bedienen.

Ein weiterer Ansatz besteht in *Maximal Covering Location Problemen,* bei denen die Stationierung einer vorgebenden Anzahl an Standorten so zu wählen ist, dass ein

Maximum der Abdeckung der Bedarfsorte innerhalb einer vorgegebenen Maximaldistanz erreicht werden soll (vgl. weiterführend zur Strukturierung von Covering Problemen z. B. Church und Murray 2018).

Ein anschauliches Beispiel außerhalb des betriebswirtschaftlichen Bereichs liegt in der Anordnung von Feuerwachen. In den einzelnen Bundesländern ist festgelegt, wie lange die sogenannte Hilfsfrist ist. Mit der Hilfsfrist ist die Zeit definiert, die vom Eingang des Notrufes in der Zentrale bis zum Eintreffen der Hilfskräfte am Notfallort vergehen darf. In Nordrhein-Westfalen beträgt die Hilfsfrist beispielsweise 8 min im städtischen und 12 min im ländlichen Bereich. Dies wäre dann die im obigen Modell für die Servicekomponente verwendete Maximaldistanz. Zielsetzung kann dabei eine möglichst optimale Standortwahl der Rettungswachen bezüglich.

- der minimalen Anzahl an Rettungswachen,
- der maximalen Versorgung des betrachteten Gebiets bei gegebener Anzahl an Rettungswachen oder
- der möglichst großen Überschneidung der im Sinne des Servicekriteriums abgedeckten Gebieten bei einer Gesamtabdeckung des betrachteten Gebiets

sein (vgl. weiterführend zur Standortplanung für das Rettungswesen Werners et al. 2001, 2003 oder Werners und Meyer 1999).

5.3   Tourenplanung

Sind die Standorte im Distributionssystem bestimmt, erfolgt die Tourenplanung. Bei der Tourenplanung geht es darum, im ersten Schritt Transporte an Depots, Filialen, Kunden oder andere Zielorte sinnvoll zusammenzufassen (= Clustering). Eine „sinnvolle" Zusammenfassung kann beispielsweise in der geographischen Zuordnung nach Postleitzahlen bestehen. In einem zweiten Schritt erfolgt die Ermittlung der Reihenfolge, in der die Zielorte angefahren werden (=Routing). In aller Regel ist die Tourenplanung ein Rundreiseproblem, da nach dem Anfahren aller Zielorte an den Ausgangsort zurückgekehrt wird.

Als Ziele werden dabei in aller Regel Minimierungsansätze verfolgt. Häufig betrifft dies folgende Aspekte:

- Minimierung der zurückgelegten Wegstrecke,
- Minimierung der Transportkosten,
- Minimierung der Transportzeit,
- Minimierung der Anzahl der eingesetzten Fahrzeuge,
- Minimierung der ungenutzten Fahrzeugkapazitäten,
- Minimierung der Personalstunden,
- Minimierung der Schadstoffemissionen.

Bei der Verfolgung der Ziele sind Restriktionen zu beachten, die die Zielerreichung in aller Regel erschweren. Dies betrifft beispielsweise Einschränkungen der Anlieferzeiten an den Zielorten, wie Anwesenheitszeiten der Empfänger oder Zugangszeiten zu Lieferorten. Ferner ist es möglich, dass ein Zielort Einschränkungen hinsichtlich der Lieferfähigkeit bei bestimmten Fahrzeugen aufweist, wie z. B. bei der Größe einer Laderampe. Grundsätzlich führen die meisten Sonderwünsche der Kunden zu Einschränkungen bei der Planung der Tour.

Die Tourenplanung lässt sich als ganzzahliges lineares Problem formulieren (vgl. z. B. Günther und Tempelmeier 2016, S. 272 ff. oder Lasch 2016, S. 148 ff.). Bei der Lösung dieses Problem trifft man auf Probleme bei der algorithmischen Komplexität. Das Problem gehört zur Klasse der NP-schweren Probleme.

▶ **NP-Schwere** Gemäß der Komplexitätstheorie der Informatik wird mit NP-Schwere die Eigenschaft von Algorithmen beschrieben. NP bezeichnet dabei die nichtdeterministische Polynomialzeit, die als Rechenzeit benötigt wird, um eine Lösung zu finden. Bei NP-schweren Problemen wächst die Rechenzeit mit wachsender Problemgröße stärker als mit der Polynomfunktion (vgl. weiterführend zur Komplexität und NP-Schwere, NP-Vollständigkeit etc. z. B. Korten und Vygen 2018, S. 409 ff.). Probleme, die in Polynomialzeit gelöst werden können, gehören zur Klasse P.

Als bekanntes Beispiel innerhalb der Tourenplanung wird häufig das Problem des Handlungsreisenden benannt. Auf Englisch ist es das Travelling Salesman Problem oder kurz auch TSP. Das Problem des Handlungsreisenden besteht darin, dass er die von ihm aufzusuchenden Orte in eine Reihenfolge bringen muss, bei der der Start- gleich dem Zielort ist, außer diesem Ort kein Ort zwei Mal angefahren wird und außerdem die Rundreise möglichst kurz sein soll. Das TSP ist ein Problem, was sich in der Schnittmenge zwischen den Disziplinen des Operations Research und der Informatik befindet und es ist eins der am häufigsten untersuchten Probleme, da an ihm beispielsweise die Rechenleistung von Computern bewertet werden kann oder allgemeine Rückschlüsse auf die Beziehung zwischen P und NP-Klassen gezogen werden könnten. Die zugrundliegende Komplexität liegt an der schnell ansteigenden Zahl an Kombinationsmöglichkeiten. Dies wird an einem kurzen Beispiel erläutert.

Komplexität TSP

In einem einfachen Beispiel schaut man sich vier Städte an, die alle untereinander verbunden sind. Von jeder Stadt kann man jede andere erreichen. Daraus ergibt sich folgendes Verbindungsmuster (Abb. 5.11):

Es wird angenommen, dass das Problem symmetrisch ist. Damit ist gemeint, dass die Verbindung zwischen zwei Orten in beiden Richtungen gleich ist und nicht zwischen unterschiedlichen Hin- und Rückwegen unterschieden werden muss.

Abb. 5.11 Komplexität TSP
Verbindungsmuster

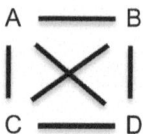

Als Start- und Endpunkt der Rundreise wird A ausgewählt. Dabei ergeben sich folgende in der Abb. 5.12 dargestellten Verbindungsmuster:

Aufgrund der Symmetrie des Problems muss nicht in die „Fahrtrichtung" unterschieden werden, d. h. veranschaulicht am Verbindungsmuster links entspricht der Weg A-B-D-C-A dem Weg A-C-D-B-A. Für die vier betrachteten Städte gibt es also 3 Möglichkeiten eine Rundreise von A aus zu starten.

Bezeichnet man mit n die Anzahl der Städte kann man gemäß der Kombinatorik allgemein formulieren, dass die Anzahl der Touren eines symmetrischen Modells sich mit $(n - 1)!/2$ berechnen lässt. Für asymmetrische Modelle verdoppelt sich die Anzahl der Touren: $(n - 1)!$.

Für die betrachteten vier Städte lässt sich die Formel wie folgt anwenden:

$$\frac{(4 - 1)!}{2} = \frac{3!}{2} = \frac{3 \cdot 2 \cdot 1}{2} = \frac{6}{2} = 3$$

Betrachtet man anstelle der 4 Städte, 5 Städte ergibt sich für ein symmetrisches Problem eine Anzahl an 12 möglichen Rundreisen. Bei n = 10 sind es schon 181.440 Rundreisen. Bei n = 15 führt es zu über 43 Mrd. möglichen Touren. Man sieht also, dass die Anzahl der Kombinationsmöglichkeiten schnell wächst (vgl. weiterführend zu Lösungsmöglichkeiten und Benchmarks des TSP z. B. University of Waterloo). ◄

Aufgrund der Komplexität des Problems wird eine Lösung häufig mit heuristischen Verfahren generiert. Die Komplexität des Problems sorgt auch für Herausforderungen im Einsatz von Tourenplanungssoftware. Das Finden einer optimalen Lösung mag je nach Anzahl der betrachteten Anlauforte theoretisch möglich sein, jedoch wird die Laufzeit zur Problemlösung durch das Einbeziehen von Restriktionen weiter erhöht. Damit wird auch bei vielen Softwarelösungen keine optimale Lösung generiert, sondern zu Gunsten akzeptabler Laufzeiten auf Heuristiken zurückgegriffen.

Allgemein kann gesagt werden, dass sich der Einsatz von Software für die operative, tägliche Planung häufig nicht realisieren lässt. Ein Beispiel wäre dazu die Tourenplanung

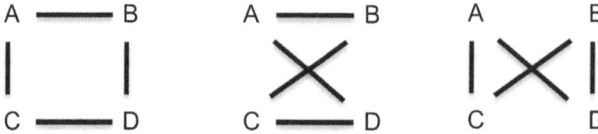

Abb. 5.12 Komplexität TSP, Rundreisen

eines Paketzustellers, der mit permanent sich ändernden Rahmenbedingungen wie Abwesenheit der Kunden, Stau oder Baustellen zu kämpfen hat. Eine Tourenplanung, selbst wenn sie sich in akzeptabler Zeit per Software generieren ließe, hat eine kurze Halbwertzeit. Anders sieht dies bei taktischer Tourenplanung aus, etwa bei einer Spedition, die mittelfristig die gleichen Kunden anfährt und es dort zu geringeren Änderungen kommt. In einem solchen Szenario erscheint die Durchführung einer zeitaufwendigen Lösungssuche für eine optimale Rundreise realistischer.

Im Folgenden werden drei Beispiele gezeigt, wie ein Tourenplanungsproblem heuristisch gelöst werden kann.

Heuristische Lösung Tourenplanung: Savingsverfahren

Die Firma Revista GbR betreibt einen Lieferservice, der Arztpraxen mit aktuellen Zeitschriften für die Patienten versorgt. Die Firma ist noch sehr neu am Markt und hat bislang 4 Kunden, die sie regelmäßig beliefert.

Der Standort der Revista GbR besteht aus einer großen Lagerhalle, in der die Zeitschriften gelagert sind und von wo aus die Verteilung vorgenommen wird.

Pro Belieferung können höchstens 12 Kartons Zeitschriften transportiert werden. Die maximale Fahrzeit pro Arbeitstag darf 8 h nicht überschreiten.

Die Arztpraxen haben folgenden Bedarf:

Praxis 1:   4 Kartons

Praxis 2:   3 Kartons

Praxis 3:   5 Kartons

Praxis 4:   2 Kartons

Bislang hat die Revista GbR Pendeltouren vorgenomen, wobei jede Arztpraxis mit den angeforderten Zeitschriften beliefert wurde und anschließend zum Lager zurückgefahren wurde, wo Material für die jeweils nächste Arztpraxis aufgenommen wurde.

Leider ist es der Revista GbR bislang nicht geglückt, einen Jahresüberschuss zu erwirtschaften und sie überlegt nun, ob es bei der Planung der Belieferungstouren noch Optimierungspotenzial gibt, um die Transportkosten der Firma zu senken.

Die Entfernung vom Lager („0") zu den einzelnen Praxen und die Entfernungen der Praxen untereinander ist in der folgenden Matrix in Stunden angegeben. Da die Entfernungen in beiden Richtungen gleich sind („symmetrische Matrix"), sind die Entfernungen nur in der oberen Hälfte der Matrix eingetragen (Tab. 5.8).

Zur Verbesserung der Transportsituation soll die Tourenplanung mit der sogenannten Savings-Heuristik vorgenommen wird. Ziel ist dabei, die zurückgelegte Strecke zwischen dem Lager und den Kunden zu reduzieren. Dabei werden jeweils Kundenpaare betrachtet und berechnet, wie groß die Ersparnis der zurückgelegten Wegstrecke ist, wenn die Kunden zusammen beliefert würden und nicht zwischenzeitlich zum Lager zurückgefahren würde (vgl. Abb. 5.13).

Tab. 5.8 Entfernungsmatrix
Tourenplanung
Savingsverfahren

j i	0	1	2	3	4
0	-	2	3	3	1
1		–	1	4	2
2			–	2	2
3				–	4
4					–

Abb. 5.13 Funktionsweise
Savings-Heuristik

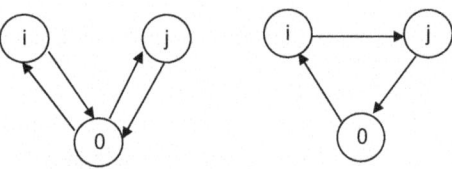

Um zu berechnen, welche Wegstrecke insgesamt bei der Belieferung der Arztpraxen zurückgelegt wird und ob diese Strecke geringer ist als die Summe der Wegstrecken bei den Pendeltouren, wird folgender Algorithmus verwendet:

Algorithmus Savings-Heuristik:

Schritt 1:
Bilde die Pendeltouren (0,i,0) für alle i.
   Berechne für alle i, für die gilt $i \neq j$ die Savings s_{ij} und notiere die positiven Werte für s_{ij} der Größe nach absteigend in einer Liste L.

Schritt 2:
Falls L = { }, terminiere.
   Andernfalls berechne mit dem ersten, also dem größten, Element s_{ij} der Liste L ob das Saving hinsichtlich Kapazitätsrestriktionen zulässig ist. Falls ja, dann verschmelze die beiden Touren mit der Verbindung (0,i,j,0).
   Weiter mit Schritt 2.
   Bezogen auf die Zahlen des Beispiels werden zunächst die Pendeltouren (Tab. 5.9) gebildet.

Schritt 1 Beispiel: Pendeltouren
Die Transportzeit addiert sich bei den Pendeltouren auf 18 h.

Tab. 5.9 Pendeltouren Tourenplanung

Tour	Dauer	Kapazität
(0,1,0)	4	4
(0,2,0)	6	3
(0,3,0)	6	5
(0,4,0)	2	2

Schritt 2 Beispiel: Berechnung der Savings und Bilden der verschmolzenen Touren

Die Einsparungen werden errechnet, indem die Pendeltouren mit den kombinierten Touren verglichen werden. Nimmt man beispielsweise die Praxen 1 und 2, so würde man bei den Pendeltouren die Strecken (0,1,0) und (0,2,0) zurücklegen, was zu einer Transportzeit von 10 h führt. Kombiniert man die Destinationen, fährt man die Tour (0,1,2,0), was zu einer Transportzeit von $2+1+3=6$ führt. Die Einsparung beträgt also 4 h. Für alle anderen Kombinationsmöglichkeiten erhält man analog die folgenden Werte (vgl. Tab. 5.10).

Durch die Symmetrie der Distanzen sind dies alle relevanten Kombinationsmöglichkeiten der Arztpraxen. In der letzten Spalte der Tabelle ist eine Rangfolge aufgeführt, die nach der Höhe der erzielbaren Einsparungen sortiert. Hierbei ist zu beachten, dass die Rangfolge bei gleichhohen Einsparungen per Zufallsauswahl getroffen wurde. So ist beispielsweise die Tour (0,1,2,0) mit der Rangfolge 1 versehen, es hätte jedoch auch die Tour (0,2,3,0) sein können, da sie zu einer gleich hohen Einsparung führt.

Die Liste der Einsparungen ist folglich nicht leer, sodass nun gemäß dem Algorithmus mit der Verschmelzung der Touren gemäß der Größe der Einsparungen begonnen wird. Dabei ist zu beachten, dass einmal verschmolzene Touren nicht wieder aufgelöst werden können. Im ersten Schritt werden beispielsweise die Touren (0,1,0) und (0,2,0) zu einer neuen Tour (0,1,2,0) verschmolzen. Gemäß der Reihenfolge soll im zweiten Schritt (0,2,0) und (0,3,0) verschmolzen werden. Da die Praxis 2 schon mit Praxis 1 verschmolzen ist, wird überprüft, ob Praxis 3 ebenfalls hinzugenommen werden kann. Die Ergebnisse sind Tab. 5.11 zu entnehmen.

Tab. 5.10 Savings Tourenplanung

Pendeltouren	Verschmolzene Tour	Savings	Rangfolge
(0,1,0), (0,2,0)	(0,1,2,0)	4	1
(0,1,0), (0,3,0)	(0,1,3,0)	1	4
(0,1,0), (0,4,0)	(0,1,4,0)	1	5
(0,2,0), (0,3,0)	(0,2,3,0)	4	2
(0,2,0), (0,4,0)	(0,2,4,0)	2	3
(0,3,0), (0,4,0)	(0,3,4,0)	0	

Tab. 5.11 Verschmelzung Tourenplanung

Praxen	Zu verschmelzende Touren	Neue Tour	Dauer (maximal 8 h)	Kartons (maximal 12 Kartons)	Realisierbar?
1,2	(0,1,0), (0,2,0)	(0,1,2,0)	6	7	+
2,3	(0,1,2,0), (0,3,0)	(0,1,2,3,0)	8	12	+
2,4	(0,1,2,3,0), (0,4,0)	(0,1,2,3,4,0)	10	14	–
1,3	Bereits vorhanden				
1,4	Bereits vorhanden				

Als Resultat ergibt sich, dass zwei Touren zur Belieferung der Arztpraxen gefahren werden: (0,1,2,3,0) und (0,4,0). Die Praxis 4 konnte nicht mit den anderen Praxen beliefert werden, da sowohl die Dauer als auch die Kapazität bei einer Verschmelzung der Touren überschritten worden wäre.

Insgesamt führt dies zu einer Transportzeit von $8 + 2 = 10$ h. Das Savings-Verfahren hat also im Vergleich zu den Pendeltouren zu Transportzeiteinsparungen in Höhe von 8 h geführt.

Es ist zu festzustellen, dass sowohl die Auswahl der Savingsreihenfolge als auch die Bestimmung der verschmolzenen Touren hinsichtlich der Reihenfolge der anzufahrenden Orte nicht eindeutig sind. Es gibt also möglicherweise unterschiedliche Lösungen durch den Algorithmus. ◄

Im Folgenden werden anhand eines Beispiels zwei weitere Heuristiken für die Tourenplanung aufgezeigt.

Heuristische Lösung Tourenplanung: Nearest-Neighbor und Minimum-Spanning-Tree

Die Firma Revista GbR betreibt einen Lieferservice, der Arztpraxen mit aktuellen Zeitschriften für die Patienten versorgt. Nach anfänglichen Schwierigkeiten hat sich das Unternehmen am Markt etabliert und bedient nun einen relativ großen Kundenkreis in 7 Städten, die in einem Radius von über 300 km liegen.

Aufgabe der Revista GbR ist es, Kartons der Zeitschriften an eine zentrale Anlaufstelle der jeweiligen Stadt zu liefern, von wo aus sich lokale Distributoren um die Zuteilung zu den einzelnen Arztpraxen kümmern. Um nicht unnötig lange Wege zu fahren, ist die Revista GbR bemüht, eine möglichst kurze Rundreise zwischen den zu beliefernden Städten herauszufinden.

Die Distanzen zwischen den Städten sind in der folgenden Tabelle eingetragen (Angabe in km). Da die Entfernungen zwischen den jeweiligen Städten in beiden Richtungen gleich sind („symmetrische Matrix"), sind die Kilometerentfernungen nur in der oberen Hälfte der Matrix (Tab. 5.12) eingetragen.

In einem betriebswirtschaftlichen Artikel hat der Geschäftsführer der Revista GbR gelesen, dass dieses Problem wissenschaftlich bekannt ist als sogenanntes Travelling Salesman Problem („Problem des Handlungsreisenden"). Er hat recherchiert, dass das

Tab. 5.12 Entfernungsmatrix Tourenplanung Nearest-Neighbor und Minimum-Spanning-Tree

	A	B	C	D	E	F	G
A	–	32	75	306	79	130	210
B		–	78	154	310	168	80
C			–	240	170	54	280
D				–	195	260	123
E					–	60	222
F						–	105
G							-

Finden der optimalen Lösung sehr aufwändig sei. Aus diesem Grund würde er sich mit einer akzeptablen Lösung begnügen, die man mit einer Heuristik ermitteln kann.

Er hat sich dazu zwei Verfahren näher angeschaut:

Nearest-Neighbor-Heuristik

Ausgehend von einer beliebigen Stadt soll der jeweils nächstgelegene Ort ausgewählt werden. Dieses Verfahren wird so lange fortgesetzt, bis alle Städte angefahren wurden und zum Ausgangsort zurückgekehrt wurde.

Beginnend vom Startpunkt Stadt A, wird die Rundreise folgendermaßen ermittelt:

Der nächste Nachbar von Stadt A ist Stadt B mit einer Entfernung von 32 km. Von B ist C innerhalb von 78 km zu erreichen. Verfolgt man analog für alle folgenden Städte erhält man folgende Tourreihenfolge:

A-B-C-F-E-D-G-A.

Die Gesamtlänge summiert sich über die Teilstrecken zu $32 + 78 + 54 + 60 + 195 + 1$ $23 + 210 = 752$ km.

Minimum-Spanning-Tree-Heuristik

Schritt 1:

Die Entfernungen zwischen den einzelnen Städten werden der Größe nach geordnet. Anschließend wird die kürzeste Strecke ausgewählt, um damit die Zeichnung des minimalen Spannbaums zu starten. Danach wird die nächst kürzere Strecke gewählt und dem Baum hinzugefügt, sofern dadurch kein Kreis entsteht.

Schritt 2:

Die Baumkanten (= Verbindungsstrecken zwischen den Städten) werden verdoppelt, sodass die Knoten in beide Richtungen verbunden sind. Es wird dann nach einer sogenannten „Euler-Tour" gesucht. Eine Euler-Tour ist eine Rundreise, bei der jede Kante genau einmal benutzt wird.

Schritt 3:

Falls ein Knoten der Euler-Tour durch die Verwendung der verdoppelten Baumkanten zwei Mal besucht wird, wird dies dadurch geändert, dass nun die direkte Verbindung zwischen beiden Städten genommen wird.

Bezogen auf das Beispiel werden nun die drei Schritte vorgenommen.

Schritt 1 Beispiel:

Die Distanzen werden in der Tab. 5.13 der Größe nach geordnet:

In der rechten Spalte der Tabelle ist zu sehen, ob die Strecken Aufnahme in den Spannbaum gefunden haben oder nicht. Die Zeichenmöglichkeiten des Spannbaums sind beliebig, es gibt also keine Vorschriften, wo und wie die Strecken des Baums angelegt werden sollen. Die vorgestellte Lösung ist damit ein Beispiel unter verschiedenen Lösungsmöglichkeiten.

Der Spannbaum wird gezeichnet (vgl. Abb. 5.14). Man beginnt mit Strecke A-B und arbeitet sich gemäß der Länge der Strecken durch. Strecken, die zu einer Kreisverbindung führen, werden nicht aufgenommen.

Tab. 5.13 Sortierung Entfernungen Minimum-Spanning-Tree

Strecke	Distanz in km	Aufnahme Spanning Tree
A-B	32	+
C-F	54	+
E–F	60	+
A-C	75	+
B-C	78	-
A-E	79	-
B-G	80	+
F-G	105	-
D-G	123	+
A-F	130	-
B-D	154	-
B-F	168	-
C-E	170	-
D-E	195	-
A-G	210	-
E–G	222	-
C-D	240	-
D-F	260	-
C-G	280	-
A-D	306	-
B-E	310	-

Abb. 5.14 MSP, Schritt 1

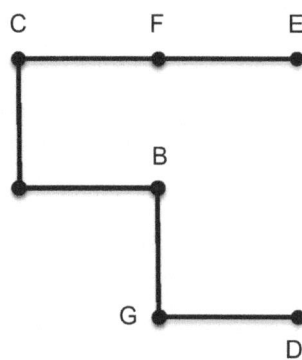

Schritt 2 Beispiel:

Die Strecken werden verdoppelt und eine Euler-Tour bestimmt (vgl. Abb. 5.15).
Eine Euler-Tour ist z. B. A-B-G-D-G-B-A-C-F-E–F-C-A.

Schritt 3 Beispiel:

Die doppelt angefahrenen Städte werden aus der Tour entfernt und es entstehen Direktverbindungen. Es ergibt sich daraus die Tour A-B-G-D-C-F-E-A. Das Ergebnis ist in Abb. 5.16 zu sehen.

Die Gesamtlänge dieser Tour beträgt $32 + 80 + 123 + 240 + 54 + 60 + 79 = 668$ km.

Vergleicht man die beiden Heuristiken, sieht man, dass für das gewählte Beispiel die Minimum-Spanning-Tree-Heuristik zu einer kürzen Tour und damit zu einem besseren Ergebnis führt. Die absolute Güte der Lösung lässt sich jedoch nicht bestimmen, da das Optimum nicht bekannt ist. Sollte das Optimum mit der Lösung des Minimum-Spanning-Tree getroffen sein, so wäre dies Zufall. ◄

Abb. 5.15 MSP, Schritt 2

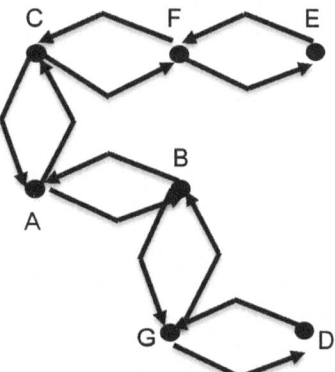

Abb. 5.16 MSP, Schritt 3

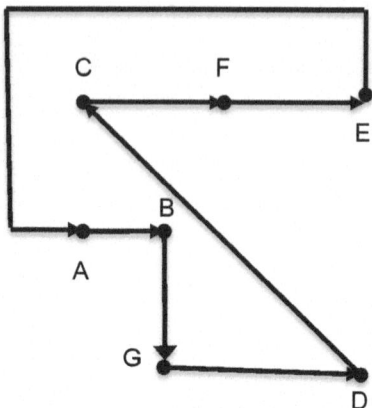

5.4   Transportleistungen verschiedener Verkehrsträger

In der Distribution kommen verschiedene Verkehrsträger zum Einsatz, die die Produkte zum Kunden transportieren. Gleiches gilt auch für die Beschaffung von Produkten oder den innerbetrieblichen Weitertransport. Das folgende Kapitel konzentriert sich lediglich auf den außerbetrieblichen Transport im Sinne der Distribution der Ware zum Absatzmarkt. Die Anwendung auf den Beschaffungsmarkt kann in aller Regel analog erfolgen. Innerbetriebliche Transportmittel wie Fördermittel, Hubsysteme oder ähnliches werden hier nicht betrachtet (vgl. dazu weiterführend z. B. Martin 2016, S. 99 ff.).

Bei der Betrachtung des Verkehrssektors ist zu beachten, dass der Staat eine wichtige Rolle bei der Verkehrsinfrastruktur spielt, da er diese erstellt und überwacht. Der Verkehr ist damit ein staatsnaher Sektor, der nicht den üblichen Wettbewerbsbedingungen unterliegt.

Zunächst wird der Begriff Güterkraftverkehr näher ausgeführt und es wird aufgezeigt, wie sich die Güterverkehrsarten in Deutschland momentan verteilen.

Unter Güterkraftverkehr versteht man die geschäftsmäßige oder entgeltliche Beförderung von Gütern mit Kraftfahrzeugen, die einschließlich Anhänger ein höheres zulässiges Gesamtgewicht als 3,5 t haben. Man unterscheidet zwischen dem gewerblichen Güterkraftverkehr und dem Werkverkehr (vgl. z. B. Brandenburg et al. 2020, S. 127 ff.). Einzelheiten, Mitführungs- und Aushändigungspflichten im gewerblichen Güterkraftverkehr und der Aufgaben und Befugnisse des Bundesamtes für Güterkraftverkehr regelt im nationalen Bereich das Güterkraftverkehrsgesetz. Eine maßgebliche Bestimmung im nationalen Bereich ist z. B. die Verordnung über den grenzüberschreitenden Güterkraftverkehr und Kabotageverkehr. Auf europäischer Ebene kommen weitere Verordnungen hinzu, die zur Festlegung gemeinsamer Regeln dienen (vgl. weiterführend BAG o.J.).

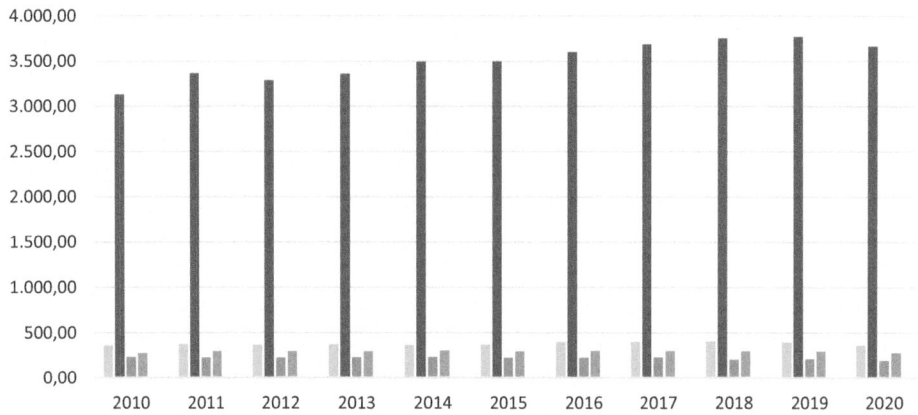

▪ Transportaufkommen je Verkehrsträger in Deutschland von 2010 bis 2020 (in Millionen Tonnen)
   Eisenbahnen[1]

▪ Transportaufkommen je Verkehrsträger in Deutschland von 2010 bis 2020 (in Millionen Tonnen)
   Straßengüterverkehr[2]

▪ Transportaufkommen je Verkehrsträger in Deutschland von 2010 bis 2020 (in Millionen Tonnen)
   Binnenschifffahrt

▪ Transportaufkommen je Verkehrsträger in Deutschland von 2010 bis 2020 (in Millionen Tonnen)
   Seeverkehr

▪ Transportaufkommen je Verkehrsträger in Deutschland von 2010 bis 2020 (in Millionen Tonnen)
   Luftverkehr

Abb. 5.17   Transportaufkommen je Verkehrsträger in Deutschland von 2010 bis 2020

Das statistische Bundesamt untersucht regelmäßig das Güteraufkommen je Verkehrsträger in Deutschland (Statistisches Bundesamt 2021a). In Abb. 5.17 ist das Güteraufkommen je Verkehrsträger in Deutschland in den Jahren 2010 bis 2020 in Millionen
Tonnen dargestellt. Dabei ist zu sehen, dass der Anteil der beförderten Güter im
Straßengüterverkehr ein Vielfaches der Anteile der anderen Verkehrsträger beträgt.

Die Aufteilung der Verkehrsträger erfolgt nach den in der Abb. 5.17 aufgeführten
Transportmethoden, wobei der Rohrleitungstransport, wie oben ausgeführt, außer Acht
gelassen wird, da er nur für spezielle Güter wie Gas oder Öl eingesetzt wird. Der Rohrleitungstransport wird jedoch im Zuge einer Transportalternative im letzten Unterkapitel
Abschn. 5.4.7 aufgezeigt.

Beim Vergleich der verschiedenen Verkehrsträger lässt sich generell immer in Kosten-
und Leistungskriterien unterscheiden (vgl. Schulte 2017, S. 298). Bei der folgenden
Betrachtung werden die Kosten außer Acht gelassen, da es nur um einen Vergleich der
Transportleistung geht. Die Leistungsfähigkeit kann nach verschiedenen Kriterien verglichen werden. Die wichtigsten davon betreffen folgende Punkte:

- Frachtkapazität: Aufnahmevolumen des Verkehrsträgers,
- Transportgeschwindigkeit: Transportzeit, Umladedauer etc.,
- Zuverlässigkeit: Berechenbarkeit des Verkehrsträgers hinsichtlich der Pünktlichkeit oder Qualität des Warentransports,
- Flexibilität: zeitliche oder räumliche Anpassungsmöglichkeiten bei geänderter Ausgangssituation,
- Warenhandling: Erfordernis von bestimmter Behandlung der Waren zum Schutz vor Beschädigung während des Transports,
- Netzbildungsfähigkeit: Möglichkeit der Durchführung flächendeckender Transporte,
- Regulierungen: gesetzliche Vorschriften oder anderweitige Restriktionen und Standards, die beim Transport einzuhalten sind,
- Umweltbeeinflussung: Energieeinsatz und Schadstoffemissionen, die der Verkehrsträger mit sich bringt,
- Unfallhäufigkeit: Anzahl der Unfälle des Verkehrsträgers und Schadensumfang

Diese Punkte werden im Folgenden bei den unterschiedlichen Verkehrsträgern dargelegt.

5.4.1 Straßengüterverkehr

Der Straßengüterverkehr ist wie in Abb. 5.17 zu sehen, der in Deutschland mit Abstand am meisten genutzte Verkehrsträger. Das Straßennetz in Deutschland teilt sich in primäre, sekundäre und tertiäre Verkehrswege. Primäre Wege sind Bundesfernstraßen. Bundes- und Landstraßen bilden die sekundären Verkehrswege. Die tertiären Verkehrswege umfassen Kreis- und Gemeindestraßen. Gemäß dem Bundesministerium für Verkehr und digitale Infrastruktur (BMVI) weist das gesamte Straßennetz in Deutschland Im Jahr 2021 eine Länge von ca. 830.000 km auf (BMVI 2021a). Davon sind knapp 230.000 km überörtlich, worin auch die ca. 13.000 km Bundesautobahn inkludiert sind.

Die Ware wird per LKW transportiert. Hier werden verschieden Typen unterschieden (vgl. z. B. Lasch 2016, S. 264) wie der Kleinlaster, Zugfahrzeuge mit Anhängern, Sattelzugmaschinen mit Aufliegern, Silofahrzeuge, Tanklastzüge oder Spezialfahrzeuge.

LKW, die zum öffentlichen Verkehr zugelassen werden, unterliegen hinsichtlich ihrer Abmessungen, Achslasten und Gesamtgewichten den Vorschriften der Straßenverkehrsordnung. Höchstzulässige Abmessungen und Gewichte sind in den §§ 32 ff. StVZO festgelegt:

Breite: allgemein bis 2,55 m. Kühlfahrzeuge bis 2,60 m,
Höhe: bis 4,00 m,
Länge: allgemein bis 18,75 m. Sattelfahrzeuge 15,50–16,50 m, Einzelfahrzeuge bis 12 m,

Achslast: Einzelachslast 10t, erhöht sich je nach Achszahl,
                         Achsabstand, Bremsen und anderen Größen,

Höchstzulässiges   bis maximal 40t. Im kombinierten Verkehr beim Vor- und
Gesamtgewicht: Nachlauf oder bei mehr als 4 Achsen 44t

Eine Ausnahme bei diesen Abmessungen bildet der Lang-LKW, ein Fahrzeug mit Überlänge.

Einsatz von Lang-LKW im deutschen Straßengüterverkehr

Der Lang-LKW (oder auch als Gigaliner bezeichnet) ist ein Fahrzeug mit Überlänge, dessen Abmessungen und Einsatzbereiche in der Verordnung über Ausnahmen von straßenverkehrsrechtlichen Vorschriften für Fahrzeuge und Fahrzeugkombinationen mit Überlänge (LKWÜberlStVAusnV) geregelt ist. Dort ist zu lesen (§ 3), dass die nachfolgenden Fahrzeuge und Fahrzeugkombinationen mit Überlänge am Straßenverkehr teilnehmen dürfen:

1. Sattelzugmaschine mit Sattelanhänger (Sattelkraftfahrzeug),
2. Sattelkraftfahrzeug mit Zentralachsanhänger,
3. Lastkraftwagen mit Untersetzachse und Sattelanhänger,
4. Sattelkraftfahrzeug mit einem weiteren Sattelanhänger,
5. Lastkraftwagen mit einem Anhänger.

Mit Lang-LKW werden dabei die Nummer 2, 3 und 4 bezeichnet, für die gemäß § 4 gilt, dass die höchstzulässige Gesamtlänge abweichend von § 32 Absatz 4 Nr. 3 der Straßenverkehrszulassungso rdnung und abweichend von § 22 Absatz 4 Satz 2 der Straßenverkehrsordnung die höchstzulässige Gesamtlänge bis zu einer Gesamtlänge von 25,25 m überschreiten darf.

Bei Fahrzeugkombinationen mit Überlänge Nummer 5 dürfen abweichend von § 32 Absatz 4 Nr. 3 der Straßenverkehrs-Zulassungs-Ordnung und abweichend von § 22 Absatz 4 Satz 2 der Straßenverkehrs-Ordnung die höchstzulässige Gesamtlänge bis zu einer Gesamtlänge von 24,00 m überschreiten.

In Deutschland lief von 2012 bis 2016 ein Feldversuch, in dem die Einsatzmöglichkeiten, Chancen und Risiken von Lang-LKW getestet wurden. Zum Ende des Feldversuches nahmen 13 Bundesländer, 60 Unternehmen und 161 Lang-LKW teil. Der Feldversuch wurde von der Bundesanstalt für Straßenwesen (BASt) begleitet. Dazu gab es ein sogenanntes Positivnetz, in dem die für die Lang-LKW zugelassenen Strecken notiert wurden. Unterdessen hat die BASt ein positives Resultat aus dem Feldversuch gezogen und es gibt ein Positivnetz, in dem die Lang-LKW im streckenbezogenen Dauerbetrieb fahren dürfen. Aktuell ist das Positivnetz in der zehnten Änderungsverordnung verfügbar (vgl. BMVI 2021b).

In seinem Abschlussbericht vergleicht das BASt Erfahrungen, die in anderen Ländern wie Belgien, den skandinavischen Ländern oder den Niederlanden gemacht wurden. Es werden technische Aspekte wie Blinksysteme, Kamerasysteme oder Abbiegeassistenten betrachtet und Umweltsituationen wie Bremswege und Sogwirkungen analysiert. Ferner wird die Straßenbeanspruchung untersucht und psychologische Aspekte sowie Unfallsituationen beleuchtet (vgl. BASt 2016).

Das BASt kommt in seinem Abschlussbericht zu folgenden zentralen Ergebnissen:

- Zwei Lang-LKW ersetzen drei herkömmliche LKW,
- die Effizienzgewinne und Kraftstoffersparnisse betragen zwischen 15 und 20 %,
- es resultiert kein erhöhter Erhaltungsaufwand für die Infrastruktur durch die Nutzung durch Lang-LKW und
- es gibt keine großen Verlagerungseffekte von der Schiene auf die Straße.

Das höchstzulässige Gesamtgewicht bleibt im Vergleich zu herkömmlichen LKW unverändert bei 40 bzw. 44t.

Der Feldversuch zum Lang-LKW und die aktuelle Nutzung ist nicht unumstritten, da die von der BASt veröffentlichen Ergebnisse kritisiert werden. So wird beispielsweise über die Unfallhäufigkeit und die Unfallauswirkungen diskutiert. Ferner wird oft bezweifelt, ob die Straßeninfrastruktur, insbesondere die Parkplätze an Autobahnen oder kleinere Straßen problemlos von Lang-LKW genutzt werden können.

Die Allianz pro Schiene hatte 2018 gegen die Einführung des Regelbetriebs von Gigalinern geklagt. Wesentliche Punkte waren dabei, dass Lang-LKW ein Sicherheitsrisiko im Verkehr darstellen. Dies betrifft beispielsweise Überholprozesse, die Tunnelnutzung oder die Nutzung von Kreuzungen oder Einmündungen. Des Weiteren zweifelt die Allianz pro Schiene an der Umweltverträglichkeit von Lang-LKW, da sie eine Verkehrsverlagerung von der Schiene auf die Straße befürchten. Die Klage wurde abgewiesen (Verwaltungsgericht Berlin 2018).

Die Allianz pro Schiene erwägt nach eigenem Bekunden eine erneute Klage, falls die bislang aktuelle Gewichtsbeschränkung aufgehoben wird und auf 60t angehoben werden sollte (Allianz pro Schiene 2018).

Der Bund für Umwelt- und Naturschutz BUND hält die Nutzung von Lang-LKW für kontraproduktiv und zweifelt beispielsweise die These der BASt an, dass zwei Lang-LKW drei herkömmliche LKW ersetzen können (BUND 2016).

Die Leistungsfähigkeit des Straßengüterverkehrs wird anhand der obigen Kriterien beschrieben:

Frachtkapazität:

Die Frachtkapazität des LKW bemisst sich anhand dessen Abmessungen und damit den zur Verfügung stehenden Lademetern. Im Vergleich zu anderen Verkehrsträgen ist sie relativ gering. Dies kann je nach Nachfrage auch ein Vorteil sein, wenn der Auftraggeber nur eine kleine Menge transportieren will. Die Kapazität des LKW kann außerdem durch Spezialaufbauten, Anhänger etc. angepasst werden.

Transportgeschwindigkeit:

Die Transportgeschwindigkeit des LKW ist einerseits durch die Geschwindigkeit des Verkehrsträgers an sich und andererseits der Dauer der Abfertigung charakterisiert. So liegt die Geschwindigkeitsbegrenzung auf Autobahnen je nach Gesamtmasse bei 100, 80 oder 60 km/h. Hinzu kommt die Zeit für die Abfertigung. Im Gegensatz zu anderen Verkehrsträgern muss beim LKW nicht zwangsläufig umgeladen werden, da der LKW in aller Regel der einzige Verkehrsträger ist, der eine Haus-zu-Haus-Belieferung ermöglichen kann.

Zuverlässigkeit:

Der LKW hat im Gegensatz zu anderen Verkehrsträgern keinen Fahrplan, an den er sich halten muss. Dies bedeutet aber auch, dass die Planbarkeit der Ankunft nicht gegeben sein muss. Der LKW ist zudem oft mit Verkehrssituationen wie Stau, erschwerten Witterungsbedingungen oder Straßensperrungen konfrontiert, die die Planbarkeit und Zuverlässigkeit reduzieren.

Flexibilität:
Der LKW ist wie oben bereits beschrieben, sowohl in seiner Ausgestaltung als auch seiner Fahrtzeit flexibel. Hinzu kommt, dass ein LKW durch das dichte Straßennetz bei Unfällen Ausweichmöglichkeiten hat. Er weist im Vergleich zu anderen Verkehrsträgern eine hohe Flexibilität auf.

Warenhandling:
Das Warenhandling ist beim LKW vergleichsweise unkompliziert. Mit Ausnahme von einigen Gefahrgütern, die besonders behandelt und gekennzeichnet werden müssen (vgl. weiterführend z. B. Kreth et al. 2014) kann jegliches Gut, insbesondere Stückgut transportiert werden. In aller Regel wird Stückgut palettiert und geladen. Die Ware muss neben der gängigen Verpackung in keiner besonderen Weise vor dem Transport geschützt werden.

Netzbildungsfähigkeit:
Das Straßennetz in Deutschland ist wie oben beschrieben dicht. Der LKW kann damit nahezu jeden Punkt in Deutschland ansteuern. Die Netzbildungsfähigkeit ist damit im Vergleich zu anderen Verkehrsträgern sehr hoch.

Regulierungen:
Der LKW-Verkehr unterliegt rechtlichen Grundlagen. Eine wichtige Regulierung betrifft die Arbeits-, Lenk- und Ruhezeiten. Das Arbeitszeitgesetz in Deutschland schreibt grundsätzlich eine werktägliche Arbeitszeit von maximal neun Stunden vor und regelt zusätzlich flexible Rahmenbedingungen zur Anwendung der Arbeitszeit. Für LKW-Fahrer ist beispielsweise zum eigenen Schutz und zum Schutz anderer Verkehrsteilnehmer vorgesehen, dass nach 4,5 h Lenkzeit eine Lenkzeitunterbrechung von mindestens 45 min zu erfolgen hat, die ggf. auch aufgeteilt werden können (vgl. z. B. Brandenburg et al. 2020, S. 140 f.). Ebenso gibt es Vorschriften über die Tagesruhezeit und die wöchentliche Ruhezeit.

Die Lenk- und Ruhezeiten beeinflussen die Laufzeit von LKW-Transporten sowie den Personaleinsatz in großem Umfang.

Umweltbeeinflussung:
Die Umweltbeeinflussung wird häufig in Emissionen gemessen. Dazu gehören Treibhausgase, Kohlenmonoxid, flüchtige Kohlenwasserstoffe, Stickoxide sowie Feinstaub. Den größten Anteil der Emissionen machen die Treibhausgase aus, die in aller Regel in CO_2 und CO_2-Äquivalent gemessen werden. Gemäß dem Umweltbundesamt (Umweltbundesamt 2021a) sieht der Vergleich der durchschnittlichen Emissionen einzelner Verkehrsmittel im Güterverkehr in Deutschland für das Bezugsjahr 2018 folgendermaßen aus, wobei hier nur die Treibhausgase CO_2 und CO_2-Äquivalente auszugsweise verglichen werden (Tab. 5.14):

Tab. 5.14 Durchschnittliche Emissionen einzelner Verkehrsmittel im Güterverkehr in Deutschland 2018

		LKW	Bahn	Binnenschiff
Treibhausgase	g/tkm	112	18	31

Der LKW hat, gemessen in Gramm pro Tonnenkilometer, im innerdeutschen Vergleich den größten CO_2-Ausstoß im Vergleich zur Bahn und zum Binnenschiff.

Im Zuge der Klimapolitik der Bundesregierung und nach Maßgabe des Pariser Abkommens sollen die CO_2-Emissionen reduziert werden, um bis 2100 die Erderwärmung im Vergleich zum vorindustriellen Niveau auf 2, idealerweise auf 1,5 Grad Celsius zu begrenzen (vgl. weiterführend BMWI 2022).

Bis 2030 wird folgende Entwicklung der Co_2-Emissionen einzelner Verkehrsträger in Deutschland prognostiziert (BVU et al. 2014) (Abb. 5.18):

Im Straßenverkehr wird versucht, die Emissionen durch alternative Antriebsarten, verbrauchsärmere Fahrzeuge, z. B. durch den Einsatz von Aerodynamik oder durch Fahrerschulungen zu reduzieren.

Unfallhäufigkeit:

Im Jahr 2019 waren laut Statistischen Bundesamt ca. 27.103 LKW an Unfällen mit Personenschaden beteiligt (Statistisches Bundesamt 2021b). Im Vergleich zu anderen Verkehrsträgern weist der LKW sowohl eine höhere Unfallhäufigkeit als auch eine höhere Anzahl an Unfallbeteiligten, sowohl Verletzte als auch Tote, auf.

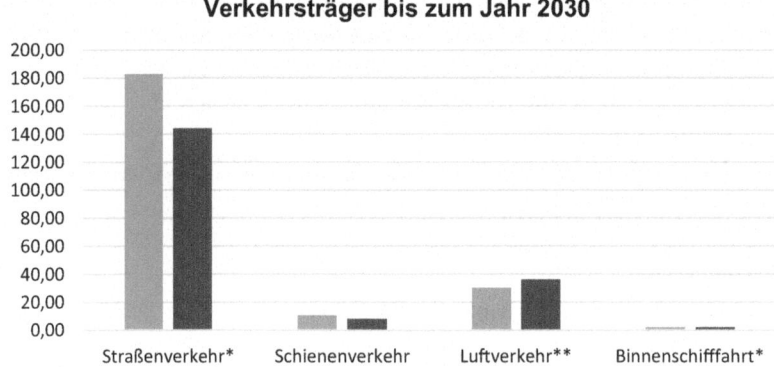

Prognose der CO2-Emissionen einzelner Verkehrsträger bis zum Jahr 2030

■ Entwicklung der CO2-Emissionen einzelner Verkehrsträger in Deutschland von 2010 bis zum Jahr 2030 (in Millionen Tonnen) 2010

■ Entwicklung der CO2-Emissionen einzelner Verkehrsträger in Deutschland von 2010 bis zum Jahr 2030 (in Millionen Tonnen) 2030

Abb. 5.18 Prognose der CO2-Emissionen einzelner Verkehrsträger bis zum Jahr 2030

5.4.2 Bahnverkehr

Der Bahnverkehr für den Gütertransport war vor den 1990er Jahren staatlich verantwortet. Seit den 1990er Jahren ist die Deutsche Bundesbahn privatisiert worden. Das größte Güterverkehrsunternehmen in Deutschland ist die DB Cargo AG, eine Tochtergesellschaft der Deutschen Bahn AG. Per Bahn werden vor allem Massengüter wie Baustoffe, Agrar- und Düngemittel, Fahrzeuge, Kohle, Stahl oder Mineralöl transportiert.

Der Stückgutversand wird seit 1998 nicht mehr von der Bahn angeboten. Es gibt keine Güterbahnhöfe oder Stückgutannahmestellen mehr.

Die Bahn beliefert nun entweder im Einzelwagen- oder im Ganzzugverkehr. Ebenso ist eine Belieferung im Kombinierten Verkehr üblich (vgl. Abschn. 5.4.6). Der Ganzzugverkehr wird häufig als Pendelzug eingesetzt, z. B. für den Verkehr zwischen Güterverkehrszentren und Exporthäfen zur Hinterlandanbindung.

Frachtkapazität:
Die Bahn kann im Vergleich zum LKW ein Vielfaches an Gütern transportieren. Die Länge von Güterzügen in Deutschland ist in der Regel auf 740 m, auf bestimmter Strecke auf 835 m, begrenzt. Ein 740 m langer Güterzug ersetzt durchschnittlich 52 LKW (vgl. Allianz pro Schiene 2016). Die Länge von Güterzügen könnte ggf. erhöht werden, wenn das Schienennetz modernisiert wird.

Transportgeschwindigkeit:
Die durchschnittliche Geschwindigkeit von Zügen ist abhängig von der Bremsstellung und der Gesamtlast (vgl. Deutsche Bahn AG 2010). Im Durchschnitt beträgt sie 90-120 km/h. Anders als beim LKW ist eine Haus-zu-Haus-Belieferung nicht der Regelfall, sodass zusätzlich Zeit fürs Umladen kalkuliert werden muss.

Zuverlässigkeit:
Der Schienenverkehr ist im Vergleich zum Straßenverkehr zuverlässiger, da es weniger Unfälle und Streckenausfälle gibt. Die Planbarkeit der Ankunft ist im Falle eines eingehaltenen Fahrplans hoch.

Flexibilität:
Der Schienenverkehr ist in aller Regel fahrplangebunden und weist damit keine zeitliche Flexibilität auf. In Bezug auf die zu nutzenden Strecken bestehen ebenso weniger Ausweichmöglichkeiten als im Straßenverkehr, da es zum einen nicht so viele Strecken gibt und zum anderen die vorhandenen Strecken oft schon ausgelastet sind.

Beim Aus- oder Umbau von Strecken können keine kurzfristigen Entscheidungen getroffen und umgesetzt werden, da die Investitions- und Modernisierungszeiten des Streckennetzes im Vergleich zu anderen Verkehrsträgern lang sind.

Warenhandling:
Das Warenhandling ist ähnlich zu beurteilen wie beim LKW, da die Waren keinen besonderen Beanspruchungen durch den Transport ausgesetzt sind. Die Ware muss nicht gesondert geschützt werden.

Netzbildungsfähigkeit:
Das Schienennetz in Deutschland erstreckt sich über eine Länge von mehr als 33.000 km (Deutsche Bahn AG 2022). Die Netzbildungsfähigkeit im Schienenverkehr ist vorhanden, jedoch nicht so groß wie im Straßenverkehr, bei dem neben den Autobahnen und Fernstraßen auch auf kleinere Straßen ausgewichen werden kann. Ferner kann nur jeder Punkt angesteuert werden, der über einen Gleisanschluss verfügt.

Regulierungen:
Der Bahnverkehr unterliegt vielen nationalen Regulierungen. Dies wird insbesondere in Europa deutlich, da es zwar grenzüberschreitenden Bahnverkehr gibt, dieser aber im Vergleich zu anderen Verkehrsträgern weniger genutzt wird. Jede nationale Bahngesellschaft hat ihr eigenes Preissystem und verwendet andere Techniken wie Stromsysteme, Zugsicherungssysteme oder Betriebsleitsysteme (vgl. z. B. Vahrenkamp und Kotzab 2012, S. 317 f., Schulte 2017, S. 339 und Voll et al. 2013, S. 162.). Eine weitere Einschränkung liegt in der Voraussetzung, dass der Lokführer bei Überschreiten der Grenze der jeweiligen Landessprache mächtig sein muss. Dies, sowie auch unterschiedliche nationale Vorschriften für zulässige Achslasten, sorgen dafür, dass der Bahnverkehr sehr stark national reguliert ist.

Umweltbeeinflussung:
Wie bereits in Tab. 5.14 und Abb. 5.18 im Abschnitt zum Straßengüterverkehr zu sehen, verursacht die Bahn vergleichsweise wenig Emissionen pro tkm.

Unfallhäufigkeit:
Im Jahr 2020 kamen 137 Personen bei Unfällen mit der Bahn ums Leben (vgl. Eurostat 2022). Hier wird nicht unterschieden, ob die Unfälle mit Beteiligung von Zügen des Personen- oder des Güterverkehrs geschahen. Darüber hinaus ist gemäß des Statistischen Bundesamtes ein Großteil der Unfälle durch unautorisierte Personen verursacht worden, die den Bahnübergang passierten. Hiervon vermutlich ein Teil in suizidärer Absicht.
    Die Bahn gilt folglich als vergleichsweise sicherer Verkehrsträger.

5.4.3 Binnenschifffahrt

Frachtkapazität:
Das Binnenschiff kann im Vergleich zum LKW ein Vielfaches an Gütern transportieren. So wirbt etwa der Bundesverband der Deutschen Binnenschifffahrt (BDB)

damit, dass ein modernes Binnenschiff mit einer Länge von 110 m und einer Breite von 11,45 m 150 LKW ersetzen kann (BDB 2020). Im Jahr 2021 betrug die Transportleistung des Binnenschiffes 48,2 Mrd. Tonnenkilometer. Die Leistung ist in den letzten Jahren gesunken, im Jahr 2013 lag sie bei 60,1 Mrd. Tonnenkilometern (Statistisches Bundesamt 2022a).

Die Frachtkapazität der Binnenschiffe hängt von deren Größe und deren Zusammenstellung ab, da Binnenschiffe in Schubverbänden transportieren können. Bei diesen Schubverbänden schiebt ein Schubschiff einen oder mehrere Leichter, also Schiffe ohne eigenen Antrieb. Die Schiffsgrößen werden nach den Binnenwasserstraßen klassifiziert, wobei Schubverbände nur in den größeren Wasserstraßen, die auch von internationaler Bedeutung sind, fahren können (vgl. dazu weiterführend die Klassifizierung der Bundeswasserstraßen und der jeweils geeigneten Schubverbände bei der Wasserstraßen- und Schifffahrtsverwaltung des Bundes (WSV) 2021).

Die Fracht der Binnenschiffe besteht zu einem Großteil aus trockenen Massengütern wie Erden, Eisen, Erzen, Steinen, Kokerei- und Mineralölerzeugnissen sowie Kohle. Der zweitgrößte Anteil an transportierten Gütern entfällt auf flüssige Massengüter, gefolgt vom Containertransport. Im Jahr 2019 wurden 2,4 Mio. TEU (= twenty foot equivalent units, Abschn. 5.4.4 zur Seeschifffahrt) transportiert (vgl. Statistisches Bundesamt 2022b).

Transportgeschwindigkeit:
Die Transportgeschwindigkeit ist im Vergleich zu anderen Verkehrsträgern wie der Bahn oder dem LKW gering. Die Geschwindigkeit hängt vom Schiffstyp, der Beladung sowie den Wasserständen und der Fließgeschwindigkeit des Wassers ab. Ferner ist zu beachten, ob das Schiff mit oder entgegengesetzt der Fließströmung fährt. Zu Tal, also flussabwärts, können je nach Beladung und Schiffstyp ungefähr 20 km/h erreicht werden. Flussaufwärts, also zu Berg, sind es etwa 10 km/h (DVZ 2018).

Zuverlässigkeit:
Die Binnenschifffahrt ist zuverlässig, solange die Wasserstände den planmäßigen Verkehr zulassen. Weder bei Hoch- noch bei Niedrigwasser ist der Verkehr möglich. Im trockenen Sommer 2018 sind die Beförderungsmengen der Binnenschifffahrt im Vergleich zu den Vorjahren eingebrochen (Statistisches Bundesamt 2022b).

Flexibilität:
Binnenschiffe sind auf die Nutzung der schiffbaren Wasserstraßen festgelegt. Ausweichmöglichkeiten oder Umfahrungen der Strecken wie beim LKW sind nicht möglich.

Warenhandling:
Das Binnenschiff eignet sich aufgrund der großen Ladeflächen vornehmlich für den Transport von Massengütern, die günstig ihr Ziel erreichen sollen, jedoch nicht zeitkritisch sind. Schüttgüter sind in der Regel unempfindlich und können problemlos mit

dem Binnenschiff transportiert werden. Stückgüter können per Container verladen und transportiert werden.

Netzbildungsfähigkeit:
Durch die Beschränkung auf die Wasserstraßen und die fehlende Ausbaumöglichkeit, ist die Netzbildungsfähigkeit des Binnenschiffes im Vergleich zu allen anderen Verkehrsträgern gering. Das Netz der Bundeswasserstraßen umfasst ca. 7.300 km (WSV 2021).

Umweltbeeinflussung und Regulierungen:
Wie oben (Abschn. 5.4) bereits gesehen, ist die Verursachung von Treibhausgasen durch Binnenschiffe im Vergleich zu anderen Verkehrsträgern gering. Dies liegt an der hohen Zuladekapazität sowie an der vergleichsweise energiesparenden Fortbewegung im Wasser. Zugleich ist zu beachten, dass bei Binnenschiffen der Ausstoß von Luftschadstoffen wie Feinstaub, Stickoxide und Kohlenmonoxid im Vergleich zu anderen Verkehrsträgern hoch ist. Aus diesem Grund gilt für neue Binnenschiffe eine Abgasgesetzgebung (EU-Verordnung 2016/1628). Da die Binnenschiffsflotte aufgrund langer Nutzungsdauern der Binnenschiffe jedoch nur langsam erneuert wird, greift die Verordnung nur zeitverzögert (vgl. Umweltbundesamt 2020).

Unfallhäufigkeit:
Die Anzahl der Unfälle in der Binnenschifffahrt ist bis 2013 rückläufig (Statista Research Department 2014). Im Jahr 2013 ereigneten sich 653 Unfälle. Die Anzahl der Personenschäden ist dabei nicht aufgeführt und es wird vermutet, dass sie gering ist. Ein Großteil der Unfälle wird durch Kollisionen verursacht, die jedoch aufgrund verbesserter Technik in den Binnenschiffen zurückgehen.

5.4.4 Seeschifffahrt

Frachtkapazität:
Die Frachtkapazität der Seeschiffe hängt vom Schiffstyp ab. Das am häufigsten eingesetzte Schiff, auf welches sich in den folgenden Ausführungen beschränkt wird, ist das Containerschiff (vgl. weiterführend zu Schiffsarten z. B. Berufsbildungsstelle Seeschifffahrt o.J.). Die Frachtkapazität von Containerschiffen wird in TEU = twenty foot equivalent units, also der Anzahl von 20 Fuß-Containern, gemessen.

ISO-Container
ISO-Container sind genormte Container, die vorwiegend aus Stahl gebaut sind. Ihre Außenabmessungen, Gesamtgewichte, Mindestinnenmaße und Türöffnungsmaße sind in der DIN ISO 668 (1999) festgelegt.

Das Außenmaß der Container wird nicht im metrischen, sondern im englischen System angegeben. Die am häufigsten verwendeten Container sind der 20-Fuß-, der 40-Fuß-, sowie der 45 Fuß-High-Cube-Container.

Der 20-Fuß-Container hat eine Länge von ungefähr 20 Fuß, was im metrischen System etwas über 6 m (6,058 m) entspricht. Die Breite beträgt 2,438 m und die Höhe 2,591 m. Der 40-Fuß-Container ist entsprechend doppelt so lang wie der 20-Fuß-Container. Der 45-Fuß-High-Cube ist 13,716 m lang und 2,896 m hoch. In der Breite entspricht er dem 20-Fuß-Container.

Der Vorteil von Containern liegt in der problemlosen Umladung, da der Container auf mehreren Verkehrsträgern transportiert werden kann, ohne dass die einzelnen Ladungsstücke umgeladen werden müssen. Die Containerecken (= corner casting) sind standardisiert und erlauben das schnelle Hochnehmen und Verladen der Container durch Containerbrücken oder Reachstacker. Die Container benötigen durch ihre Stabilität keine zusätzliche Verstärkung beim Umladen. Ein Stapeln der Container zur Lagerung oder beim Transport wird ebenfalls durch die Bauweise ermöglichst. Gemäß DIN ISO 668 beträgt die Mindeststapellast eines Containers 6 Stapelungen.

Die Frachtkapazität von Containerschiffen hat sich in den letzten Jahren stetig erhöht. Die Frachtkapazität wird entweder in Tragfähigkeit in Tonnen (dwt = dead weight tonnage) oder in TEU gemessen. Betrachtet man die Tragfähigkeit in Tonnen, so ist die Frachtkapazität von 11 Mio. dwt im Jahr 1980 auf 282 Mio. dwt in 2021 gestiegen (UNCTAD 2021).

Die Größe von Containerschiffen wird häufig in Generationen eingeteilt, wobei die erste Generation von Containerschiffen ab 1968 eine Länge von 180 m, eine Breite von 25 m und einen Tiefgang von 9 m hatten. Das Fassungsvermögen betrug ungefähr 500 TEU.

Ab der dritten Generation erreichten die Schiffe mit einer Breite von 32, 3 m die maximale Breite des alten Panamakanals, was lange Zeit als Obergrenze für die Schiffsgröße galt. Mit größeren Schiffen wurde später auch die maximale Länge der Panamakanalschleusen von 294 m erreicht. Diese Schiffe werden auch als Panamax-Standard bezeichnet. Als Post-Panamax bezeichnet man die Schiffe, die mit einer Breite von mehr als 32,3 m den Panamakanal nicht mehr durchqueren konnten. Seit 2016 ist der Panamakanal auf eine Breite von 55 m vergrößert worden.

Das Größenwachstum der Containerschiffe scheint bislang unbegrenzt. So haben zwar in den letzten Jahren die Abmessungen nur noch geringfügig zugenommen, die Frachkapazität gemessen in TEU steigt. Im Sommer 2022 fasst das größte Container-schiff, die Ever Ace der Reederei Evergreen Marine, 23.992 TEU (Hafen Hamburg 2021).

Größenwachstum der Containerschiffe: Ursachen und Auswirkungen

Das Größenwachstum der Containerschiffe basiert im Wesentlichen auf ökonomischen Strategien, die insbesondere die Ecommies of Scale (vgl. Stigler 1958) umfassen. Bei den Economies of Scale oder zu Deutsch auch Skaleneffekten wird eine Fixkostendegression erreicht, indem die Produktionsmenge bei konstanten Fixkosten erhöht wird. Die Fixkosten pro produzierter Einheit nehmen folglich ab. Bezogen auf das Containerschiff bedeutet es, dass die Kosten pro Container mit zunehmender Frachtkapazität der Schiffe abnehmen, da sich die Fixkosten auf mehr Einheiten, also Containerstellplätze, verteilen.

Die wesentlichen Kostenfaktoren (Schönknecht 2009, S. 29 ff.) sind dabei:

- *Kapitalkosten:* die Antriebsleistung sowie die Oberfläche – und damit der Materialbedarf für die Außenwände – des Schiffes steigen unterproportional zur Schiffsgröße
- *Operative Kosten:* zu den operativen Kosten gehören bspw. Wartungs-, Besatzungs-, Proviant-, Verwaltungs- und Versicherungskosten. Da die Besatzung des Schiffes nahezu unabhängig von der Schiffsgröße ist, werden die Besatzungs- und Proviantkosten von den Economies of Scale beeinflusst. Gleiches gilt für die Wartung sowie die Versicherung des Schiffes.
- *Bunkerkosten:* Die Bunkerkosten bezeichnen den Verbrauch an Schwer- und Schmierölen sowie anderen Brennstoffen. Die benötigte Antriebsleistung steigt unterproportional zur Schiffsgröße, sodass auch hier Skaleneffekte zum Tragen kommen. Allerdings unterstellt man damit, dass ein größeres Schiff die gleiche Anzahl von Maschinen hat und in der gleichen Geschwindigkeit fährt. Geht man davon aus, dass ein größeres Schiff schneller fährt und dementsprechend mehr Antriebsleistung benötigt, nehmen die Skaleneffekte ab (vgl. weiterführend z. B. Poehls 2002).
- *Frachtakquirierung:* Gibt die Reederei die durch die Skaleneffekte erzielten Kosteneinsparungen an den Kunden in Form von niedrigeren Frachtraten weiter, so wird die Nachfrage nach Containern steigen.

Zu dem Aspekt der Economies of Scale kommen weitere Entwicklungen der Seeschiffahrtsbranche, die von der Weltwirtschaftskrise in 2007/2008 stark betroffen war. Die Krise hat sich unmittelbar durch sinkende Güterverkehrsmengen bemerkbar gemacht. Wurden in den deutschen Seehäfen über 120 Mio. t im Containerverkehr transportiert, so waren es in 2009 nur noch knapp 97 Mio. t. Die Zahlen steigen in 2011 wieder auf ein Vorkrisenniveau (Statistisches Bundesamt 2021c, S. 47).

Allerdings macht sich in der Seeschifffahrt zusätzlich noch eine mittelbare Konsequenz der Weltwirtschaftskrise bemerkbar, die in den langen Planungs- und Investitionszyklen der Schiffneubauten begründet ist. Die Seeschifffahrt erlebte vor der Krise einen Boom, bei dem die Nachfrage nach Containern aus Asien beispielsweise größer als das Angebot war. Die Reedereien bestellten daraufhin eine Vielzahl an immer größeren Containerschiffen, die jedoch erst aufgrund der Bauzeit nach der Krise fertig wurden und dazu führen, dass das Containerangebot größer als die Containernachfrage ist.

Die Reedereien stellen sich den geänderten Marktforderungen, indem sie Allianzen bilden. Durch die Allianzen sollen Kosten gesenkt, die geographische Reichweite und die Verfügbarkeit von Zeitslots in den Häfen erhöht sowie die Schiffskapazitäten ausgelastet werden (vgl. weiterführend z. B. FIS 2019a). Die derzeit größten drei Allianzen aus Reedereien bestreiten den kompletten Fernost-Containerverkehr, im Transpazifik entfallen 12 % auf sonstige Reedereien, im Atlantik sind es 6 % (Statistisches Bundesamt 2021c, S. 15). Die drei Allianzen setzen sich folgendermaßen zusammen:

2M:	Maersk, MSC
Ocean Alliance:	CMA CGN, Cosco, Evergreen Line, OOCL
The Alliance:	Hapag Lloyd, ONE, Yang Ming

Das Größenwachstum der Schiffe wird nicht durchweg positiv beurteilt. Die großen Containerschiffe können vollbeladen nicht alle Häfen aufgrund deren Infrastruktur anlaufen. Manche Häfen versuchen sich dem Größenwachstum im Rahmen ihrer Möglichkeiten anzupassen, wie der Hamburger Hafen mit der Elbvertiefung. Nichtsdestotrotz können hier die größten Containerschiffe aufgrund fehlender Tiefe der Elbe nur tideabhängig und nicht voll beladen einfahren. Die Anpassung der Häfen sind investitionsintensiv und die Mittel stammen i. d. R. aus öffentlichen

Haushalten (vgl. weiterführend zu Diseconomies of Scale Schöneknecht 2009). Durch die Größe der Schiffe nimmt das Löschen der Landung im Hafen mehr Zeit in Anspruch, was zu längeren Laufzeiten führt.

Transportgeschwindigkeit:

Ein Containerschiff der letzten Generation hat je nach Ausführung eine ungefähre Maximalgeschwindigkeit von 25 Knoten, was ca. 46 km/h entspricht. Um Treibstoffkosten zu sparen, drosseln Schiffe oft ihre Geschwindigkeit, was zu längeren Laufzeiten führt (=Slow Steaming).

Die Fahrt von Containerschiffen wird unterteilt in den Vor-, den Haupt- und den Nachlauf. Im Vor- und Nachlauf wird die Ware durch Hinterlandtransporte mit anderen Verkehrsträgern wie Feeder- oder Binnenschiffen, Straßen- und Bahnverkehr, an seine Zielorte gebracht. Der Hauptlauf ist die eigentliche Transportzeit auf See. Je nach Herkunfts- und Zielort sowie der Anzahl der angelaufenen Häfen können die Laufzeiten variieren. Der Hafen Hamburg gibt beispielsweise für ein Schiff aus Shanghai eine Seezeit von 45 Tagen an (Hafen Hamburg o.J.). Der Hamburger Hafen ist i. d. R. nicht der erste Anlaufhafen in Europa, sondern folgt erst nach anderen europäischen Ländern wie Spanien, Frankreich, Belgien oder den Niederlanden.

Der Hafen Rotterdam wirbt seit 2017 damit, dass es eine schnelle Verbindung von Shanghai und Rotterdam in 25 Tagen gibt. Rotterdam ist dabei der erste Anlaufhafen in Europa (Port of Rotterdam 2017).

Im Vergleich zu den Verkehrsträgern zu Land oder in der Luft ist die Seeschifffahrt deutlich langsamer.

Zuverlässigkeit:

Die Zuverlässigkeit von Containerschiffen ist von vielen Faktoren abhängig. Zwar fahren viele Schiffe nach Fahrplan, jedoch kann es aufgrund von Stürmen oder Unwettern zu Verspätungen kommen. Da die großen Containerschiffe in der Regel mehrere Zielhäfen hintereinander anlaufen, ist die Wahrscheinlichkeit für eine auftretende Verspätung beim zuletzt angefahrenen Hafen höher als beim erstangelaufenen Hafen. In den Häfen kann es aufgrund von Unwettern zu Staus kommen, die dann „abgearbeitet" werden müssen. Durch die zunehmende Schiffsgröße, die daraus resultierende komplizierte und zeitaufwendige Einfahrt in teils kleine Hafenbecken sowie die Anzahl der zu löschenden Container kann es zu weiteren zeitlichen Verzögerungen kommen. In tideabhängigen Häfen können Verspätungen durch die Gezeiten ausgelöst werden, da die Häfen nur bei Flut angefahren oder verlassen werden können. In vielen Häfen wird versucht, die Ankunftszeit der Containerschiffe (ETA = estimated time of arrival) zu tracken. Teils versucht man dieses Tracking auf Container-Ebene herunterzubrechen, um den besseren Weitertransport der Container sowie die Auslastung der Züge der Hinterlandanbindung zu optimieren (vgl. weiterführend Anylogic o.J.).

Flexibilität:

Containerschiffe sind wie auch Binnenschiffe auf den Wasserweg festgelegt. Im Gegensatz zum Binnenschiff gibt es aufgrund der größeren Fläche der Meere im Vergleich zu Binnenwasserstraßen mehr Ausweichmöglichkeiten. Die Abhängigkeit von wichtigen Passagen wie dem Suez-Kanal hat sich 2021 nach der Havarie des Containerschiffs Ever Given gezeigt, das auf Grund lief und den Kanal schräg liegend für sechs Tage blockierte. Viele Schiffe warteten auf Weiterfahrt oder nahmen den Umweg über Afrika in Kauf. Umwege sind in der Seeschiffahrt zwar möglich, aber unter Umständen, wie bei der Umgehung des Suez-Kanalas, sehr zeitintensiv.

Aufgrund der zunehmenden Größe von Containerschiffen sind sie in der Infrastrukturnutzung auf die großen Häfen festgelegt, sodass kleinere Häfen nicht angefahren werden können. Dies schränkt die Flexibilität ein.

Warenhandling:

Containerschiffe eignen sich für den Transport von nicht zeitkritischen Gütern. Die transportierten Güter werden klimatisch herausfordernden Bedingungen ausgesetzt, da es an Bord feucht ist. Durch die Sonneneinstrahlung können in den Containern hohe Temperaturen erreicht werden. Dies begünstigt Schädlinge im Container, sodass sowohl die Container als auch die Verpackungs- und Transporthilfsmittel i. d. R. begast werden, um Schädlingsbefall zu reduzieren (vgl. weiterführend BAuA 2017). Die Güter müssen „seemäßig verpackt" werden, um Wind, Wetter und Erschütterungen durch den Transport und Umschlag unversehrt standzuhalten. Wie die seemäßige Verpackung zu erfolgen hat, ist aus Gründen des Versicherungsschutzes relevant (vgl. weiterführend Robold und Schmitz 2017, S. 77).

Netzbildungsfähigkeit:

Die Netzbildungsfähigkeit in der Seeschifffahrt ist im Vergleich zur Binnenschifffahrt durch die Anzahl der erreichbaren Punkte mit Häfen größer. Es gibt keine vergleichbaren Einschränkungen wie in der Binnenschifffahrt. Dennoch ist die Seeschifffahrt dem Straßenverkehr und auch dem Schienenverkehr durch die Einschränkungen auf Häfen als Anlaufpunkte in der Netzbildungsfähigkeit unterlegen.

Regulierungen und Umweltbeeinflussung:

Die internationale Seeschifffahrt hat im Jahr 2015 ca. 932 Mio. Tonnen CO_2-Emissionen verursacht (ICCT 2017). Die Internationale Seeschiffsorganisation IMO hat sich zum Ziel gesetzt, die durch die Schifffahrt verursachten CO2-Emissionen bis zum Jahr 2050 im Vergleich zum Jahr 2008 um bis zu 70 % zu reduzieren (IMO 2020).

Die Anforderungen an den Umweltschutz seitens der Seeschifffahrt sind überwiegend im „Internationalen Übereinkommen zur Verhütung der Meeresverschmutzung durch Schiffe" (International Convention for the Prevention of Pollution from Ships, MARPOL) festgelegt, wobei unterschiedliche Verschmutzungsarten durch Schiffe wie

Luftverunreinigung, Ölverschmutzung, Abwasser oder Schiffsmüll in einzelnen Anlagen behandelt werden (vgl. weiterführend z. B. Umweltbundesamt 2021b).

Zusätzlich zu den Verschmutzungen, die aufgrund des Schiffsbetriebs auftreten, treten auch unvorhergesehene Kontaminierungen durch Ölkatastrophen oder Containerverlust auf. Jährlich gehen durchschnittlich ca. 1130 Container über Bord, die je nach Inhalt Auswirkungen auf die Umwelt haben können (Statistisches Bundesamt 2021d).

Regulierungen in der Seeschifffahrt müssen auf internationaler Ebene erfolgen. Internationale Abkommen werden in deutsches Recht überführt. Die Wirkung ist jedoch durch die Tatsache begrenzt, dass es den Reedereien freisteht, den Flaggenstaat ihres Schiffes zu wählen und deutsches Recht somit leicht umgangen werden kann. Schiffe unterliegen dem Recht des Staates, dessen Flagge sie führen.

Die Ausflaggung erfolgt über die Gründung von Tochtergesellschaften im Flaggenstaat. Hier werden häufig Staaten gewählt, die wenig Regulierungen und geringe Kosten bei der Besteuerung und den Heuern versprechen (vgl. Vahrenkamp und Kotzab 2012, S. 333). Beispiele sind Panama, Antigua und Barbuda, Liberia, die Marschall-Inseln oder Malta. Im Jahr 2019 transportierte die Welthandelsflotte, bestehend aus allen Schiffstypen, über 1900 Mio. dwt (ISL 2021). Davon entfallen ca. 17 % auf die Flotte Panamas und jeweils knapp 13 % auf die Flotten der Marschall-Inseln und Liberias (Statistisches Bundesamt 2020).

Unfallhäufigkeit:
Die Unfallhäufigkeit von Seeschiffen hat in den letzten Jahren beständig abgenommen. Dies gilt für die Verluste von Schiffen als auch für Unfälle, in denen Öl ausgetreten ist. Bei den Unglücksursachen hat der Anteil der Verluste durch das Wetter zugenommen (vgl. FIS 2019b).

5.4.5 Luftfrachtverkehr

Frachtkapazität:
Der Luftfrachtverkehr verfügt im Vergleich zur Bahn und den Schiffsverkehren über vergleichsweise weniger Frachtkapazität. Die Frachtkapazität hängt zum einen von der Größe des genutzten Flugzeugs und zum anderen von dessen Nutzungsweise ab.

In der Nutzungsweise wird unterschieden, ob es sich beim Frachtraum um exklusiv für Transportzwecke zur Verfügung gestellte Flugzeuge oder um ein Kuppelprodukt der Passagierluftfahrt handelt. Das Kuppelprodukt wird auch oft als Belly-Transport bezeichnet, da sich die Ware im „Bauch" des Flugzeugs befindet.

Bei den reinen Frachtflugzeugen gibt es je nach Größe Nutzlasten zwischen 10 und 250 t (Schulte 2017, S. 357). Häufig werden Flugzeuge, die vormals als Passagiermaschinen genutzt wurden, zu Frachtmaschinen umgebaut. Es gibt jedoch auch Flugzeuge, die als reine Frachtmaschinen gebaut werden. Das derzeit größte Frachtflugzeug ist der Airbus Beluga XL, der eigens für den Transport von Flugzeugteilen zwischen den verschiedenen europäischen Airbus-Standorten gebaut wurde. Er hat ein Frachtraum-volumen von über 2200 m³. Im Vergleich dazu verfügt eine Boing 747, die häufig als Frachtflugzeug genutzt wird, je nach Ausführung über ein Volumen von ca. 600–800 m³.

Als Luftfrachtbehälter werden Container oder Paletten verwendet, die als ULD = Unit Load Devices bezeichnet werden (vgl. Schäfer 2020, S. 195 ff.). Die ULD sind nicht in gleichem Maße standardisiert, wie es bei Europaletten oder ISO-Containern der Fall ist, da die ULD häufig angeschrägt sind, um sich der Form des Flugzeugrumpfes anzupassen und die vorhandene Fläche möglichst gut auszunutzen. Folglich können nicht alle Flug-zeuge mit den gleichen Containern beladen werden. Ein häufig genutzter ULD, der mit mehreren Flugzeugtypen kompatibel ist, ist der LD3 mit 4,3 m³, wobei LD für Lower Deck steht (vgl. weiterführend zu Containertypen z. B. Lufthansa Cargo o.J.a).

Die verwendeten ULD orientieren sich auch an der zu transportierenden Ware, falls sie besondere Behandlung benötigt, wie beim Transport lebender Tiere oder gekühlter Ware.

Die Boing 777 F verfügt beispielsweise über zehn Positionen für je max. 11,8 m³. Dies entspricht zehn Standardpaletten oder sechs Standardpaletten + 14 LD3-Containern (vgl. Lufthansa Cargo o.J.b).

Transportgeschwindigkeit:
Bei Flugzeugen wird zwischen der Geschwindigkeit relativ zur Luft (= Airspeed) und der Geschwindigkeit relativ zum Boden (= Ground Speed) unterschieden. Die Airspeed wird an der Außenseite des Flugzeugs gemessen. Bei Rücken- oder Gegenwind unter-scheidet sich die Airspeed von der Groundspeed. Die Groundspeed gibt an, wann Weg-punkte auf der Erde erreicht werden.

Die Groundspeed beträgt bei den schnellsten Flugzeugen momentan bei ca. 660 Meilen/h also ungefähr 1000 km/h (NerdWallet 2021).

Zuverlässigkeit:
Die Zuverlässigkeit von Flugzeugen ist ebenso wie die Seeschifffahrt von vielen Faktoren abhängig. So spielt vor allem das Wetter eine wichtige Rolle, da durch Ereig-nisse wie Sturm, Schnee, Eis oder Hagel die Start- und Landemöglichkeiten von Flugzeugen eingeschränkt werden können. Hinzu kommen ungewöhnliche Naturereig-nisse, die die Luftfahrt behindern können wie der Ausbruch des isländischen Vulkans Eyjafjalljökull im Jahr 2010, durch dessen Vulkanasche der Flugverkehr in weiten Teilen Nord- und Mitteleuropas eingestellt werden musste.

Flexibilität:
Flugzeuge sind beim Start und bei der Landung natürlich auf Flughäfen angewiesen, so dass sich hier wie bei allen Verkehrsträgern außer dem LKW, eine Einschränkung der Flexibilität ergibt. Die Verbindung zwischen den Flughäfen ist über Verkehrsrechte geregelt (vgl. unten Abschnitt über Netzbildungsfähigkeit), die die Flexibilität ebenfalls einschränken können.

Warenhandling:

Der Transport via Luft ist im Vergleich zu anderen Verkehrsträgern kostenintensiv, da die Transportkosten hoch sind. Die Kapital- und Inventarkosten für die transportierten Güter sind gering, da der Transport vergleichsweise schnell ist und somit für den Transport wenig Kapital gebunden wird und mengenmäßig geringer Ersatz für die Güter vorgehalten werden muss, um die Transportzeit zu überbrücken. Im Vergleich zum Seetransport werden die Güter wenigen Belastungen ausgesetzt und müssen dementsprechend weniger aufwendig verpackt werden.

In aller Regel werden per Luftfracht verderbliche, wertvolle oder zeitdringliche Güter transportiert. Die Luftfracht weist die Besonderheit auf, dass hier neben dem Gewicht auch das Volumen der Ware eine Rolle spielt, da man den Frachtraum aufgrund des kostenintensiven Transports möglichst komplett auslasten möchte. Das Volumengewicht der Ware beeinflusst aus diesem Grund die Frachtraten (vgl. weiterführend Schäfer 2020, S. 227).

Netzbildungsfähigkeit:

Der Luftfrachtverkehr ist dem Straßenverkehr und auch dem Schienenverkehr durch die Einschränkungen auf Flughäfen als Anlaufpunkte in der Netzbildungsfähigkeit unterlegen. Zudem werden für die Transportwege auf einem bestimmten Luftweg Verkehrsrechte benötigt, die die Netzbildung weiter einschränken können. Grundlage des internationalen Luftverkehrs sind die *neun Freiheiten* der Luft. Grundlegend hat jeder Staat die vollständige und ausschließliche Souveränität über seinen Luftraum, sodass der Luftraum über dem Territorium und den Hoheitsgewässern eines Staates zum Staatsgebiet gehört. In den Luftverkehrsrechten wird meist in Form bilateraler Luftverkehrsabkommen geregelt, welche Flüge zwischen Ländern gestattet sind. Die neun Freiheiten legen folgende Luftverkehrsrechte fest (vgl. z. B. ICAO o.J.a, Schulte 2017, S. 357 oder Schäfer 2020, S. 19 ff.):

1. Überflug: Die Fluggesellschaft überfliegt vom Heimatstaat kommend Land A, um in Land B zu landen.
2. Technische Zwischenlandung: Recht auf Zwischenlandung zu technischen Zwecken.
3. Direkter Transport: Flug vom Heimatstaat ins Ausland = Bringen.
4. Direkter Transport: Flug vom Ausland in den Heimatstaat = Holen.
5. Transport zwischen fremden Staaten: Mit Startpunkt im Heimatstaat kann die Fluggesellschaft nach Land A fliegen, dort neue Fracht oder Passagiere aufnehmen und diese nach Land B bringen. Gleiches gilt für den Rückweg.
6. Transport zwischen fremden Staaten mit Zwischenlandung im Heimatstaat.
7. Transport zwischen fremden Staaten ohne Kontakt zum Heimatstaat.
8. Aufeinanderfolgende Kabotage: Die Fluggesellschaft befördert Fracht oder Passagiere innerhalb eines anderen Staates, wobei der Flug im Heimatland beginnt oder endet.
9. Unabhängige Kabotage: Die Fluggesellschaft befördert Fracht oder Passagiere innerhalb eines anderen Staates ohne Kontakt zu anderen Staaten.

Die Netzbildungsfähigkeit wird durch die Nutzung von großen Flughäfen als Hubs erhöht. Auf diese Weise wird der Verkehr an Knotenpunkten gebündelt, sodass die Flüge besser ausgelastet werden und durch Anschlussflüge eine höhere Flächendeckung an Destinationen erreicht wird.

Dies wird auch häufig durch den Road-Feeder erreicht. Dabei kann neben dem Vor- und Nachlauf auch der Hauptlauf per LKW stattfinden. Im Unterschied zum gewöhnlichen Straßentransport, liegt dem Road-Feeder ein Luftfrachtbrief zugrunde und es wurde eine Luftfrachtrate vereinbart. Der Road-Feeder ist in den regulären Flugplan integriert. (vgl. Schäfer 2020, S. 219 f.).

Regulierungen:
Der Luftverkehr unterscheidet sich stark von den anderen Verkehrsträgern, was an seinen Eigenschaften aber auch an den Regulierungen liegt.

Besonderheiten Luftverkehr
Der Luftverkehr weist besondere Eigenschaften auf, durch die er sich von den anderen Verkehrsträgern unterscheidet.

Der Luftverkehr wird durch zwei Organisationen reguliert: die internationale Zivilluftfahrtorganisation ICAO (=International Civil Aviation Organization) und die internationale Luftverkehrsvereinigung IATA (=International Air Transport Association).

Die *ICAO* ist verantwortlich für das Erarbeiten und Festlegen von verbindlichen Standards für die Luftfahrt. Dies beinhaltet beispielsweise auch die bereits oben aufgezeigten Freiheiten der Lüfte. Ferner werden ICAO-Codes für Länder und Flugzeugtypen zugeteilt und Grenzwerte für Fluglärmemissionen festgelegt (vgl. weiterführend ICAO o.J.b). Derzeit hat die ICAO 193 Mitgliedsstaaten.

In der *IATA* sind momentan 290 Airlines aus 120 Ländern vertreten (vgl. IATA o.J.), was 82 % des gesamten Luftverkehrsvolumens ausmacht. Die IATA hat sich zum Ziel gesetzt, die Prozesse der Luftfahrt zu vereinfachen und zu standardisieren. Dies gilt z. B. für die Abrechnung der Flugtickets und der Luftfrachttarife. Die IATA erstellt ferner anonymisierte Statistiken für die Luftfahrt.

Der Luftverkehr zeichnet sich durch folgende Eigenschaften aus (vgl. Vahrenkamp und Kotzab 2012, S. 276 ff.):

- **Zersplitterung der Anbieter,** da nahezu jeder Staat der Erde eine Staatsairline unterhält. Dies führt zu vielen Anbietern mit kleiner Kapazität.
- **Staatliche Subventionen:** Viele Staaten unterstreichen durch das Unterhalten einer Staatsairline ihre Souveränität und möchten aus diesem Grund den nationalen Carrier erhalten, was in vielen Fällen nur durch Subventionen möglich ist. Dies führt zu einer Verzerrung des Leistungswettbewerbs.
- **Bilaterale Luftverkehrsabkommen:** Wie bereits oben bei den Freiheiten der Lüfte gesehen, führen die Verkehrsrechte prinzipiell zu beschränktem Marktzutritt. Dieser wird durch bilaterale Abkommen teils aufgebrochen. In der Regel führen die Verkehrsrechte aber zu Einschränkungen in der Auslastung, falls z. B. in Drittländern keine Ware oder Passagiere aufgenommen werden können.
- **Beschränkter Marktzutritt:** In der Luftfahrt existieren Marktzutrittsschranken, die die Landerechte von Drittländern, die Vergabe der Slots oder auch die Eigentümerstruktur betreffen. So hält beispielsweise die Lufthansa an den Flughäfen Frankfurt und München über die Hälfte der Slots. Gleiches gilt für British Airways am Flughafen London-Heathrow oder KLM und Air

France am Flughafen Schiphol in Amsterdam bzw. Charles de Gaulle in Paris. Darüber hinaus werden in den meisten Fällen die Besitzverhältnisse von Airlines kontrolliert, so dass sie nicht in ausländische Hände fallen (vgl. z. B. Schäfer 2020, S. 31 f.).

Durch den teils verzerrten Wettbewerb und die Luftverkehrsrechte weist der Luftverkehr starke Regulierungen auf. Neben den Umweltauflagen, die im nächsten Punkt „Umweltbeeinflussung" dargelegt werden, gibt es vor allem Einschränkungen durch die Gewährleistung von Sicherheitsmaßnahmen.

Nach den Attentaten auf das World Trade Center im Jahr 2001 ist die Frage der Sicherheit des Luftverkehrs infrage gestellt worden. In der Passagierluftfahrt sind daraufhin eine Reihe von Maßnahmen zur Überprüfung von Passagieren und Gepäck in Kraft getreten. Mit dem Versand von Paketbomben aus dem Jemen im Jahr 2010 wurden Sicherheitsmängel in der Luftfracht offensichtlich. In der folgenden Zeit wurde ein Konzept entwickelt, mithilfe dessen die Luftfracht sicherer gestaltet werden kann, ohne auf die tatsächliche Überprüfung von jedem Frachtstück analog zur Passagierluftfahrt angewiesen zu sein, was die Luftfracht unpraktikabel machen würden, da eine solche Überprüfung zu kosten- und zeitintensiv wäre. Zur Gewährleistung der Sicherheit hat die ICAO das Konstrukt der sicheren Lieferkette entwickelt. Auf europäischer Ebene werden in der EU-Verordnung Nr. 185/2010 detaillierte Maßnahmen für die Durchführung der gemeinsamen Grundstandards in der Luftsicherheit festgelegt. In Deutschland ist das Luftfahrt-Bundesamt (LBA) für die Einführung und Überwachung des Prozesses zuständig (vgl. weiterführend LBA o.J.). Frachtunternehmen dürfen ihre Flugzeuge nur mit Fracht beladen, die als „sicher" eingestuft wurde. Die Frage der „sicheren" Fracht wird durch Zertifizierung und Bewertung der beteiligten Akteure in der Lieferkette erreicht: wenn alle Lieferkettenteilnehmer sicher sind und es keine Abweichungen vom vorgeschriebenen Prozess gab, so darf die Luftfracht ohne weiteres Screening in das Flugzeug verbracht werden.

Die beteiligten Akteure müssen sich beim Luftfahrt-Bundesamt schulen und zertifizieren lassen, um den Status „Bekannter Versender" oder „Reglementierter Beauftragter" zu erhalten.

Bekannte Versender sind Unternehmen, die Luftfracht erstmalig in Umlauf bringen. Sie müssen gewährleisten, dass die Luftfracht vor unbefugtem Zugriff geschützt wird und die Verpackung entsprechend gegen Manipulation und Zugriff sichern. Die Mitarbeiter des Unternehmens sind gemäß den Vorgaben des Luftfahrt-Bundesamtes zu schulen. Die Schulung der Sicherheitsbeauftragten hat einen Umfang von 35 Unterrichtsstunden. Die Zertifizierung erfolgt durch das Luftfahrt-Bundesamt.

Reglementierte Beauftragte sind Unternehmen, die die als sicher eingestufte Luftfracht von einem Bekannten Versender übernehmen und sicherstellen, dass die Ware durch entsprechende Verpackung während des Transports, des Umschlags und der Lagerung nicht zugängig ist. Dies geschieht beispielsweise durch Versiegelung der Ware.

Ist einer der Akteure in der Lieferkette als nicht sicher eingestuft, muss die Ware einzeln überprüft werden.

Umweltbeeinflussung:

Die CO_2-Emissionen im Luftfrachtverkehr sind höher als die Emissionen der anderen Verkehrsträger. Da in Deutschland im Inland die meisten Güter auf anderen Verkehrsträgern transportiert werden, werden hier als Vergleichsdaten zwischen den einzelnen Verkehrsträgen Daten aus dem Personenverkehr herangezogen (Umweltbundesamt 2021c): Die Bahn verursacht im Fernverkehr, der hier als Äquivalent zum Gütertransport verwendet wird, 50 g Treibhausgasemissionen pro Personenkilometer. Im Flugverkehr sind es 284 g und damit mehr als das Fünffache.

Die Fluggesellschaften versuchen den Treibstoffverbrauch zu reduzieren. In der Passagierluftfahrt ist es beispielsweise gelungen, den Verbrauch von Kerosin pro Passagier je 100 km von 6,3 Litern in 1990 auf 3,56 Litern in 2019 zu reduzieren (vgl. BDL 2020).

Zusätzlich zu den CO_2-Emissionen kommt es durch die Verbrennung von Kerosin zu weiteren Emissionen wie Stickoxide oder Schwefeldioxide. Des Weiteren können Schadstoff- und Lärmemissionen insbesondere in Flughafennähe die Lebensqualität der Anwohner negativ beeinflussen.

Die ICAO hat einen CO_2-Zulassungsgrenzwert entwickelt, um die CO_2-Emissionen zu reduzieren. Dieser bezieht sich zunächst nur auf neue Flugzeugtypen. Ab 2028 soll der Geltungsbereich auch auf ältere Flugzeugtypen übertragen werden. Damit ist dies durch die Nutzungsdauer der Flugzeugflotte eher als langfristiges Instrument anzusehen. Ergänzt wird diese Maßnahme um das CORSIA-Projekt, (=Carbon Offsetting and Reduction Scheme for International Aviation), bei dem CO_2-Emissionen gemessen, berichtet und mit anderen Projekten kompensiert werden (vgl. weiterführend ICAO o.J.c). Durch technischen Fortschritt soll zudem vermehrt Sustainable Aviation Fuel (SAF) als Ersatz für fossilen Kerosin verwendet werden.

Unfallhäufigkeit:

Die Sicherheit in der Luftfahrt wird häufig anders wahrgenommen als die Sicherheit der anderen Verkehrsträger, da die Unfälle, die sich ereignen spektakulär sind und zudem medial verbreitet werden. Wenn sich Unfälle ereignen, sind sie auf technisches oder menschliches Versagen zurückzuführen. In der Luftfahrt arbeitet man daran, die Unfallursachen systematisch zu reduzieren, sodass die relative Unfallhäufigkeit in den letzten Jahrzehnten beständig abgenommen hat (vgl. z. B. Schäfer 2020, S. 231). In Deutschland ist die Bundesstelle für Flugunfalluntersuchung (BFU) für die Analyse von Flugunfällen zuständig. So gab es im Jahr 2019 bei den Flugzeugen, die mehr als 5,7 t wiegen insgesamt 12 schwere Störungen sowie 4 Unfälle. Tödlich verletzt wurde dabei niemand. Im Jahr 2020 ist die Zahl aufgrund der Coronapandemie und dem gesunkenen Flugverkehr auf 0 Unfälle und 5 schwere Störungen zurückgegangen. Hier ist zu beachten, dass in der Statistik nicht zwischen Fracht- und Passagierflügen unterschieden wird (BFU 2020 und 2021).

5.4.6 Kombinierter Verkehr

Man spricht von kombiniertem Verkehr, wenn der Transport von Ware zwischen Versender und Empfänger nicht nur unter Nutzung eines Verkehrsmittels (=eingliedriger Transport) stattfindet. In der Regel werden Transporte über große Distanzen mit mehreren Verkehrsmitteln durchgeführt, sodass eine mehrgliedrige Transportkette vorliegt (vgl. Schulte 2017, S. 361 oder Wannenwetsch 2008, S. 121).

Bei mehrgliedrigen Transportketten wird in gebrochenen und kombinierten Verkehr unterschieden. Beim gebrochenen Verkehren ist das Umladen der Ware in eine andere Ladeeinheit erforderlich. Beim kombinierten Verkehr verbleibt die Ware in der Ladeeinheit und wird komplett mit dieser umgeladen. Ist nur ein Verkehrsträger im kombinierten Verkehr enthalten, wird dieser als uni- oder intramodal bezeichnet. Für die Kombination von mehreren Verkehrsträgern verwendet man die Bezeichnung multimodal. Im kombinierten Verkehr wird in mehrere Arten unterschieden, je nachdem wie der Umschlag der Ware auf die Verkehrsträger vorgenommen wird. Die einzelnen Arten werden nachstehend erläutert:

- Kombinierter Containerverkehr: der Container wird von einem Verkehrsmittel auf ein anderes umgeladen. Hier sind Kombinationen zwischen allen Verkehrsträgen möglich, sofern sie Container aufnehmen können.
- Huckepackverkehr: Kombination von Straßen- und Schienenverkehr. Der Vor- und Nachlauf wird in der Regel per LKW durchgeführt, der Hauptlauf per Zug.
- Rollende Landstraße: Komplette Last- oder Sattelzüge werden mit Hilfe von speziellen Rampen auf die Bahn verladen. Beim begleiteten Transport ist der LKW-Fahrer bei der Fahrt dabei, beim unbegleiteten Transport nicht.
- Sattelanhänger: Die Zugmaschine ist beim Huckepackverkehr nicht dabei, die Verladung des Sattelanhängers erfolgt mithilfe eines Krans.
- Wechselbrücken: Die Wechselbrücke oder Wechselbehälter ist ein austauschbarer, unselbständiger Ladungsträger, ähnlich einem Container, der mit einem Kran vom LKW auf den Zug umgeladen wird.
- Roll-on/Roll-off (Ro/Ro)-Verkehr: Landfahrzeuge werden einen Teil der Strecke mit Schiffen (See- oder Binnenschiffen) befördert. Die Fahrzeuge fahren selbständig in die Laderäume der Schiffe ein.
- Lash-Verkehr: Lash steht für lighter aboard ship und ist eine Kombination von Binnen- und Seeschifffahrt. Leichter aus der Binnenschifffahrt werden von Seeschiffen z. B. mithilfe eines Krans verladen.

Die geschilderten Ausprägungen des kombinierten Verkehrs werden noch einmal systematisiert in Abb. 5.19 dargestellt.

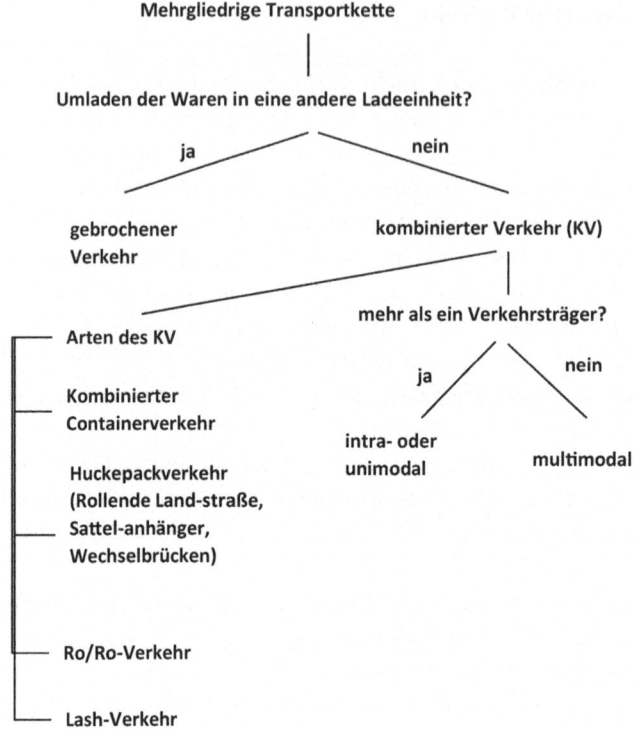

Abb. 5.19 Systematisierung Kombinierter Verkehr

Frachtkapazität:
Die Frachtkapazität bestimmt sich an dem Maximum des kleinsten beteiligten Verkehrsträgers. Die Frachtkapazitäten wurden oben bereits dargelegt.

Transportgeschwindigkeit:
Die Transportgeschwindigkeit wird zum einen durch die Geschwindigkeiten der
beteiligten Verkehrsträger beeinflusst. Zum anderen kommt zusätzlich die Zeit des
Umladens und möglicherweise Wartens hinzu. Die Geschwindigkeit nimmt also in der
Regel durch die Nutzung des kombinierten Verkehrs ab.

Zuverlässigkeit, Flexibilität:
Auch hier gelten alle oben beschriebenen Eigenschaften der Verkehrsträger hinsichtlich der Zuverlässigkeit und der Flexibilität. Die Zuverlässigkeit kann einerseits durch
die Nutzung mehrerer Verkehrsträger erhöht werden, falls es zu Ausfällen kommt.
Auf der anderen Seite können Umlade- und Wartezeiten in geringerer Zuverlässigkeit
resultieren. Die Flexibilität steigt durch die Nutzungs- und Kombinationsmöglichkeiten
verschiedener Verkehrsträger.

Warenhandling und Unfallhäufigkeit:
Hier gelten die zu den Verkehrsträgern oben dargelegten Eigenschaften.

Netzbildungsfähigkeit:
Die Netzbildungsfähigkeit steigt in der Regel durch die Nutzungs- und Kombinationsmöglichkeiten verschiedener Verkehrsträger. Hier ist, je nach Arten der kombinierten Verkehrsträger, die größte Netzabdeckung erzielbar. Eine Voraussetzung dafür bildet das Vorhalten von infrastrukturell gut ausgestatteten Knotenpunkten, an denen die Umladung erfolgen kann. Dies erfolgt z. B. an Güterverkehrszentren (GVZ). Güterverkehrszentren sind logistische Knotenpunkte, an denen unterschiedliche Verkehrsträger, Verkehrsunternehmen wie Speditionen und Lagereien sowie verkehrsergänzende Dienstleistungsbetriebe wie Fahrzeugservicebetriebe aufeinandertreffen. An GVZ wird Ware zusammengeführt, konsolidiert und weitertransportiert. Auf diese Weise wird kombinierter Verkehr ermöglicht und gleichzeitig wird eine Erhöhung der Fahrzeugauslastung ermöglicht. In Deutschland gibt es über 30 GVZ (vgl. weiterführend GVZ o.J.).

Eine Restriktion, die im Straßenverkehr häufig besteht und die Netzbildungsfähigkeit des kombinierten Verkehrs vermindert, ist die Tatsache, dass viele Sattelauflieger nicht kranbar sind und somit nicht für den kombinierten Verkehr geeignet sind.

Ansätze, um nicht krankbare Sattelauflieger kranbar zu machen

In Deutschland waren in 2021 mehr als 370.000 Sattelauflieger im Einsatz (KBA 2021). Der Anteil nicht kranbarer Sattelauflieger in Deutschland und Europa wird zumeist auf ca. 75–85 % geschätzt (vgl. z. B. FIS 2019c). Die Unterscheidung in kranbar und nicht kranbar liegt an der Ausstattung der Sattelauflieger. Kranbare Sattelauflieger verfügen über genormte Anhebepunkte, an denen sie mit Hilfe von Kränen oder Reachstackern umgeladen werden können. Nicht kranbare Sattelauflieger verfügen nicht über diese Punkte und mithin nicht über die erforderliche Stabilität, die zum vertikalen Umschlag mittels einer Hubanlage benötigt wird. Nicht kranbare Sattelauflieger können horizontal verladen werden, wie oben bereits erläutert bei der Rollenden Landstraße. Weitere Technologien, die das Umladen von nicht kranbaren Sattelaufliegern ermöglichen und erleichtern sollen, werden im Folgenden erläutert. Dazu werden beispielhaft zwei Ansätze aufgegriffen. Dies ist jedoch keine erschöpfende Aufzählung möglicher Technologien. Gewählt werden hier die Technologie von CargoBeamer, die eine Vereinfachung der horizontalen Umladung darstellt, sowie die Nikrasa-Technologie, die eine vertikale Umladung mit Hilfsmitteln ermöglicht.

CargoBeamer:

CargoBeamer ist ein im Jahr 2003 gegründetes Unternehmen für ein horizontales Umladesystem im kombinierten Eisenbahnverkehr. Neben Sattelaufliegern können auch Wechselbrücken oder Container mit dem CargoBeamer transportiert werden. Die Beladung erfolgt, indem der LKW-Fahrer oder ein Service-Fahrzeug den Sattelauflieger in einen am CargoBeamer-Terminal bereitstehenden Waggoneinsatz fährt. Dieser Waggoneinsatz gleicht einer Wanne und wird später mit Hilfe von Kränen oder Reachstackern auf den Waggon verladen. Der LKW-Fahrer kann das Terminal sofort wieder verlassen, da er nicht auf den Umladeprozess warten muss. Wenn der Zug eingefahren ist, werden alle bereitstehenden Sattelauflieger innerhalb kurzer Zeit (ca. 15 min) verladen, was auch automatisiert möglich ist. Mit einem Kran würde ein solcher Umschlagvorgang länger dauern.

Die Anzahl der durch CargoBeamer durchgeführten Transporte hat in den letzten Jahren beständig zugenommen. Das Strecken- und Terminalnetz wird stetig erweitert (vgl. CargoBeamer 2022). CargoBeamer kooperiert beispielsweise mit den EuroTunnel (vgl. CargoBeamer 2021).

Nikrasa:
Nikrasa ist ein vertikales Umladesystem im kombinierten Eisenbahnverkehr. Es wurde 2014 von einem Projektteam, bestehend aus dem Bayernhafen, der TX Logistik und dem Logistik-Kompetenz-Zentrum Prien, entwickelt. Die Umladung erfolgt mithilfe einer Transport- und einer Terminalplattform. Der LKW fährt auf die Terminalplattform und positioniert den Sattelauflieger auf der Transportplattform. Diese verbleibt während des Weitertransports an dem Auflieger, sodass der Auflieger damit kranbar wird. Die Nutzlast des Transportwaggons sinkt durch das zusätzliche Gewicht der Transportplattform. Momentan gibt es Nikrasa-Transporte auf den Strecken Padborg-Verona, Herne-Verona, Herne-Budapest sowie Bettembourg-Triest. Auf diesen Strecken wurden ca. 4.000 Auflieger jährlich transportiert (vgl. TX Logistik o.J.).

Der kombinierte Verkehr wurde seit den 1960er Jahren durch Subventionen gefördert (vgl. Vahrenkamp und Kotzab 2012, S. 323 f.). Aktuell gibt es beispielsweise eine Richtlinie des Bundes zur Förderung der von Umschlagsanlagen des kombinierten Verkehrs (vgl. BMVI 2020). Das Ziel der Politik besteht in der Verlagerung des Verkehrs von der Straße auf die Schiene. Wie an der Nutzung der Verkehrsträger zu sehen (vgl. Abschn. 5.4), ist dieses Vorhaben jedoch nicht erfolgreich. In Deutschland sind die Organisationen, die im Kombiverkehr Straße-Schiene agieren in dem Dachverband Internationale Vereinigung für den kombinierten Verkehr Straße-Schiene (UIRR) organisiert. Die Streckennetze der Kombination Straße-Schiene liegen häufig in nord-südlicher Richtung in Europa. Das Streckennetz zwischen Ost- und West ist nicht so dicht (vgl. Vahrenkamp und Kotzab 2012, S. 325 ff.).

Regulierungen und Umweltbeeinflussung:
Gesetzliche Regulierungen gelten im kombinierten Verkehr analog zu den Regulierungen der einzelnen Verkehrsträger.

5.4.7 Transportalternative: Unterirdischer Transport

Die Idee, von der Straße, Schiene oder Gewässer auf unterirdischen Transport auszu-weichen, ist im Personenverkehr bekannt und wird häufig und selbstverständlich in Form von U-Bahnen genutzt. Der Vorteil liegt auf der Hand, da durch eigenständige, wenig störanfällige Verkehrsnetze eine Unabhängigkeit vom überirdischen Verkehr und seinen Störungen entsteht. Nachteilig am unterirdischen Verkehr ist der hohe Investitionsbedarf beim Neuausbau von Netzen.

Der unterirdische Transport wird momentan nicht flächendeckend praktiziert. Gleich-wohl gibt es immer wieder Projektansätze und Entwicklungen, die diesen Ansatz auf-greifen. Stellvertretend werden hier drei Ansätze dargestellt: CargoCap, Smart City Loop und Cargo Sous Terrain.

CargoCap

CargoCap ist ein Konzept, das an der Ruhr-Universität Bochum entwickelt wurde. Es bezeichnet sich selbst als die fünfte Transportalternative neben dem Straßen-, Schienen-, Wasser- und Luftverkehr. Die Transporte erfolgen durch autonome, elektrisch und vollautomatisch fahrende Fahrzeuge, die Caps genannt werden. Sie fahren durch Rohrleitungen, die mit einem Innendurchmesser von 2,80 m im Vergleich zu U-Bahn-Tunnel klein sind. Die Rohrleitungen können z. B. mithilfe eines unterirdischen Rohrvortriebs verlegt werden (vgl. weiterführend CargoCap o.J.a). In einem Cap finden zwei bis drei Paletten oder Behälter in Standabmessungen Platz.

Die Rohrleitungen können im öffentlichen Raum verlegt werden. Da es sich weder um ein Straßen- noch um ein Eisenbahnprojekt oder eine Energieleitung und auch nicht um eine Pipeline handelt, greift keines der bestehenden fachgesetzlichen Planfeststellungserfordernisse ein. Somit ist nicht mit aufwendigen Verfahrensfolgen zu rechnen (vgl. Cargo Cap o.J.b).

Die Rohrleitungen von CargoCap können beispielsweise von einem GVZ bis hin zu einem Knotenpunkt in der Innenstadt, einem Einkaufszentrum oder einer Fabrik verlaufen.

Smart City Loop

Beim Smart City Loop werden ähnlich wie bei CargoCap unterirdische Rohrleitungen benutzt, um palettierte Güter automatisiert mit Hilfe von Fördertechnik zu transportieren. Im Unterschied zum CargoCap werden die Paletten direkt verladen und nicht in Kapseln bewegt. Die Röhren haben einen Durchmesser von 4 m (vgl. Smart City Loop o.J.).

Momentan ist eine Machbarkeitsstudie für den Einsatz des Konzeptes in Hamburg zu einem positiven Ergebnis gekommen und eine baldige Umsetzung des unterirdischen Transports ist geplant. Dabei soll die unterirdische Anbindung eines Lagers in Wilhelmsburg an ein City-Hub in Altona erfolgen. So könne über das Röhrensystem bei einem möglichen 24-h/300-Tage-Betrieb in den beiden Hubs eine Lieferkapazität von rund 2,7 Mio. Paletten pro Jahr verarbeitet werden. Damit würden rund 540.000 Transportfahrten oder 10.000 t CO_2-Emissionen pro Jahr eingespart (vgl. Fraunhofer IML 2020).

Cargo Sous Terrain

Cargo Sous Terrain (CST) ist eine unterirdische Güterbahn, die in der Schweiz gebaut wird. Anfang 2020 wurde die Gesetzesgrundlage für den Bau des insgesamt ca. 500 km umfassenden Streckennetzes geschaffen. Mit dem Bau des 70 km langen ersten Teilstücks von Härkingen-Niederbipp bis Zürich wird bis 2035 gerechnet. Bis 2045 sollen die restlichen Strecken gebaut werden (vgl. CST o.J.). Ähnlich wie beim CargoCap werden beim CST kleinteilige Waren auf Paletten oder Behältern in einer Art Kapsel transportiert, die autonom und automatisch fahren. Die Kapseln haben dabei eine Geschwindigkeit von 30 km/h. Im oberen Teil der Röhre, die einen Durchmesser von 6 m haben, werden auf drei Spuren Paket-Hängebahnen montiert, die kleinere Pakete mit 60 km/h durch die Tunnel transportieren. Der Transport erfolgt von Hub zu Hub. Auf der ersten Teilstrecke sind beispielsweise 10 Hubs vorgesehen. Der Betrieb des CST erfolgt ausschließlich mit erneuerbaren Energien.

5.5   Verpackung

Die Verpackung der Ware nimmt Einfluss auf alle Logistikbereiche. So besteht wie oben
bereits geschildert (Abschn. 4.6) eine Schnittstelle zur Kommissionierung in der innerbetrieblichen Logistik, da möglicherweise direkt in die Verpackung kommissioniert wird.
Zugleich ist die Beschaffungs- und auch die Distributionslogistik von der Ausgestaltung
der Verpackung betroffen. Da in der Beschaffungslogistik häufig kein oder wenig Einfluss auf die Gestaltung der Verpackung genommen werden kann, wird die Verpackung als
logistischer Aspekt im vorliegenden Buch bei der Distributionslogistik mit aufgegriffen.
Die Wahl und Ausgestaltung der Verpackung betrifft ebenso die Entsorgungslogistik
(Kap. 6), wenn beispielsweise eine Entscheidung der Nutzung von Mehrweg- oder Einwegverpackungen getroffen wird. Neben den Logistikbereichen beeinflusst die Wahl und
Ausgestaltung der Verpackung auch die Absatzseite. Die Einflussbereiche der Verpackung
sind in der folgenden Abb. 5.20 überblicksartig zusammengestellt. Die Verpackung ihrerseits wird von externen Faktoren beeinflusst, wie gesetzlichen Grundlagen, dem Streben
nach Nachhaltigkeit, Kundeneinflüssen und Innovationen im Verpackungsbereich.

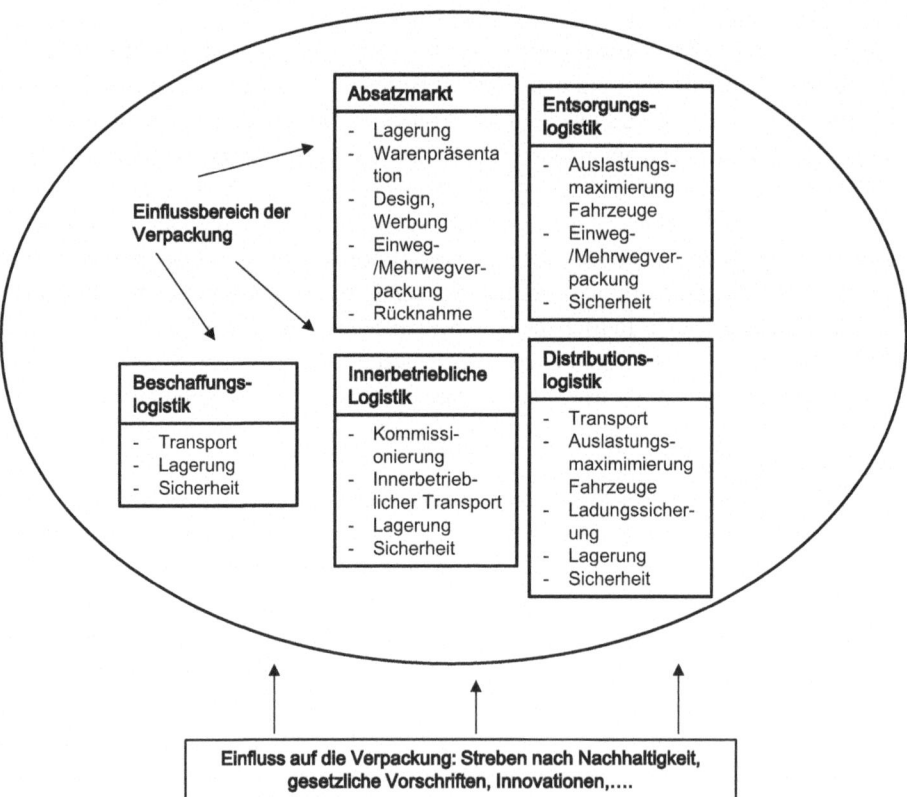

Abb. 5.20 Einflussbereiche Verpackung

▶**Verpackung** Der Begriff der Verpackung ist in DIN 55405 unter Berücksichtigung der Fachsprache und des Sprachgebrauchs in der Praxis einheitlich festgelegt. Die Norm umfasst Packmittel, Verpackungen und Packungen bis 3 m³ – ausgenommen Tanks, Druckgeräte, Druckgefäße – sowie Verpackungssysteme bis hin zu Ladeeinheiten, sofern diese nicht transportmittelgebunden sind (vgl. DIN55405 2014). Es werden unter anderem Grundbegriffe im Verpackungswesen, Stufen des Verpackungsprozesses sowie Verpackungsmaterialien definiert. Die Verpackungsmaterialien werden detailliert in den Bereichen Werkstoff, Faserstoff, Packstoff/Halbzeug, Verpackungskomponenten, Pack- und Packhilfsmittel unterschieden (vgl. weiterführend z. B. Sellschopf und Berndt 2014). Ein Packmittel umschließt ein Packstück oder hält es zusammen. Ein Packhilfsmittel dient zusammen mit dem Packmittel zum Verpacken und Verschließen, z. B. Klebestreifen oder Zwischenverpackungen wie Füllmaterial.

Die Anforderungen, die an eine Verpackung gestellt werden, sind verschieden, je nachdem von welchem Teil der Lieferkette sie erhoben werden. Darüber hinaus müssen gesetzliche Vorschriften eingehalten werden. Generell kann festgestellt werden, dass die Verpackungen von ihren Nutzern in aller Regel ignoriert wird und häufig nur negativ zur Kenntnis genommen wird, wenn sie ihre Funktionen – variierend je nach Lieferkettenteilnehmer – nicht zur Zufriedenheit erfüllt. Die Funktionen und Anforderungen an Verpackungen sind vielfältig. Sie lassen sich folgendermaßen systematisieren (vgl. Martin 2016, S. 71 ff. und Vahrenkamp und Kotzab 2012, S. 341 ff.):

Schutzfunktion
Die Verpackung schützt einerseits die verpackte Ware vor der Umwelt. Dies beinhaltet den Mengenverlust, die Verunreinigung, Witterungseinflüsse oder Transportschäden. Andererseits wird die Umwelt vor dem Produkt durch die Verpackung geschützt. Dies ist von besonderer Relevanz bei Gefahrstoffen, die beim Austreten aus der Verpackung Schäden verursachen können. Die Verpackung kann weiter Schutz vor unbefugtem Zugriff gewähren, wie oben im Kapitel zum Luftfrachtverkehr beim Konzept des bekannten Versenders gesehen (Abschn. 5.4.5).
   Die gewählte Verpackung hängt dabei von der Empfindlichkeit der Packgüter, der Versandbelastungen sowie der Belastbarkeit von Packstücken, Pack- und Packhilfsmitteln ab (vgl. weiterführend Eschke et al. 2007).

Lager- und Transportfunktion
Die Ware wird durch die Verpackung in manipulierbaren Einheiten zusammengefasst, die den Transport und die Lagerung vereinfachen. Durch sie wird beispielsweise das Stapeln, Aufgreifen und Umschlagen der Ware ermöglicht. Ebenso bieten passgenau gestaltete Verpackungen eine bessere Ausnutzung von Lager- und Ladeflächen. Wichtig dabei ist, dass die Verpackung entsprechend beanspruchbar ist und nicht bei der Lagerung oder dem Transport leidet oder zerstört wird. Dies geht einher mit der **Rationalisierungsfunktion,** bei der man von der Einheitenbildung bei der Lagerung,

dem Transport und auch im Verbrauch profitiert, da die Handhabung einfacher wird und möglicherweise sogar automatisiert werden kann. Wichtig ist hier, dass das Verhältnis der Verpackungseinheit in rechnerisch angemessenem Verhältnis zur Ladeeinheit steht. Ein Beispiel sind Kartons, die in ihren Abmessungen Teilmengen eines Europalettenmaßes ergeben, sodass mehrere Kartons exakt das Grundmaß einer Palette ausschöpfen. Hilfreich ist hier eine Standardisierung der Verpackungen, sodass sie modular eingesetzt werden können, beispielsweise im Rahmen der sogenannten ISO-Modularität, bei der das Basismodul 600×400 mm verbreitet ist (vgl. weiterführend Lange und Ströhmer 2014).

Informations-, Identifikations- und Verkaufsfunktion

Die Verpackung enthält Informationen über ihren Inhalt. Die Informationen können natürlichsprachig oder in digital lesbarer Form vorliegen, z. B. in Form eines Barcodelabes, eines QR-Codes oder auch eines RFID-Tags. Die enthaltenen Informationen sind vielfältig und richten sich an mehrere Adressaten. Die Verpackung enthält Informationen zum Verkauf wie den Preis, die Menge oder die Artikelnummer, die das Unternehmen und der Kunde benötigen. Für den Kunden können außerdem noch Informationen zum Gebrauch der Ware auf der Verpackung angedruckt sein. Für das Unternehmen kann die Verpackung Informationen zur Identifikation und Unterscheidung der Ware enthalten. Häufig enthält die Verpackung Anweisungen für den Transport, indem Richtungsanweisungen oder Zerbrechlichkeitsinformationen mitgeliefert werden. Eine weitere wichtige Informationsfunktion der Verpackung kommt der Werbung zu, mit dem die Kunden zum Kauf animiert werden soll. Diese verkaufsfördernde Präsentationsfunktion der Verpackung ist eng verbunden mit Marketing- und Designstrategien.

Verwendungsfunktion

Bei der Verwendungsfunktion steht die problemlose Nutzung der Verpackung im Vordergrund. Dies betrifft beispielsweise das einfache Öffnen und Schließen der Verpackung. Die Verpackung könnte je nach Nutzung wiederverschließbar sein, die problemlose Entnahme von Teilmengen erlauben oder auch Hygienevorschriften einhalten. Ein weiteres Kriterium der Verwendungsfunktion liegt in der Frage der Wiederverwendbarkeit und Recyclingfähigkeit, was zur nächsten Funktion, der Kreislauffunktion führt.

Kreislauffunktion

Wenn Verpackungen wiederverwendbar sind, muss die Verpackung für den Kreislauf geeignet sein. Dies betrifft die Stabilität, aber auch die Hygiene und Kennzeichnung der Verpackung. Beispiele für wiederverwendbare Verpackungen im Kreislaufsystem sind Pfandflaschen. Außerdem gibt es Verpackungen, die unmittelbar für die mehrfache Nutzung verkauft werden und somit für den Konsumenten ein Endprodukt darstellen wie Tragetaschen aus Stoff oder Kunststoff sowie Transportkisten. Neben wiederverwendbaren Verpackungen, ist auch die umweltgerechte Entsorgung und das Recycling von Verpackungen entscheidend für die Kreislauffunktion (vgl. weiterführend Kap. 6).

Im Zuge der Nachhaltigkeit gibt es einen Trend zu umweltfreundlichen Verpackungen, die recyclingfähig und/oder wiederverwendbar sind. Darüber hinaus gibt es Bestrebungen, Verpackungen, insbesondere Plastikverpackungen, zu vermeiden oder, falls dies nicht möglich ist, zu reduzieren. Eine Vermeidung der Verpackung besteht im oben bereits genannten Pfandsystem oder auch in Ansätzen, in denen Konsumenten Waren ohne Verpackung kaufen oder geliefert bekommen. Beispielhaft dafür seien Unverpacktläden oder Lebensmittellieferungen in Bio-Kisten genannt.

Aus Sicht der Logistik ist es wünschenswert, wenn die Ware in der kompletten Lieferkette nicht umgepackt werden müsste. Dies heißt, die Produktionsverpackung würde der Lager-, Transport- und Verkaufsverpackung entsprechen. In der Praxis scheitert die Umsetzung häufig an den unterschiedlichen Mengen, die die Lieferkettenteilnehmer benötigen. Im Handel wird häufig das Shelf Ready Packaging eingesetzt, um dieser Herausforderung zu begegnen und möglichst wenig Ware umzupacken. Man versucht damit, dass eine Verpackung den Anforderungen aller Beteiligten in der Lieferkette, dem Produzenten, dem Lieferanten, dem Händler und dem Kunden, gerecht wird. Die Shelf Ready Verpackungen sind dabei so vorbereitet, dass sie vom Händler ohne großen Aufwand direkt zur Warenpräsentation für den Kunden in das Regal (= Shelf) verbracht werden. Die Anforderungen an die Verpackung sind hoch, da sie die unterschiedlichen Wünsche hinsichtlich der benötigten Einheiten berücksichtigen muss. Beim Shelf Ready Packaging kommen deswegen Verpackungen zum Einsatz, die den Transport in einer größeren Einheit erlauben und so konstruiert sind, dass der Handel sie z. B. nach einfachem Entfernen eines großen Deckels im Regal aufstellen kann und dem Kunden die Entnahme einzelner Einheiten erlaubt. Dabei spielen sowohl praktische als auch ästhetische und werbewirksame Faktoren eine Rolle bei der Gestaltung der Verpackung (vgl. weiterführend z. B. Schiebel 2015, S. 711).

Der Verpackung wird, wie oben bereits erwähnt, meist nur im Fall der Nichterfüllung ihrer Funktionen Beachtung geschenkt. Im Allgemeinen gilt, dass man den Aufwand für die Verpackung, sowohl aus organisatorischer als auch aus Kostensicht so gering wie möglich halten will. Dies steht häufig im Widerspruch zu den hohen Erwartungen an eine Verpackung. Die Erwartungen betreffen.

- den Qualitätserhalt des Packgutes,
- den Funktionsreichtum der Verpackung hinsichtlich Handhabbarkeit und Sicherheit, Festigkeit und Leichtgewicht, Öffnungsfähigkeit und Wiederverschließbarkeit, Kommunikationsfähigkeit und Ästhetik sowie Mehrfachverwendung und Verwertbarkeit,
- die Belastbarkeit der Packung im logistischen Kanal insbesondere mit statischen und dynamischen Kräften resultierend aus der Transportbelastung, der Ladungssicherung sowie der Einfluss von Temperatur und Feuchtigkeit (vgl. Großmann und Kaßmann 2012, S. 628).

Die rechtlichen Grundlagen der Verpackung werden im folgenden Kapitel (Kap. 6) zur Entsorgungslogistik aufgegriffen, auf welches an dieser Stelle verwiesen wird.

Literatur

Allianz pro Schiene (2016): Überblick: Wie der Güterzug länger werden kann. https://www. allianz-pro-schiene.de/themen/aktuell/740-meter-gueterzug/. Abruf 08.04.2020.

Allianz pro Schiene (2018): Wir werden die Lang-LKW im Auge behalten. Allianz pro Schiene akzeptiert Verwaltungsgerichts-Urteil zur Gigaliner-Zulassung. Pressemitteilung. https://www. allianz-pro-schiene.de/presse/pressemitteilungen/wir-werden-die-lang-lkw-im-auge-behalten/. Abruf: 01.04.2020.

Anylogic (o.J.): Die Einführung von Container-ETA-Daten für den Hamburger Hafen auswerten. https://www.anylogic.de/evaluating-container-eta-data-flow-introduction-in-the-port-of-hamburg/. Abruf: 04.09.2020.

Arnold. D. et al. (Hrsg.) (2008): Handbuch Logistik. 3. Auflage. Berlin: Springer Verlag.

BAG (o.J.): Güterkraftverkehrsrecht. https://www.bag.bund.de/DE/Navigation/Rechtsvorschriften/ GueKG/guekg_node.html. Abruf: 25.03.2020.

Bahrami, K. (2003): Horizontale Transportlogistik-Kooperationen. Wiesbaden: DUV-Verlag.

BASt (2016): Feldversuch mit Lang-LKW. Abschlussbericht. https://www.bast.de/ BASt_2017/DE/Verkehrstechnik/Fachthemen/v1-lang-lkw/v-lang-lkw-abschluss.pdf?__ blob=publicationFile&v=3. Abruf: 01.04.2020.

BAuA (2017): Verordnung zum Schutz vor Gefahrstoffen. https://www.baua.de/DE/Themen/ Arbeitsgestaltung-im-Betrieb/Gefahrstoffe/Arbeiten-mit-Gefahrstoffen/pdf/Gefahrstoffver-ordnung.pdf?__blob=publicationFile&v=5. Abruf: 07.09.2020.

BDB (2020): Daten und Fakten 2018/2019. Bundesverband der Deutschen Binnenschifffahrt e.V. https://www.binnenschiff.de/wp-content/uploads/2019/11/191125-Daten-Fakten_2018-19_ final.pdf. Abruf: 14.08.2020.

BDL (2020): Klimaschutzreport 2020. https://www.bdl.aero/wp-content/uploads/2021/03/klima-schutzreport2020_final-1.pdf. Abruf: 11.04.2022.

Berufsbildungsstelle Seeschifffahrt (o.J.): https://www.machmeer.de/infos-fuer-azubis/schiffe. Abruf: 11.04.2022.

Besse, A. (2018): Produktivitätssteigerung von Cross-Docking-Centern mit RFID. Eine empirische Analyse multikritierieller Produktivitätseinflüsse in Umschlags- und Verteilzentren. Wiesbaden: Springer Gabler Verlag.

BFU (2020): Unfälle und schwere Störungen mit in Deutschland zugelassenen Luftfahrzeugen im In- und Ausland. https://www.bfu-web.de/DE/Publikationen/Statistiken/Tabellen-Studien/ Tab2019/TAB-B-2019_Occ-D-Zugel.pdf?__blob=publicationFile. Abruf: 18.09.2020.

BFU (2021): Unfälle und schwere Störungen mit in Deutschland zugelassenen Luftfahrzeugen im In- und Ausland. https://www.bfu-web.de/DE/Publikationen/Statistiken/Tabellen-Studien/ Tab2020/TAB-B-2020_Occ-D-Zugel.pdf;jsessionid=CAD54C4E752865A97A12A3F79E039 9BA.live11313?__blob=publicationFile. Abruf: 11.04.2022.

Bienert, M.L. (1996): Standortmanagement. Methoden und Konzepte für Handels- und Dienst-leistungsunternehmen. Wiesbaden: Springer Fachmedien Verlag.

BMVI (2020): Richtlinie zur Förderung von Umschlagsanlagen im kombinierten Verkehr. https:// www.bmvi.de/SharedDocs/DE/Artikel/G/umschlaganlagen-foerderrichtlinie.html.   Abruf: 29.09.2020.

BMVI (2021a): Straßennetz (2021). https://www.bmvi.de/SharedDocs/DE/Artikel/G/infrastruktur-statistik.html. Abruf: 10.04.2022.

BMVI (2021b): Lang-Lkw: Streckennetz erweitert. 10. Änderungsverordnung zum Lang-Lkw in Kraft https://www.bmvi.de/SharedDocs/DE/Artikel/StV/Strassenverkehr/lang-lkw-aenderungsverordnung.html. Abruf: 10.04.2022.

BMWI (2022): Abkommen von Paris. https://www.bmwi.de/Redaktion/DE/Artikel/Industrie/klimaschutz-abkommen-von-paris.html. Abruf: 10.04.2022.

Brandenburg, H. et al. (2020): Güterkehr, Spedition, Logistik. Leistungserstellung in Spedition und Logistik. 44. Auflage. Troisdorf: Bildungsverlag Eins.

Bretzke, W.-R. (2020): Logistische Netzwerke. 4. Auflage. Berlin: Springer Vieweg Verlag.

BUND (2016): Stellungnahme zum Entwurf der siebten Verordnung zur Änderung der Verordnung über Ausnahmen von straßenverkehrsrechtlichen Vorschriften für Fahrzeuge und Fahrzeugkombinationen mit Überlänge vom 22.11.2016. https://www.bund.net/fileadmin/user_upload_bund/publikationen/mobilitaet/mobilitaet_gigaliner_stellungnahme.pdf. Abruf 01.04.2020.

BVU et al. (2014): Entwicklung der CO2-Emissionen einzelner Verkehrsträger in Deutschland von 2010 bis zum Jahr 2030. https://de.statista.com/statistik/daten/studie/314723/umfrage/co2emissionen-entwicklung-nach-verkehrszweig/. Abruf: 10.04.2022.

CargoBeamer (2021): CargoBeamer kooperiert mit Eurotunnel. https://www.cargobeamer.de/news/cargobeamer-kooperiert-mit-eurotunnel.html Abruf: 11.04.2022.

CargoBeamer (2022): Routen und Terminals. https://www.cargobeamer.de/was-wir-tun/terminals-und-routen.html. Abruf: 11.04.2022.

CargoCap (o.J.a): CargoCap Rohrleitungsnetz. http://www.cargocap.de/content/bau-des-rohr-leitungsnetzes. Abruf: 01.10.2020.

CargoCap (o.J.b): Rechtliche Rahmenbedingungen. http://www.cargocap.de/content/verkehrliche-rahmenbedingungen. Abruf: 01.10.2020.

Church, R.L., Murray, A. (2018): Location Covering Models. History, Applications and Advancements. Cham, Schweiz: Springer Nature Verlag.

CST (o.J.): Was ist CST. https://www.cst.ch/was-ist-cst/. Abruf: 02.10.2020.

Deutsche Bahn AG (2010): Richtlinien Bahnbetrieb. Trassenmanagement. https://fahrweg.dbnetze.com/resource/blob/1357284/3fedfa4571fda41b7851f0ad8361ac35/rw2019_402-0101-data.pdf. Abruf: 05.05.2022.

Deutsche Bahn AG (2022): Länge des Schienennetzes der Deutsche Bahn AG in den Jahren 2007 bis 2021. https://de.statista.com/statistik/daten/studie/13349/umfrage/laenge-vom-schienennetz-der-db-ag/Abruf: 10.04.2022.

DIN 55405 (2014): Verpackung – Terminologie – Begriffe. Berlin: Beuth Verlag.

DIN ISO 668 (1999): ISO-Container der Reihe 1 – Klassifikation, Maße, Gesamtgewichte. Berlin: Beuth Verlag.

Domschke, W., Drexl, A. (1996): Logistik: Standorte. 4. Auflage. München: Oldenbourg Verlag.

DVZ (2018): BDB: Tempolimit für Binnenschiffe ist Unfug. https://www.dvz.de/rubriken/land/binnenschifffahrt/detail/news/bdb-tempolimit-fuer-binnenschiffe-ist-unfug.html. Abruf 24.08.2020.

Eschke, R. et al. (2007): Technische Verpackungslogistik. Auslegung von Verpackungen für den globalen Versand. 3. Auflage. Renningen: Expert Verlag.

European Commission (2022): Nextrust. https://ec.europa.eu/inea/en/horizon-2020/projects/h2020-transport/logistics/nextrust. Abruf: 10.04.2022.

Eurostat (2022): Länder mit den meisten Todesfällen durch Bahnunfälle in Europa im Jahr 2020. http://appsso.eurostat.ec.europa.eu/nui/show.do?dataset=tran_sf_railvi&lang=en. Abruf: 10.04.2022.

FIS (2019a): Allianzen im Containerverkehr. https://www.forschungsinformationssystem.de/servlet/is/10985/. Abruf: 03.09.2020.

FIS (2019b): Seeunfälle. https://www.forschungsinformationssystem.de/servlet/is/18379/. Abruf: 08.09.2020.

FIS (2019c): Sattelauflieger im Kombinierten Verkehr. https://www.forschungsinformationssystem.de/servlet/is/341382/. Abruf: 29.09.2020.

Fraunhofer IML (2020): Smart City Loop. Ein Logistikkonzept, das unter die Erde geht. https://
    www.iml.fraunhofer.de/de/presse_medien/magazin_logistikentdecken/ausgabe--20/smart-city-
    loop.html. Abruf: 01.10.2020.
Göpfert, I. (2013): Logistik. Führungskonzeption und Management von Supply Chains. 3. Auflage.
    München: Vahlen Verlag.
Großmann, G. Kaßmann, M. (2012): Verpackungslogistik. Klaus, P. et al. (Hrsg.): Gabler Lexikon
    Logistik. 5. Auflage. Wiesbaden: Springer Gabler Verlag. 625–629.
GS1 Germany (2018): NexTrust erzielt Durchbruch bei nachhaltigen Transportkooperationen.
    https://magazin.gs1-germany.de/maerkte/nextrust-erzielt-durchbruch-bei-nachhaltigen-trans-
    portkooperationen/. Abruf: 10.04.2022
GS1 Germany (o.J.): ECR Award, https://www.ecraward.de. Abruf: 11.04.2022.
Gudehus, T. (2012): Logistik 2, 4. Auflage. Berlin: Springer Vieweg Verlag.
Günther, H.-O., Tempelmeier, H. (2016): Produktion und Logistik. 12. Auflage. Norderstedt:
    Books on Demand.
GVZ   (o.J.):   GVZ-Standorte.   https://www.gvz-org.de/de/güterverkehrszentren/gvz-standorte/.
    Abruf: 28.09.2020.
Hafen Hamburg (2021): Auswahl der weltweit größten Containerschiffe nach der Kapazi-
    tät.   https://de.statista.com/statistik/daten/studie/379264/umfrage/groesste-containerschiffe-
    nach-kapazitaet/https://de.statista.com/statistik/daten/studie/379264/umfrage/
    groesste-containerschiffe-nach-kapazitaet/. Abruf: 11.04.2022.
Hafen Hamburg (o.J.): Liniendienste mit Hafendirektsuche Shanghai. https://www.hafen-hamburg.
    de/de/linerservices/#hafen/cnsha/. Abruf: 05.05.2022.
Hansmann, K.-W. (2006): Industrielles Management. 8. Auflage. München: Oldenbourg Verlag.
Harting, D. (2011): Einkaufsorganisation: Kooperation mit und im Unternehmen. Von Coopetitions,
    Joint Ventures und Allianzen. Bechaffung aktuell. https://beschaffung-aktuell.industrie.de/all-
    gemein/von-coopetitions-joint-ventures-und-allianzen/. Abruf: 11.04.2022
Heiserich, O.-E. et al. (2011): Logistik. Eine praxisorientierte Einführung. Wiesbaden: Gabler Ver-
    lag.
IATA (o.J.): IATA about us. https://www.icao.int/about-icao/Pages/default.aspx. Abruf: 16.09.2020.
ICAO   (o.J.a):   Freedoms   of   the   Air.   https://www.icao.int/Pages/freedomsAir.aspx.   Abruf:
    15.09.2020.
ICAO (o.J.b): About ICAO. https://www.icao.int/about-icao/Pages/default.aspx. Abruf: 16.09.2020.
ICAO (o.J.c): What is CORSIA and how does it work? https://www.icao.int/environmental-
    protection/Pages/A39_CORSIA_FAQ2.aspx. Abruf: 17.09.2020.
ICCT (2017): Greenhouse Gas Emissions from global shipping, 2013–2015. https://theicct.
    org/sites/default/files/publications/Global-shipping-GHG-emissions-2013-2015_ICCT-
    Report_17102017_vF.pdf. Abruf: 11.04.2022.
IMO (2020): GHG emissions from international shipping. https://www.imo.org/en/OurWork/
    Environment/Pages/GHG-Emissions.aspx. Abruf: 02.05.2022.
ISL (2021): Tragfähigkeit der Welthandelsflotte am 1. Januar 2021 nach Schiffstypen. Marine-
    kommando – Jahresbericht.108. https://de.statista.com/statistik/daten/studie/29139/umfrage/
    tragfaehigkeit-der-welthandelsflotte-nach-schiffstypen/. Abruf: 11.04.2022.
KBA (2021): Anzahl der Sattelanhänger in Deutschland von 2010 bis 2021. https://de.statista.com/
    statistik/daten/studie/162120/umfrage/anzahl-der-sattelanhaenger-in-deutschland-seit-dem-
    jahr-2001/. Abruf 11.04.2022.
Korte, B., Vygen, J. (2018): Kombinatorische Optimierung. Theorie und Algorithmen. 3. Auflage.
    Berlin: Springer Spektrum Verlag.
Kuehn, A.A., Hamburger, M.J. (1963): A heuristic program for locating warehouse. Management
    Science 9 (4): 643–666.

Kummer, S. et al. (Hrsg.) (2019): Grundzüge der Beschaffung, Produktion und Logistik. 4. Auflage. München: Pearson Verlag.

Kreth, S. et al. (2014): Schulungsprogramm Gefahrguttransport: Fortbildungslehrgang Stück- und Schüttgutfahrer. 2. Auflage. Berlin: Springer Verlag.

Lange, V.; Ströhmer, M. (2014): Verpackungslogistik. Kaßmann, M. (Hrsg.): Grundlagen der Verpackung. Leitfaden für die fächerübergreifende Verpackungsausbildung. 2. Auflage. Berlin: Beuth Verlag. 303–327.

Lasch, R. (2016): Strategisches und operatives Logistikmanagement: Distribution. 2. Auflage. Wiesbaden: Springer Gabler Verlag.

LBA (o.J.): Luftsicherheit. https://www.lba.de/DE/Luftsicherheit/Luftsicherheit_node.html. Abruf: 17.09.2020.

Logivest GmbH (2015): LoGe2015. Die erfolgreichsten Logistik-Gewerbegebiete in Deutschland. https://www.gewerbegebiete.de/images/Unterlagen/LoGe2015_Management-Summary.pdf, Abruf 21.02.2020.

Lufthansa Cargo (o.J.a): Unsere Container: Gut verpackt ist halb am Ziel. https://lufthansa-cargo.com/de-DE/web/guest/fleet-ulds/ulds/containers. Abruf: 11.09.2020.

Lufthansa Cargo (o.J.b): Unsere B777F: der umweltfreundlichste Frachter der Welt. https://lufthansa-cargo.com/de/fleet-ulds/fleet/b777f. Abruf: 11.09.2020.

Martin, H. (2016): Transport- und Lagerlogistik. Planung, Struktur, Steuerung und Kosten von Systemen der Intralogistik. 10. Auflage. Wiesbaden: Springer Vieweg Verlag.

Mattfeld, D.C., Vahrenkamp, R. (2014): Logistiknetzwerke. Modelle für Standortwahl und Tourenplanung. 2. Auflage. Wiesbaden: Springer Gabler Verlag.

NerdWallet (2021): Maximale Geschwindigkeit der weltweit schnellsten Passagierflugzeuge der Welt. https://de.statista.com/statistik/daten/studie/1056126/umfrage/schnellste-passagierflugzeuge-der-welt-nach-maximaler-geschwindigkeit/. Abruf 11.04.2022.

o.V. (2011): Profile Interview mit Romald Heuvelmans. Logistik heute. https://logistik-heute.de/fachmagazin/fachartikel/interview-mit-romald-heuvelmans-von-mars-deutschland-5255.html. Abruf: 11.04.2022.

Pawellek, G. (1996): Simulationsgestützte Distributionsplanung. Zeitschrift für Logistik 5/6.6.

Pfhol, H.-C. (2018): Logistiksysteme. 9. Auflage. Berlin: Springer Vieweg Verlag.

Picot, A. et al. (2015): Organisation. Theorie und Praxis aus ökonomischer Sicht. 7. Auflage. Stuttgart: Schäffer-Poeschel Verlag.

Poehls, H. C. (2002): Grenzen des Wachstums bei Containerschiffen. Internationales Verkehrswesen 10: 501–502.

Port of Rotterdam (2017): Neuer 2-M-Service in 25 Tagen von Shanghai nach Rotterdam. https://www.portofrotterdam.com/de/nachrichten-und-pressemitteilungen/neuer-2m-service-in-25-tagen-von-shanghai-nach-rotterdam. Abruf: 03.09.2020.

Robold, M.O., Schmitz, S. (2017): Risikomanagement. Sachversicherungen für private und gewerbliche Kunden. 2. Auflage. Karlsruhe: Verlag Versicherungswirtschaft.

Schäfer, J.G. (2020): Luftfracht. Akteure-Prozesse-Märkte-Entwicklungen. Wiesbaden: Springer Gabler Verlag.

Schiebel, W. (2015): CSR und Marketing. Schneider, A., Schmidpeter, R. (Hrsg.): Corporate Social Responsibility. Verantwortungsvolle Unternehmensführung in Theorie und Praxis. 2. Auflage. Berlin: Springer Gabler Verlag. 705–720.

Schönknecht, A. (2009): Maritime Containerlogistik. Leistungsvergleich von Containerschiffen in intermodalen Transportketten. Berlin: Springer Verlag.

Schulte C. (2017): Logistik. Wege zur Optimierung der Supply Chain. 7. Auflage. München: Vahlen Verlag.

Sellschopf, L.; Berndt, D. (2014): Packstoffe, Packmittel und Packhilfsmittel. Kaßmann, M. (Hrsg.): Grundlagen der Verpackung. Leitfaden für die fächerübergreifende Verpackungsausbildung. 2. Auflage. Berlin: Beuth Verlag. 19–100.

Smart City Loop (o.J.): Warentransport auf der „vorletzten Meile" in Ballungsräumen. https://www.smartcityloop.de. Abruf: 01.10.2020.

Statistisches Bundesamt (2020): Tragfähigkeit der Handelsflotten von den führenden Flaggenstaaten im Jahr 2020. https://de.statista.com/statistik/daten/studie/28596/umfrage/tragfaehigkeit-der-handelsflotten-von-den-fuehrenden-flaggenstaaten/. Abruf: 11.04.2022.

Statistisches Bundesamt (2021a): Güteraufkommen je Verkehrsträger in Deutschland in den Jahren 2010 bis 2020. destatis.de. Wiesbaden.

Statistisches Bundesamt (2021b): Anzahl der Straßenverkehrsunfälle mit Personenschaden in Deutschland unter Beteiligung von Güterkraftfahrzeugen von 1992 bis 2020. Verkehrsunfälle. Zeitreihen. destatis.de. Wiesbaden.

Statistisches Bundesamt (2021c): Statista Dossier: Containerschifffahrt. destatis.de. Wiesbaden.

Statistisches Bundesamt (2021d): Statistiken zum Thema Containerschifffahrt. https://de.statista.com/themen/4310/containerschifffahrt/#dossierContents__outerWrapper. Abruf: 11.04.2022.

Statistisches Bundesamt (2022a): Transportleistung der Binnenschifffahrt im deutschen Güterverkehr von 2013 bis 2021. Statistische Wochenberichte – Wirtschaft, Handel und Verkehr – 12. KW/2022. 17.

Statistisches Bundesamt (2022b): Statista Dossier: Binnenschifffahrt Deutschland. destatis.de. Wiesbaden.

Statista Research Department (2014): Anzahl der Unfälle in der deutschen Binnenschifffahrt von 2011 bis 2013. https://de.statista.com/statistik/daten/studie/317250/umfrage/anzahl-der-unfaelle-deutsche-binnenschifffahrt/. Abruf: 24.08.2020.

Steglich, M. et al. (2016): Logistik-Entscheidungen. Modellbasierte Entscheidungsunterstützung in der Logistik mit Logisticslab. 2. Auflage. Berlin: De Gruyter Verlag.

Steven, M. (2007): Handbuch Produktion. Theorie, Management, Logistik, Controlling. Stuttgart: Kohlhammer Verlag.

Stich, V. et al. (2013): Konfiguration logistischer Netzwerke. Schuh, G., Stich, V. (Hrsg.): Logistikmanagement. Handbuch Produktion und Management 6. 2. Auflage. Berlin: Springer Vieweg Verlag. 35–76.

Stickel, M. (2006): Planung und Steuerung von Crossdocking-Zentren. Karlsruhe: Universitätsverlag.

Stigler, G.J. (1958): The Economies of Scale. The Journal of Law and Economics 1 (1): 54.

Suhl, L., Mellouli, T. (2013): Optimierungssysteme. Modelle, Verfahren, Software, Anwendungen. 3. Auflage. Berlin: Springer Gabler Verlag.

Tripp, C. (2021): Distributions- und Handelslogistik. 2. Auflage. Wiesbaden: Springer Gabler Verlag.

TX Logistik (o.J.): Going offroad with Nikrasa. https://www.txlogistik.eu/leistungen/nikrasa/. Abruf: 29.09.2020.

Umweltbundesamt (2020): Abgasgesetzgebung für Binnenschiffe. https://www.umweltbundesamt.de/themen/verkehr-laerm/emissionsstandards/binnenschiffe#abgasgesetzgebung-fur-binnenschiffe. Abruf: 24.08.2020.

Umweltbundesamt (2021a): Emissionen im Güterverkehr. https://www.umweltbundesamt.de/themen/verkehr-laerm/emissionsdaten#emissionen-im-guterverkehr-tabelle. Abruf: 10.04.2022.

Umweltbundesamt (2021b): Fakten zur Seeschifffahrt und zu ihren Auswirkungen auf die Umwelt. https://www.umweltbundesamt.de/themen/wasser/gewaesser/meere/nutzung-belastungen/schifffahrt#fakten-zur-seeschifffahrt-und-zu-ihren-auswirkungen-auf-die-umwelt.   Abruf: 11.04.2021.

Umweltbundesamt (2021c): Vergleich der durchschnittlichen Treibhausgas-Emissionen einzelner Verkehrsmittel im Personenverkehr in Deutschland – Bezugsjahr 2020. https://www.umwelt-bundesamt.de/bild/vergleich-der-durchschnittlichen-emissionen-0. Abruf: 11.04.2022.

UNCTAD (2021): Kapazitäten von Containerschiffen im Weltseehandel in den Jahren 1980 bis 2021. Review Of Maritime Transport. XVI. https://de.statista.com/statistik/daten/studie/154596/umfrage/kapazitaeten-der-containerschiffe-im-weltseehandel/. Abruf: 11.04.2022

University of Waterloo (o.J.): http://www.math.uwaterloo.ca/tsp/data/index.html. Abrufdatum 18.03.2020.

Vahrenkamp, R., Kotzab, H. (2012): Logistik. Management und Strategien. 7. Auflage. München: Oldenbourg Verlag.

Verwaltungsgericht Berlin (2018): Urteil vom 18.4.2018, VG 11 K 216.17. https://www.allianz-pro-schiene.de/wp-content/uploads/2018/05/Urteil-des-Verwaltungsgerichts-Berlin-zur-Klage-der-Allianz-pro-Schiene-gegen-die-Einführung-des-Regelbetriebs-von-Gigalinern.pdf. Abruf: 01.04.2020.

Voll, R. et al. (2013): Schienengüterverkehr. Clausen, U., Geiger, C. (Hrsg.): Verkehrs- und Trans-portlogistik. 2. Auflage. Berlin: Springer Vieweg Verlag. 161–177.

Wannenwetsch, H.H. (2008) (Hrsg.): Intensivtraining Produktion, Einkauf, Logistik und Dienst-leistung. Wiesbaden: Gabler Verlag.

Werners, B., Meyer, D. (1999): Unterstützung der Standortplanung für die Feuerwehr Bochum. Arbeitsbericht zur Unternehmensforschung Nr. 9911. Fakultät für Wirtschaftswissenschaft. Ruhr-Universität Bochum.

Werners, B. et al. (2001): Standortplanung für das Rettungswesen. WiSt 30 (12): 653–658.

Werners, B. et al. (2003): Standortplanung in Bochum: Wohin mit den Rettungswachen? Rettungs-dienst 26. (3): 29–33.

Werners, B. (2013): Grundlagen des Operations Research. Mit Aufgaben und Lösungen. 3. Auf-lage. Berlin: Springer Gabler Verlag.

WSV (2021): Klassifizierung der Binnenwasserstraßen des Bundes. https://www.gdws.wsv.bund.de/SharedDocs/Downloads/DE/Karten/Karten_neu/w161k_Klassifizierung.pdf?__blob=publicationFile&v=4. Abruf: 11.04.2022.

Zäpfel, G., Wasner, M. (2018): Planung und Optimierung von Hub-and-Spoke-Transportnetzwerken im Sammelgutverkehr. Corsten, H. et al. (Hrsg.): Handbuch Produktions- und Logistikmanagement in Wertschöpfungsnetzwerken. Berlin: De Gruyter Verlag. 369–386.

Zimmermann, H.-J. (2008): Operations Research. Methoden und Modelle. Für Wirtschafts-ingenieure, Betriebswirte und Informatiker. 2. Auflage. Wiesbaden: Vieweg Verlag.

Logistikmanagement: Entsorgungslogistik

Zusammenfassung

Die Entsorgungslogistik befasst sich mit Rest- und Abfallstoffen, während sich die in den vorangegangenen Kapiteln betrachtete Versorgungslogistik mit Materialen und Produkten beschäftigt, die in einer Lieferkette benötigt werden. Beide Logistikbereiche lassen sich zu einem Ansatz der Kreislaufwirtschaft kombinieren, indem recycel- und verwertbare Güter mithilfe der Entsorgungslogistik wieder als Einsatzstoffe für die Beschaffung innerhalb der Versorgungslogistik herangezogen werden können. In diesem Kapitel werden die Grundlagen und Leistungen der Entsorgungslogistik aufgezeigt und mit den Aufgaben der Versorgunglogistik verglichen. Im Anschluss werden die wichtigsten gesetzlichen Regelungen auf europäischer und Bundesebene dargestellt, bevor die Ausgestaltung der Entsorgungslogistik in Deutschland beschrieben wird.

In der Logistik stand zunächst die Frage der Versorgung im Vordergrund, bevor Mitte der 1980er Jahre, ausgelöst durch Rohstoffknappheit und Umweltbelastung, die Versorgungslogistik konzeptionell um die Entsorgungslogistik erweitert wurde (vgl. Göpfert 2012, S. 155). Im Gegensatz zur Versorgungslogistik befasst sich die Entsorgungslogistik nicht mit Materialien oder Produkten, die für den Absatz bestimmt sind, sondern mit Rest- und Abfallstoffen. Diese Rest- und Abfallstoffe können aus allen Teilen der Versorgungskette stammen. Es handelt sich beispielsweise um Ausschuss, Überschuss, Verpackungsmaterialien, Kuppelprodukte oder Ladehilfsmittel, die sowohl bei der Beschaffung als auch bei der Produktion, Distribution und Konsumtion der Materialien und Produkte anfallen.

Ein weiterer Gegensatz ist in der Flussrichtung der Entsorgungslogistik zu sehen, die gegenläufig zur Versorgungslogistik ist. Zusammen bilden sie einen Kreislauf, der im Idealfall dafür sorgt, dass recycelte Produkte wieder in der Beschaffungslogistik

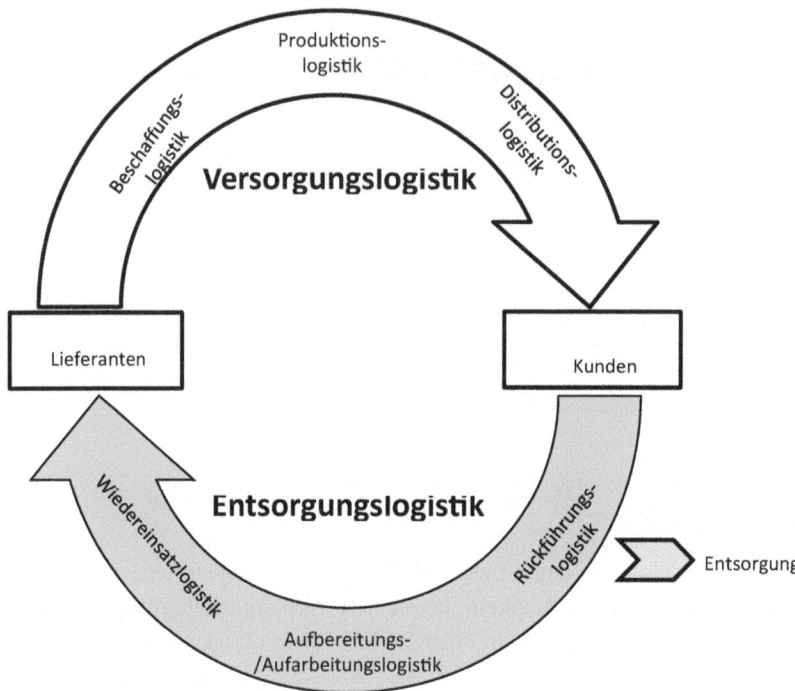

Abb. 6.1 Kreislauf Versorgung und Entsorgung

eingesetzt werden können, wie in Abb. 6.1 zu sehen. Nicht wieder- oder weiterverwend-
bare sowie recycelbare Materialien und Produkte werden der Entsorgung zugeführt und
befinden sich nicht mehr im Kreislauf.

Ein Teil der Organisationsansätze und Ziele werden aus der „klassischen" Logistik,
der Versorgungslogistik, übernommen. Es gilt also in allen logistischen Bereichen der
Rückführung, Aufbereitung, Aufarbeitung und des Wiedereinsatzes der Rest- und Abfallstoffe, einen kostenoptimalen logistischen Fluss zu erstellen, der einen hohen Logistik-
service aufrechterhält und auch bei Änderungen und Entwicklungen anpassungsfähig
bleibt.

Neben diesen ökonomischen Zielen stehen bei der Entsorgungslogistik auch ökologische Ziele im Vordergrund, damit auf der Inputseite der Einsatz natürlicher
Ressourcen minimiert wird und auf der Outputseite wenig Abfall entsteht. Sollte dieser
dennoch entstehen, so sollte er möglichst ressourcenschonend recycelt und wieder in den
Kreislauf eingebracht werden (vgl. Isermann und Houtmann 1998).

6.1 Grundlagen und Leistungen

Die Objekte der Entsorgungslogistik betreffen Abfälle. Abfälle sind laut Kreislaufwirtschaftsgesetz alle Stoffe oder Gegenstände, derer sich ihr Besitzer entledigt, entledigen will oder entledigen muss. Abfälle zur Verwertung sind Abfälle, die verwertet werden; Abfälle, die nicht verwertet werden, sind Abfälle zur Beseitigung (KrWG § 3 (1)).

Die Einteilung der Abfälle erfolgt weiterhin nach ihrem Aggregatzustand in fest, pastös und flüssig (Stölzle 1993, S. 167) oder auch nach ihrer Verwertbarkeit, ihrer Gefährlichkeit und ihrem ökonomischen Wert (vgl. Schulte 2017, S. 761 f.).

Die Leistungen der Entsorgungslogistik umfassen neben den aus der Versorgungslogistik bekannten TUL-Prozessen auch die Sammlung und Sortierung der Abfälle. Darüber hinaus befasst sich die Entsorgungslogistik mit der Verpackung (vgl. Abschn. 5.5). Diese Leistungen werden sukzessiv näher betrachtet. Allen Leistungen übergeordnet ist wie bei der Versorgungslogistik die Informationsleistung, die notwendig ist, um alle anderen Prozesse zu planen und durchzuführen.

Transport

Beim Transport wird zwischen dem inner- und außerbetrieblichen Transport unterschieden. Der innerbetriebliche Transport umfasst alle Bewegungen innerhalb des Unternehmens, analog zum Materialfluss wie in Abschn. 4.5.2 beschrieben. Der innerbetriebliche Transport innerhalb der Entsorgungslogistik wird daher folgend nicht weiter vertieft (vgl. weiterführend Pfohl und Stölzle 1992). Der Fokus liegt vielmehr auf dem außerbetrieblichen Transport. Dieser wird in vielen Punkten ebenso analog zur Distributionslogistik (vgl. Kap. 5) strukturiert, aufgrund der Art des Transportobjektes und der Flussrichtung gibt es jedoch einige Besonderheiten, auf die im Folgenden eingegangen wird.

Die Durchführung des Transports hängt von den Charakteristika des Abfalls ab. Die Beschaffenheit des Abfalls nach Aggregatzustand beeinflusst die Ausgestaltung des Transports, da beispielsweise flüssige Abfälle anders verpackt und transportiert werden als feste. Ist der Abfall weiter verwertbar, wird er prinzipiell wie ein primärer Rohstoff behandelt, da der Transport in aller Regel auch unter Zeitgesichtspunkten optimiert wird. Ist der Abfall nicht verwertbar, ist der Transport meist zeitunkritisch und wird vor allem unter Kosten- und Umweltgesichtspunkten optimiert.

Beim Transport in der Entsorgungslogistik bietet sich aufgrund der zur Versorgungslogistik entgegengesetzten Flussrichtung die Möglichkeit, beide logistischen Flüsse zu kombinieren, um so paarige Transporte zu erzielen. Bei paarigen Transporten sind sowohl der Hinweg als auch der Rückweg ausgelastet, es kommt nicht zu Leerfahrten.

Leerfahrten

Von einer Leerfahrt spricht man, wenn ein Fahrzeug unbeladen fährt. In Deutschland wird vom Kraftfahrt-Bundesamt erhoben, wie hoch das Verkehrsaufkommen und der Anteil der enthaltenen Leerfahrten monatlich sind (vgl. Kraftfahrt-Bundesamt 2022, Tab. 6.1). Gegenstand der Statistik

Tab. 6.1 Verkehrsaufkommen deutscher LKW (September 2021, Meldestand Januar 2022)

Anzahl Fahrten insgesamt	37,6 Mio.
Anzahl der Lastfahrten	23,3 Mio.
Lastkilometer	2.016,5 Mio. Kilometer
Transportiertes Gütergewicht	282,0 Mio. Tonnen
Beförderungsleistung	26,8 Mrd. Tonnenkilometer
Anzahl der Leerfahrten	14,3 Mio.
Leerkilometer	612,4 Mio. Kilometer
Anteil der Leerfahrten	38,1 %

sind die im Rahmen des Straßengütertransportes durchgeführten Fahrten deutscher Lastkraftfahrzeuge (Lastkraftwagen mit mehr als 3,5 t Nutzlast oder bei unbekannter Nutzlast, mehr als 6 t zulässiger Gesamtmasse sowie Sattelzugmaschinen, einschließlich der von diesen Lastkraftfahrzeugen gezogenen Anhänger und Sattelauflieger).

Die Analyse der Leerfahrten kann auf unterschiedliche Weise vorgenommen werden. Eine Möglichkeit besteht darin, den Leerfahrtenanteil auf die insgesamt zurückgelegte Strecke zu beziehen, um den Anteil der kompletten Leerfahrten zu errechnen. Bei einem weiteren Ansatz wird die Teilstrecke mit dem Auslastungsgrad multipliziert, bevor sie auf die Gesamtstrecke bezogen wird. Als Ergebnis erhält man die Gesamtauslastung, bei der nicht nur die kompletten Leerfahrten, sondern auch die Teilauslastungen eingezogen werden. Dies ist am folgenden Beispiel dargestellt (Abb. 6.2):

Die Gesamtlast des LKW beträgt im Beispiel 20 t.

Berechnungsmöglichkeit 1: Leerfahrtenanteil in km/Gesamtstrecke in km: 50/800 ≙ 6,25 %.

Berechnungsmöglichkeit 2: (Teilstrecke in km · Auslastungsgrad)/Gesamtstrecke in km:

$$(350 \cdot 1 + 50 \cdot 0 + 350 \cdot 0,5 + 50 \cdot 0,25) / 800 = 537,5/800 ≙ 67,2 \%$$

Die Gründe für Leerfahren sind vielfältig. In erster Linie begründen sie sich in fehlenden Rückladungen. Warenströme sind häufig unpaarig, so dass auf dem Rückweg nicht so viel wie auf dem Hinweg oder gar nichts geladen wird.

Eine Möglichkeit diese Leerfahrten oder Teilauslastungen zu vermeiden, ergibt sich, wenn Spediteure oder Unternehmen miteinander kooperieren, um Nachfrage und Angebot von freien Kapazitäten abzustimmen. In Deutschland werden diese Kooperationen dadurch erschwert, dass der Speditionsmarkt aus vielen kleinen und mittelgroßen Transportunternehmen besteht, was

Abb. 6.2 Beispiel Berechnung Leerfahrten

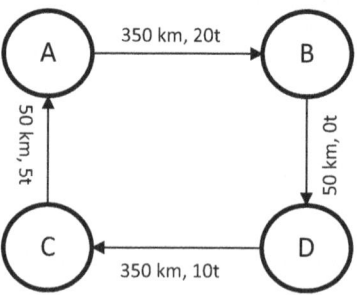

eine Abstimmung durch die hohe Anzahl an Akteuren und die vergleichsweise kleinen Auftragsvolumina erschwert (vgl. weiterführend Bretzke 2014, S. 355 ff.).

Hinzu kommt eine möglicherweise schlechte Planbarkeit bei der Menge von zurückzunehmenden Artikeln wie Leergut.

In den USA ist zu sehen, wie ein anders strukturierter Markt funktioniert. Hier sind vornehmlich Großunternehmen im Speditionsmarkt anzutreffen, wodurch Kooperationen und Abstimmungen erleichtert werden. Es gibt Begegnungs- und Stafettenverkehre oder auch Rundlaufkonzepte. Die Fahrzeuge müssen nicht zum Ausgangsort zurückkehren. Auf diese Weise kann die Auslastung der Fahrzeuge besser geplant und infolgedessen erhöht werden (vgl. weiterführend Bretzke 2014, S. 363 ff. oder Müller und Klaus 2009).

In Europa gab und gibt es diesbezügliche Projekte, um die Anzahl der Leerfahrten zu reduzieren. Beispielhaft für ein solches Projekt sei das 2018 ausgelaufene Projekt NexTrust genannt, das von der EU mit 18 Mio. Euro gefördert wurde (vgl. European Commission o.J.(a)).

Die seit 2021 agierende Organisation European Climate, Infrastructure and Environment Executive Agency (CINEA) hat als Ziel die Unterstützung der Klimaneutralität der EU-Länder. Dies soll durch das Durchführen zahlreicher Projekte erreicht werden, wobei der Transport eine wichtige Rolle spielt (vgl. weiterführend European Commission o.J.(b)).

Bei der Kombination der beiden logistischen Flüsse, kann es zu Herausforderungen und Problemen kommen, wenn beispielsweise das geladene Gut in Richtung Verbraucher gar nicht oder nur erschwert mit Teilladungen für den Rückfluss kombiniert werden kann. Ein Beispiel dafür wäre eine Ladung mit Lebensmitteln, die an mehreren Filialen eines Supermarktes entladen wird. In jedem Supermarkt werden leere Pfandflaschen eingesammelt, die der Verwertung zugeführt werden. Diese sind teils verschmutzt und müssen entsprechend so transportiert werden, dass sie die verbleibende Ladung an Lebensmitteln nicht beeinträchtigen.

Neben der Frage der Verwertbarkeit steht auch die Frage der Gefährlichkeit des Abfalls im Blickpunkt. Beim Transport gefährlicher Güter müssen bestimmte Vorschriften beachtet werden, damit kein Schaden entsteht. Gemäß Gefahrgutbeförderungsgesetz (GGBefG) sind gefährliche Güter Stoffe und Gegenstände, von denen aufgrund ihrer Natur, ihrer Eigenschaften oder ihres Zustandes im Zusammenhang mit der Beförderung Gefahren für die öffentliche Sicherheit oder Ordnung, insbesondere für die Allgemeinheit, für wichtige Gemeingüter, für Leben und Gesundheit von Menschen sowie für Tiere und Sachen ausgehen können (§ 2 Abs. 1 GGBefG).

Um die Sicherheit beim Transport zu gewährleisten, müssen die Gefahrgüter entsprechend verpackt, gekennzeichnet, beaufsichtigt und mit adäquaten Ladehilfsmitteln und Verkehrsträgern transportiert werden.

Der Transport in der Entsorgungslogistik kann sowohl dem Nah- als auch dem Fernverkehr zugehörig sein, je nach Destination des Abfalls.

Umschlag

Beim Umschlag werden genau wie bei der Versorgungslogistik die Güter, in dem Fall die Abfälle, auf einen Verkehrsträger geladen oder auf einen weiteren Verkehrsträger umgeladen. Aus ökonomischen und ökologischen Gründen sollte die Anzahl der

Umladungen so gering wie möglich gehalten werden, da der Transportfluss dadurch unterbrochen wird.

Beim Umschlag von Gefahrgut muss insbesondere auch der mitlaufende oder vorauseilende Informationsfluss beachtet werden, bei dem beispielsweise Anweisungen zur Handhabung oder die genauen Inhaltsstoffe bekannt gegeben werden.

Lagerung

Die Lagerung der Abfälle unterscheidet sich von der Lagerung der Versorgungsgüter in ihrer Zielsetzung. Während bei der Versorgung verschiedene Funktionen wie die Aufrechterhaltung der Versorgung, der Ausgleich von Nachfrageschwankungen, eine Pufferfunktion oder eine Veredelungsfunktion im Vordergrund stehen, geht es bei der Entsorgung vornehmlich um das Schaffen von wirtschaftlichen Transporteinheiten beim Sammeln oder Umschlagen der Abfälle (vgl. weiterführend z. B. Pfohl und Stölzle 1992, S. 581). Beim Zuführen des Abfalls zu Behandlungs- oder Beseitigungsanlagen wird auf eine ausgeglichene Auslastung gezielt. Zu diesem Zweck werden die Abfälle gelagert, um die Menge und Zeit der Behandlung oder Beseitigung positiv zu beeinflussen (vgl. Hesse und Clausen 2019, S. 288).

Darüber hinaus gibt es bei der Lagerung von Abfällen auch dauerhafte Endlagerstätten, die eine geordnete Entsorgung in Deponien sicherstellen.

Sammlung und Sortierung

Abfälle entstehen häufig in vielfältiger Form. Sie unterscheiden sich hinsichtlich ihrer Verwertungs-, Aufbereitungs- und Entsorgungsmöglichkeiten. In einem Privathaushalt fällt beispielsweise Restmüll, organischer Müll, Verpackungsmüll, Papier, Glas, Batterien, elektronische Geräte und Sonderabfall an. Dementsprechend bedarf es in aller Regel einer Sortierung, um die Abfälle homogen ihrer bestmöglichen Bestimmung zuzuführen. In vielen Fällen ist die Sortierung mit der Sammlung kombiniert.

Zwischen den beiden Bereichen bestehen Interdependenzen. Während aus Sicht der Sammlung möglichst große Mengen zur Auslastung der Fahrzeuge und Anlagen angestrebt werden, bewirkt die Sortierung das Gegenteil: Je früher die Sortierung erfolgt, desto kleiner und sortenreiner ist die Transportmenge (vgl. Schulte 2017, S. 767).

Die Organisation von Sammlung und Sortierung kann nach drei Prinzipien erfolgen (vgl. weiterführend Stölzle 1993, S. 241 ff.):

- Gemischte Sammlung ohne nachträgliche Sortierung,
- Gemischte Sammlung mit nachträglicher Sortierung,
- Getrennte Sammlung nach Sorten.

Bei der Sammlung des Abfalls unterscheidet man in Hol- und Bringsysteme. Bei den Bringsystemen bringt der Abfallerzeuger den Abfall zu einer Sammelstelle. Ein Beispiel ist das Entsorgen von Altglas im Glascontainer, Batterien im Supermarkt oder Sondermüll auf dem Recyclinghof.

Beim Holsystem wird der Transport vom Entsorgungsunternehmen organisiert und direkt an der Quelle abgeholt wie der Hausmüll oder Verpackungsmüll mit Grünem Punkt. Der Vorteil des Holsystems liegt in der Erzielung hoher Rücklaufquoten des Abfalls, da dem Erzeuger wenig Aufwand für die Entsorgung entsteht (vgl. Hesse und Clausen 2019, S. 274 und weiterführend Zeschmar-Lahl 2020).

Verpackung

In den meisten Fällen wird die Verpackung später zu Abfall, womit sie selbst zum Gegenstand der Entsorgungslogistik wird. Im Fokus der Betrachtung liegt hier die Verpackung des Abfalls. Die Verpackung verfolgt in aller Regel die Erreichung verschiedener Funktionen (Abschn. 5.5). Im Falle der Entsorgungslogistik dient die Verpackung der Bildung von Ladeeinheiten und des Schutzes, um die Umgebung vor dem Abfall zu schützen.

Bei der Entsorgungslogistik erfolgt die Verpackung oft in Behältersystemen, die in Umleer-, Wechsel- oder Einwegbehälter unterschieden werden (vgl. Hesse et al. 2012, S. 458 ff.) Umleerbehälter werden wie beim Hausmüll vor Ort geleert und an ihren Standort zurückgestellt. Beim Wechselverfahren werden volle Behälter eingesammelt und gegen leere ausgetauscht. Einwegbehälter werden direkt mit dem Abfall eingesammelt und entsorgt (zu den einzelnen Behältersystemen vgl. weiterführend z. B. Hesse et al. 2012, S. 459 ff.).

6.2 Gesetzliche Regelungen

Die gesetzlichen Regelungen der Entsorgung sind durch europäisches Recht, Bundesrecht, Landesrecht und kommunales Abfallrecht geprägt.

Europäisches Recht

Das europäische Recht beinhaltet eine Vielzahl an europäischen Rechtsakten im Bereich des Abfallrechts. Dies kann in verschiedenen Formen erlassen werden: Während Verordnungen unmittelbare Gültigkeit in den Mitgliedsstaaten haben, müssen Richtlinien zunächst in das jeweilige nationale Recht umgesetzt werden. Eine zentrale europäische Richtlinie ist die Abfallrahmenrichtlinie (Richtlinie 2008/98/EG 2008), in der wesentliche Begrifflichkeiten und die **Abfallhierarchie** definiert sind.

Die Abfallhierarchie beschreibt die Prioritätenfolge bei der Behandlung von Abfall. Die erste Priorität besteht darin, den Abfall zu vermeiden. Wenn dies nicht möglich ist, sollte er zur Wiederverwendung vorbereitet werden, z. B. durch Reinigung oder Reparatur. Die nächsten Prioritäten liegen im Recycling und in der Verwertung, z. B. in energetischer Form. Erst die letzte Stufe der Abfallbehandlung beinhaltet die Beseitigung des Abfalls, z. B. auf Deponien. Das Ziel in der Befolgung der Hierarchie besteht darin, nur einen kleinen, nicht vermeidbaren Teil des Abfalls zu beseitigen. Der Großteil soll vermieden, ansonsten recycelt, verwendet oder verwertet werden.

Die Abfallhierarchie ist der Abb. 6.3 zu entnehmen.

Die Abfallrahmenrichtlinie wurde 2018 novelliert (Richtlinie 2018/851/EU 2018), was auch in Deutschland zu einer Anpassung des nationalen Rechts führte. Das Kreislaufwirtschafts- und Abfallgesetz (KrW-/AbfG) wurde durch das Kreislaufwirtschaftsgesetz (KrWG) abgelöst, was seit Oktober 2020 in Kraft ist. Die novellierte Abfallrahmenrichtlinie setzt sich zum Ziel, die Kreislaufwirtschaft zu stärken, indem Abfall vermieden und die nicht vermeidbaren Abfälle verstärkt recycelt werden. Dazu wurde das System der Produktverantwortung erweitert um die Obhutspflicht.

Bei der über den ganzen Produktlebenszyklus gehenden **Produktverantwortung** ist der Produzent verantwortlich für die Produktrückführung, Aufarbeitung, Sammlung etc., da er durch die Produktgestaltung die Verwendungs- und Verwertungswege festlegt. Die gesetzlichen Regelungen befassen sich beispielsweise mit dem Aufbau eines Rücknahme- und Verwertungssystems für Abfälle sowie der Festlegung und der Erfüllung von Sammel- bzw. Verwertungsquoten (vgl. Hesse und Clausen 2019, S. 245).

Die **Obhutspflicht** geht noch einen Schritt weiter und verlangt die Erhaltung der Gebrauchstauglichkeit von Erzeugnissen. Die Entsorgung wird nur als letzte Möglichkeit zugelassen. Dies soll u. a. mit einer Transparenzpflicht umgesetzt werden, im Zuge derer Berichte über die Handhabung von Retouren, Warenüberhängen oder Maßnahmen zur Gebrauchserhaltung der Produkte gefordert werden können. (vgl. z. B. BMU 2021).

Neben der Abfallrahmenrichtlinie wurden 2018 die Richtlinie über Verpackungen und Verpackungsabfälle, die Richtlinie über Abfalldeponien sowie die Richtlinien über Altfahrzeuge, über Batterien und Akkumulatoren sowie Altbatterien und Altakkumulatoren und über Elektro- und Elektronik-Altgeräte auf europäischer Ebene angepasst (vgl. z. B. Umweltbundesamt 2020a).

Abb. 6.3 Abfallhierarchie

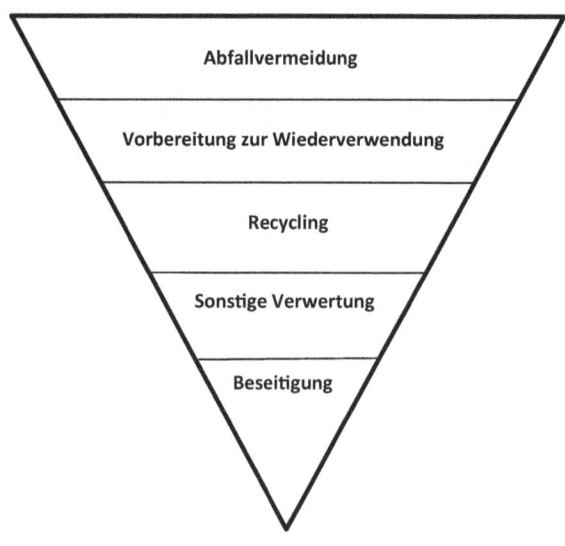

Bundesrecht

Auf Bundesebene wird das Abfallrecht zum Großteil durch das Kreislaufwirtschafts-gesetz geregelt. Ergänzende Regelungen für spezifische Produktabfälle finden sich beispielsweise im Verpackungsgesetz (VerpackG), in der Altfahrzeug-Verordnung (AltfahrzeugV), im Batteriegesetz (BatterieG) sowie im Elektro- und Elektronikgeräte-gesetz (ElektroG).

Landesrecht

Das Abfallrecht fällt in die konkurrierende Gesetzgebungszuständigkeit des Bundes. Somit können die Länder ihre Gesetzgebungskompetenz nur soweit ausüben, wie der Bund von seinem Gesetzgebungsrecht keinen Gebrauch gemacht hat. Im Landesrecht werden folglich Vorschriften ergänzt und konkretisiert, die nicht durch das Bundes-recht geregelt sind. Dies sind beispielsweise Vollzugsfragen, wie die Festlegung der zuständigen Behörden.

Kommunales Recht

Im kommunalen Recht werden Satzungen erlassen, die die Sammlung und Aufbereitung von haushaltsnah anfallenden Abfällen regeln. Dies betrifft z. B. die kommunale Abfallgebühr.

6.3 Ausgestaltung der Entsorgungslogistik in Deutschland

In Deutschland werden wie oben geschildert europäische Richtlinien in nationales Gesetz umgesetzt. Die europäischen Richtlinien lassen sich nach ihrem Geltungsbereich und ihrem Einsatzbereich ordnen, z. B. in Rechtsakte für Abfallerzeuger oder -entsorger, für unterschiedliche Abfallarten oder zur Behandlung von Abfällen (vgl. weiterführend Hesse und Clausen 2019, S. 251).

Das Kreislaufwirtschaftsgesetz ist das zentrale Gesetz im deutschen Abfallrecht. Es wird durch verschiedene Rechtsverordnungen ergänzt. Dies betrifft abfallbezogene Verordnungen sowie Verordnungen zur Abfallbehandlung und Abfallverbringung. Im Folgenden wird nur auf ausgewählte Aspekte eingegangen, die die Privathaushalte und die Entsorgungslogistik in Deutschland besonders beeinflussen. Dies inkludiert neben dem oben angesprochenen Kreislaufwirtschaftsgesetz insbesondere das Verpackungs-gesetz, das in Deutschland mithilfe eines dualen Systems umgesetzt wird. Ferner wird kurz auf das Elektro- und Elektronikgerätegesetz eingegangen.

Das **Verpackungsgesetz** (VerpackG) ist ein Gesetz über das Inverkehrbringen, die Rücknahme und die hochwertige Verwertung von Verpackungen. Es löst seit Januar 2019 die vorher geltende Verpackungsverordnung ab. Das Verpackungsgesetz setzt die europäische Verpackungsrichtlinie (Richtlinie 94/62/EG 1994) um und legt Anforderungen an die Produktverantwortung nach § 23 des Kreislaufwirtschaftsgesetzes für Verpackungen fest.

In § 3 VerpackG wird in unterschiedliche Verpackungsarten unterschieden (VerpackG 2021):

- Verkaufsverpackungen (inkl. Service- und Versandverpackungen),
- Umverpackungen,
- Transportverpackungen,
- Getränkeverpackungen,
- Mehrwegverpackungen und
- Einwegverpackungen.

Das VerpackG regelt die Recyclingquoten von Abfällen, wobei diese sukzessive angehoben werden. Ab 2022 sollen die Recyclingquoten beispielsweise bei Glas, Papier, Pappe, Karton, Eisenmetallen und Aluminium bei 90 % liegen. Getränkekartonverpackungen sollen zu 80 % recycelt werden und Kunststoffe zu 63 % (vgl. Umweltbundesamt 2021a).

Aus Sicht der Entsorgungslogistik sind insbesondere die Verkaufs-, Getränke- und Mehrwegverpackungen zu beachten, da für diese Verpackungen besondere Regelungen gelten, die erhöhten logistischen Aufwand mit sich führen. Diese drei Verpackungsarten werden nachfolgend detaillierter dargestellt.

Verkaufsverpackungen dienen dem Schutz und der Transportmöglichkeit von Waren und werden dem Endverbraucher typischerweise mit der Ware selbst als Verkaufseinheit angeboten. Laut Umweltbundesamt fielen in Deutschland im Jahr 2018 18,9 Mio. Tonnen an Verpackungsabfällen an (Umweltbundesamt 2020b). Der Anfall von Verpackungsanfällen wird seit 1991 gemessen und die für 2018 registrierte Menge ist der höchste Verbrauch. Verkaufsverpackungen bestehen zumeist aus Papier, Pappe oder Karton gefolgt von Holz, Kunststoff und Glas (Gesellschaft für Verpackungsmarktforschung 2020).

Die Abholung und Verwertung von Verkaufsverpackungen erfolgen in Deutschland über ein duales System. Dies resultiert aus der 1991 in Kraft getretenen Verpackungsverordnung, die die Inverkehrbringer von Verkaufsverpackungen dazu verpflichtet hat, Verpackungen zurückzunehmen und sie einer Verwertung zuzuführen. Vorher war dies Aufgabe der Gemeinden. Zur Organisation und Bündelung der Rückgabe- und Verwertungspflicht wurde eine gemeinsame Entsorgung in einem dualen System entwickelt, das zusätzlich zur kommunalen Entsorgung existiert. Die Inverkehrbringer werden durch die Zugehörigkeit zum dualen System von der individuellen Rücknahmepflicht befreit. Seit der Novellierung der Verpackungsgesetzgebung in 2019 verpflichtet das Verpackungsgesetz alle Inverkehrbringer von Verkaufsverpackungen zur Teilnahme in einem dualen System (§ 7 VerpackG). Sie melden ihre in Verkehr gebrachten Mengen an das duale System und zahlen für die Dienstleistung der Abholung und Entsorgung ein Lizenzentgelt.

Die Betreiber der dualen Systeme sind ihrerseits verpflichtet, jährlich einen Mengenstromnachweis vorzulegen, indem die Erfüllung der Sammlungs- und Verwertungsanforderungen gemäß den Vorgaben des Verpackungsgesetzes nachgehalten wird. Die dabei einzuhaltenden Prüfleitlinien entwickelt die Stiftung Zentrale Stelle Verpackungsregister (ZSVR) in Abstimmung mit dem Bundeskartellamt (ZSVR 2020).

Die Erfolgsbilanz der dualen Systeme ist nicht unumstritten. Kritisiert werden beispielsweise Unstimmigkeiten bei den zurückgemeldeten Mengen der in Verkehr gebrachten Verpackungen, die Höhe der erzielten Recyclingquoten oder auch die Sinnhaftigkeit der Mülltrennung etc. (vgl. z. B. Handelsblatt 2019).

Duale Systeme Deutschland

Mit Einführung der Verpackungsverordnung und der daraus für die Inverkehrbringer resultierende Pflicht zur Rücknahme und Verwertung von Verkaufsverpackungen wurde 1990 Der Grüne Punkt – Duales System Deutschland Gesellschaft für Abfallvermeidung und Sekundärrohstoffgewinnung mbH gegründet. Die Gesellschaft hatte bis 2003 eine Monopolstellung inne. Zeitweise mussten alle Verkaufsverpackungen, die diesem dualen System zugehörig waren, mit dem Zeichen „Grüner Punkt" gekennzeichnet werden. Seit 2009 ist diese Kennzeichnungspflicht entfallen, da alle in Verkehr gebrachten Verkaufsverpackungen an einem der dualen Systeme teilnehmen müssen.

Derzeit gibt es 10 agierende Systembetreiber im dualen System (vgl. z. B. Gemeinsame Stelle dualer Systeme Deutschlands GmbH 2021):

- BellandVision GmbH,
- Der Grüne Punkt – Duales System Deutschland GmbH,
- Eko-Punkt GmbH & Co. KG,
- Interseroh Dienstleistungs GmbH,
- Landbell AG,
- Noventiz Dual GmbH,
- PreZero Dual GmbH,
- Reclay Systems GmbH,
- Veolia Umweltservice Dual GmbH,
- Zentek GmbH & Co. KG.

Der Grüne Punkt – Duales System Deutschland hat im Vergleich zu den anderen Anbietern in vielen Bundesländern nach wie vor den größten Marktanteil, was eine Folge der ehemaligen Monopolstellung ist. Der Markt ist jedoch in steter Bewegung (zu den Marktanteilen vgl. ZSVR 2021).

Zur Kontrolle der Funktionsweise der dualen Systeme ist die Zentrale Stelle Verpackungsregister eingerichtet worden. Sie ist eine Stiftung des privaten Rechts. Sie wurde nach Vorgabe des Verpackungsgesetzes gegründet und agiert seit 2017 als Beliehener mit hoheitlichen Aufgaben. Sie unterliegt der fachlichen Aufsicht des Umweltbundesamts sowie der Kontrolle des Bundeskartellamts und des Bundesrechnungshofs. Mit der Einrichtung dieser zentralen Stelle soll ein fairer Wettbewerb und eine transparente Verteilung im Entsorgungs- und Recyclingsektor gewährleistet werden. Jeder Inverkehrbringer von Verkaufsverpackungen muss sich im Verpackungsregister der ZSVR mit seinen Stammdaten registrieren (vgl. z. B. BMU 2017). Im Verpackungsregister LUCID melden die Hersteller an, wie viele Verpackungen sie pro Jahr in Deutschland in Verkehr bringen. Die dualen Systeme melden ihrerseits, wie viele Verpackungen bei ihnen von den Herstellern lizenziert worden. Die Mengen werden also doppelt erfasst, um zu vermeiden, dass einige Hersteller ihre Verpackungen nicht lizenzieren lassen und als Trittbrettfahrer agieren. Die ZSVR kann durch die doppelte Erfassung kontrollieren, ob alle Hersteller für ihre Verpackungen bezahlt haben.

Die ZSVR hat außerdem die Aufgabe, das Recycling zu verbessern. Mit dem Umweltbundesamt werden Standards für ein recyclinggerechtes Design entwickelt. Die dualen Systeme müssen jährlich berichten, wie sie das Recycling und den Einsatz von Recyclaten gefördert haben (vgl. ZSVR o.J.).

Das System der dualen Systeme in Deutschland wird teils kritisiert, da durch die Art der Sammlung oft sogenannte Fehlwürfe der Verbraucher in Kauf genommen werden müssen. Dies bezeichnet die falsche Zuordnung des Abfalls zu den Müllsystemen, also beispielsweise die Sammlung von Restmüll im Verpackungsmüll und umgekehrt. Durch Fehlwürfe kann unter Umständen die Verwertbarkeit der Verpackungsabfälle gefährdet sein (vgl. z. B. BVSE 2021). Des Weiteren wird die Quote der thermischen Verwertung kritisiert, für die eine getrennte Sammlung vom Restmüll nicht erforderlich wäre.

In einigen Kommunen wird statt der bisher verwendeten Trennung von Verpackungs- von sonstigem Müll eine Wertstofftonne eingesetzt, in der Plastik, Metall und Verbundstoffe vereint gesammelt werden. Dies soll die Anzahl der Fehlwürfe reduzieren, da die Entscheidung über die Tonnenzugehörigkeit nicht so zweifelhaft ist wie im Modell der gelben Tonne (vgl. z. B. Umweltbundesamt 2011). Die Einführung ist bislang nicht flächendeckend erfolgt.

Getränkeverpackungen In Deutschland sind seit 2003 Einweg-Getränkeverpackungen für Mineralwasser, Bier oder kohlensäurehaltigen Erfrischungsgetränken pfandpflichtig. Dies betrifft alle Einweg-Getränkeverpackungen mit einem Füllvolumen von 0,1 L bis 3,0 L. Die Höhe des Pflichtpfands beträgt einheitlich 25 Cent. Aus logistischer Sicht betrifft dies zum einen die Verbraucher, die die Einwegverpackungen im Handel zurückgeben müssen, um sich den Getränkepfand auszahlen zu lassen. Zum anderen müssen die Einwegverpackungen eingesammelt und verwertet oder entsorgt werden. In Deutschland liegt die Rücklaufquote von Getränkeverpackungen mit Pfand bei ca. 98 % (vgl. Bocksch 2020). Die Sammlung und Rücknahme erfolgt über die Handelsunternehmen, die die Getränkeverpackungen potenziell in Umlauf bringen. In vielen Fällen werden die Pfandflaschen in einem Automaten gesammelt und mit Hilfe eines Kompaktors zusammengedrückt, um Platz beim Transport zu sparen. Anschließend wird das Material gereinigt, zerkleinert und recycelt oder verwertet.

Seit Einführung des Pfands auf Getränkeverpackungen ist ein Rückgang der Nutzung von Mehrweg- zugunsten von Einwegverpackungen zu beobachten (vgl. Statista 2021a).

Mehrwegverpackungen Gemäß Verpackungsgesetz sind Mehrwegverpackungen Verpackungen, die dazu konzipiert und bestimmt sind, nach dem Gebrauch mehrfach zum gleichen Zweck wiederverwendet zu werden und deren tatsächliche Rückgabe und Wiederverwendung durch eine ausreichende Logistik ermöglicht sowie durch geeignete Anreizsysteme, in der Regel durch ein Pfand, gefördert wird (§ 3 Abs. 3, S. 3 VerpackG). Mehrwegverpackungen sind ein Beispiel für das vorrangige abfallwirtschaftliche Ziel der Abfallvermeidung.

Wiederverwendbare Verpackungen werden auch beim Transport eingesetzt, z. B. Boxen oder Behälter. Aus logistischer Sicht ist dies je nach Organisationsform und Adressat des Transports Mehraufwand, da ein Rücklauf der Verpackungen gewährleistet sein muss.

Ab 2023 wird das Verpackungsgesetz Caterer, Lieferdienste und Restaurants ab einer bestimmten Größe verpflichten, auch Mehrwegbehälter als Alternative zu Einwegbehältern für Essen und Getränke zum Mitnehmen und Bestellen anzubieten.

Das **Elektro- und Elektronikgerätegesetz** (Gesetz über das Inverkehrbringen, die Rücknahme und die umweltverträgliche Entsorgung von Elektro- und Elektronikgeräten vom 20.10.2015 (ElektroG)) reflektiert die abfallrechtliche Produktverantwortung der Hersteller von Elektro- und Elektronikgeräten. Es setzt damit die EU-Richtlinie WEEE (Waste of Eletronic and Electronic Equipment) in nationales Recht um. Ziel ist, einerseits die Gesundheit und Umwelt vor schädlichen Substanzen aus Elektro- und Elektronikgeräten zu schützen und andererseits die Abfallmengen an Elektro- und Elektronikgeräten durch Wiederverwendung oder Verwertung zu reduzieren (§ 1 ElektroG).

Durch das ElektroG werden Konsumenten verpflichtet, ihre Elektro- und Elektronikgeräte separat vom Hausmüll zu entsorgen. Sie können entweder bei kommunalen Sammelstellen oder alternativ über ein Rücknahmesystem der Hersteller oder Händler von Elektro- und Elektronikgeräten zurückgegeben werden (vgl. Umweltbundesamt 2018).

Das ElektroG sieht drei Ziele vor (vgl. Umweltbundesamt 2021b):

Sammelquote: Ab dem Jahr 2019 muss die Menge an gesammelten Elektroaltgeräten mindestens 65 % des gemittelten Gesamtgewichts der in den drei Vorjahren in Verkehr gebrachten Elektro- und Elektronikgeräte entsprechen.

Verwertungsquote: Von der jährlich gesammelten Altgeräte-Masse sind je nach Gerätekategorie 75 bis 85 % zu verwerten. Die Verwertung umfasst dabei die Vorbereitung zur Wiederverwendung, das Recycling und die sonstige (insbesondere energetische) Verwertung.

Quoten für Recycling und Vorbereitung zur Wiederverwendung: Von der jährlich gesammelten Altgeräte-Masse sind je nach Gerätekategorie 55 bis 80 % zur Wiederverwendung vorzubereiten oder zu recyceln.

Die in Deutschland erreichten Sammelquoten liegen 2018 und 2019 bei ca. 44 % und bleiben somit hinter den Vorgaben zurück (vgl. weiterführend Statista 2021b).

Literatur

BMU (2017). Neues Verpackungsgesetz passiert den Bundesrat. https://www.bmu.de/pressemitteilung/neues-verpackungsgesetz-passiert-den-bundesrat/. Abruf: 15.12.2021.
BMU (2021). Kreislaufwirtschaftsgesetz. Gesetz zur Förderung der Kreislaufwirtschaft und Sicherung der umweltverträglichen Bewirtschaftung von Abfällen. https://www.bmu.de/gesetz/kreislaufwirtschaftsgesetz. Abruf: 09.12.2021.

Bocksch, R. (2020): Pfandsysteme in Europa. https://de.statista.com/infografik/21881/aktive-und-geplante-einweg-pfandsysteme-in-europa/. Abruf: 14.12.2021.

Bretzke, W.-R. (2014): Nachhaltige Logistik. Zukunftsfähige Netzwerk- und Prozessmodelle. 3. Auflage. München: Springer Vieweg Verlag.

BVSE (2021): Design4Recycling entscheidende Stellschraube für Steigerung des Verpackungs-kreislaufs.   https://www.bvse.de/gut-informiert-kunststoffrecycling/pressemitteilungen-kunst-stoffrecycling/7957-design4recycling-entscheidende-stellschraube-fuer-steigerung-des-ver-packungskreislaufs.html. Abruf: 20.12.2021.

ElektroG (2015): Gesetz über das Inverkehrbringen, die Rücknahme und die umweltverträg-liche Entsorgung von Elektro- und Elektronikgeräten (Elektro- und Elektronikgerätegesetz-ElektroG).   https://www.gesetze-im-internet.de/elektrog_2015/BJNR173910015.html#BJNR17 3910015BJNG000100000. Abruf: 20.12.2021.

European Commission (o.J.(a)): Horizon 2020 programms. https://ec.europa.eu/inea/en/ horizon-2020/projects/h2020-transport/logistics/nextrust. Abruf: 23.11.2021.

European Commission (o.J.(b)): European Climate, Infrastructure and Environment Executive Agency. https://cinea.ec.europa.eu/index_en. Abruf: 23.11.2021.

Gemeinsame Stelle dualer Systeme Deutschlands GmbH (2021): Über die dualen Systeme. https:// www.muelltrennung-wirkt.de/ueber-die-dualen-systeme/?gclid=EAIaIQobChMIyYfpndHl9AI VGdnVCh3gngVPEAAYAiAAEgIevPD_BwE. Abruf: 15.12.2021.

Gesellschaft für Verpackungsmarktforschung (2020): Entwicklung des Verpackungsaufkommens in Tausend Tonnen. https://www.umweltbundesamt.de/daten/ressourcen-abfall/verwertung-entsorgung-ausgewaehlter-abfallarten/verpackungsabfaelle#verpackungen-uberall.   Abruf: 13.12.2021.

GGBefG (o.J.): Gefahrgutbeförderungsgesetz. https://www.gesetze-im-internet.de/gefahrgutg/ BJNR021210975.html. Abruf: 17.11.2021.

Göpfert, I. (2012): Entsorgungslogistik. Klaus, P. et al. (Hrsg.): Gabler Lexikon Logistik. 5. Auf-lage. Wiesbaden: Springer Gabler Verlag. 155–163.

Handelsblatt (2019): Warum das Grüne-Punkt-System so undurchschaubar ist. https:// www.handelsblatt.com/unternehmen/handel-konsumgueter/verpackungsmuell-warum-das-gruene-punkt-system-so-undurchschaubar-ist/23927940.html?ticket=ST-4193966-dmwlbciIcwBagilkwyga-cas01.example.org. Abruf: 20.12.2021.

Hesse, K., Clausen, U. (2019): Entsorgung und Kreislaufwirtschaft. Furmans, K., Kilger, C. (Hrsg.): Betrieb von Logistiksystemen, Fachwissen Logistik. Berlin: Springer Verlag. 239–303.

Hesse, K. et al. (2012): Entsorgungslogistik. Krampe et al. (Hrsg.): Grundlagen der Logistik. Theorie und Praxis logistischer Systeme. 4. Auflage. München: Huss Verlag. 449–472.

Isermann, H., Houtmann, J. (1998): Entsorgungslogistik in Industrieunternehmen. Isermann, H. (Hrsg.): Logistik- Gestaltung von Logistiksystemen. 2. Auflage. Landsberg/Lech: Verlag Moderne Industrie. 303–320.

Kraftfahrt-Bundesamt (2022): Verkehr deutscher Lastkraftfahrzeuge/Inländerverkehr. https://www. kba.de/DE/Statistik/Kraftverkehr/deutscherLastkraftfahrzeuge/verkehrdeutscher_node.html. Abruf: 11.04.2022.

KrWG (o.J.): Kreislaufwirtschaftsgesetz. https://www.gesetze-im-internet.de/krwg/inhalts_ bersicht.html. Abruf: 15.11.2021.

Müller, S., Klaus, P. (2009): Die Zukunft des Ladungsverkehrs in Europa. Ein Markt an der Schwelle der Industrialisierung? Hamburg: DVV Media.

Pfohl, H.-C., Stölzle, W. (1992): Entsorgungslogistik. Steger, U. (Hrsg.): Handbuch des Umwelt-managements, München: Beck Verlag. 571–591.

Richtlinie 94/62/EG (1994): Richtlinie 94/62/EG des Europäischen Parlaments und des Rates vom 20. Dezember 1994 über Verpackungen und Verpackungsabfälle. https://eur-lex.europa.eu/ legal-content/DE/TXT/PDF/?uri=CELEX:31994L0062&from=EN. Abruf: 13.12.2021.

Richtlinie 2008/98/EG (2008): Richtlinie 2008/98/EG des Europäischen Parlaments und des Rates vom 19. November 2008 über Abfälle und zur Aufhebung bestimmter Richtlinien. https://eur-lex.europa.eu/legal-content/DE/TXT/?uri=celex:32008L0098. Abruf: 07.12.2021

Richtlinie 2018/851/EU (2018): Richtlinie 2018/851/EU des Europäischen Parlaments und des Rates vom 30. Mai 2018 über Abfälle. https://eur-lex.europa.eu/legal-content/DE/TXT/?uri=C ELEX%3A32018L0851. Abruf: 07.12.2021.

Schulte, C. (2017): Logistik. Wege zur Optimierung der Supply Chain. 7. Auflage. München: Vahlen Verlag.

Statista (2021a): Anteil der Packmittelgruppen an den Getränkeverpackungen in Deutschland in den Jahren 2004 bis 2018. https://de.statista.com/statistik/daten/studie/155077/umfrage/packmittelstruktur-des-getraenkeverbrauchs/. Abruf: 14.12.2021.

Statista (2021b): Dossier Elektroschrott. https://de.statista.com/statistik/studie/id/101889/dokument/elektroschrott/. Abruf: 20.12.2021.

Stölzle, W. (1993): Umweltschutz und Entsorgungslogistik. Berlin: Erich Schmidt Verlag.

Umweltbundesamt (2011): Die Wertstofftonne: kürzere Wege für ein hochwertigeres Recycling. https://www.umweltbundesamt.de/presse/pressemitteilungen/die-wertstofftonne-kuerzere-wege-fuer-ein. Abruf: 20.12.2021.

Umweltbundesamt (2018): Sinn und Zweck des ElektroG. https://www.umweltbundesamt.de/themen/abfall-ressourcen/produktverantwortung-in-der-abfallwirtschaft/elektroaltgeraete/elektro-elektronikgeraetegesetz. Abruf: 20.12.2021.

Umweltbundesamt (2020a): Abfallrecht. https://www.umweltbundesamt.de/themen/abfall-ressourcen/abfallwirtschaft/abfallrecht. Abruf: 09.12.2021.

Umweltbundesamt (2020b): Verpackungsabfälle. https://www.umweltbundesamt.de/daten/ressourcen-abfall/verwertung-entsorgung-ausgewaehlter-abfallarten/verpackungsabfaelle#verpackungen-uberall. Abruf: 13.12.2021.

Umweltbundesamt (2021a): Verpackungen. https://www.umweltbundesamt.de/themen/abfall-ressourcen/produktverantwortung-in-der-abfallwirtschaft/verpackungen#undefined. Abruf: 20.12.2021.

Umweltbundesamt (2021b): Elektro- und Elektronikaltgeräte. https://www.umweltbundesamt.de/daten/ressourcen-abfall/verwertung-entsorgung-ausgewaehlter-abfallarten/elektro-elektronikaltgeraete#sammlung-und-verwertung-von-elektro-und-elektronikaltgeraten-drei-kennzahlen-zahlen. Abruf: 20.12.2021.

VerpackG (2021): Gesetz über das Inverkehrbringen, die Rücknahme und die hochwertige Verwertung von Verpackungen (Verpackungsgesetz – VerpackG). https://www.gesetze-im-internet.de/verpackg/VerpackG.pdf. Abruf: 13.12.2021.

Zeschmar-Lahl, B. (2020): Sammlung und Transport von Abfällen. Quicker, P. et al. (2020): Müll-Handbuch. Berlin: Erich Schmidt Verlag. Kennzahl 5111ff.

ZSVR (2020): Prüfleitlinien Mengenstromnachweis Systeme zur Prüfung der Erfüllung der Nachweispflichten der Systeme im Rahmen des Mengenstromnachweises gemäß § 17 Absatz 2 VerpackG (im Einvernehmen mit dem Bundeskartellamt gemäß § 26 Absatz 1 Satz 2 Nummer 28 VerpackG). https://www.verpackungsregister.org/fileadmin/files/Pruefleitlinien/Pruefleitlinien_Mengenstromnachweis_Systeme_2020.pdf. Abruf: 15.12.2021.

ZSVR (o.J.): Aufgaben der Zentralen Stelle Verpackungsregister. https://www.verpackungsregister.org/stiftung-behoerde/stiftung/ueber-uns. Abruf: 20.12.2021.

ZSVR (2021): Zuzuordnende Marktanteile der Systeme für das Kalenderjahr 2020. https://www.verpackungsregister.org/fileadmin/files/Marktanteile/Veroeffentlichung_Marktanteile_der_Systeme_fuer_das_Kalenderjahr_2020.pdf. Abruf: 15.12.2021.

Supply Chain Management

7

Zusammenfassung

Das Supply Chain Management übernimmt die strategischen und teils auch die taktischen Tätigkeiten in der Koordination und Organisation der Lieferkette. Das Supply Chain Management weist Schnittmengen zum Logistikmanagement auf. In diesem Kapitel wird die Auswahl der Supply-Chain-Partner und die Zusammenarbeit innerhalb der Lieferkette thematisiert, die einen hohen Planungs- und Koordinationsaufwand erfordert. Zum besseren Verständnis der Supply Chain können Simulationsmethoden verwendet werden. Insbesondere bei Störungen der Lieferkette, wie beim Bullwhip-Effekt, muss reflektiert werden, wie es zu den Störungen kommt und wie diese zu Gunsten einer effizienten Supply Chain behoben oder reduziert werden können. Supply-Chain- Referenzmodelle helfen ebenfalls beim Verständnis und Aufbau einer Supply Chain. Mit Hilfe von Supply-Chain- Management-Strategien werden Konzepte und Modelle in die Praxis umgesetzt. Zum Abschluss des Kapitels erfolgt eine Reflektion über Supply-Chain-Resilienz und die Frage, wie Supply Chains flexibel und widerstandsfähig gestaltet werden können.

Das Supply Chain Management deckt, wie in Abschn. 2.2 beschrieben, andere, das Logistikmanagement ergänzende Bereiche ab. Während die operativen und teils auch die taktischen logistischen Tätigkeiten dem Logistikmanagement zugerechnet werden, entfallen die strategischen und auch teilweise die taktischen Bereiche bei der Koordination und Aufrechterhaltung von Lieferketten auf das Supply Chain Management. Das Supply Chain Management verfolgt das Ziel der Befriedigung der Kundenbedürfnisse im Sinne der 7Rs, wobei die daraus resultierenden Kosten in der Supply Chain möglichst geringgehalten werden sollen. Um diesen Zielkonflikt zwischen der Erreichung der Kundenzufriedenheit und den dazu eingesetzten Logistikkosten aufzulösen, ist der Aufbau, die Funktionsweise und das Zusammenhalten von Supply Chains und den enthaltenen

© Springer Fachmedien Wiesbaden GmbH, ein Teil von Springer Nature 2022
S. Hohmann, *Logistik- und Supply Chain Management,*
https://doi.org/10.1007/978-3-658-13631-4_7

Unternehmen essenziell. Sollte es zu Störungen innerhalb der Supply Chain kommen, müssen diese analysiert und bestenfalls behoben werden. Zur bestmöglichen Gestaltung und Analyse von Supply Chains werden Simulationen, Referenzmodelle und Strategien verwendet.

Diese genannten Aspekte werden im vorliegenden Kapitel behandelt. Abschließend wird die Resilienz von Supply Chains thematisiert und ein Ausblick auf mögliche Trends, Anpassungen oder Veränderungen des Supply Chain Management untersucht.

7.1 Funktionsweise und Koordination der Supply Chain

7.1.1 Auswahl und Zusammenarbeit der Supply-Chain-Partner

Die Supply Chain besteht, wie oben beschrieben, aus Unternehmen unterschiedlicher Wertschöpfungsstufen, die zusammenarbeiten. Eine Voraussetzung für den Erfolg des Supply Chain Management besteht darin, dass die Zusammenarbeit der Supply-Chain-Partner funktioniert. Im Idealfall sollte ein holistisches Verständnis der Supply Chain dazu führen, dass die Ziele der Supply Chain über die einzelnen Unternehmensziele gestellt werden. Das gemeinsame Verständnis der Aufgaben und Ziele der Supply Chain sowie die Koordination der Unternehmen sind somit unerlässlich, um eine effektive und effiziente Funktionsweise der Supply Chain zu gewährleisten.

Zu Gunsten des gemeinsamen Verständnisses ist es sinnvoll, die Partnerschaften, Abhängigkeiten und Beziehungen zwischen den einzelnen Unternehmen zu konkretisieren und zu benennen. Dies kann beispielsweise erfolgen, indem charakteristische Merkmale in drei Gruppen zusammengefasst werden (vgl. Schönsleben und Hieber 2004, S. 51). Pro Gruppe werden die Merkmale in ihren möglichen Ausprägungen detailliert.

1. *Zusammenarbeit:* Die Merkmale beschreiben die Art und die Intensität der Partnerschaft zwischen den Unternehmen. Die Supply-Chain-Partner sollen sich grundsätzlich einem gemeinsamen Ziel verpflichten.
   Merkmale sind hier beispielsweise die Orientierung der Geschäftsbeziehungen, ob diese kooperationsorientiert, opportunistisch oder wettbewerbsorientiert sind. Des Weiteren spielt der Grad des Vertrauens innerhalb der Supply Chain eine Rolle, ebenso wie die Machtverhältnisse zwischen den Partnern (vgl. weiterführend Schönsleben und Hieber 2004, S. 52).
2. *Koordination:* Die Merkmale reflektieren die tägliche Zusammenarbeit mit ihren Prozessen und Methoden und beleuchten z. B. die Intensität des Informationsaustausches und den Grad der Kommunikation. Ebenso wird die Verschmelzung der Logistikprozesse in Form von Konsignationslagern oder dem Einsatz von vendor managed inventory (Abschn. 7.3.2) untersucht (vgl. weiterführend Schönsleben und Hieber 2004, S. 53).

3. *Zusammensetzung:* Die Merkmale zeigen die Geschäftsbeziehungen zwischen den Supply- Chain-Partnern sowohl in zeitlicher als auch in juristischer Hinsicht auf. Dazu gehören z. B. die Frage der Dauer der Zusammenarbeit, die Tiefe des Netzwerks oder auch die Art der rechtlichen Geschäftsbeteiligung (vgl. weiterführend Schönsleben und Hieber 2004, S. 54).

Durch die Analyse und Erarbeitung der Merkmalsgruppen und ihrer Ausprägungen innerhalb einer potenziellen oder schon bestehenden Supply-Chain-Partnerschaft von Unternehmen lässt sich ein gemeinsames Verständnis der Zusammenarbeit und ihrer Ziele erreichen. Zugunsten einer erfolgreichen langfristigen Zusammenarbeit ist eine Win–Win-Situation für alle Beteiligten erforderlich.

Die Auswahl der Supply-Chain-Partner erfolgt in der Regel mit eben diesem Ziel, der erfolgreichen langfristigen Zusammenarbeit. Für jedes in der Supply Chain enthaltene Unternehmen existieren Kriterien, nach denen es entscheidet, Teil einer Supply Chain zu sein oder ein weiteres Unternehmen durch den Aufbau von Geschäftsbeziehungen in eine bestehende Supply Chain aufzunehmen. Hierbei ist es wichtig zu betrachten, welche Position ein Unternehmen in der Wertschöpfungskette einnimmt oder einnehmen will, ob es produziert, liefert oder handelt. Je nach Position ändern sich die Kriterien, nach denen ein Unternehmen in die Supply Chain aufgenommen wird.

In Abb. 7.1 werden beispielhaft mögliche Kriterien aufgeführt und nach Position innerhalb der Wertschöpfungskette klassifiziert. Es wird hier differenziert, ob ein Unternehmen ausgewählt werden soll, das sich in Bezug auf den Materialfluss flussabwärts in der Supply Chain befinden soll, in Richtung Beschaffungsmarkt oder flussaufwärts in Richtung Absatzmarkt.

Die aufgezeigten Auswahlkriterien bilden keine erschöpfende Aufzählung, sondern stellen lediglich beispielhaft wichtige Kriterien dar. Für ein auszuwählendes Unternehmen, das eine flussabwärtsgerichtete Position in der Supply Chain einnehmen

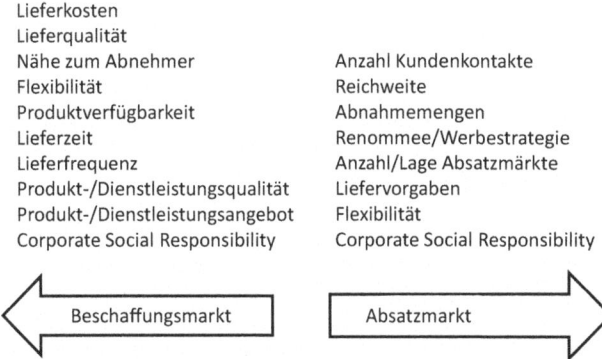

Abb. 7.1 Kriterien Auswahl Supply-Chain-Partner

wird, sind qualitative und quantitative Kriterien ausschlaggebend, die die Lieferleistung bewerten. Dies wurde in ähnlicher Weise bereits bei der Lieferantenauswahl (Abschn. 3.1.2) und dem Lieferantenmanagement (Abschn. 3.1.3) untersucht.

Beim flussaufwärtsgerichteten Unternehmen wird die Eignung für die Teilnahme an der Supply Chain unter anderem an den Erfolgen im Absatzmarkt festgemacht, die sich in der Anzahl der Kundenkontakte, der Reichweiten usw. manifestieren.

Bei allen Unternehmen, unabhängig von ihrer Position in der Wertschöpfungskette, ist das Kriterium Corporate Social Responsibility von Bedeutung. Der Begriff Corporate Social Responsibility ist in der Literatur nicht eindeutig definiert (vgl. weiterführend z. B. Schneider 2015). In der vorliegenden Arbeit wird er gemäß der Definition der EU als die Verantwortung der Unternehmen für ihre Auswirkungen auf die Gesellschaft definiert. Unternehmen sollen sozial verantwortlich handeln, indem sie soziale, ökologische, ethische, verbraucher- und menschenrechtliche Belange in ihre Geschäftsstrategie und -tätigkeit einbeziehen und Gesetze befolgen (vgl. Europäische Kommission o.J.). Die Aspekte der sozialen Verantwortung wirken sich auf alle Bereiche eines Unternehmens aus und stellen eine wichtige Basis für die erfolgreiche Zusammenarbeit dar. Die Supply-Chain-Partner sollten bei einer erfolgreichen langfristigen Zusammenarbeit ein gleiches Verständnis dieser sozialen Verantwortung teilen. In den letzten Jahren wird insbesondere die Verantwortung von Supply Chains in Bezug auf die Themen Menschenrechte und Nachhaltigkeit diskutiert. Im Bereich der Menschenrechte ist seit 2021 in Deutschland das Lieferkettensorgfaltspflichtengesetz (LkSG), kurz Lieferkettengesetz, in Kraft getreten, das Menschenrechtsverletzungen in Lieferketten mit Hilfe von unternehmerischen Sorgfaltspflichten vermeiden soll.

Die Definition und Einhaltung sozialer Standards und Sorgfaltspflichten schafft eine gemeinsame Ausrichtung der in einer Supply Chain enthaltenen Unternehmen.

Lieferkettengesetz

Das Gesetz über die unternehmerischen Sorgfaltspflichten zur Vermeidung von Menschenrechtsverletzungen in Lieferketten (LkSG) ist seit Juni 2021 in Deutschland in Kraft. Ziel dieses Gesetzes ist, grundlegende Menschenrechte zu schützen. Damit sind auch Umweltbelange erfasst, die zu Menschenrechtsverletzungen führen oder dem Gesundheitsschutz dienen.

Im Gesetz (LkSG 2021) ist in § 1 der Anwendungsbereich definiert und verpflichtet inländische Unternehmen mit mehr als 3000 Mitarbeitern zur Anwendung des Gesetzes. Ab 2024 wird der Anwendungsbereich auf Unternehmen ab 1000 Mitarbeitern ausgedehnt.

Die Regelungen des Gesetzes basieren auf dem UN Global Compact (Global Compact Netzwerk Deutschland o.J.), der sich als Initiative der Vereinten Nationen zur Aufgabe macht, landesgrenz- und branchenübergreifend eine gerechtere Ausgestaltung der Globalisierung zu thematisieren und diese Vision mit geeigneten Strategien und Aktivitäten zu erreichen. Grundlage bilden einerseits Prinzipien in den Bereichen Menschenrechte, Arbeitsnormen, Umwelt und Korruptionsprävention. Andererseits stellen die Sustainable Development Goals (SDGs) eine Basis für die Initiative dar. Die SDGs bilden das Herzstück der 2030 Agenda for Sustainable Development, die für eine sozial, wirtschaftlich und ökologisch nachhaltige Entwicklung eintritt. Die 17 Ziele umfassen folgende Themen (vgl. weiterführend UN o.J. oder Die Bundesregierung, 2021):

- Keine Armut,
- Kein Hunger,
- Gesundheit und Wohlergehen,
- Hochwertige Bildung,
- Geschlechtergleichheit,
- Sauberes Wasser und Sanitäranlagen,
- Bezahlbare und saubere Energie,
- Menschenwürdige Arbeit und Wirtschaftswachstum,
- Industrie, Innovation und Infrastruktur,
- Weniger Ungleichheiten,
- Nachhaltige Städte und Gemeinden,
- Nachhaltiger Konsum und/oder Produktion,
- Maßnahmen zum Klimaschutz,
- Leben unter Wasser,
- Leben an Land,
- Frieden, Gerechtigkeit und starke Institutionen sowie
- Partnerschaften zur Erreichung der Ziele.

Die wichtigsten Regelungen des Lieferkettengesetzes werden im Folgenden aufgeführt:

1. Gemäß § 2 LkSG übernehmen Unternehmen Verantwortung für die gesamte Lieferkette, die dabei abgestuft wird nach dem eigenen Geschäftsbereich, den unmittelbaren und den mittelbaren Zulieferern. Außerdem entscheidend sind die Art und der Umfang der Geschäftstätigkeit, das Einflussvermögen des Unternehmens auf den Verursacher der Verletzung, die typischerweise zu erwartende Schwere der Verletzung sowie die Art des Verursachungsbeitrags des Unternehmens.
2. Die Unternehmen werden extern durch das Bundesamt für Wirtschaft und Ausfuhrkontrolle kontrolliert. Es kontrolliert Berichte, leitet Sanktionen ein und nimmt Beschwerden auf.
3. Die Betroffenen von Menschenrechtsverletzungen erhalten mehr Rechte, indem sie nicht nur vor deutschen Gerichten klagen, sondern nun auch Beschwerde bei oben genanntem Bundesamt erheben können. Vor Gericht können sie von deutschen Gewerkschaften oder Nichtregierungsorganisationen unterstützt werden.

Zur Einhaltung des Gesetzes sind Sorgfaltspflichten formuliert (§ 2 LkSG). Unternehmen und deren unmittelbare Zulieferer müssen ihre Werte in einer Grundsatzerklärung niederlegen und diese durch eine Verhaltensrichtlinie (Code of Conduct) auf die Mitarbeiter und auf die Lieferanten (Supplier Code of Conduct) übertragen (vgl. Zeisel 2021, S. 19). Ferner muss ein Risikomanagement installiert und eine Risikoanalyse vollzogen werden, in der die nachteiligen Auswirkungen der Unternehmenstätigkeit auf die Menschenrechte untersucht wird. Beim Risikomanagement sind Präventions- und Abhilfemaßnahmen inkludiert. Es muss eine öffentliche transparente Berichterstattung erfolgen.

Im Falle einer Verletzung im Inland muss das Unternehmen im eigenen Geschäftsbereich unverzüglich Gegenmaßnahmen zur Beendigung der Verletzungen einleiten (§ 6 LkSG). Geschehen die Verletzungen beim unmittelbaren Zulieferer, muss das Unternehmen einen Plan zur Minimierung oder Vermeidung der Verletzung erarbeiten, sofern die Verletzung nicht in absehbarer Zeit beendet werden kann. Bei mittelbaren Zulieferern hat das Unternehmen meist selbst weniger Einfluss. Die Sorgfaltspflichten gelten deshalb nur anlassbezogen und nur wenn das Unternehmen Kenntnis von einem möglichen Verstoß erlangt.

Das Lieferkettengesetz schafft keine neuen zivilrechtlichen Haftungsregeln, es gilt nach wie vor das deutsche und ausländische Recht (BMZ 2021).

Das Gesetz zielt nicht darauf ab, bestehende Geschäftsbeziehungen zu beenden. Gemäß § 7 LkSG ist ein Abbruch der Geschäftsbeziehung nur dann geboten, wenn eine schwerwiegende Menschenrechtsverletzung festgestellt wurde und die bisherigen Maßnahmen des Konzepts innerhalb einer gesetzten Frist nicht erfolgreich sind. Es wird von keinem Unternehmen verlangt, die rechtlichen und politischen Rahmenbedingen im Partnerland zu verändern.

Unternehmen können sich vor Aufnahme einer Geschäftsbeziehung über die Bewertung des Partnerlandes informieren (vgl. z. B. Business und Human Rights Resource Center).

Bei Verstößen gegen das Gesetz sind Bußgelder möglich (Abschn. 6 LkSG). Ferner können Unternehmen bei schwerwiegenden Verstößen bis zu drei Jahre von der öffentlichen Beschaffung ausgeschlossen werden (§ 22 LkSG).

Bislang gibt es keine einheitliche europäische Regelung zur Einhaltung von Menschenrechten in Lieferketten. Es gibt in anderen Ländern eigene nationale Gesetze, die unterschiedliche Schwerpunkte wie Kinderarbeit, Korruption oder Sklaverei setzen. Dazu gehören beispielsweise in Großbritannien der UK Modern Slavery Act, in den Niederlanden das Gesetz „Wet Zorgplicht Kinderarbeid", in Frankreich das „Loi de Vigilance" oder interkontinental der „California Transparency of Supply Chains Act" (vgl. weiterführend Zeisel 2021, S. 13 f.).

7.1.2   Simulation der Supply Chain

Die Funktionsweise von Supply Chains ist durch die Anzahl und Verzweigung der Teilnehmer, die eher ein Liefernetzwerk als eine Lieferkette bilden, oft komplex. In der Supply Chain sind Material-, Informations- und unter Umständen auch der Geldfluss zu observieren. Die Fließrichtungen sind dabei prinzipiell in jeder Ausprägung möglich. Um die Mechanismen, Anreize und Fehlerquellen zu durchschauen und zu analysieren, werden Supply Chains oft simuliert.

7.1.2.1 Simulationstechniken

Bei der Simulation von Supply Chains wird zunächst unterschieden, ob diese konventionell an einem Computer oder verteilt über ein Netzwerk an Computern simuliert werden (Mustafee et al. 2021).

Die gängigsten Simulationstechniken sind die diskret-ereignisorientierte (discrete-event simulation), die agentenbasierte (agent-based simulation) Simulation sowie die Systemdynamik (Systems Dynamics). Im Folgenden werden die Simulationsansätze unter der Verwendung der gebräuchlicheren englischsprachigen Begriffe erläutert.

Discrete-event simulation

Die discrete-event simulation ist ein häufig verwendeter Simulationsansatz, da sich die meisten zu modellierenden Prozesse als eine Abfolge von diskreten Ereignissen beschreiben lassen. In aller Regel sind die Modelle Warteschlangenmodelle, da ein Zeitablauf modelliert wird. Ereignisse werden als diskrete Zeitpunkte definiert, an denen sich ein Systemzustand ändert. Es gibt keine permanenten Änderungen des Systemzustandes durch den reinen Zeitablauf.

Die discrete-event simulation besteht im Wesentlichen aus den Bestandteilen der Entitäten (Entities), die als Objekte verstanden werden, über die Informationen verarbeitet oder gespeichert werden. Ferner gibt es Warteschlangen (Queues), Aktivitäten und Ressourcen.

Die Entscheidungen, die die Entitäten im System treffen, können stochastisch modelliert werden oder durch hinterlegte Charakteristika. Ebenso können das Verhalten anderer Entitäten oder vorangegangene Systemzustände die Entscheidungen beeinflussen (vgl. weiterführend Robinson 2014).

Beispiele für Anwendungsfälle der discrete-event simulation sind aufgrund des weiten Anwendungsbereiches vielfältig. Beispielhaft seien hier die Modellierung von Warte- und Bedienzeiten von Kunden an Servicestellen, das Ankommen von Ware in einem Lager oder das Erreichen von Materialien oder Informationen an unterschiedlichen Stellen einer Lieferkette (vgl. weiterführend zur Modellierung von Supply Chains z. B. Persson und Araldi 2009) genannt.

Typische Ergebnisse bei der Durchführung einer solchen Simulation sind beispielsweise (Borshchev und Grigoryev o.J., S. 10):

- Ressourcennutzung,
- Zeit, die der Agent im System verbringt,
- Wartezeiten,
- Wartenschlangenlängen,
- Systemdurchsatz oder
- Engpässe.

Mit der discrete-event simulation werden tendenziell eher kleine Populationen von Entitäten abgebildet.

Agent-based simulation

In komplexen Systemen agiert oft eine Vielzahl an Akteuren mit heterogenen Zielsetzungen. Die Modellierung mit der discrete-event simulation kann dabei an ihre Grenzen stoßen (Deckert und Klein 2010). Die agentenbasierte Simulation versucht dieses Problem zu lösen. Sie konzentriert sich auf die einzelnen aktiven Komponenten eines Systems, die als Agenten bezeichnet werden. Ein Agent ist nicht notwendigerweise eine Person, sondern kann auch eine Personengruppe, Fahrzeuge, Produkte, Firmen oder ähnliches repräsentieren. Es werden dann anders als bei der discrete-event simulation Verbindungen zwischen den Agenten aufgebaut. Die discrete-event simulation lässt die Zusammensetzung und die Beziehung zwischen den einzelnen Entitäten in aller Regel außer Acht. Das Verhalten der Agenten wird definiert und daraus das System abgeleitet. Dies kann beispielsweise in Form eines Zustandsdiagramms erfolgen, bei dem der Status der Agenten abgebildet wird. Eine häufige Anwendung liegt bei der Modellierung von Epidemien, bei denen die Agenten im Zustandsdiagramm verschiedene Zustände einer potenziellen Ansteckung, Krankheit und Genesung durchlaufen. Dies könnten z. B. die

Zustände „empfänglich", „Kontaktperson", „infektiös", „immun" sein. Der Übergang von einem Zustand zum anderen wird durch hinterlegte Reproduktions- und Zufallswerte für die Krankheitsübertragung sowie durch Zeitabläufe gesteuert (vgl. weiterführend Borshchev und Grigoryev o.J., S. 15 f.).

Die agent-based simulation kann bei größeren Populationen von Entitäten eingesetzt werden. Wenn diskrete Ereignisse mit der agent-based simulation modelliert werden, gleicht das Modell der discrete-event simulation. Die agentenbasierte Simulation bietet jedoch durch die Möglichkeit der Simulation einer großen Anzahl an gleichzeitigen Aktivitäten ein breiteres Einsatzfeld, das auch in der Simulation von Supply Chains genutzt werden kann, da komplexe Netzwerke und dynamische Aktivitäten synchron abgebildet werden können.

Systems Dynamics

Mit Hilfe der System Dynamics werden wie dem Namen zu entnehmen, dynamische Systeme untersucht und analysiert. Der Ansatz geht auf Jay W. Forrester zurück, der Mitte der 1950er Jahre unter dem Namen Industrial Dynamics die Dynamik von ökonomischen und sozialen Systemen untersucht hat (Forrester 1958). Er hat dazu in Form von Regelkreisen nachgebildet, wie ein System aufgebaut ist, welche Reaktionen und Einflüsse es gibt und welche Konsequenzen daraus für die Dynamik des Systems erwachsen. Das betrachtete System ist ein abgeschlossenes Modell, innerhalb dessen es Reaktionen auf Situationen oder Zustände (= feedback loop) gibt. Diese Reaktionen werden aufgedeckt und im System aufgenommen. Ein einfaches Beispiel dafür wäre die Reaktion eines Kunden, der subjektiv zu lange auf sein gewünschtes Produkt warten muss und daraufhin vom Kauf zurücktritt.

System Dynamics basiert auf folgenden Annahmen (Dangerfield 2014):

- Systeme werden mit Hilfe von Aggregaten nachgebildet. Dies können beispielsweise Menschen oder Produkte sein. Damit unterscheidet sich der Ansatz von der discrete-event und der agent-based simulation, bei der einzelne Entitäten bzw. einzelne Agenten abgebildet werden.
- Die Dynamik eines Systems wird hauptsächlich auf Basis endogener Einflussfaktoren dargestellt. Veränderungen im Zeitablauf entstehen aufgrund von Informationsrückkopplungseffekten und Interaktionen innerhalb des Systems, obwohl der anfängliche Stimulus für diese Dynamik exogen sein kann.
- Es findet eine Unterscheidung in Material- und Informationsflüsse statt. Die Bewertung des Systems erfolgt an der Messung der Entwicklung und Leistungsfähigkeit dieser Flüsse.
- Es wird davon ausgegangen, dass die Abläufe kontinuierlich sind.
- Obwohl Flussraten einbezogen werden, befassen sich System Dynamics-Modelle in erster Linie mit der Entwicklung von Beständen oder Akkumulationen im System.
- Dabei werden weiche Variablen (wie Ethik oder Reputation) einbezogen, wenn bekannt ist, dass diese einen ursächlichen Einfluss im System haben.

Die Modellierung mit Systems Dynamics ist sehr abstrakt, so dass es sich eher als strategisches, denn als operatives Simulationsinstrument eignet. Häufig werden Einflüsse oder Größen modelliert, die in der Realität schwer messbar sind, wie der Einfluss von Moral, Wissen, Mund-zu-Mund-Propaganda oder die Werbewirkung auf den Absatz eines Produktes. Die Abstrahierung und Dokumentierung der feedback-loops ist oftmals anspruchsvoll (vgl. weiterführend Sterman 2002).

7.1.2.2 Beer Game

Der bekannteste Simulationsansatz zur Darstellung der Supply Chain ist das sogenannte Beer Game. Es ist bekannt geworden, da es zur Untersuchung von Störungen in der Lieferkette, insbesondere dem Bullwhip-Effekt, dient. Der Bullwhip-Effekt wird ausführlich im Folgekapitel Abschn. 7.1.3 beschrieben. Da jedoch zunächst Simulationstechniken für die Supply Chain thematisiert werden, wird folgend das Beer Game beschrieben und daraus die Erkenntnisse über den Bullwhip-Effekt abgeleitet.

Das Beer Game oder auch ausführlich MIT Beer Distribution Game wurde an der MIT Sloan School of Management entwickelt. Im Gegensatz zu den zuvor geschilderten Techniken, ist es sehr einfach aufgebaut. Es kann sowohl digital als auch analog gespielt werden. Es basiert auf den Überlegungen Forresters, wie eine Supply Chain als dynamisches System darzustellen ist. Er modelliert zu diesem Zweck verschiedene Systemgrößen wie Lagerbestände, Produktionsraten sowie zeitliche Verzögerungen und demonstriert die Auswirkungen auf diese Größen, wenn Anpassungen im System vorgenommen werden. Ausgangspunkt seiner Untersuchungen ist, dass in einem einfachen Produktions- und Distributionssystem oftmals kleine Störungen oder Schwankungen der Nachfrage auf der Einzelhandelsebene zu wesentlich größer ausfallenden Schwankungen im gesamten System zu führen scheinen (Forrester 1972, S. 22). Während diese Schwankungen vorher oft als unvermeidbare, nicht zu beeinflussende exogene Faktoren angesehen wurden, räumt Forrester mit dieser Auffassung auf und zeigt anhand eines dynamischen Systems wie es aufgrund von endogenen Faktoren zu diesen Schwankungen kommen kann.

Das Beer Game ist seitdem in vielfacher Weise beschrieben und durchgeführt worden. Im Folgenden wird eine mögliche Variante des Spiels erläutert, die auf dem sogenannten Klagenfurter Design basiert.

Die Lieferkette besteht aus vier Teilnehmern, dem Produzenten, dem Vertriebshändler (entspricht dem im englischen Original verwendeten Begriff distributor), dem Groß- sowie dem Einzelhändler. Die Lieferkette produziert, liefert und verkauft Bier für den Absatzmarkt, also für einen Kunden. Ziel des Spiels ist, dass der Kunde mit der gewünschten Biermenge beliefert werden kann. Aus Sicht der Unternehmen soll zudem der Lagerbestand so gering wie möglich gehalten werden, ohne dabei Fehlmengen zu riskieren. Die simulierte Umwelt ist analog zur Realität durch unsichere Nachfrage gekennzeichnet, indem jeder Teilnehmer nur über sichere lokale Informationen (also die eigene Lieferkettenstufe betreffend), aber über unsichere Informationen bezüglich der anderen Stufen des Systems verfügt. Die Teilnehmer sind nicht in der Lage, ihre Entscheidungen oder Reaktionen mit den jeweils anderen Teilnehmern abzusprechen oder zu koordinieren. Die Nachfrage des Endkonsumenten ist keinem der Teilnehmer im Voraus bekannt. Während des Spiels kennt nur der Einzelhändler die Höhe der Endkonsumentennachfrage der aktuellen Spielperiode. Das Spiel startet im Gleichgewicht, bei dem sich Angebot und Nachfrage decken und jeder Spieler mit einer identischen, für den Nachfrageverlauf ausreichenden Lagerhaltungsmenge beginnt. Das können z. B. 10 oder 15 Bierkisten sein.

Nach einer gewissen Spielzeit wird eine unangekündigte einmalige Erhöhung der Nachfrage vorgenommen.

Jedes Unternehmen hat das Bestreben, seine Gesamtkosten zu minimieren, die aus Lagerhaltungskosten und Fehlmengenkosten bestehen. Fehlmengenkosten kommen zustande, indem eine erhaltene Bestellung aufgrund fehlender Mengen nicht ausgeführt werden kann. Im Spiel wird meist empfohlen 0,50 € Lagerhaltungskosten/Woche und 1 € Fehlmengenkosten/Woche zu veranschlagen. Das Spiel läuft über 36–45 Wochen. Eine Spielrunde entspricht einer Woche.

Jedes Unternehmen der Lieferkette hat genau einen Kunden, dem es Material liefert. Dieser liegt flussaufwärts in der Lieferkette. Flussabwärts hat jedes Unternehmen einen Lieferkettenpartner, den es mit Informationen bezüglich der Höhe seiner Bestellung versorgt. Im Falle des Bierproduzenten hat dieser keinen weiteren Lieferkettenpartner, da es keinen Vorgänger in der Lieferkette gibt. Vielmehr gibt er die Bestell- oder in seinem Fall die Produktionsinformation intern weiter und löst damit die Produktion aus.

Beim Ablauf des Material- und Informationsflusses kommt es an jeder Stelle zu Zeitverzögerungen, sei es bei der Weitergabe der Informationen, der Produktionsdauer oder auch beim Transport.

Der Aufbau des Beer Games nach dem Klagenfurter Design ist Abb. 7.2 zu entnehmen. Beim Spieldesign hat jeder Teilnehmer bis auf den Endkunden einen Spielplan, auf dem fünf Felder enthalten sind: Postein- und -ausgang, Lagerein- und -ausgang sowie das Lager. Das Spiel läuft über verschiedene Runden, wobei in jeder Runde der gleiche Ablauf befolgt wird:

Zu Beginn der Runde sind der Lager- und Posteingang voll, d. h. es befinden sich die gelieferte Menge der Vorrunde im Lagereingang, die vom flussabwärts liegenden Unternehmen geliefert wurde. Im Posteingang befindet sich die Bestellung der Vorrunde des flussaufwärts liegenden Unternehmens. Der Lager- und der Postausgang sind zum Rundenbeginn leer.

Die angekommene Menge und die eingegangene Bestellung werden vereinnahmt, vorbereitet und gebucht. Daraufhin wird die auszuliefernde Menge bestimmt, die sich zusammensetzt aus der bestellten Menge zuzüglich möglicher Nachlieferungen aus den Vorperioden, vorausgesetzt diese Menge liegt auf Lager. Ist die Lagermenge kleiner als die auszuliefernde Menge, entstehen neue Fehlmengen, die sobald wie möglich in den kommenden Wochen nachgeliefert werden müssen.

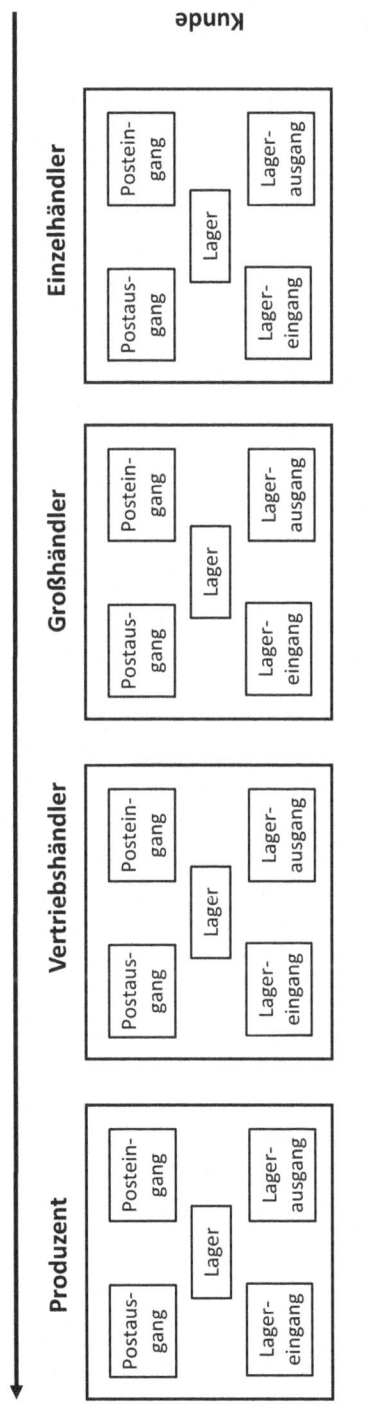

Abb. 7.2 Beer Game

Die auszuliefernde Menge wird auf das Feld „Lagerausgang" gestellt. Die eigene Bestellentscheidung wird notiert und im Postausgang deponiert. Zum Ende jeder Runde ist also der Lager- und Posteingang leer und der Lager- und Postausgang voll.

Die Materialien werden aus dem Lagerausgang flussaufwärts in die Lieferkette befördert, die Bestellung flussabwärts. Dies markiert den Beginn der nächsten Runde.

Der Ablauf des Beer Game sieht vor, dass die Kundennachfrage zu Beginn einmalig erhöht wird. Beträgt sie also beispielsweise in der ersten Woche 4 Bierkisten, so kann sie in der zweiten Woche auf 5 Kisten angehoben werden. Danach bleibt die Kundennachfrage für den weiteren Spielverlauf unverändert. Folglich ist zu beobachten, wie diese einmalig auftretende Anpassung das Spielverhalten der Lieferkettenteilnehmer beeinflusst.

Um das Spiel zu analysieren, ist es sinnvoll, die Lager- und Bestellmengen der jeweiligen Lieferkettenstufen zu dokumentieren. Dabei können drei Effekte beobachtet werden (Sterman 1989):

Oszillation:
Bestell- und Lagerhaltungsmengen weisen große Schwankungen auf. Die Lagerhaltungsmenge sinkt oft zu Beginn, was in auftretenden Fehlmengen resultiert, da die getätigten Bestellungen oft noch nicht verfügbar sind. Steigen die Lagerhaltungsmengen später, nehmen die Bestellmengen als Konsequenz dessen wieder ab.

Verstärkung:
Das Ausmaß der oben beschriebenen Bestellmengenschwankungen nimmt tendenziell pro Stufe des Systems zu, je weiter man sich vom Endkunden entfernt. Der Einzelhändler verzeichnet mithin die geringsten Bestellmengenschwankungen, der Produzent tendenziell die größten. Bei den Lagerhaltungsmengen kann der Produzent schneller reagieren als andere Lieferkettenteilnehmer, sodass seine gelagerten Mengen tendenziell kleiner sind.

Verzögerungen:
Der jeweilige Höhepunkt der Bestellmengen pro Lieferkettenstufe wird umso später erreicht, je weiter das Unternehmen vom Endkunden entfernt ist. Diese Verzögerungen entstehen aufgrund der Dauer der Entscheidungsprozesse und der Bestellzeiten auf den einzelnen Stufen. Je weiter hinten ein Unternehmen in der Lieferkette verortet ist, umso länger dauert es, bis Nachfrageänderungen bei ihm ankommen.

Diese typischen Ergebnisse des Beer Game leiten über zum Bullwhip-Effekt, der im folgenden Kapitel ausführlich betrachtet wird.

7.1.3 Bullwhip-Effekt

Der Bullwhip-Effekt, auch Peitschenschlageffekt oder Whiplash-Effekt genannt, wird seit den 1960er Jahren sowohl in der wissenschaftlichen als auch in der praxis-orientierten Literatur untersucht (vgl. z. B. Lee et al. 1997a, Zäpfel und Wasner 1999, Keller 2004b, Beer 2014). Er wird dabei teils qualitativ, teils quantitativ untersucht. Die erste Erwähnung findet sich bei Forrester (Forrester 1972, S. 21 ff.).

Als Bullwhip-Effekt bezeichnet man die Störungen in der Lieferkette, die gerade beim Beer Game aufgezeigt wurden. Die Bestellmengen der Lieferkettenteilnehmer entsprechen nicht der konstanten Endkonsumentennachfrage, sondern schwanken. Sie schwanken so stark, dass die visualisierte Kurve der Bestellmengen aussieht, als habe man sie mit einem „Peitschenschlag" in die Höhe getrieben. Dies ist in der unten-stehenden Abbildung visualisiert, die aus einer Berechnung des Bullwhip-Effffektes mit Hilfe eines mathematischen Modells stammt (vgl. weiterführend Keller 2004b). Die Zahlen sind analog zum Beer Game gewählt. Die Endkonsumentennachfrage wird in der ersten Woche von 4 auf 5 erhöht.

Die drei oben beschriebenen Effekte der Verstärkung, Oszillation und Verzögerung werden durch das Modell bestätigt (vgl. Abb. 7.3).

Der Bullwhip-Effekt lässt sich definieren und berechnen als die Zunahme der Varianz der Bestellmengen je Teilnehmer im Verhältnis zur Varianz der Endkonsumentennachfrage. Die Varianz gibt dabei die Abweichung um den Mittelwert an. Der Materialfluss fließt folg-lich nicht stetig durch die Lieferkette, sondern unterliegt Schwankungen, die umso stärker ausfallen, je weiter man sich in der Lieferkette vom Endkonsumenten entfernt.

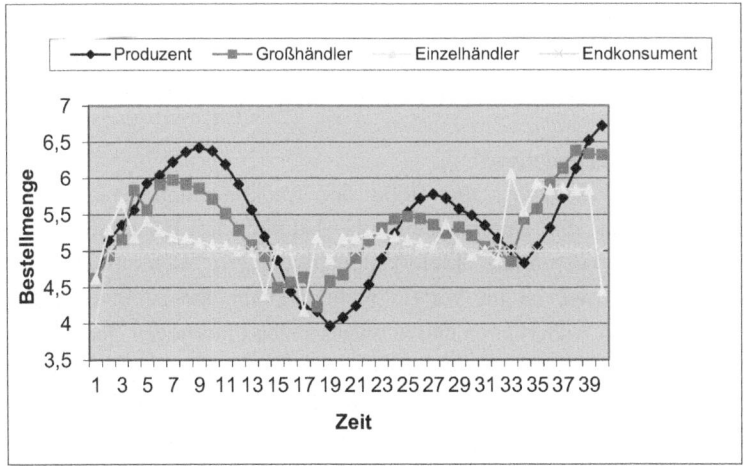

Abb. 7.3 Bullwhip-Effekt

Als Folge des Bullwhip-Effektes kommt es einerseits zu zeitweisen zu hohen Lagerbeständen und andererseits zu Fehlmengen. Diese Extremsituationen sollten vermeid-
bar sein, da sie nicht durch exogene Nachfrageschwankungen hervorgerufen werden,
sondern nur aufgrund von endogenen Reaktionen der Systemteilnehmer entstehen.

Das Ziel der Lieferkette, die möglichst kostengünstige Befriedigung des Kundenwunsches, kann somit nicht immer erreicht werden. Die Lagerhaltungs- und Fehlmengenkosten sind nicht optimal, während der Kunde potenziell zeitweise aufgrund
von Fehlmengen nicht sein gewünschtes Produkt erhält. Die Unternehmen der Lieferkette laufen Gefahr, den Kunden an Konkurrenten zu verlieren, der das Produkt oder ein
Substitut anbieten kann.

Der Bullwhip-Effekt konnte und kann auch in der Praxis nachgewiesen werden.
Der bekannteste Fall ist Procter & Gamble (vgl. z. B. Lee et al. 1997b oder Busch und
Rüther 2001), die einen den obigen Kurven entsprechenden Nachfrageverlauf bei ihrem
Produkt Pampers entdeckt haben. Der Bedarf an Babywindeln unterliegt üblicherweise
keinen saisonalen Schwankungen und ist über das Jahr mehr oder weniger gleichbleibend. Die Endkonsumentennachfrage müsste folglich gut vorhersehbar und auch aufgrund von Geburtenziffern und Vergangenheitsdaten gut kontrollierbar sein. Tatsächlich
koinzidieren die Bestellmengen jedoch nicht mit der Endkonsumentennachfrage. Der
Bullwhip-Effekt tritt wie oben beschrieben auf.

Ein weiterer oft in Fallstudien aufgearbeiteter Praxisfall des Bullwhip-Effektes ist der
Pastahersteller Barilla (vgl. z. B. Hammond 2008).

Die Gründe, die zur Entstehung des Bullwhip-Effektes führen und beitragen, werden
im folgenden Kapitel dargelegt.

7.1.3.1 Ursachen des Bullwhip-Effektes

Die Entstehung des Bullwhip-Effektes lässt sich auf sechs Ursachen zurückführen.
Die Ursachen sind teilweise miteinander verwoben oder bedingen sich. Die wichtigste
Ursache, die auch allen anderen Ursachen zugrunde liegt, besteht in der Informationsver-
teilung der Lieferkette. Sie ist als Ursache „Nachfrageprognose" bezeichnet.

Ursache 1: „Nachfrageprognose"
Innerhalb einer Lieferkette ist die Höhe der Endkonsumentennachfrage die entscheidende Größe für die Unternehmen, da dadurch die Höhe aller Produktions-
und Liefermengen bei allen Lieferkettenteilnehmern determiniert wird. Die
Endkonsumentennachfrage ist im Vorfeld nicht bekannt, sie ist in aller Regel nicht
konstant, sondern kann Änderungen und Schwankungen unterliegen. Jedes Unternehmen
verfügt nur über lokale Informationen in der Lieferkette, womit gemeint ist, dass nur
Informationen der aufgetretenen Nachfrage des jeweiligen unmittelbaren Kunden vorliegen. Der Großhändler kennt beispielsweise nur die Nachfrage des Einzelhändlers,

der Produzent nur vom Vertriebshändler etc. Es gibt keine globale Information in der Lieferkette, die für alle die Höhe der Endkonsumentennachfrage zugänglich macht. Diese Information besitzt in aller Regel nur der Einzelhändler und auch dieser kennt nur die Nachfrage der aktuellen und vergangenen Perioden. Für die Zukunft muss er die Nachfrage des Endkonsumenten schätzen. Dies gilt für alle Unternehmen der Lieferkette (vgl. z. B. Metters 1997). Sie müssen aufgrund der nur lokalen Informationen, die Endkonsumentennachfrage oder daraus abgeleitet die Nachfrage ihrer jeweiligen Lieferkettenpartner prognostizieren, indem sie deren Bestellmengen als Reaktion auf die Endkonsumentennachfrage sehen. Aus den daraus abgeleiteten Informationen und einem Abgleich mit Erfahrungswerten der Vergangenheit, erstellen sie eine Prognose für die zukünftigen Bestellungen und geben ihre Einschätzung in Form ihrer aktuellen Bestellung an ihre jeweils im Materialfluss nachgelagerte Stufe der Lieferkette.

Als Prognosemethoden können verschieden Methoden eingesetzt werden (vgl. weiterführend z. B. Günter und Tempelmeier 2012, Kap. 8 oder Chopra und Meindl 2014, Kap. 7). Häufig wird auf das Verfahren der exponentiellen Glättung (vgl. z. B. Thonemann 2015, Kap. 2) zurückgegriffen, bei der die prognostizierte Nachfrage aktualisiert wird, wenn die tatsächliche Bestellmenge der jeweils vorgelagerten Stufe eintrifft.

Die Bestellung der Lieferkettenteilnehmer erfolgt also unter Unsicherheit und setzt sich in aller Regel aus mehreren Komponenten zusammen: Ein Teil der Bestellung ist Material, das zur Befriedigung der prognostizierten Nachfrage dienen soll. Ein weiterer Teil dient der Auffüllung des Lagers als Sicherheitsbestand, um Materialschwankungen abfedern zu können. Außerdem bemisst sich die Höhe der Bestellung an der Überlegung, dass ausreichend Material vorhanden sein muss, um den Materialfluss unter Beachtung der Vorlauf- und Lieferzeiten aufrecht zu erhalten. Die jeweiligen Bestellmengen spiegeln also die tatsächlich aufgetretene Nachfrage nur zum Teil wider. Sie wird ergänzt durch einen vom Unternehmen individuell bestimmten Sicherheits- und Pufferbestand für die Lagerhaltung.

Welcher Teil der Bestellmenge nicht der Befriedigung der aktuell aufgetretenen Nachfrage, sondern dem individuellen Sicherheitsbedürfnis dient, ist den jeweiligen Lieferkettenpartnern nicht ersichtlich. Der Lieferkettenpartner erhält lediglich eine Gesamtmenge als Bestellung, die nicht näher differenzierbar ist. Die Bestellung ist aufgrund des Sicherheitsdenkens in aller Regel höher als die Endkonsumentennachfrage.

Trifft diese Bestellung beim Lieferkettenpartner ein, wird auch dieses Unternehmen dazu tendieren, der Bestellung einen eigenen Sicherheitsbestand hinzuzufügen, um nicht Gefahr zu laufen, die vermeintlich gestiegene Nachfrage in der Lieferkette nicht erfüllen zu können.

Dies wiederholt sich auf jeder Stufe, sodass die Bestellmengen in der Lieferkette immer größer werden, je weiter man sich vom Point-of-Sale entfernt. Die Bestellmenge der jeweils nachgelagerten Stufe ist somit höher als die tatsächlich aufgetretene

Endkonsumentennachfrage. Durch das Zufügen von Materialreserven auf jeder Stufe der Lieferkette, ist es im Verlauf der Lieferkette nicht mehr möglich, die Höhe der Endkonsumentennachfrage, deren Höhe ausschlaggebend für die Bestellungen der gesamten Lieferkette sein sollte, aus den Bestellmengen zu isolieren.

Das Verhalten der Lieferkettenteilnehmer ist für sich genommen jeweils rational, da durch die erhöhten Bestellmengen Lieferfähigkeit garantiert werden soll. Betrachtet man die Lieferkette jedoch als holistisches Konstrukt, ist das Verhalten der Teilnehmer irrational, da es zum Bullwhip-Effekt und damit zu Ineffizienzen in der Lieferkette führt.

Ursache 2: „Falsche Wahrnehmung der Teilnehmer"
Die Ursache „Falsche Wahrnehmung der Teilnehmer" ist eng mit der Ursache „Nachfrageprognose" verbunden, da beide aufgrund der gleichen Ausgangssituation in der Lieferkette entstehen.

Die Ursache „Falsche Wahrnehmung der Teilnehmer" resultiert aus der dezentralen Informationsversorgung. Wie oben bereits gesehen, verfügen die Lieferkettenteilnehmer nur über lokale Bestellinformationen ihrer jeweiligen Lieferkettenpartner. Sie verfügen nicht über eine globale Information der Höhe der Endkonsumentennachfrage. Daraus erwächst die Notwendigkeit der Nachfrageprognose auf Basis von Signalen und Bestellungen in der Lieferkette. Die Bestellmengen der Lieferkettenteilnehmer setzen sich aus drei Komponenten zusammen, die der Nachfragebefriedigung, der Lagerauffüllung und dem Aufrechterhalten der Versorgung dienen (Keller 2004b, S. 54). Der Anteil der jeweiligen Komponente an der Gesamtbestellmenge ist nicht bekannt und muss geschätzt werden.

Während bei der Ursache „Nachfrageprognose" die Komponente der Nachfrage im Vordergrund steht, werden bei der Ursache „Falsche Wahrnehmung der Teilnehmer" die Komponenten der Lagerauffüllung und der Versorgung beleuchtet.

Beim Beer Game kann beobachtet werden, dass die Lieferkettenteilnehmer dazu tendieren, die bestellte, aber noch nicht angekommene Menge quantitativ zu unterschätzen (Mosekilde et al. 1991). Die ausstehende Menge wird also nicht in voller Höhe in aktuelle Bestellungen einbezogen, sondern nur zum Teil. Dies resultiert in einer höheren aktuellen Bestellmenge, da es zu Doppelbestellungen kommt. Erreicht die bestellte Ware dann den Teilnehmer, erkennt er, dass er nun zu hohe Bestellungen getätigt hat und wird seine aktuellen Bestellungen wieder reduzieren. Als Folge schwanken die Bestellmengen stark. Dies beeinflusst nicht nur den Teilnehmer selbst, sondern auch alle Lieferkettenpartner, deren Prognoseprozess anhand der Bestellmengenschwankungen erschwert wird und zu weiteren höheren Schwankungen auf den nachgelagerten Stufen der Lieferkette führen wird. Der Bullwhip-Effekt tritt auf.

Ursache 3: „Zeitverzug"
In der Lieferkette treten Verzugszeiten auf, wenn Material und Informationen zwischen den einzelnen Lieferkettenpartnern ausgetauscht werden.

Der Zeitverzug kann in drei verschiede Zeiten unterteilt werden (Keller 2004b, S. 70). Beginnt man beim Produzenten in der Lieferkette, vergeht Zeit, bis die geplante Menge produziert und bereitgestellt werden kann, die *Produktionszeit*. Wird das Produkt in der Lieferkette weiter in Richtung Endkonsumenten transportiert, entstehen jeweils zwischen den Unternehmen *Transportzeiten*, deren Dauer von der Distanz und der Lieferfrequenz abhängt. Die dritte Verzugszeit fällt mit dem Informationsfluss an. Werden Bestellungen von einem Lieferkettenpartner zum nächsten weitergegeben, geschieht dies oft elektronisch, z. B. in Form von elektronischem Datenaustausch, Onlinebestellungen oder E-Mail. Hier tritt zwar keine zeitliche Verzögerung zwischen Absenden und Ankommen der Information auf, jedoch kann es zu Zeitverzug bis zur Kenntnisnahme oder der Bearbeitung kommen. Gründe für diesen Verzug liegen beispielsweise in Arbeits- und Schichtzeiten, unterschiedlichen Zeitzonen des Senders und Empfängers, technischen Störungen oder auch in einem hohen Arbeitsaufkommen, bei dem nicht alle Informationen sofort verarbeitet werden können.

In der Literatur wird oft argumentiert, dass eine Erhöhung des Zeitverzugs in der Lieferkette zu höheren Bestellmengen und damit einem höheren Bullwhip-Effekt führen kann (vgl. z. B. Forrester 1972, S. 22, Lee et al. 1997c, S. 546 ff. oder Chen et al. 2000, S. 269 ff.). Dies wird dadurch begründet, dass die Lieferkettenteilnehmer für einen größeren Zeitraum im Voraus bestellen müssen. Für einen größeren Zeitraum wird mit mehr Unsicherheiten und Schwankungen in der Lieferkette gerechnet, sodass sich die Höhe des Sicherheitsbestandes, die in der getätigten Bestellung enthalten ist, erhöhen wird. Dies erschwert zum einen, wie schon bei der Ursache „Nachfrageprognose" beschrieben, unmittelbar die Interpretation der Bestellmengen und mittelbar die Prognostizierbarkeit der Endkonsumentennachfrage. Zum anderen steigt aufgrund der Ursache „Falsche Wahrnehmung der Teilnehmer" die Gefahr, dass mehr Bestellungen getätigt werden, je weiter bereits getätigte Bestellungen in der Vergangenheit liegen und noch nicht eingetroffen sind.

Die Ursache „Zeitverzug" führt folglich in erster Linie dazu, dass die Unsicherheit in der Lieferkette zunimmt und andere Ursachen verstärkt auftreten.

Eine weitere Konsequenz der zeitlichen Verzögerung kann auftreten, wenn der Zeitverzug in der Lieferkette so groß ist, dass sich die Nachfragesituation bei den Lieferkettenpartnern grundsätzlich verändert hat. Die spät gelieferten Mengen würden dann beispielsweise nicht mehr in der bestellten Höhe oder gar nicht mehr benötigt.

In einer quantitativen Untersuchung wird die Ursächlichkeit von Zeitverzug für den Bullwhip-Effekt nicht nachgewiesen (vgl. weiterführend Keller 2004b, S. 71 ff.).

Ursache 4: „Bündelung von Aufträgen"
Die Ursache „Bündelung von Aufträgen" ist ebenfalls mit den vorherigen Ursachen „Nachfrageprognose" und „Falsche Wahrnehmung der Teilnehmer" verknüpft.

Beim Beer Game wurde unterstellt, dass jeder Lieferkettenteilnehmer seine Bestellung sofort in der gewünschten Höhe an das nachgelagerte Unternehmen weitergibt. In der Praxis ist dies jedoch eine unrealistische Annahme, da Bestellungen oft gebündelt werden und somit später gesammelt weitergegeben werden. Die Bündelung der Aufträge resultiert aus dem Ziel der Kostenminimierung der Unternehmen. Jede

Auftragsbearbeitung führt zu Kosten, beispielsweise aufgrund von Personalkosten bei der Auftragserfassung oder der Faktura. Hinzu kommen Transport- oder Versandkosten, um die Produkte des Auftrags zum Empfänger zu bringen. Die Kosten werden in der Regel dem Kaufpreis der Produkte aufgeschlagen und dem Kunden belastet. Die Transportkosten nehmen häufig mit zunehmender Bestellmenge ab, da einerseits die Stückkosten aufgrund der Mengendegression sinken und andererseits möglichweise Mengenrabatt gewährt wird.

Zudem kann es in der Praxis auch eine Mindestbestellmenge geben, die neben den Skaleneffekten ebenfalls zu einer Bündelung von Aufträgen führt. Die Bündelung der Aufträge kann in regel- oder in unregelmäßigen Abständen erfolgen, je nach Bedürfnissen der Unternehmen. Ein weiterer Grund für die Bündelung von Aufträgen kann in dem Schieben von Bestellmengen aufgrund von Verkaufsquoten oder ähnlichen liegen, wenn beispielsweise Verkaufsquoten zu einem bestimmten Zeitpunkt bewertet werden (vgl. weiterführend Keller 2004b, S. 96 oder Bradley und Arntzen 1999).

Die Bündelung der Aufträge führt dazu, dass die jeweils nachgelagerten Unternehmen der Lieferkette die Bestellungen schubweise erhalten. Die Bestellmengen sind in den Bestellperioden sehr hoch, da sie den Bedarf mehrerer Perioden abdecken. In Nichtbestellperioden sinken die Bestellmengen auf null.

Für die nachgelagerten Unternehmen ist oftmals nicht ersichtlich, ob die Aufträge gebündelt sind und falls ja, nach welchem Schema die Bündelung erfolgte. Die hohe Bestellmenge könnte aufgrund von Bündelung, aufgrund von gestiegenen Sicherheitsbeständen oder auch aufgrund erhöhter Nachfrage entstanden sein. Dies ist jedoch für die Lieferkettenpartner nicht ersichtlich. Folglich wird auch hier die ausschlaggebende Information der Endkonsumentennachfrage nicht direkt weitergegeben, sondern sie fließt nur als ein Faktor unter mehreren in die Bestellmenge ein. Die Bestellmenge der Teilnehmer wird durch eigene rationale Handlungen von der Endkonsumentennachfrage entkoppelt, was zu Prognoseunsicherheiten mit den bekannten Folgen in der Lieferkette führt.

Die Bündelung von Aufträgen kann den Bullwhip-Effekt in doppelter Hinsicht verstärken. Zum einen durch die gerade aufgezeigte Entkopplung der Bestellmengen von der Nachfrage und zum anderen durch das sogenannte „order batching". Von „order batching" spricht man, wenn ein Unternehmen in mehreren Lieferketten aktiv ist, deren Teilnehmer zufällig alle regelmäßig zu den gleichen Zeitpunkten ihre gebündelten Bestellungen aufgeben und damit die kumulierten Bestellmengen in die Höhe treiben, was den Materialfluss in der Lieferkette aus dem Gleichgewicht bringt und den Bullwhip-Effekt weiter verstärkt (vgl. weiterführend Lee et al. 1997a).

Ursache 5: „Preisschwankungen"

Bei der Ursache „Preisschwankungen" liegt ebenso wie bei der Ursache „Bündelung von Aufträgen" eine Situation zugrunde, bei der die Bestellmenge nicht nur vom aufgetretenen Bedarf, sondern auch von anderen Faktoren abhängig gemacht wird. Im Falle der Preisschwankungen liegen Sonderangebote, Mengenrabatte, Gutscheine oder andere Aktionen zugrunde, aufgrund derer der Preis der Produkte geringer als gewöhnlich ist. Nehmen Unternehmen der Lieferkette dieses Angebot wahr, kaufen sie in der Regel größere Mengen ein, als ihrem Bedarf entsprechend. Sie werden diese Produkte dann einlagern und in zukünftigen Perioden verbrauchen. Dies geschieht unter der Voraussetzung, dass die erworbenen Produkte lagerfähig sind und die Lagerkosten den eingesparten Einkaufspreis nicht aufzehren. Die Bevorratung geschieht aufgrund von rationalen Überlegungen der Lieferkettenteilnehmer.

Wie auch schon bei der „Bündelung von Aufträgen" wird die Nachfrage der Unternehmen von der Endkonsumentennachfrage entkoppelt. Die Bestellmengen der Lieferkettenteilnehmer werden größeren Schwankungen unterliegen als die Endkonsumentennachfrage, da sie zunächst aufgrund des niedrigen Preises in die Höhe gehen und in zukünftigen Perioden sinken wird, da zunächst die Lagerbestände aufgebraucht werden. Für die Lieferkettenpartner ist es schwer möglich, die Auswirkung der Preisschwankung zu durchschauen und zu prognostizieren. Dies gilt umso mehr, als dass die Entkopplung der Bestellmengen so ausgeprägt sein kann, dass sie unter Umständen sogar mit dem eigenen aktuellen Bedarf wenig korrelieren. Während bei der Bündelung der zusammengefasste, prognostizierte Bedarf mehrerer Perioden in einer Bestellmenge zusammengeführt wurde, richtet sich hier die Bestellmenge zusätzlich nach der „Überzeugungskraft" des Sonderangebots. Die Bestimmung der Endkonsumentennachfrage ist damit eine Herausforderung, da die eigentlichen Nachfragen nicht ersichtlich sind.

Die Teilnehmer prognostizieren ihre Bestellmengen wie gewohnt und weichen dann aufgrund der Nutzung der Preisschwankungen von dieser Menge bewusst ab. Der jeweils nachgelagerte Lieferkettenpartner bestimmt den Zeitpunkt des Sonderangebots und gibt die bestellten Mengen in der Lieferkette weiter. Dennoch ist in aller Regel die Abweichung zwischen der tatsächlich aufgetretenen Nachfrage und der durch Preisschwankungen verzerrten Bestellmenge nicht ersichtlich. Weiter entfernt liegende Lieferkettenpartner haben möglicherweise keine Kenntnis von der Existenz der Preisschwankungen und missinterpretieren die hohen Bestellmengen. Der Bullwhip-Effekt wird als Konsequenz dieser schwankenden Bestellmengen verstärkt.

Ursache 6: „Engpasspoker"
Die letzte Ursache für die Entstehung des Bullhwip-Effektes entsteht durch eine Situation von Knappheit, wenn die Nachfrage nach einem Produkt die aktuell herstell-, liefer- oder verfügbare Menge überschreitet. In einem solchen Fall ist ein Unternehmen der Lieferkette nicht in der Lage, seinem Lieferkettenpartner die bestellten Mengen zu liefern. Ist dies kein kurzfristig zu lösendes Problem, was beispielsweise auf verfehlter Lagerpolitik beruht und mit der nächsten Bestellung gelöst werden kann, sondern ein mittel- oder langfristiges, liegt eine Situation von Knappheit vor. Dies betrifft insbesondere den Produzenten, da als Konsequenz fehlende Produktmengen in der ganzen Lieferkette auftreten werden.

In aller Regel führt dies zu einer Kontingentierung von Produkten, bei denen das betroffene Unternehmen seine Produkte unter Anwendung von bestimmten Kriterien unter den Nachfragern zuteilt. Ein häufig verwendetes Kriterium ist eine Zuteilung nach Maßgabe der Auftragsvolumina (vgl. Lee et al. 1997b, S. 82). Ist beispielsweise nur 60 % der gesamten Auftragsmenge verfügbar, würden auch die Kunden nur 60 % ihrer jeweiligen Bestellmenge erhalten. Die Kunden reagieren auf diese Art der Zuteilung häufig mit strategischem Verhalten.

Ist die Knappheit einem Teilnehmer bei der Bestellung bekannt, wird er seine Bestellmenge erhöhen, um im Zuge der Zuteilstrategie einen höheren Anteil des Kontingents gemäß seiner höheren Bestellmenge zu erhalten. Der Teilnehmer entscheidet rational, seine Bestellmenge über das Maß der eigentlich benötigen Menge zu erhöhen, um unter Einbeziehung der Knappheit und der verwendeten Zuteilung die tatsächlich benötigte Produktmenge zu erhalten. Diese strategische Erhöhung der Bestellmenge, um die Zuteilstrategie ohne Mengeneinbußen zu überstehen, nennt man Engpasspoker.

Ähnlich wie auch bei der Bündelung von Aufträgen und den Preisschwankungen führt der Engpasspoker zu einer Entkopplung der Bestellmengen vom Bedarf. Die Bestellmengen werden künstlich in die Höhe getrieben und erschweren die Prognostizierung der Endkonsumentennachfrage. Den Lieferkettenteilnehmern ist nicht ersichtlich, welchem Teil der Bestellmenge die tatsächlich gewünschte Menge und welchem Teil lediglich „Phantombestellungen" zugrunde liegen. Der Bullwhip-Effekt tritt auf. Ist die Situation der Knappheit beendet, werden je nach Lagerfähigkeit des Produktes, ähnlich wie bei einer Bevorratung aufgrund von Preisschwankungen, die Bestellungen zurückgehen, um Lagerbestände abzubauen.

Im Falle mehrere Produzenten ist zudem die Möglichkeit von Doppelbestellungen gegeben, die nach Lieferung von einem Produzenten zu Stornierungen bei den anderen Produzenten führen wird. Auch dies führt zu weiteren Schwankungen der Bestellmengen, die den Bullwhip-Effekt verstärken.

In der Praxis sind Fälle dokumentiert, in denen bei Produktionsinnovationen von IBM, HP oder Motorola Engpässe vom Kunden vorausgeahnt wurden und dementsprechend aufgrund von strategischen Verhaltens in gestiegenen Bestellmengen resultierten (Lee et al. 1997b, S. 83). Die Knappheit der Produkte beruhte nicht auf Rohstoffknappheit, sondern auf der im Vergleich zum Angebot zu hohen Nachfrage. Die betroffenen Unternehmen konnten aus der Bestellmengenerhöhung nicht zuverlässig interpretieren, welcher Teil aufgrund der tatsächlichen Nachfrage nach dem innovativen Produkt und welcher Teil aufgrund des Engpasspokers platziert wurde.

Während der ersten Welle der Coronapandemie im Jahr 2020 konnte Engpasspoker bei Produkten des täglichen Lebens wie Toilettenpapier, Mehl, Hefe etc. beobachtet werden (Sucky und Karl 2020).

7.1.3.2 Reduzierung des Bullwhip-Effektes

Der Bullwhip-Effekt kann mit Hilfe von geeigneten Maßnahmen reduziert werden, indem die oben geschilderten Entstehungsursachen verhindert oder zumindest abgeschwächt werden. Im Folgenden wird erneut nach den Ursachen gegliedert und dargelegt, welche Ansatzpunkte zur Reduzierung des Bullwhip-Effektes beitragen können.

Ursache 1: „Nachfrageprognose"

Die Ursache „Nachfrageprognose" resultiert aus drei Entstehungsgründen: der dezentralen Versorgung mit lokalen Informationen, den verwendeten Prognosemethoden und der Struktur der Bestellmenge der Teilnehmer, wobei das Vorliegen von lokalen Informationen eine Voraussetzung für das Auftreten der beiden anderen Gründe darstellt (vgl. Keller 2004b, S. 157). Lägen in der Lieferkette allen Teilnehmern zentrale Information über die Höhe der Endkonsumentennachfrage vor, wäre die Nachfrageprognose obsolet. Je mehr Teilnehmer über diese Information verfügen, desto „sicherer" ist die Informationsversorgung in der Lieferkette. Liegt sie nur einigen, nicht allen Teilnehmer vor, wäre die Lieferkette zwar nicht transparent, aber dennoch wären die Wirkungen auf die beiden anderen Entstehungsgründe, die Prognosemethoden und die Struktur der Bestellmengen, geringer, da zumindest ein Teil der Lieferkettenteilnehmer über sichere Informationen verfügt und seine Bestellmengen dementsprechend gestaltet, indem einige Komponenten der Bestellmenge geringeren Unsicherheiten unterworfen sind und sich dementsprechend an die bekannte Nachfrage angleichen.

Der Entstehungsgrund „Struktur der Bestellmengen" ist eine Konsequenz der anderen beiden Entstehungsgründe, da die Nachfrage durch die lokalen Informationen prognostiziert werden muss und die Wahl der Prognosemethode die Ergebnisse beeinflusst. Der Entstehungsgrund ist damit nicht isoliert zu betrachten und kann auch nicht einzeln verhindert oder reduziert werden. Deswegen wird er im Folgenden nicht näher beleuchtet, sondern nur die ursächlichen Entstehungsgründe „lokale Information" und „Prognosemethode".

Entstehungsgrund „lokale Information" Setzt man beim Entstehungsgrund „lokale Informationen" an, müssen grundsätzlich mehr Informationen für mehr Teilnehmer der Lieferkette verfügbar sein. Dabei wird unterschieden, welche Informationsarten, welche Informationsbeteiligte und welche Informationsmethoden vorliegen (vgl. Keller 2004b, S. 160 f.). Bei den Informationsarten wird zwischen Informationen über die Höhe der Endkonsumentennachfrage sowie Informationen über die Prognosemethoden unterschieden. Des Weiteren wird entschieden, welche Technologie zum Informationsaustausch bereitgestellt und genutzt wird. Dies wird hier jedoch nicht näher erläutert.

Bei den Informationsbeteiligten werden Informationen in aller Regel dann geteilt, wenn eine Kooperation zwischen den Teilnehmern besteht (vgl. weiterführend z. B. Raghunathan 2003). Ein Unternehmen, welches in der Lieferkette aufgrund seiner Nähe zum Endkonsumenten über Nachfrageinformation verfügt, muss bereit sein, diese Information mit anderen Teilnehmern der Lieferkette zu teilen. Dies wird nur erfolgen, wenn das Unternehmen von der Weitergabe der Information von Gegenleistungen der informationsempfangenden Unternehmen profitieren kann.

Das Teilen der Information erfolgt nicht willkürlich, sondern wird in Bezug auf den Umfang und Zeitpunkt geplant. Dies betrifft insbesondere den Aspekt der Koordination und der Informationsteilung.

Um die Zusammenarbeit erfolgreich zu koordinieren, muss entschieden werden, wie diese ausgestaltet werden soll, wer welche Zuständigkeiten und Verpflichtungen hat. Im Idealfall sollten sich die Informationen und Kompetenzen der Unternehmen ergänzen (Keller 2004b, S. 161). Die Kooperation kann lediglich den Informationsaustausch als auch das Delegieren von Tätigkeiten auf den Partner umfassen (vgl. Yu et al. 2001). Ein Beispiel für das Delegieren von Tätigkeiten ist das später erläuterte VMI-Konzept (Abschn. 7.3.2), bei dem die Tätigkeit des Lageraufüllens vom Einzelhändler an den Produzenten abgegeben wird, der dies im Gegenzug für den Erhalt von Point-of-Sales-Daten übernimmt. Bei der Koordination der Zusammenarbeit muss erwogen werden, welche Lieferkettenteilnehmer partizipieren und welche nicht inkludiert werden. Ferner muss entschieden werden, wer die Leitung der Kooperation übernimmt, ob dies in zentraler Form unter Leitung einer übergeordneten Stelle oder in dezentraler Form unter selbständiger Koordination aller Unternehmen erfolgt.

Ergänzend zur Frage der Koordination können Konzepte zur Informationsteilung zwischen den Partnerunternehmen vereinbart werden. Sie basieren auf dem Ansatz, dass sich verbesserte partnerschaftliche Beziehungen zwischen Lieferkettenteilnehmern und eine bessere Informationsteilung bedingen und beeinflussen. Viele Ansätze zur Informationsteilung gehören zum CPFR-Konzept, was für Collaborative Planning, Forecasting und Replenishment steht (vgl. z. B. Kreipl 2003). Dem ist zu entnehmen, dass die Lieferkettenpartner kooperieren, sie teilen Informationen bezüglich ihrer Prognosen und Planungen und teilen sich die Verantwortung bei der Wiederauffüllung der Lager.

Die Zusammenarbeit von Unternehmen (Collaborative-Komponente) besteht darin, dass Informationen bezüglich der Nachfrage in der Lieferkette geteilt werden. Es wird ein Informationsaustausch (Planning-, Forecasting-Komponenten) zwischen den Unternehmen etabliert. Ein Beispiel ist das später erläuterte Konzept des Efficient Consumer Response (Abschn. 7.3.2), bei dem Hersteller und Händler zusammenarbeiten und Daten z. B. automatisiert austauschen. Zur Erleichterung der Durchführung sollten sowohl die Material- als auch die Informationsflüsse standardisiert werden. Das Auffüllen der Lager (Replenishment-Komponente) erfolgt in geteilter Verantwortung, beispielsweise übernimmt der Hersteller das Auffüllen der Regale im Einzelhandel und erhält im Gegenzug Abverkaufsdaten.

Zusammenfassend lässt sich festhalten, dass das Teilen von Informationen, z. B. im Rahmen des CPFR, zur Verhinderung des Entstehungsgrundes „lokale Informationen" führt. Im Idealfall ist die Endkonsumentennachfrage allen Teilnehmern bekannt. Dieses Szenario setzt die Schaffung entsprechender Anreize voraus, so dass jeder Teilnehmer der Lieferkette von der Informationsteilung profitiert. Die Informationsteilung kann unterschiedlich ausgestaltet sein, beginnend bei bloßer Informationsweitergabe bis hin zu gemeinsamen Prognosen oder gemeinsamen operativen Tätigkeiten wie der Lageraufüllung.

Anschließend wird der für die Ursache „Nachfrageprognose" verantwortliche Entstehungsgrund „Prognosemethode" eingehender betrachtet.

Entstehungsgrund „Prognosemethode" Die verwendete Prognosemethode beeinflusst die Höhe und die Güte des prognostizierten Werts. Allgemein gesprochen, spiegelt der prognostizierte Wert den realen zukünftigen Wert in aller Regel am besten wider, wenn die für die Prognose verwendeten Vergangenheitsdaten verlässlich sind (Davis 1993), realitätsnahe Annahmen für die Zukunft getroffen werden und die Prognosemethode für den Nachfrageverlauf geeignet ist.

Ist die Wahl auf eine Prognosemethode gefallen, sollte die Güte der erlangten Prognose in der zukünftigen Periode mit der tatsächlich eingetretenen Nachfrage abgeglichen werden. Da die Nachfrage nicht notwendigerweise konstant ist, können Störungen, unerwartete Entwicklungen und Trends nicht immer vorhergesagt werden. Prinzipiell ist die Nachfrageprognose umso herausfordernder und fehleranfälliger, je mehr Einflussgrößen geschätzt werden müssen.

Die Auswirkungen einer nicht adäquaten Prognose hängt von der Lage des betreffenden Unternehmens in der Lieferkette und den Sicherheitsvorkehrungen seiner unmittelbaren Lieferkettenpartner ab.

Würden in der Lieferkette zentrale Informationen durch das Teilen der Endkonsumentennachfrage vorliegen, würde die Notwendigkeit der Nachfrageprognose entfallen.

Ursache 2: „Falsche Wahrnehmung der Teilnehmer"
Die Entstehung der Ursache „Falsche Wahrnehmung der Teilnehmer" resultiert aus den Gründen „lokale Information" und „Struktur der Bestellmenge". Die Gegenmaßnahmen zur lokalen Information sind bereits im vorhergehenden Abschnitt zur Ursache „Nachfrageprognose" erläutert worden, sodass an dieser Stelle nur auf die Struktur der Bestellmenge eingegangen wird.

Entstehungsgrund „Struktur der Bestellmenge" Die Bestellmengen der Teilnehmer setzen sich wie in Kapitel Abschn. 7.1.3.1 beschrieben aus drei Komponenten zusammen, die der Nachfragebefriedigung, der Lagerauffüllung und dem Aufrechterhalten der Versorgung dienen. Je nach Sicherheitsdenken des Lieferkettenteilnehmers, wird der Lagerauffüllung mehr oder weniger Bedeutung beigemessen. Hat die Lagerhaltung beispielsweise eine geringe Bedeutung, würde das Unternehmen bei einer Diskrepanz zwischen Ist- und Solllagerbestand nicht überstürzt mit erhöhten Bestellungen reagieren, sondern erst die kommenden Lieferungen abwarten. Dies setzt voraus, dass in der Lieferkette wenig Unsicherheit und ein hohes Maß an Vertrauen in die Zuverlässigkeit der Lieferungen der Lieferkettenpartner herrscht. Ist dies der Fall, werden in der Lieferkette wenig Sicherheitsbestände angelegt.

Eine mögliche Lösung für die Handhabung von Lagerbeständen liegt in der Anwendung von Bestellpolitiken, bei denen aus Vergangenheitsdaten die Bestellmengen und möglicherweise zusätzlich auch die Bestellintervalle festgeschrieben werden (vgl. Abschn. 3.2.2). Die Anwendung solcher Bestellpolitiken führt dazu, dass überstürzte

Änderungen der Bestellmenge oder auch das Fehleinschätzen von noch ausstehender Menge ausbleibt, da die Bestellungen standardisiert sind.

Ähnlich wie bei den Entstehungsgründen zur „Nachfrageprognose" wird auch hier konstatiert, dass das Vorhalten von zentraler Information in der Lieferkette zu einer Verhinderung oder zumindest Abschwächung des Entstehungsgrunds führen würde, da die Sicherheit in der Lieferkette zunimmt und somit die Ansatzpunkte für eine falsche Wahrnehmung der Teilnehmer und das daraus resultierende Fehlverhalten reduziert wird. Den dennoch fortbestehenden Fehleinschätzungen kann mit der Nutzung von Bestellpolitiken entgegengewirkt werden.

Ursache 3: „Zeitverzug"

Betrachtet man den Zeitverzug ursächlich für die Entstehung des Bullwhip-Effektes, sollte zur Eindämmung des Effektes versucht werden die Verzugszeiten, bestehend aus der Produktionszeit, der Material- und der Informationsflusszeit zu reduzieren. Dies führt zu Maßnahmen der operativen Logistik, wie in den Kapiteln Kap. 4 und Kap. 5 erläutert.

Trotz aller Maßnahmen zur Reduzierung von Zeitverzügen, ist es nicht möglich, diese komplett zu eliminieren. Dies betrifft insbesondere die Produktions- und die Materialflusszeit. Auch hier ist erneut festzustellen, dass eine Informationsteilung innerhalb der Lieferkette zu geringeren Unsicherheiten führen würde, die auch die Effekte des Zeitverzugs eindämmen würde.

Ursache 4: „Bündelung von Aufträgen"

Die Ursache „Bündelung von Aufträgen" resultiert daraus, dass lokale Informationen in der Lieferkette die Bündelung verschleiern und die Nachfrage aufgrund der Bündelung und den daraus gesetzten Anreizen von der Endkonsumentennachfrage entkoppelt ist. Die Bündelung generiert durch die gesamte Lieferkette größere Bestell- und Produktionsmengen.

Setzt man beim Entstehungsgrund „lokale Informationen" an und sorgt für zentrale Informationen in der Lieferkette, würden die Informationsverzerrungen und Unsicherheiten beseitigt. Die Lieferkettenteilnehmer wären in die Lage versetzt, sich auf die sprunghaft ansteigenden Bestell- und Produktionsmengen vorzubereiten. Die Teilnehmer würden zwar nach wie vor ihre Nachfrage von der Endkonsumentennachfrage durch die Bündelung von Aufträgen entkoppeln, dies hätte aber keine Auswirkungen mehr, da es nicht zu weiteren Unsicherheiten führt. Somit führt die Beseitigung des Entstehungsgrunds „lokale Information" auch gleichzeitig zur Beseitigung des Entstehungsgrundes „Entkopplung der Nachfrage von der Endkonsumentennachfrage" (vgl. Keller 2004b, S. 171).

Setzt man bei der Entkopplung der Nachfrage selbst an, so müssten Anreize geschaffen werden, die das rationale Bündeln von Aufträgen verhindern oder aber gezielte Informationen zur Bündelungsart und zum Bündelungszeitpunkt gestreut werden, sodass es nicht zu Unsicherheiten durch das Interpretieren der Bündelungsmenge in der Lieferkette kommt.

Das Bündeln von Aufträgen erfolgt in aller Regel, um Bestell- und Transportkosten zu minimieren. Sind die Kosten jedoch immer niedrig, würde der Anreiz zum Bündeln entfallen. Für die Bestellkosten kann dies beispielsweise durch die Automatisierung von Bestellungen oder dem Einsatz von Bestellpolitiken erreicht werden (Gudehus 2001).

Die Reduzierung der Transportkosten erweist sich als größere Herausforderung, da die Bündelung von Aufträgen eine Maßnahme ist, die exakt aus diesem Grund – neben ökologischen Erwägungen – durchgeführt wird. Eine mögliche Abhilfe könnten Unternehmenskooperationen schaffen, die durch die Konsolidierung mehrerer Aufträge zu einer Ladung zu Vollauslastung führen können. Dies führt jedoch zu organisatorischem Mehraufwand, der in aller Regel die Bestellkosten erhöht.

Ein erfolgversprechender Ansatz liegt in der Offenlegung der Bündelungsstrategie, sodass der jeweilige Lieferkettenpartner die eingehende Bestellinformation deuten kann und keine Nachfrageerhöhung vermutet, der keine gestiegene Endkonsumentennachfrage gegenübersteht. Eine Fehlinterpretation wird verhindert und somit würde der Entstehungsgrund „Entkopplung der Nachfrage von der Endkonsumentennachfrage" neutralisiert.

Ursache 5: „Preisschwankungen"
Preisschwankungen entstehen aufgrund von drei Entstehungsgründen: Lokale Informationen, Entkopplung der Nachfrage von der Endkonsumentennachfrage und vom eigenen Bedarf. Werden die lokalen Informationen in der Lieferkette durch zentrale Information der Endkonsumentennachfrage ersetzt, würden die Informationsunsicherheiten durch die Preisschwankungen behoben, da die Lieferkettenteilnehmer anhand der Höhe der Endkonsumentennachfrage abschätzen können, für wie viele Perioden die aufgrund des Sonderangebots hohen Bestellmengen vorgehalten werden. Durch die Beseitigung des Entstehungsgrunds „lokale Informationen" wird der Entstehungsgrund „Entkopplung der Nachfrage von der Endkonsumentennachfrage" folgenlos. Dies gilt nicht für den Entstehungsgrund „Entkopplung der Nachfrage vom eigenen Bedarf", da dieser nicht von der Endkonsumentennachfrage abgeleitet werden kann und alleinig von den Konditionen des Sonderangebots und der Reaktion des Lieferkettenteilnehmers, dem dieses Angebot zuteil wird, abhängt. Selbst wenn der Zeitpunkt und die Art des Sonderangebots als Information in der Lieferkette geteilt wird, ist die Kundenreaktion von vielen exogenen Faktoren abhängig und führt somit zu Unsicherheiten in der Lieferkette. Um den Entstehungsgrund zu vermeiden oder einzudämmen, müssten entweder die Preisschwankungen verhindert bzw. die Konditionen und Akzeptanz der Sonderangebote in der Lieferkette offengelegt werden. Eine Offenlegung der Information erfolgt genau wie bei der oben erläuterten zentralen Information nur, wenn alle beteiligten Unternehmen davon profitieren würden.

In der Praxis werden bei der Untersuchung des Nutzens von Sonderangeboten vornehmlich auf Einzelinteressen der Unternehmen geachtet. Betrachtet man die Auswirkungen auf die komplette Lieferkette, treten vor allem negative Aspekte in den

Vordergrund, die die Bestellmengen aus dem Gleichgewicht bringen (Lee et al. 1997b, S. 82).

Um Sonderangebote zu verhindern, könnte den Lieferkettenteilnehmern ein gleichbleibend niedriger Preis angeboten werden (vgl. z. B. DeSmet 2021, S. 152). Dieser Ansatz ist beispielsweise bei Lebensmitteldiscountern zu finden.

Ursache 6: „Engpasspoker"
Der Engpasspoker resultiert aus den Entstehungsgründen "Entkopplung der Nachfrage von der Endkonsumentennachfrage", „Entkopplung der Nachfrage vom eigenen Bedarf" und „Knappheit des Angebots". Die Knappheit in der Lieferkette führt dazu, dass die Nachfrage sich nicht mehr am eigentlichen Bedarf, sondern vielmehr an der Überlegung orientiert, wie man am meisten vom knappen Gut zugeteilt bekommt oder erhält. Anders als bei den anderen Ursachen besteht hier ein Engpass in der Produktlieferung, der in aller Regel aufgrund von exogenen Ursachen besteht und von den Lieferkettenteilnehmern nicht beeinflusst werden kann.

Da der Engpass nicht verhindert werden kann, besteht die einzige Möglichkeit, den aus dem Engpass resultierenden Bullwhip-Efffekt einzudämmen, beim strategischen Verhalten der Lieferkettenteilnehmer, dem Engpasspoker, anzusetzen. Durch den Einsatz von Zuteilverfahren, bei denen die knappen Mengen nach bestimmten Kriterien wie den vergangenen Bestellungen zugeteilt werden, versucht man, sich von den strategisch erhöhten Bestellmengen zu entkoppeln.

Spieltheorie: Strategisches Verhalten beim Engpasspoker
Die Lieferkettenteilnehmer erhöhen aufgrund rationaler Überlegungen ihre Bestellmengen und entkoppeln sie bewusst von der Höhe der Endkonsumentennachfrage und vom eigenen Bedarf. Sie erhoffen sich dadurch, mehr vom knappen Gut zugeteilt zu bekommen. Sie unterstellen dabei, dass die Zuteilung aufgrund der Höhe der Bestellungen vorgenommen wird. Das liefernde Partnerunternehmen in der Lieferkette will dem entgegenwirken, indem es seine Mengen nicht aufgrund der gegenwärtigen Bestellung, sondern aufgrund der Vergangenheitsdaten zuteilt.

Diese Konstellation kann mit Hilfe von spieltheoretischen Überlegungen näher untersucht werden. Dazu werden beispielhaft der Produzent und der Großhändler betrachtet, die in einer unmittelbaren Geschäftsbeziehung ohne weitere Zwischenstufen in der Lieferkette stehen. Es werden nur zwei Teilnehmer betrachtet, um das spieltheoretische Zwei-Personen-Nullsummenspiel anwenden zu können (vgl. z. B. Holler et al. 2019, S. 60 ff.). Beim Minimax-Theorem (oder auch Maximinlösung) wird davon ausgegangen, dass jeder der zwei Spieler seine Maximalverluste minimieren will. Dadurch dass es sich um ein Nullsummenspiel handelt, bedingen sich die Reaktionen der beiden Spieler gegenseitig. Dies wird an folgendem Beispiel für den Engpasspoker in Tab. 7.1 gezeigt (Keller 2004b, S. 181 f.):

Tab. 7.1 Minimax Engpasspoker

Großhändler / Produzent	Kein Engpasspoker	Engpasspoker
Gegenwart	(7; −7)	(−4; 4)
Vergangenheit	(8; −8)	(6; −6)

Es wird vorausgesetzt, dass beiden Spielern, dem Produzenten und dem Großhändler, die Situation der Knappheit bekannt ist und sie dementsprechend agieren. In der Matrix sind die Gewinne des Produzenten und des Großhändlers bei verschiedenen Strategien dargestellt. Der Produzent hat die Möglichkeiten, sich bei der Auslieferung seiner Mengen an den gegenwärtigen Bestellmengen zu orientieren. Er würde damit, vorausgesetzt der Großhändler betreibt keinen Engpasspoker und gibt seine wahren Bestellmengen trotz Knappheit an, einen Gewinn von 7 realisieren. Demgegenüber steht ein Verlust von -4 im Falle des Engpasspokers des Großhändlers.

Orientiert sich der Produzent an den vergangenen Bestelldaten, so verschafft ihm das eine größere Sicherheit hinsichtlich seiner Produktionsmengen und er würde im Falle ohne Engpasspoker einen Gewinn von 8 realisieren. Betreibt der Großhändler Engpasspoker, trifft dies den Produzenten nicht unvorbereitet und sein Gewinn liegt bei 6. Der Produzent ist risikoavers und möchte sein Risiko minimieren und wählt somit die Strategie, die ihn zum maximalen der minimalen Gewinne führt (Maximin-Prinzip), was der Bestellung auf Basis von Vergangenheitsdaten entspricht. Der Großhändler entscheidet sich für die Strategie des Engpasspokers, um möglichst viel vom knappen Gut zu erhalten und seinen maximalen Verlust zu minimieren (Minimax-Prinzip).

Es ist zu beachten, dass sich beide Teilnehmer bewusst strategisch verhalten und ihre Produktions- bzw. Bestellmengen nicht mehr vom aktuellen Bedarf abhängig machen.

In der einfachsten Form eines Zuteilungsverfahrens hat ein Unternehmen Anrecht auf eine Lieferung des knappen Guts, wenn es auch in der Vorperiode dieses Produkt bereits bestellt hat (vgl. weiterführend z. B. Cachon und Lariviere 1999).

7.2   Referenzmodelle

Referenzmodelle für das Supply Chain Management sind als Rahmen für die Gestaltung von Supply- Chain-Netzwerken zu sehen. Sie haben einen normativen Charakter und sollen auf jede Supply Chain angewendet werden können, um den Modellierungs- und Abstimmungsprozess zu vereinfachen. Die erforderlichen Wertschöpfungsprozesse werden zu diesem Zweck in eine dezidierte Reihenfolge gebracht, sodass die daraus entstehenden Supply Chains als idealtypisch im Sinne des Referenzmodells zu verstehen sind (Hertel und Zentes et al. 2011, S. 103). Um umfassend einsetzbar zu sein, können Referenzmodelle keinen hohen Spezifizierungsgrad aufweisen, sondern sind eher umfassender, genereller und abstrakter Natur. Sie stellen ein Standardisierungswerkzeug für die Modellierung und Strukturierung von Supply Chains dar.

In der Literatur ist eine Vielzahl an Referenzmodellen zu finden. In diesem Buch werden beispielhaft vier davon aufgegriffen. Im folgenden Unterkapitel werden Referenzmodelle von Bowersox, Cooper et al. und Mentzer kurz dargestellt. Im Abschn. 7.2.2 wird getrennt auf das SCOR-Modell eingegangen, da dies ein praxisnahes und bekanntes Supply-Chain-Referenzmodell ist.

7.2.1   Modelle von Bowersox, Cooper/Lambert/Pagh und Mentzer et al

Das *Modell von Bowersox* basiert auf dem Integrationsaspekt eines Unternehmens, der sowohl intern als auch extern vorangetrieben werden muss, um ein erfolgreiches Supply Chain Management zu etablieren. Unter interner Integration wird zunächst die erfolgreiche Organisation der operativen Logistikprozesse des Unternehmens verstanden. Dies beinhaltet neben den internen Prozessen auch bereits geschäftsübergreifende Integration, beispielsweise durch die Bündelung von Logistik- oder Marketingaktivitäten, die gemeinsame Nutzung von Logistikeinrichtungen, Standardisierungsbestrebungen oder den Austausch von Wissen (vgl. Bowersox 1997, S. 184 ff., Corsten und Gössinger 2008, S. 135).

Im Folgeschritt wird die Integration ausgeweitet, um die Vorteile der geschäfts-übergreifenden Integration und die daraus resultierenden Synergieeffekte auszu-weiten. Gemäß Bowersox ist dies der Sinn des Supply Chain Management: "Supply Chain Management is a collaborative-based strategy to link cross-enterprise business operations to achieve a shared vision of market opportunity" (Bowersox 1997, S. 181). Die externe Supply-Chain-Integration beginnt in der einfachsten Ausprägung mit der Kollaboration zu ausgewählten Unternehmen, mit denen ein Informationsaustausch und eine gemeinsame Planung stattfindet. Wird die Kollaboration entlang der Wert-schöpfungskette ausgedehnt, spricht man erweiterter von externer Supply-Chain-Integration (Corsten und Gössinger 2008, S. 136). Dabei sind die unterschiedlichen Flussarten zu berücksichtigen, die aus dem Cash Flow, dem Information Flow, dem Market Accomodation Flow sowie dem Product/Service Flow bestehen (Bowersox 1997, S. 186 f.). Der Product/Service Flow entspricht dem Materialfluss und fließt zum Kunden, alle andere Flüsse wie der Finanz- und Informationsfluss sowie die Informationen der Nachkaufphase (Market Accomodation) fließen in entgegengesetzter Richtung.

Bowersox entwickelt einen vierdimensionalen Bezugsrahmen. Das Ziel der externen Integration ist in der Ausführungsdimension (Operational Context) zu sehen und besteht in einer Erhöhung der Effizienz durch Vermeidung von Doppelarbeiten und einer Steigerung des Kundennutzens und der Kundenzufriedenheit. Zur Umsetzung der Integration ist der Einsatz von Information- und Kommunikationstechnologien unerläss-lich, was in der technologischen Dimension (Technological Context) Eingang findet.

Bowersox unterstellt außerdem eine gemeinsame Planungsdimension (Planning and Measurement Context), bei der zu Gunsten gemeinsamer Supply-Chain-Aktivitäten Informationen geteilt werden. Eine weitere wichtige Rolle spielt das Beziehungs-management, das einer weiteren Dimension (Relational Context) entspricht, um sicher-zustellen, dass die Beziehungen zwischen den Supply-Chain-Partnern nicht durch Missverständnisse, Konflikte oder Ähnliches geprägt sind. Die Qualität der Beziehungen beeinflusst den Erfolg der Supply Chain. Bowersox schlägt hier folgende wichtige

Merkmale vor, anhand derer das Beziehungsmanagement innerhalb der Supply Chain überprüft werden kann (Bowersox 1997, S. 188 f.):

- Anerkennung der wechselseitigen Abhängigkeit zwischen den informationsaustauschenden Supply-Chain-Partnern.
- Prognosen sollten durch Reaktionen ersetzt werden, die aus Basis von gemeinsam generierten und geteilten Informationen entstehen.
- Jedes Unternehmen konzentriert sich auf seine jeweilige Kernkompetenz und überlässt den Partnern das Geschäftsfeld, in dem dessen Kompetenzen liegen. Müssen zusätzliche Dienste oder Kenntnisse erworben werden, können Spezialisten hinzugezogen werden.
- Die Suppl-Chain-Partner akzeptieren ein Unternehmen in einer Führungsrolle, das die Strategie und Koordination maßgeblich bestimmt. Häufig ist dies das Unternehmen mit der größten Marktmacht.
- Die Supply-Chain-Partner entwickeln eine gemeinsame Kultur mit Vereinbarungen, Regeln, Konventionen, Zielvorstellungen etc.

Diese vier von Bowersox vorgeschlagenen Dimensionen erlauben es, grobe Handlungsempfehlungen für die Ausgestaltung der Supply Chain abzuleiten (vgl. weiterführend zur Bewertung und Kritik des Referenzmodells z. B. Karrer 2006, S. 45).

Das **Modell von Cooper/Lambert/Pagh** besteht aus drei Elementen: den Geschäftsprozessen, den Managementkomponenten und der Supply-Chain-Struktur (Cooper et al. 1997, S. 5 f.). Die drei Elemente werden nachfolgend erläutert.

1) Ein *Geschäftsprozess* ist eine spezifische Anordnung von Aktivitäten mit einem Anfang, einem Ende und klar identifizierten Inputs und Outputs. Der Geschäftsprozess gibt die Struktur für Handlungen vor und kann sowohl intra- also auch interorganisatorische Grenzen überschreiten. Daraus leiten sich sieben Kerngeschäftsprozesse ab (Cooper et al. 1997, S. 5 f. oder Corsten und Gössinger 2008, S. 144):
   - Kundenbetreuung (Customer Relationship Management),
   - Service (Customer Service),
   - Bedarfsermittlung (Demand Management),
   - Auftragsabwicklung (Order Fulfilment),
   - Produktionsmanagement (Manufacturing Flow Management),
   - Beschaffungsmanagement (Procurement Process) sowie
   - Produktentwicklung und -einführung (Product Development and Commercialization).
   Die Besonderheit liegt darin, dass bei allen Prozessen die Erfüllung der Kundenbedürfnisse im Vordergrund steht.
2) Im Wesentlichen werden zehn *Managementkomponenten* aufgezeigt, die in allen Prozessen und von allen Supply-Chain-Partner üblicherweise aufgegriffen werden (Cooper et al. 1997, S. 6 f.):
   - Planungs- und Steuerungsstruktur (Planing and Control Structure),
   - Arbeitsorganisation (Work Structurc),

- Organisationsaufbau (Organization Structure),
- Struktur der Produktflussanlage (Product Flow Facility Structure),
- Struktur der Informationsflusseinrichtung,
- Produktstruktur (Product Structure),
- Managementmethoden (Management Methods),
- Macht- und Führungsstruktur (Power and Leadership Structure),
- Risiko- und Ertragsstruktur (Risk and Reward Structure) und
- Kultur (Culture and Attitude).

Die genannten Managementkomponenten decken den gesamten Bereich der Entscheidungsfindung des Managements in einem Unternehmen ab. Diese Komponenten werden auf das Management der Supply Chain übertragen, wodurch die Anwendung komplexer wird, da entschieden werden muss, welche Komponenten für welche Unternehmen relevant sind.

3) Mit der *Supply-Chain-Struktur* wird entschieden, wie die Supply Chain ausgestaltet werden soll. Dies betrifft die Anzahl der Wertschöpfungsstufen, die Anzahl der Mitglieder pro Stufe und die Komplexität des Produkts (Cooper et al. 1997, S. 9). Da die meisten Unternehmen nicht nur Mitglied in einer Supply Chain sind, kann die Supply Chain eher in Form eines entwurzelten Baums, denn einer Kette dargestellt werden. Die Unternehmen müssen entscheiden, mit welchem Unternehmen sie in welcher Supply Chain wie intensiv zusammenarbeiten wollen, da es nicht realistisch ist, die Zusammenarbeit mit allen Partnern gleich intensiv zu gestalten. Gemäß Cooper et al. ist die am besten geeignete Beziehung diejenige, die am besten zu den jeweiligen Umständen passt.

Der Ansatz von Cooper et al. gibt einen Überblick über die Gestaltungsmöglichkeiten der Supply Chain und zeigt die dafür wesentlichen Geschäftsprozesse auf (vgl. weiterführend zur Bewertung und Kritik des Referenzmodells z. B. Stölzle 2018, S. 166).

Das ***Modell von Mentzer et al.*** ist ein Ansatz, der von sieben Autoren entwickelt wurde. Sie erläutern, was inhaltlich unter Supply Chain Management zu verstehen ist und was erforderlich ist, um ein erfolgreiches Supply Chain Management zu betreiben.

Mentzer et al. definieren eine Lieferkette als eine Gruppe von drei oder mehreren Einheiten (Organisationen oder Unternehmen), die unmittelbar durch die vor- und nachgelagerten Flüsse von Produkten, Waren und/oder Informationen verbunden sind. Dies gilt beginnend von einer Quelle bis hin zum Kunden (Mentzer et al. 2001, S. 4). Sie unterscheiden drei grundlegende Typen von Supply Chains hinsichtlich ihrer Komplexität: eine „direkte Lieferkette" (direct supply chain), eine „erweiterte Lieferkette" (extended supply chain) und eine „ultimative Lieferkette" (ultimate supply chain). Die direkte Lieferkette besteht nur aus einem Unternehmen, einem Lieferanten und einem Kunden, die am Material-, Finanz- und Informationsfluss beteiligt sind. Die erweiterte Lieferkette umfasst zusätzlich die Lieferanten des unmittelbaren Lieferanten und Kunden des unmittelbaren Kunden. Die ultimative Lieferkette erstreckt sich auf alle

Organisationen, die an vor- und nachgelagerten Produkt-, Dienstleistungs-, Finanz- und Informationsflüssen vom Endlieferanten bis zum Endkunden beteiligt sind (Mentzer et al. 2001, S. 4). Jedes Unternehmen kann Bestandteil mehrerer Supply Chains sein.

Sie weisen darauf hin, dass Supply Chain existieren, unabhängig davon, ob sie als solche erkannt und einheitlich organisiert werden.

Supply Chain Management wird als Managementphilosophie verstanden. Merkmale dieser Philosophie bestehen im Systemansatz zur Betrachtung der Lieferkette als Ganzes und zur Verwaltung des gesamten Materialflusses. Ferner ist es wichtig, sich strategisch so auszurichten, dass die Lieferkette synchronisiert wird und alle Beteiligten sich bemühen, die Lieferkette zu einem einheitlichen Ganzen zu konvergieren. Ein letztes Merkmal der Supply-Chain-Philosophie liegt in der unbedingten Orientierung am Kundenwunsch und der Kundenzufriedenheit (Mentzer et al. 2001, S. 7).

Zur erfolgreichen Umsetzung der Philosophie sollten die folgenden Managementpraktiken genutzt werden:

- Integriertes Verhalten,
- Gegenseitiger Austausch von Informationen,
- Gegenseitiges Teilen von Risiken und Belohnungen,
- Kooperation,
- Dasselbe Ziel und derselbe Fokus in den Diensten der Kunden,
- Integration von Prozessen sowie
- Partner zum Aufbau und zur Pflege langfristiger Beziehungen.

Mentzer et al. weisen darauf hin, dass in der Literatur eigentlich versucht wird, zwei Konzepte unter dem Begriff Supply Chain Management zu definieren. Bei genauerer Betrachtung wird ersichtlich, dass der Versuch der unternehmensübergreifenden Koordinierung von Material- und Informationsströmen besser als „Supply Chain Orientation" bezeichnet werden müsste. Mit dieser.

Orientierung ist gemeint, dass eine Organisation alle systemischen und strategischen Auswirkungen.

ihrer taktischen Aktivitäten, die mit dem Management der verschiedenen Abläufe in einer Lieferkette verbunden sind, zur Kenntnis nimmt.

Erst mit der tatsächlichen Umsetzung dieser Orientierung in den verschiedenen Unternehmen der Lieferkette wird aus der Supply Chain Orientation das Supply Chain Management (Mentzer et al. 2001, S. 11). Die Supply Chain Orientation ist eine Managementphilosophie, während das Supply Chain Management die Summe aller Managementmaßnahmen ist, die zur Umsetzung dieser Philosophie ergriffen werden. Die Supply Chain Orientation bildet gleichsam die Voraussetzung für ein erfolgreiches Supply Chain Management.

Die Voraussetzung für ein Zustandekommen der Supply Chain Orientation, dem daraus resultierenden Supply Chain Management sowie die Auswirkungen auf den Kunden ist in Abb. 7.4 (in Anlehnung an Mentzer et al. 2001, S. 12) dargestellt.

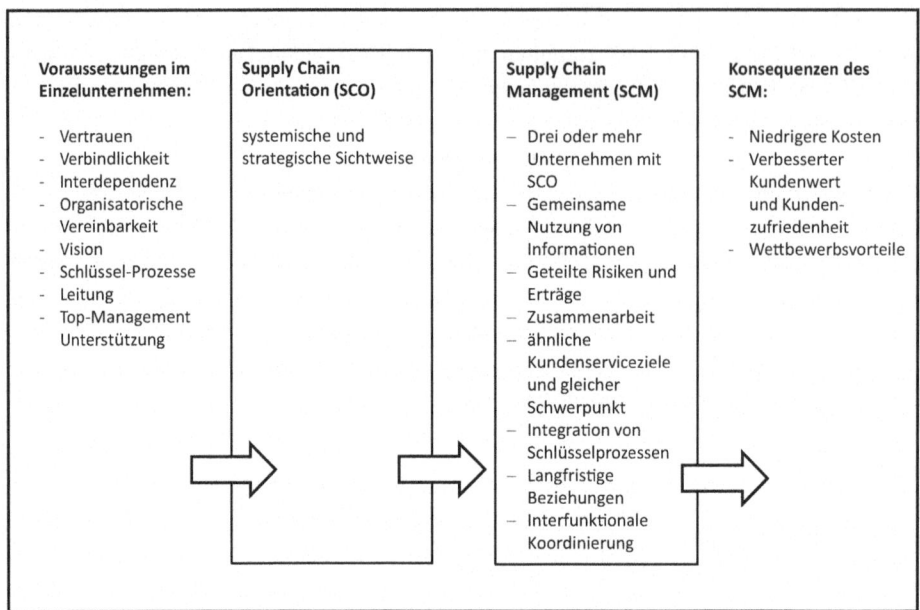

Abb. 7.4 Voraussetzungen und Konsequenzen des SCM_Mentzer et al

Die Folgen des Supply Chain Management bestehen darin, die Kosten in der Lieferkette zu senken und gleichzeitig eine Verbesserung der Kundenzufriedenheit herbeizuführen. Beide Aspekte resultieren in einer Erzielung von Wettbewerbsvorteilen (Mentzer
et al. 2001, S. 15).

Das Supply Chain Management hat gemäß Mentzer et al. einen funktionalen und
einen organisatorischen Anwendungsbereich. Der funktionale Umfang bezieht sich
darauf, welche traditionellen Geschäftsfunktionen in die Implementierung und Durchführung des Supply Chain Management einbezogen oder ausgeschlossen werden. Der
organisatorische Geltungsbereich des SCM betrifft die Art der zwischenbetrieblichen
Beziehungen, die für die beteiligten Unternehmen bei der Umsetzung und Durchführung
des Supply Chain Management relevant sind (Mentzer et al. 2001, S. 16).

Nach allen Erkenntnissen des Ansatzes wird das Supply Chain Management neu
definiert als systemische und strategische Koordination der traditionellen Geschäftsfunktionen und der Taktiken zwischen diesen Geschäftsfunktionen innerhalb der
jeweiligen Unternehmen sowie zwischen den Unternehmen der Lieferkette, mit dem
Ziel, die langfristige Leistung der einzelnen Unternehmen und der Lieferkette als
Ganzes zu gewährleisten (Mentzer et al. 2001, S. 18). Das Verständnis von Supply Chain
Orientation, Supply Chain Management, dessen Voraussetzungen und Folgen sollen
dazu beitragen, Supply Chain Management besser zu verstehen und in der Praxis zu
implementieren (vgl. weiterführend zur Bewertung und Kritik des Referenzmodells z. B.
Heusler 2004, S. 93 f.)

7.2.2 SCOR-Modell

Das SCOR-Modell wurde 1996 vom Supply Chain Council entwickelt. Das Supply Chain Council wurde von zwei Beratungsunternehmen als gemeinnützige Vereinigung gegründet und enthält weitere freiwillige Mitgliedsunternehmen aus unterschiedlichen Branchen. Im Jahr 2014 fusionierte das Supply Chain Council mit der APICS. APICS ist der Verband für Supply Chain Management (heute Association for Supply Chain Management, früher American Production and Inventory Control Society) und bietet Forschungs-, Ausbildungs- und Zertifizierungsprogrammen zur Förderung von Effizienz, Innovation und Resilienz in der Supply Chain (APICS o.J.).

Das SCOR-Modell wird stetig weiterentwickelt und liegt derzeit in der zwölften Version vor (APICS 2017).

SCOR-Modell steht für Supply Chain Operations Reference-Modell und ist ein branchenunabhängiges Standardreferenzmodell, welches dazu dienen soll, den Informationsaustausch zwischen den Unternehmen einer Supply Chain zu vereinfachen, indem unternehmensübergreifende Prozessketten standardisiert werden.

Das Ziel der Verwendung des SCOR-Modells liegt darin (vgl. z. B. Schulte 2017, S. 783 oder Corsten und Gössinger 2008, S. 149),

- innerhalb der Supply Chain ein gemeinsames Verständnis der Abläufe zu schaffen,
- die Performanz der Supply Chain zu bewerten und mit anderen Supply Chains zu vergleichen,
- alle Partner in die Supply Chain zu integrieren,
- den Erfahrungsaustausch zwischen den Beteiligten zu initiieren und zu fördern,
- Einsatzbereiche für den Softwareeinsatz zu identifizieren und deren Funktionalität zu bestimmen.

Als Hilfsmittel zur Erreichung dieser Ziele liefert das SCOR-Modell ein Rahmenwerk, eine Standardterminologie, Leistungs- und Kostenkennzahlen sowie Softwareanwendungen für das Benchmarking (vgl. z. B. Stölzle und Halsband 2005).

Das SCOR-Referenzmodell besteht aus vier Hauptabschnitten, hier aufgeführt mit Originalbezeichnungen (APICS 2017, S. 6 ff.):

- Performance: Standardmetriken zur Beschreibung der Prozessleistung und zur Definition strategischer Ziele.
- Processes: Standardbeschreibungen von Managementprozessen und Prozessbeziehungen.
- Practices: Managementpraktiken, die zu einer besseren Prozessleistung führen sollen.
- People: Standarddefinitionen für die zur Durchführung von Lieferkettenprozessen erforderlichen Fähigkeiten.

Das Modell ist hierarchisch in vier Ebenen aufgebaut, wobei die erste Ebene die höchst-aggregierte ist und von Ebene zu Ebene weiter spezifiziert wird.

In der **ersten Ebene (Top Level)** sind sechs Kernprozesse hinterlegt, die bei allen Beteiligten der Supply Chain vorkommen, sodass mithilfe dieser Kernprozesse Unternehmen aller Branchen und Größen beschrieben werden können. Das SCOR-Modell umfasst mit den Prozessen alle Kundeninteraktionen, beginnend vom Auftragseingang bis zur Faktura, alle physischen Materialtransaktionen, beginnend beim Lieferanten des Lieferanten hin zum Kunden des Kunden, einschließlich Ausrüstung, Zubehör, Ersatzteile, Massenprodukte, Software etc. und alle Marktinteraktionen beginnend bei der Interpretation und Prognose der Gesamtnachfrage bis zur Erfüllung jedes Auftrags. Gemäß APICS werden die Bereiche des Vertriebs und Marketing und Forschung und Entwicklung nicht vom SCOR-Modell mit abgedeckt (APICS 2017, S. 5).

Die sechs Kernprozesse beinhalten folgende Aspekte (APICS 2017, S. 5):

- Planung (plan) als vorbereitende Aktivität über die gesamte Supply Chain hinweg. Sie umfasst die anderen fünf Kernprozesse. Geplant werden beispielsweise die Infrastruktur, die Ressourcen oder die make-or-buy-Entscheidungen der Supply Chain,
- Beschaffung (source), die sich um die Bereitstellung der Materialien kümmert. Dazu gehört z. B. das Lieferantenmanagement,
- Produktion (make), die die Aspekte der Produkterstellung sowie der Zwischenlagerung und Verpackung beinhaltet,
- Lieferung (deliver), die sich vornehmlich auf die Warendistribution bezieht,
- Rückführung (return), die den Prozess der Warenrücksendung beinhaltet.
- Ermöglichen (enable), die alle Aktivitäten beinhalten, die erforderlich sind, um die Planung und Ausführung von Prozessen der Supply Chain zu ermöglichen.

Die sechs Kernprozesse sind in Abb. 7.5 (in Anlehnung an APICS 2017, S. 5) dargestellt, in der zu sehen ist, dass sie bei allen Unternehmen der Lieferkette vorkommen und der Kernprozess „Planung" den anderen Prozessen übergeordnet ist.

Um von der ersten zur **zweiten Ebene (Configuration Level)** des SCOR-Modells zu gelangen, werden die sechs Kernprozesse in Prozesskategorien differenziert und um nähere Beschreibungen, Kennzahlen und Best Practices erweitert. Die komplette Supply Chain wird zu diesem Zweck in Teilprozesse zerlegt, um sie näher charakterisieren zu können. Es wird bei den Kernprozessen aus Ebene 1 angesetzt und disaggregiert. Mögliche Fragen zu den Kernprozessen könnten lauten:

Plan: Wie hoch ist die Nachfrage? Welche Tätigkeiten werden outgesourct?
Source: Welche Lieferantenstrategie wird verfolgt? Wird bedarfssynchron beschafft? Muss Lieferant X ersetzt werden?
Make: „Wie hoch sind die Durchlaufzeiten und Auslastungen? Sollte das Kanban-Konzept eingesetzt werden?

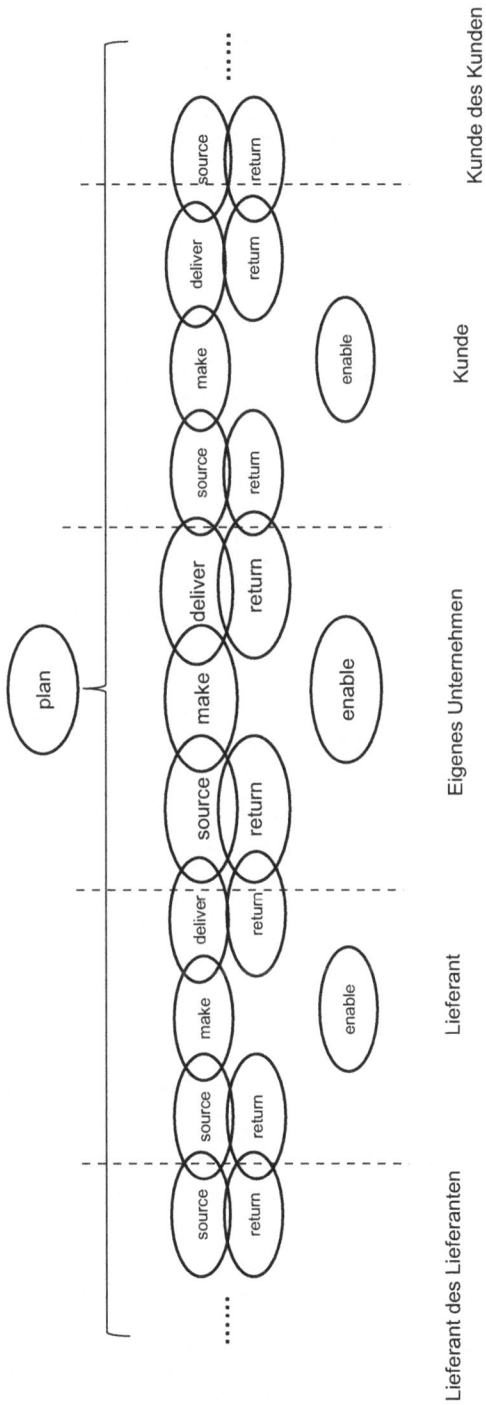

Abb. 7.5 SCOR Kernprozesse

Deliver: Welche Kunden werden aus welchem Lager beliefert? Können die Verpackungen umweltfreundlicher gestaltet werden?

Return: Wie hoch ist die Retourenquote? Wie kann sie gesenkt werden? Wie viel kostet der Rücktransport?

Enable: Welche Maßnahmen können zur Unterstützung der Prozesse ergriffen werden?

Im nächsten Schritt werden die Kernprozesse mit drei unterschiedlichen Prozesstypen „Planning", „Execution" und „Infrastructure" kombiniert (vgl. weiterführend z. B. Werner 2020. S. 73 f.). Der Prozesstyp Planning definiert Aktivitäten, die Angebot und Nachfrage aufeinander abstimmen sollen. Der Prozesstyp Execution dient der Transformation der Planungsprozesse in eine konkrete Umsetzung, beispielsweise durch Prognosemodelle oder Maschinenbelegungsplanung. Der Prozesstyp Infrastructure schafft die für die Umsetzung der Execution notwendige Infrastruktur beispielsweise in Form von Informationsmodellen oder auch der Festlegung von Hard- und Softwareeinsatz.

Die Kombination der Kernprozesse mit den Prozesstypen erlaubt Unternehmen die Auswahl der für sie zutreffenden Prozessketten und damit einer näheren Analyse und Charakterisierung der vorliegenden Supply Chain. Aus dieser Kombination entstehen Prozesskategorien, die der Abb. 7.6 zu entnehmen sind (in Anlehnung an Corsten und Gössinger 2008, S. 152 und Werner 2020, S. 74).

Im nächsten Schritt werden die in Ebene 2 entwickelten Prozesskategorien weiter verfeinert und man gelangt zur **dritten Ebene (Process-Element-Level)**. Die Prozesskategorien werden nun in Prozesselemente zerlegt, die die wesentlichen Teilprozesse der Prozesskategorien sowie deren In- und Output beschreiben.

Zur Charakterisierung eines Prozesselements werden folgende Angaben benötigt (vgl. Zäpfel 2002, S. 12):

- Definition des Prozesselements,
- In- und Output des Prozesselements,
- falls verfügbar, Benchmark und daraus abgeleitet
- Best Practices.

Jedes Prozesselement wird anhand von Leistungsmerkmalen wie Flexibilität, Kosten, Qualität oder Liefertreue bewertet, die in Form von KPIs gemessen werden.

Beispielhaft wird eine Input-Output-Beziehung für die einzelnen Prozesse von „M3", Engineer-to-Order, was der kundenauftragsbezogenen Fertigung entspricht, dargestellt (vgl. Werner 2020, S. 75 ff.):

- Herstellaktivitäten terminieren (M3.1),
- Material ausgeben (M3.2),
- Herstellung und Überprüfung (M3.3),
- Packen (M3.4),
- Produkt bereitstellen (M3.5).

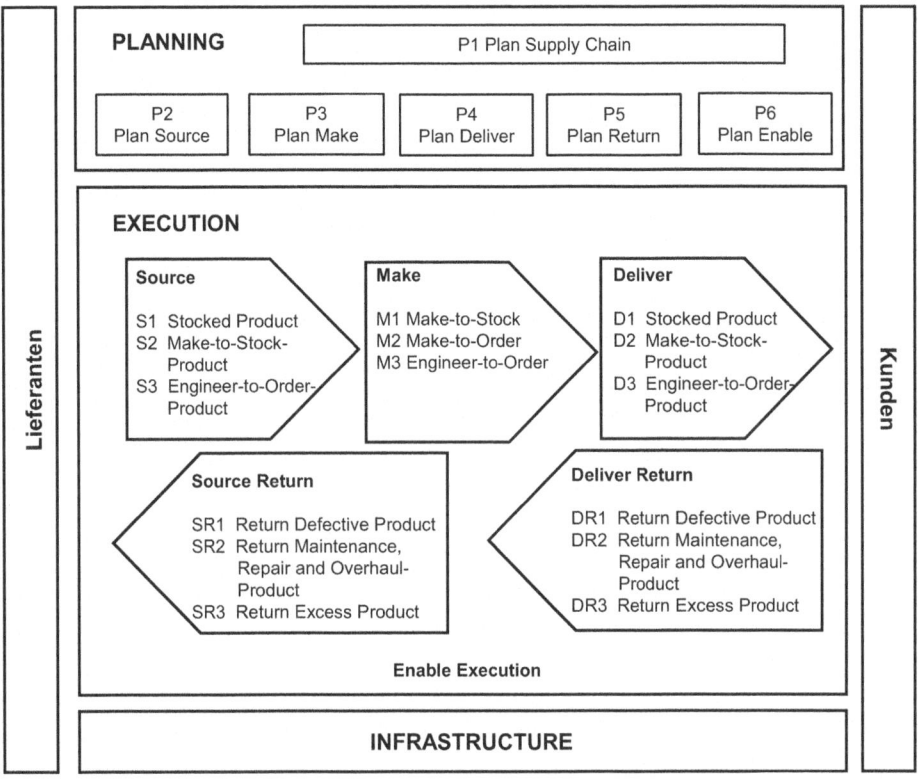

Abb. 7.6 SCOR Ebene 2

Die Herstellaktivitäten (M3.1) werden dem Produktionsplan entnommen. Das Resultat dieser Überprüfung ist der geplante Output für die Lieferung und Produktion.

Im nächsten Schritt erfolgt eine Materialausgabe (M3.2), die die Voraussetzung für die Herstellung und Überprüfung (M3.3) ist. Im Anschluss an die Überprüfung wird die Ware verpackt (M3.4) und bereitgestellt (M3.5).

Jedes Prozesselement (M3.1-M3.5) wird anhand der Leistungsmerkmale bewertet. Das Leistungsmerkmal „Kosten" für das Prozesselement M3.3 wird beispielsweise anhand der Kennzahlen „Garantiekosten", „Gesamtzahl Beschäftigter in der Produktion", „Kapitalumschlag" sowie „Wertschöpfung" bewertet.

Diese auf der dritten Ebene festgelegten Prozesselemente werden auf der **vierten Ebene (Implementation-Level)** weiter detailliert, indem sie in Aktivitäten zerlegt werden. Für das oben gezeigte Prozesselement M3.3 wären Aktivitäten wie Preiskalkulation, Festlegung von Lieferterminen, innerbetriebliche Lagerung und Transport etc. zu bestimmen (vgl. Werner 2020, S. 77).

Das SCOR-Modell sieht auf der vierten Ebene keine konkreten Modellierungselemente mehr vor. Dies wird mit der Flexibilität des Modells begründet, die es nicht

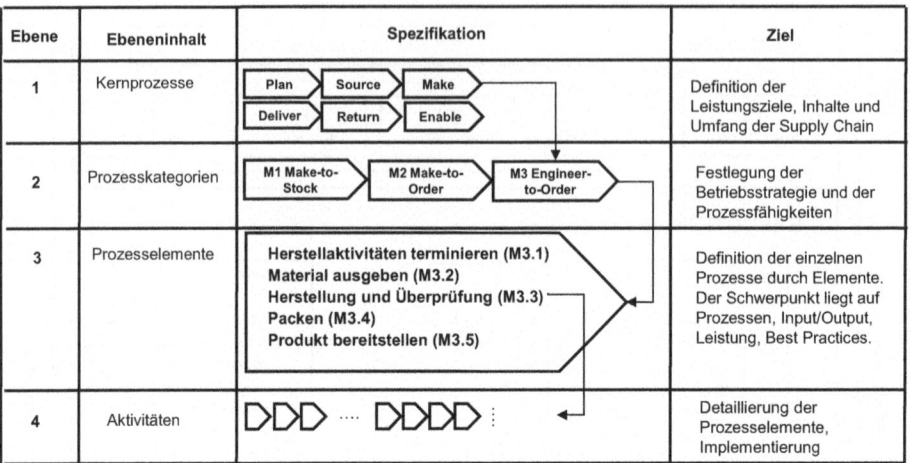

Abb. 7.7 Zusammenfassung SCOR-Modell

ermöglicht, die Spezifika unterschiedlicher Unternehmen aus diversen Branchen uni-versell abzubilden. In der Literatur wird die vierte Ebene deswegen teils nicht mehr zum Betrachtungsgegenstand des SCOR-Modells gezählt (vgl. weiterführend z. B. Corsten und Gössinger 2008, S. 156).

Das SCOR-Modell dient der Konfiguration einer Supply Chain, indem die vier vor-gestellten Ebenen durchlaufen werden. Dies ist in Abb. 7.7 noch einmal zusammen-fassend dargestellt.

7.3 Supply-Chain-Management-Strategien

Supply-Chain-Management-Strategien sind nicht eindeutig von Logistikstrategien und -konzepten abgrenzbar. Durch die Schnittbereiche von Supply Chain Management und Logistik sind auch die Strategien der beiden Bereiche miteinander verwoben. Die im vorliegenden Kapitel aufgezeigten Strategien werden als Supply-Chain-Management-Strategien bezeichnet, da sie zu Kooperationen zwischen den Supply-Chain-Unternehmen führen. Diese werden eingegangen, um das Ziel des Supply Chain Management, der effizienten Erreichung der Kundenzufriedenheit, realisieren zu können.

Logistikstrategien, wie beispielsweise im Kap. 3 zur Beschaffungslogistik beschrieben, beinhalten auch Kooperationen, wie die enge Zusammenarbeit zwischen Unternehmen und Lieferanten, also unmittelbar benachbarten Unternehmen in einer Lieferkette. Diese Art der Zusammenarbeit ist unvermeidbar, anderenfalls wäre ein Unternehmen nicht Bestandteil einer Lieferkette.

Im Unterschied zu solchen „unvermeidbaren" Kooperationen, werden unter dem Begriff Supply-Chain- Management-Strategien tendenziell eher Kooperationen gefasst, die komplexer sind. Dies kann die Anzahl der beteiligten Unternehmen, die nicht unmittelbar benachbarte Lage der kooperierenden Unternehmen in der Lieferkette oder auch die Einbeziehung der Kunden betreffen.

Bei Kooperationen wird grundsätzlich zwischen horizontaler und vertikaler Kooperation unterschieden, um anzuzeigen, ob die kooperierenden Unternehmen auf der gleichen Lieferkettenstufe bzw. unterschiedlichen Lieferkettenstufen angesiedelt sind. Dies wird im Folgenden grundlegend vorab betrachtet, bevor konkrete Supply-Chain-Management-Strategien dargelegt werden.

7.3.1 Grundlagen: Kooperationsstrategien

Die Unterscheidung zwischen horizontaler und vertikaler Kooperation ist bereits im Rahmen der Distributionslogistik (Abschn. 5.1) verwendet worden, um anzuzeigen, ob die Kooperationspartner auf der gleichen oder auf unterschiedlichen Distributionsstufen agieren. Bei Kooperationen als Supply- Chain-Management-Strategie bezieht sich die Unterscheidung nicht auf die Distributions-, sondern auf die Lieferkettenstufen.

Horizontale Kooperationsstrategien

Horizontale Kooperationsstrategien werden unter Teilnehmern der gleichen Lieferkettenstufe angewendet. Dementsprechend stehen die Unternehmen aufgrund ihrer Lage in der Lieferkette eigentlich in einem konkurrierenden Verhältnis zueinander.

Die Zusammenarbeit innerhalb der horizontalen Kooperation findet häufig in Form von strategischen Allianzen oder Joint Ventures statt. Beim Joint Venture wird im Gegensatz zur strategischen Allianz von den Kooperationspartnern eine rechtlich selbständige Gesellschaft gegründet. Die Unternehmen schließen sich zusammen, um für ein bestimmtes Produkt oder innerhalb eines bestimmten Prozesses zusammenzuarbeiten und Synergieeffekte zu erzielen.

Ein bekanntes Beispiel für eine strategische Allianz ist die Zusammenarbeit von 26 Fluggesellschaften unter dem Namen Star Alliance. Ziel der Kooperation ist ein serviceorientiertes Flugangebot, indem der internationale Reiseverkehr für Kunden optimiert wird. Die beteiligten Fluggesellschaften kommen an über 50 globalen Drehkreuzen zusammen und können so ihren Kunden ein breites Angebot an weltweiten Umsteigeverbindungen anbieten. Die Anbieter greifen auf eine gemeinsame digitale Infrastruktur und viele weitere Angebote zurück, die dem Kunden ein qualitativ hochwertiges Reise- und Serviceerlebnis garantieren soll (Star Alliance o.J.).

Die beteiligten Luftfahrtgesellschaften sind prinzipiell Konkurrenten. Im Falle gleich angebotener Strecken stehen sie sogar in unmittelbarer Konkurrenz. Im Bereich der Langstreckenflüge, die ein ein- oder mehrmaliges Umsteigen der Passagiere erforderlich macht, um an die gewünschte Destination zu kommen, können sie jedoch voneinander profitieren. Jede Fluggesellschaft deckt in aller Regel, in Abhängigkeit vom Heimatstandort, andere Flugstrecken ab. Kombiniert man diese Flugstrecken, bietet sich ein hoher Grad an Flugstreckenabdeckung. Für den Kunden ist diese Allianz vorteilhaft, da für den Kunden nur am Rand ersichtlich ist, welche Fluggesellschaft ihn gerade bedient. Die Buchung der Tickets, der Gepäcktransport etc. wird für den Kunden einheitlich geregelt. Er merkt keinen „Bruch" innerhalb seiner Serviceleistungen. Für die Star Alliance ist die Kooperation vorteilhaft, da sie dadurch ein größeres Flugstreckenangebot haben und insgesamt mehr Reisen verkaufen können. Die höhere Kundenzufriedenheit wird ebenfalls positiv bewertet.

Eine zweite Form der Zusammenarbeit innerhalb der horizontalen Kooperation wird als Coopetition bezeichnet. Das Wort setzt sich aus den englischen Begriffen für Zusammenarbeit (Cooperation) und Wettbewerb (Competition) zusammen. Im Unterschied zur Strategischen Allianz stehen die Kooperationspartner in allen anderen Bereichen, die nicht die Kooperation betreffen, in starkem Wettbewerb zueinander. Ein Beispiel wäre das in Abschn. 5.1 genannte Beispiel von Mars und Ferrero, die innerhalb der Distribution ihrer Produkte zeitweise kooperiert haben, jedoch nach wie vor Konkurrenten waren. Bei Coopetition ist die Frage des Vertrauens und der Ausgestaltung der Zusammenarbeit der Kooperationspartner von großer Bedeutung. Aufgrund der Konkurrenzsituation der Unternehmen ist die Zusammenarbeit, insbesondere in der Anfangsphase einer Kooperation, eine Herausforderung (vgl. weiterführend Ullrich 2003).

Vertikale Kooperationsstrategien
Vertikale Kooperationen finden zwischen Unternehmen unterschiedlicher Lieferkettenstufen statt. Ist das kooperierende Unternehmen dem eigenen Unternehmen in der Lieferkette vorgelagert, spricht man von einer Lieferantenintegration. Bei einer Kooperation mit einem nachgelagerten Unternehmen, bezeichnet man die Kooperation als Kundenintegration.

Die Lieferantenintegration wird mithilfe des Lieferantenmanagements (Abschn. 3.1.3) ausgestaltet. Es kann hier entschieden werden, mit wie vielen Lieferanten zusammengearbeitet wird, wie die Zusammenarbeit gestaltet wird, wie intensiv sie ist und wer welche Zuständigkeiten hat.

Bei der Kundenintegration steht die Zufriedenstellung des jeweiligen Kunden unmittelbar im Vordergrund. Dazu ist es erforderlich, die Wünsche und Anforderungen der Kunden zu kennen. Diese können in drei Gruppen eingeteilt werden (Werner 2020, S. 138):

- Ausgesprochene Erwartungen, bei denen die Kunden ihren Wünschen explizit Ausdruck verleihen.
- Unausgesprochene Anforderungen, die vom Kunden nicht explizit geäußert, aber zur Zufriedenheit vorausgesetzt werden. Der Kunde hält sie für selbstverständlich und ist im Falle des Nichvorhandenseins unzufrieden.
- Unausgesprochene Erwartungen, worunter Eigenschaften des Produkts oder Dienstleistungen verstanden werden, die der Kunde nicht erwartet hat. Das Unternehmen bietet diese ungefragt und kostenfrei zum verlangten Produkt an. Häufig sind dies Produkt- oder Technikinnovationen sowie Serviceleistungen. Der Kunde nimmt diese positiv zur Kenntnis.

Bei der Kundenintegration muss sich ein Unternehmen der Herausforderung stellen, den Kundenwunsch herauszufinden und flexibel zu bleiben, sollte sich der Kundenwunsch häufig ändern.

7.3.2 Efficient Consumer Response

Efficient Consumer Response (ECR) ist ein Konzept, das häufig in der Konsumgüterindustrie eingesetzt wird. Es wurde in den 1990er Jahren in den USA im Rahmen einer Arbeitsgruppe von verschiedenen Einzelhändlern und Konsumproduktherstellern, maßgeblich Wal Mart und Procter & Gamble entwickelt (Fernie 2018, S. 44 ff.).

▶ **Efficient Consumer Response** bedeutet übersetzt sinngemäß, dass eine effiziente Reaktion auf die Kundennachfrage erfolgt. Darunter werden verschiedene Managementtechniken zusammengefasst, denen gemein ist, dass im Rahmen partnerschaftlicher und vertrauensvoller Kooperationen zwischen Herstellern und Händlern versucht wird, Ineffizienzen in der Lieferkette aufzudecken und zugunsten einer effizienten Zufriedenstellung der Kunden zu beseitigen.

Die Definition des Efficient Consumer Response ist in der Literatur nicht eindeutig. Die hier präsentierte Definition ist eine Möglichkeit der Interpretation (zu einem Überblick an weiteren Definitionen vgl. Lammers 2012, S. 105 f.). Die Inhalte des Konzepts werden indes größtenteils identisch oder zumindest ähnlich wiedergegeben.

Die im Konzept enthaltenen Managementtechniken werden in zwei Kategorien unterteilt, je nachdem an welcher Schnittstelle zwischen Lieferkettenteilnehmern diese angeboten werden. Erfolgt der Einsatz von Managementtechniken an der Schnittstelle zum Beschaffungsmarkt, spricht man von der **supply side.** Hier kommen hauptsächlich Logistikkonzepte zum Einsatz. Auf der **demand side,** der Schnittstelle zum Absatzmarkt, werden Marketingkonzepte im Rahmen des Category Management eingesetzt.

▶ **Category Management** Beim Category Management wird die Frage aufgegriffen, wie die Sortiments- und Leistungsgestaltung erfolgen kann, um den Kundennutzen zu erhöhen und somit eine Bedürfnisbefriedigung der Kunden herbeizuführen. In diesem Kontext werden Warengruppen als strategische Sortimentseinheiten betrachtet, für die jeweils Ziele und Strategien definiert werden, um letztlich einen Wettbewerbsvorteil gegenüber Mitbewerbern der gleichen Kategorie und folglich einen möglichst hohen Umsatz zu erzielen (vgl. weiterführend Holweg 2009, S. 43 ff.).

In Abb. 7.8 ist das Konzept des Efficient Consumer Response überblicksartig mit seinen Managementtechniken und der Lage der Techniken in der Lieferkette dargestellt. Die enthaltenen Techniken und Konzepte werden im Folgenden näher erläutert.

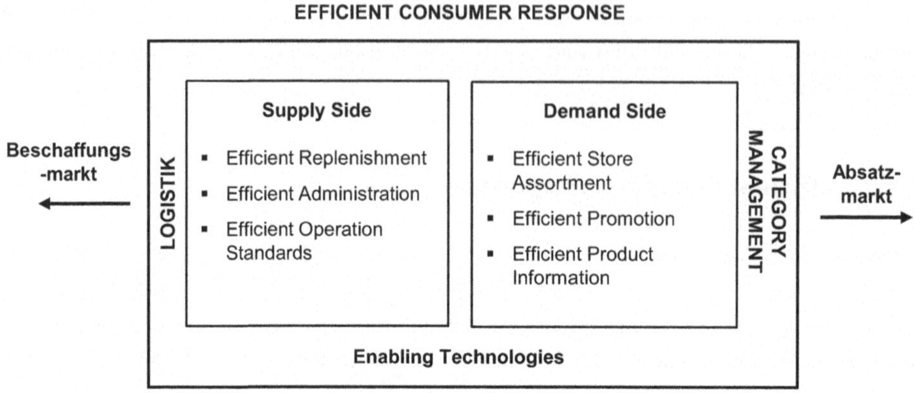

EFFICIENT CONSUMER RESPONSE

Abb. 7.8 Efficient Consumer Response

Supply Side – Efficient Replenishment

Efficient Replenishment heißt übersetzt, dass effizient wieder aufgefüllt wird. Im Kontext der Supply Chain bezieht sich das Wiederauffüllen auf verbrauchte Lager- oder Regalbestände. Klassischerweise ist der Händler dafür verantwortlich seine Lager- und Regalbestände zu organisieren. Beim Efficient Replenishment kooperieren Hersteller und Händler und weichen dabei von der klassischen Aufgabenverteilung bei der Auffüllung der Bestände ab. Die Zusammenarbeit kann aufgrund verschiedener Konzepte erfolgen, von denen nachfolgend beispielhaft das Vendor Managed Inventory (VMI), das Co-Managed Inventory (CMI) und das Computer Assisted Ordering (CAO) erläutert werden. Allen Konzepten ist gemein, dass sich der Waren- oder Materialnachschub beim Wiederauffüllen der Bestände an der Kundennachfrage orientiert. Man möchte damit Effizienz erreichen und Über- oder Unterbeständen entgegenwirken und dem Konsumentenwunsch in Höhe und Zeit entsprechen. Überbestände führen zu erhöhter Kapital- und Flächenbindung. Unterbestände (auch Out-of-stock genannt) führen zu geringeren Verkäufen, da dem Kunden das gewünschte Produkt nicht in der gewünschten Menge angeboten werden kann. Häufig beeinflusst dies das gesamte Kaufverhalten des Kunden und nicht nur sein Verhalten im Hinblick auf das fehlende Produkt.

Out-of-stock

Unter dem Begriff Out-of-stock wird eine Situation verstanden, in der die Regale einer Filiale leer sind, es bestehen also Nullbestände eines Unternehmens auf Filialebene. Als Konsequenz kann der Kunde das gewünschte Produkt gar nicht oder nicht der gewünschten Menge kaufen. Dem Unternehmen entgeht Umsatz, der Kunde sieht sein Bedürfnis nach dem Produkt nicht erfüllt und wird unzufrieden sein.

Trotz aller Bemühungen des Supply Chain Management, kommt es im Einzelhandel zu Out-of-Stock-Situationen. Im Jahr 2002 ergibt eine Untersuchung eine durchschnittliche weltweite Out-of-Stock-Quote von etwas mehr als 8 % an (vgl. z. B. Corsten und Gruen 2003). Bei dieser Out-of-Stock-Quote spielen noch keine weltweiten Ausnahmezustände wie Pandemien oder

Kriege eine Rolle. Folglich ist vorstellbar, dass die Out-of-Stock-Quote seit dem Jahr 2020 höher liegt.

Handelsunternehmen wollen eine Out-of-Stock-Situation vermeiden, da die Konsequenzen nicht nur im unmittelbar reduzierten Absatz beim fehlenden Produkt liegen, sondern durch die Konsumentenreaktionen umfassender und tief greifender sein können. Die Konsequenzen werden in mehrere Reaktionen unterschieden (Hertel et al. 2011, S. 214 ff. und weiterführend z. B. Diels et al., 2013):

Diese Konstellation kann mit Hilfe von spieltheoretischen Überlegungen näher untersucht werden. Dazu werden beispielhaft der Produzent und der Großhändler betrachtet, die in einer unmittelbaren Geschäftsbeziehung ohne weitere Zwischenstufen in der Lieferkette stehen. Es werden nur zwei Teilnehmer betrachtet, um das spieltheoretische Zwei-Personen-Nullsummenspiel anwenden zu können (vgl. z. B. Holler et al. 2019, S. 60 ff.). Beim Minimax-Theorem (oder auch Maximinlösung) wird davon ausgegangen, dass jeder der zwei Spieler seine Maximalverluste minimieren will. Dadurch dass es sich um ein Nullsummenspiel handelt, bedingen sich die Reaktionen der beiden Spieler gegenseitig. Dies wird an folgendem Beispiel für den Engpasspoker in ezeigt (Keller 2004b, S. 181 f.): Diese Konstellation kann mit Hilfe von spieltheoretischen Überlegungen näher untersucht werden. Dazu werden beispielhaft der Produzent und der Großhändler betrachtet, die in einer unmittelbaren Geschäftsbeziehung ohne weitere Zwischenstufen in der Lieferkette stehen. Es werden nur zwei Teilnehmer betrachtet, um das spieltheoretische Zwei-Personen-Nullsummenspiel anwenden zu können (vgl. z. B. Holler et al. 2019, S. 60 ff.). Beim Minimax-Theorem (oder auch Maximinlösung) wird davon ausgegangen, dass jeder der zwei Spieler seine Maximalverluste minimieren will. Dadurch dass es sich um ein Nullsummenspiel handelt, bedingen sich die Reaktionen der beiden Spieler gegenseitig. Dies wird an folgendem Beispiel für den Engpasspoker in ezeigt (Keller 2004b, S. 181 f.):

- Store Switch: Der Kunde entscheidet sich, das Produkt und damit zumeist auch verbunden die weiteren Produkte, die er in seinen Einkaufswagen gelegt hätte, in einem anderen Geschäft zu kaufen. Dem betroffenen Einzelhändler entgeht der Umsatz des kompletten Einkaufswagens und es droht die dauerhafte Kundenabwanderung bei Imageverlust.

- Item Switch: Der Kunde substituiert das fehlende Produkt durch ein anderes Produkt der gleichen Marke. Für den Händler und den Hersteller resultiert kein unmittelbarer Verlust.

- Brand Switch: Der Kunde ersetzt das fehlende Produkt durch ein ähnliches Produkt einer anderen Marke, er bleibt jedoch zum Kauf in der Filiale. Dem Hersteller entgeht der Umsatz, dem Händler bleibt der Imageverlust und möglicherweise ein geringerer Umsatz durch das Substitut zu einer günstigeren Marke.

- Postponement: Der Kunde verlässt die Filiale und verschiebt seinen Kauf auf einen anderen Zeitpunkt. Dem Hersteller und dem Händler droht kein unmittelbarer Verlust.

- No buy: Der Kunde entschließt sich, das Produkt auch in Zukunft bei erneuter Verfügbarkeit nicht zu kaufen. Hersteller und Händler verlieren den Umsatz.

Die Folgen des Out-of-Stocks sind aufgrund der unterschiedlichen Konsumentenreaktionen schwer abzuschätzen. Wie sich der Konsument entscheidet, ist abhängig von seinem Kaufverhalten, der aktuellen Situation sowie produkt- und marktbezogenen Einflussfaktoren.

Das *Vendor Managed Inventory* (VMI) ist ein häufig genutztes Konzept innerhalb des Efficient Replenishment. Wie der Name bereits sagt, wird beim VMI der Lagerbestand vom Verkäufer, also dem Hersteller, geplant und organisiert. Der Händler überträgt ihm die Verantwortung. Im Gegenzug versorgt der Händler den Hersteller mit Information zu Abverkaufsdaten sowie Markt- und Bestandsanalysen (Werner 2020, S. 143). Üblicherweise teilt der Händler die Informationen zur Endkonsumentennachfrage und Abverkaufsdaten nicht, was ein Grund ist, warum der Bullwhip-Effekt in Lieferketten entsteht (vgl. Abschn. 7.1.3.1). Beim Einsatz des VMI teilt der Händler diese Informationen einerseits als Gegenleistung für die übernommene Bestandsführung und andererseits als Garant für das zielgerichtete Wiederauffüllen. Der Hersteller profitiert von den geteilten Informationen und kann zugleich durch die übernommene Auffüllung eigene Akzente im Warensortiment setzen. Beim VMI orientieren sich Händler und Hersteller durch ihre Kooperation unmittelbar an der Kundennachfrage. Die Kundennachfrage resultiert in einer Wiederauffüllung der Regale, womit das Pull-Prinzip realisiert wird.

Vom funktionsfähig implementierten VMI profitieren Hersteller, Händler und Kunde durch niedrigere Lagerhaltungskosten, niedrigere Durchlaufzeiten einen höheren Servicegrad sowie eine gestiegene Flexibilität (Werner 2020, S. 146). Der Bullwhip-Effekt kann durch VMI reduziert werden (Keller 2004b, S. 210 ff. oder Disney und Towill 2003).

Ein bekanntes Praxisbeispiel ist die Zusammenarbeit der Drogeriemarktkette dm mit verschiedenen Herstellern wie L'Oréal oder Colgate (vgl. weiterführend Holland et al. 2001, S. 69 ff.)

Neben dem VMI bestehen andere, ähnliche Konzept im Rahmen des Efficient Replenishment, wie das Co-Managed Inventory (CMI), bei dem der Händler die Verantwortung über die Bestandsführung nicht komplett an den Hersteller abgibt, sondern sich mit diesem die Aufgaben teilt. Die Teilung kann beispielsweise anhand der Artikel erfolgen, indem der Hersteller die Normalware plant und der Händler die Aktionsware (vgl. z. B. Georg 2006, S. 71). Eine andere Möglichkeit besteht darin, dass der Hersteller dem Händler lediglich einen Bestellvorschlag unterbreitet und der Händler ihn annimmt oder ablehnt.

Das letzte hier aufgezeigte Konzept im Rahmen des Efficient Replenishment ist das *Computer Assisted Ordering (CAO)*, bei dem mit Hilfe von Scanner- und Warenwirtschaftssystemen die Lagerbestände sowie die Lagerabgänge per EDI vom Händler zum Hersteller übermittelt werden. Im System können Meldebestände hinterlegt werden, bei deren Unterschreiten eine automatische Bestellung ausgelöst wird. Die Auffüllung wird automatisiert, sodass Fehlerquellen bei der Bestellung oder Prognose vermieden werden. Die Bestände können dadurch bei gleichzeitiger Minderung der Bestellvorlaufzeit reduziert werden.

Supply Side – Efficient Administration
Unter dem Begriff Efficient Administration werden alle Tätigkeiten zusammengefasst, die die administrativen Prozesse an den Schnittstellen zwischen den Kooperationspartnern effizient, im Hinblick auf Bestell-, Verhandlungs- und Informationsübermittlungszeiten,

gestalten sollen. Ausgangspunkt ist die Tatsache, dass in der Praxis häufig über langjährige Zusammenarbeit komplexe Konditionen zwischen den Lieferkettenpartnern entwickelt wurden, die in ineffizienten Bestell-, Liefer- und Zahlprozessen sowie Informationsflüssen münden (Lietke 2009, S. 21). Diese Konditionenverhandlungen schaffen meist eine Volumenabhängigkeit, die in Widerspruch zu den Zielen der durch das Pull-Prinzip gesteuerten kleinen Bestellmengen des Efficient Replenishment steht (Lammers 2012, S. 110).

Abhilfe schafft eine Efficient Administration, die einen steten, verlässlichen und aktuellen Daten- und Informationsfluss zwischen den Kooperationspartner, z. B. in Form von CPFR (vgl. Abschn. 7.1.3.2) vorsieht. Gleiches gilt für den Materialfluss, der den Bedürfnissen der Kooperationspartner entsprechend effizient organisiert werden muss, z. B. in Form des Cross Docking (vgl. Abschn. 5.1).

Supply Side – Efficient Operation Standards
Bei den Efficient Operation Standards geht es im Wesentlichen um eine Effizienzsteigerung in der Lieferkette durch den Einsatz von Standardregelungen. Dies bezieht sich auf den Material- und den Informationsfluss.

Beim Materialfluss kann bei der Standardisierung der Größe der transportierten Logistikhilfsmittel angesetzt werden. Unter dem Stichwort *Efficient Unit Loads* werden Ladungseinheiten wie Paletten, Container, Kartons standardisiert und nach Möglichkeit maximal ausgelastet. Bei maximaler Auslastung wird weniger Luft transportiert, die Fahrzeuge sind voll ausgelastet und die Transportkosten sinken dadurch (vgl. weiterführend zur Auslastung von Paletten und Containern Wäscher 2018). Die Standardisierung der Einheiten erlaubt eine hohe Planungssicherheit.

Eine weitere Möglichkeit zur höheren Auslastung der Ladungseinheiten liegt in der Vermeidung von Leertransporten (vgl. Abschn. 6.1) oder im Einsatz von Multi-Temperatur-Transporten, die insbesondere beim Transport von Lebensmitteln zu einer verbesserten Flächennutzung führen kann (vgl. Klumpp und Jasper 2007, S. 14).

Beim Informationsfluss wird ebenfalls versucht eine standardisierte Weitergabe von Informationen zu ermöglichen. Dies kann mit Hilfe von gänzlich oder teilweise automatisiertem Datenaustausch in Form von EDI, Nutzung von RFID oder auch Barcodes geschehen.

Demand Side – Efficient Store Assortment
Die Demand Side bildet die Schnittstelle zum Absatzmarkt. Das Efficient Store Assortment stellt ein Konzept im Rahmen des Category Management dar, bei dem Händler und Hersteller kooperieren, um mit der Sortimentsgestaltung und der Art und Ort der Warenpräsentation am Point-of-Sale den zur Verfügung stehenden Platz auszunutzen und gleichzeitig den Kunden zufrieden zu stellen und zum Kauf zu animieren.

Wie auch bei den Konzepten der Supply Side profitieren sowohl Hersteller als auch Händler von der gemeinsamen Gestaltung des Sortiments. Der Hersteller verfügt über Produktwissen sowie über Markt- und Konsumenteninformation in Form von

Marktforschungsstudien. Der Händler besitzt die Abverkaufsdaten, über die Analysen wie Verbundkäufe oder den Wert des Einkaufskorbs erhoben werden können, die im Rahmen der Sortimentsgestaltung von Bedeutung sind (Seifert 2006, S. 388).

Das Ziel von Efficient Store Assortment liegt in der Vorhaltung und geschickten Anordnung genau der Artikel, die der Kunde wünscht und die hohen Umsatz generieren. Aus Verbrauchersicht redundante Artikel werden dem Sortiment entnommen. Zusätzlich werden Aspekte der flächenbezogenen Optimierung bei der Warenpräsentation und auch die Regaloptimierung im Sinne der Produktplatzierung und der Länge der Kontaktstrecken betrachtet.

Demand Side – Efficient Promotion
Das Konzept der Efficient Promotion beinhaltet eine Kooperation von Hersteller und Händler mit dem Zweck verkaufsfördernde Maßnahmen zur Absatzsteigerung einzuleiten. Dazu gehört die unmittelbare Verkaufsförderung, um den Umsatz und die Kundenloyalität während und in Folge von verkaufsfördernden Maßnahmen zu steigern. Der Erfolg der Maßnahmen wird anhand vorher definierter Kriterien bewertet (Seifert 2006, S. 391).

Aus Sicht der Hersteller und Händler ist es wünschenswert, dass die Kundennachfrage hoch und gleichzeitig gut prognostizierbar ist, um einen hohen Absatz mit effizientem Materialfluss zu ermöglichen. Durch die Zusammenarbeit werden Werbeaktionen zielgerichtet koordiniert, sodass es nicht zu Unsicherheiten und Materialschwankungen in der Lieferkette, wie beim Bullwhip-Effekt gesehen, kommt.

Demand Side – Efficient Product Information
Das Ziel der Efficient Product Information liegt darin, neue Produkte zu entwickeln und erfolgreich in den Markt einzuführen. Insbesondere sollten die Anzahl der Produktinnovationen mit hohem Umsatzpotenzial und niedriger Produkteinführungszeit (time-to-market) gesteigert werden (Seifert 2006, S. 390).

Durch die Kooperation von Hersteller und Händler können Synergien in Bezug auf das Wissen über Produkte, Kunden und Märkte genutzt werden. Dies ist erforderlich, um in dem Versuch erfolgreich zu sein, mit dem neuen Produkt eine Innovation zu schaffen, die die Kundenbedürfnisse besser befriedigt als bereits vorhandene Produkte. Das neue Produkt hätte ein Alleinstellungsmerkmal und könnte relativ hochpreisig abgesetzt werden.

Enabling Technologies
Mit Enabling Technologies werden die Informations- und Kommunikationstechnologien bezeichnet, die die Durchführung des Efficient Consumer Response ermöglichen. Sie schaffen einerseits eine Verbindung zwischen den Lieferkettenteilnehmer und andererseits zwischen den Konzepten der supply und der demand side. Durch die Enabling Technologies wird ein elektronischer Datenaustausch zwischen Hersteller und Händler ermöglicht. Die häufig eingesetzten Technologien wurden bei den vorangegangenen

Konzepten der supply und demand side bereits erwähnt. Darunter ist beispielsweise das Electronic Data Interchange (EDI), bei dem automatisch vorher festgelegte Informationen in standardisierter Form ausgetauscht werden. Beim Einsatz von Scannerkassen werden Abverkaufsdaten automatisch erfasst und damit die Bestandsführung, die Nachbestellungen und die Preisauszeichnung vereinfacht (vgl. weiterführend Mau 2003, S. 44 ff.).

Zur Erfassung und Pflege der Daten ist eine gemeinsame Datenbank erforderlich, auf die die kooperierenden Lieferkettenpartner gemeinsam zugreifen können, sodass Aktualisierungen und Analysen für alle Beteiligten möglich sind.

7.3.3 Konzepte des Kundenmanagements

Das Supply Chain Management verfolgt das Ziel, Kundenbedürfnisse effizient zu befriedigen. Die Funktionsweise der Supply Chain ist mit der Implementierung des Pull-Konzeptes auf den Kundenwunsch fokussiert. Eine wichtige Voraussetzung zur Zielerreichung der Kundenbedürfnisbefriedigung und damit auch dem Funktionieren des Supply Chain Management stellt damit die Kenntnis der Kundenbedürfnisse dar. Nur wenn der Kundenwunsch bekannt ist, kann ihm entsprochen werden. Folglich sollte eine Supply Chain Management-Strategie an diesem Punkt ansetzen und die Fragen nach dem Kundenmanagement in den Blickpunkt stellen. Im Folgenden wird dies anhand dreier Konzepte, dem Customer Relationship Management, der Mass Customization sowie dem Postponement dargestellt.

Customer Relationsship Management
Das Customer Relationship Managment (CRM) setzt sich zum Ziel, Beziehungen zum Kunden herzustellen und zu pflegen. Es sollen einerseits neue Kunden gewonnen und andererseits die bereits vorhandenen Kundenbeziehungen so betreut werden, dass sowohl für das Unternehmen als auch für die Kunden daraus ein Nutzen generiert werden kann. Die dazu benötigten Daten aus dem Verkauf, dem Marketing und dem Service werden mit Hilfe von Informationssystemen gesammelt und analysiert. Daraus resultiert ein höheres Potenzial zur Kundengewinnung und zur Kundenbindung, ebenso wie zur Steigerung der Effizienz (vgl. dazu und weiterführend zu verwandten Begriffen Schulze 2002, S. 6 ff.).

Die Kundenakquise, die Kundenloyalität und die Kundenzufriedenheit sollten aus Sicht des CRM stetig verbessert werden, indem das Beziehungsmanagement in den Vordergrund gerückt wird. Dies wird näher charakterisiert anhand der Aspekte der Information, der Interaktion, der Integration sowie der Individualisierung (Werner 2020, S. 160).

- Information: Informationen über den Kunden werden beispielsweise durch Aus-
                           wertung der Internetnutzung gesammelt. Darüber wird die Kunden-
                           beziehung aufgebaut und gepflegt. Mit besserer Kenntnis über die
                           Präferenzen und das Verhalten des Kunden, kann ihm gezielt im Falle
                           von Problemen geholfen werden oder ihm weitere passgerechte Angebote
                           unterbreitet werden.

- Interaktion: Der Austausch zwischen Unternehmen und Kunden wird mit Hilfe von
                           Communities in sozialen Medien oder Diskussionsforen im Inter-
                           net ermöglicht. Dies ermöglicht einen vereinfachten Austausch von
                           Informationen zwischen den Beteiligten und erhöht das Zugehörigkeits-
                           gefühl der Kunden zum Unternehmen.

- Integration: Kunden werden in den Prozess der Leistungserstellung integriert, indem
                           sie beispielsweise in Form von Werbeprogrammen neue Kunden werben
                           können und selbst einen Bonus erhalten oder durch Partnerprogramme
                           bei hohem Umsatz in eine bessere Kundenkategorie mit Vergünstigungen
                           gelangen.

- Individualisierung: Durch Informations- und Datenanalyse wird versucht, dem Kunden
                           ein möglichst individuelles Beratungs- und Einkaufserlebnis zu
                           bereiten, z. B. durch die Anzeige von personalisierter Werbung. Diese
                           Differenzierung der Kunden soll zu mehr Profitabilität führen.

Beim Customer Relationship Management werden idealerweise Kundeninformationen gesammelt und über alle Kommunikationskanäle hinweg gebündelt und synchronisiert. Dies erfolgt oft mit Hilfe eines CRM-Systems (vgl. weiterführend z. B. Gronwald 2020).

Zur erfolgreichen Implementierung und Nutzung eines CRM-Systems ist es sinnvoll zu analysieren welche Geschäftsprozesse für die Kundenbeziehung relevant sind. Innerhalb des CRM werden drei Prozessgruppen unterschieden (Leußer et al. 2011, S. 39 ff.):

Strategische CRM-Prozesse Die CRM-Strategie leitet sich aus der allgemeinen Unternehmensstrategie ab und legt für einen festgelegten Zeitraum dar, mit welchen Kunden, welche Ziele durch welche Maßnahmen erreicht werden können. Dies ist die Basis für die strategische Zielsetzung des CRM.

Die CRM-Strategie wird regelmäßig überprüft, um Wettbewerbsveränderungen, geänderte Kundenanforderungen und geänderte Unternehmenspotenziale aktuell reflektieren zu können.

Analytische CRM-Prozesse Im analytischen CRM wird Wissen über Kundenstrukturen und Kundenverhalten generiert. Dazu gehört die Kundenwertanalyse mit seinen monetären und nicht-monetären Bestandteilen. Ferner werden Kundensegmente analysiert, um Kundengruppen zu identifizieren, für die bestimmte demografische, psychologische, ökonomische und verhaltensbezogene Kriterien gelten. Anhand dieser Kundencharakterisierung können Konzepte für die Akquise und Pflege von Kunden entwickelt werden. Entscheidend bei den analytischen CRM-Prozessen ist, dass

Kundenkontakte und Kundendaten systematisch aufgezeichnet werden, damit keine Informationen verloren gehen (Werner 2020, S. 162).

Operative CRM-Prozesse Als operative CRM-Prozesse werden Geschäftsprozesse bezeichnet, die sich durch direkten Kundenkontakt oder durch Unterstützung des Kundenkontakts auszeichnen. Dies kann an digitalen oder stationären Verkaufsstellen oder beispielsweise über Call Center, Mails oder Chats erfolgen.

Das Customer Relationship Management kann zum Enterprise Relationship Management (ERM) weiterentwickelt werden, indem der Kunde in die Lieferkette des Herstellers integriert wird (Werner 2020, S. 162 f.). Ein Kundenauftrag wird in dem Fall durchgängig, beginnend von der Bestellung bis hin zur Auslieferung, durch das System verfolgt. Die Kundenzufriedenheit sowie die Verlässlichkeit und Transparenz der Lieferung stehen hier im Vordergrund. So kann der Kunde erwarten, dass das Unternehmen in der Lage ist, seine Bestellung in dem Zeitrahmen wie es kommuniziert oder beworben wurde, zu bearbeiten und zu liefern (available-to-promise). Gleiches gilt für Produkte, die nicht lagernd sind, sondern erst noch hergestellt werden müssen. Auch hier wird der zufriedene Kunde erwarten, dass das Unternehmen in der Lage ist, das nachgefragte Produkt im angekündigten und für den Kunden akzeptablen Zeitrahmen zu produzieren (capable-to-promise).

Beim ERM sind alle Lieferkettenpartner miteinander verbunden und richten sich am Pull-Konzept aus.

Mass Customization

Mass Customization setzt sich aus den Begriffen Mass Production und Customizing zusammen (Davis 1987). Es ist ein Ansatz, der die Vorteile der Massenfertigung mit denen der kundenindividuellen Einzelfertigung vereinen will. Die Massenfertigung steht für die kostengünstige und schnelle Produktion vieler Güter, wohingegen die kundenindividuelle Einzelfertigung für die hochwertige, oft hochpreisige, und individuelle Verwirklichung des Kundenwunsches in aufwendiger und langsamer Fertigung steht. Mass Customization greift beide Ansätze auf und versucht, sie in einem hybriden Ansatz zu verschmelzen, der eigentlich vorher als unvereinbar galt: der kundenindividuellen Massenfertigung. Bei diesem hybriden Ansatz sind die Wunschvorstellungen der Unternehmen nach kostengünstiger und standardisierbarer Fertigung und die der Kunden nach einem individuellen und zugleich günstigen Produkt vereint. Fraglich ist bei Mass Customization inwieweit die Individualisierung zur Bedienung einzelner Bedürfnisse ausdifferenziert werden muss und kann (Kürble 2018, S. 124).

Um diese als unvereinbar geltenden Aspekte zu verwirklichen, müssen bestimmte Voraussetzungen herrschen (Werner 2020, S. 165):

- Hohe Stückzahlen: Durch die Fertigung in hohen Stückzahlen werden Skaleneffekte erzieht. Dies wird erreicht, indem die Basis der Produkte aus Modulen eines Baukastens zusammengesetzt wird. Die eigentliche Konfigurierung nach Kundenwunsch findet erst im Verkaufsprozess statt.

- Individualisierung: Der Kunde kann das Produkt nach seinen Wünschen gestalten. Dies erstreckt sich beispielsweise auf das Design, die Kommunikation oder auch den After-Sales-Bereich durch das Angebot individueller Serviceleistungen. Der Kunde kann das Produkt nicht komplett nach eigenen Vorstellungen konfigurieren, sondern in vorausgewählten Bereichen. Diese Bereiche sollten vom Unternehmen so bestimmt sein, dass es einerseits dem Kunden hohen Nutzen und Zufriedenheit stiftet und dem Unternehmen andererseits immer noch eine standardisierte Produktion erlaubt.
- Preis, Zielmarkt und Lieferzeit: Der Preis des konfigurierten Produktes sollte eher dem eines Standardproduktes, denn dem eines Einzelprodukts entsprechen. Die Lieferzeit ist in aller Regel länger als die Lieferung eines Massenprodukts, das der Kunde direkt im Handel mitnehmen kann. Bei der Fertigung des konfigurierten Produkts ist die Lieferzeit länger, da das Produkt erst im Verkaufsprozess zusammengesetzt wird. Dennoch darf die daraus resultierende Lieferzeit nicht für den Kunden inakzeptabel lang sein. Der Zielmarkt sollte groß genug sein, um eine vorher festgelegte Anzahl an Waren absetzten zu können.
- Variantenzahl: Bei der Gestaltung des Produktes geht es nicht darum, besonders viele Produkte erzeugen zu können, sondern insbesondere den Wunsch des Kunden zu treffen. Die Anzahl der Varianten sollte deswegen nicht zu groß sein, sondern vielmehr passgenau.

Mass Customization: Personalisierbare Schuhe

Ein Beispiel für Mass Customization sind personalisierbare Schuhe. Nike bietet über seine Homepage die Möglichkeit, Schuhe zu personalisieren, indem Designaspekte der Schuhe in vorgegebenem Rahmen selbst gestaltet werden können (Nike 2022).

Der Kunde wählt zunächst ein Schuhmodell aus und kann dann die einzelnen Bereiche des Schuhs farblich selbst gestalten. Dies sind zumeist 10–13 Schuhzonen, wie die Schuhspitze, das Fersenband, das Nike-Logo, die Lasche und die Schnürsenkel. Die Bereiche werden vom Kunden bestimmt und das Aussehen des Schuhs kann live am Bildschirm in 360 Grad-Ansicht verfolgt und wieder geändert werden.

Zudem bietet Nike auf der Homepage Videos mit Gestaltungstipps von Designern an, um die Farbauswahl zu erleichtern.

Das Produkt wird nach Kundenauswahl und Bestellung individuell gefertigt. Die Lieferzeit des Schuhs beträgt gemäß Angaben des Herstellers 3 Wochen. Ein Umtausch oder eine Rückgabe ist aufgrund der speziellen Anfertigung ausgeschlossen. ◄

Mass Customization lässt sich ferner in Soft und in Hard Customization unterscheiden:

Bei der *Soft Customization* findet die Individualisierung außerhalb der Fertigung statt, z. B. durch eine Individualisierung des Service oder einer Selbstindividualisierung (Werner 2020, S. 167). Ein Beispiel für eine Selbstindividualisierung sind Pflegeprodukte bei der Drogeriemarktkette dm, die durch eigene Fotos gestaltet werden können, im sogenannten dm designer (dm-drogerie markt 2022).

Bei der Hard Customization findet die Individualisierung innerhalb der Fertigung statt. Der Kunde beeinfluss die Fertigung unmittelbar. Ein Beispiel ist das gerade veranschaulichte Personalisieren von Schuhen.

Postponement

Der Ansatz des Postponement steht in enger Verbindung mit der zuvor geschilderten Mass Customization. Die Idee besteht darin, die Aktivitäten in der Lieferkette zu entschleunigen und so zu verschieben, dass die finale Produktgestaltung erst auf der letzten Fertigungsstufe vorgenommen wird. Das Unternehmen hält dementsprechend Lagerbestände in einem generischen Produktstadium bereit, die dann erst den Kundenwünschen entsprechend angepasst werden, wenn der Kunde seinen individuellen Auftrag erteilt. Das Postponement kann folglich aus Sicht des Informations- und des Materialflusses betrachtet werden, da beide Flüsse ab einem gewissen Punkt verzögert werden (vgl. weiterführend Yang und Burns 2003).

7.4   Resilienz von Supply Chains

Der Begriff Resilienz ist auf das lateinische Wort „resilire" zurückzuführen, was „zurückspringen" bedeutet. Resilienz wird definiert als psychische Widerstandskraft oder die Fähigkeit, schwierige Lebenssituationen ohne anhaltende Beeinträchtigung zu überstehen (Duden 2022).

Bezogen auf das Supply Chain Management bedeutet es, dass Supply Chains in der Lage sein müssen, unvorhergesehene Ereignisse und Störungen zu überstehen und nach überwundener Störung wieder zum Ausgangszustand zurückzukehren oder sogar einen besseren Zustand zu erreichen (Biedermann 2018, S. 5).

Das Thema der Resilienz von Supply Chains wird seit einigen Jahren vermehrt in der Literatur untersucht (vgl. für einen umfassenden Literaturüberblick Katsaliaki et al. 2021). Gleichwohl zeigen die Entwicklungen seit 2020 mit Corona-Pandemie und Ukraine-Krieg, dass die Supply Chains auf diese Art der Störungen nur bedingt vorbereitet waren.

Im Folgenden wird erläutert, wie es zu Störungen in Supply Chains kommt und wie daraus das Konzept der Resilienz und auch weiterführend der Lebensfähigkeit (viability) abgeleitet wird.

Der Grund für Resilienzüberlegungen besteht in der Tatsache, dass es zu unvorhergesehenen Ereignissen in der Lieferkette kommen kann, die den planmäßigen Material- und Informationsfluss beeinträchtigen. Dem liegt eine vierstufige Kausalkette zugrunde, die aus folgenden Aspekten besteht: Der erste ist die Unsicherheit selbst, der zweite das Risiko, der dritte die Störungen und der letzte die Unterbrechungen (Ivanov 2021, S. 11). Unsicherheit ist jedem komplexen System immanent und kann nicht verhindert werden. Als Folge der Unsicherheit entstehen Risiken, die identifiziert, analysiert, kontrolliert und reguliert werden können. Risiken führen ihrerseits zu Störungen. Auf Störungen versucht man angemessen zu reagieren, damit sie möglichst wenig Auswirkungen und Konsequenzen haben. Gelingt dies nicht, kommt es zur letzten Stufe, die es eigentlich zu vermeiden gilt, nämlich einer Unterbrechung der Lieferkette.

Risiken können in verschiedene Kategorien eingeteilt werden (Chopra und Sodhi 2004, S. 54):

- Unterbrechungen (z. B. Naturkatastrophen, Terrorismus und Krieg),
- Verzögerungen (z. B. Unflexibilität der Lieferquelle),
- Systeme (z. B. Ausfall der Informationsinfrastruktur),
- Vorhersagen (z. B. ungenaue Vorhersage und Bullwhip-Effekt),
- Geistiges Eigentum (z. B. vertikale Integration),
- Beschaffung (z. B. Wechselkursrisiko),
- Forderungen (z. B. Anzahl der Kunden),
- Vorräte (z. B. Vorratshaltungskosten, Nachfrage- und Angebotsunsicherheit) 5 Kapazitäten (z. B. Kapazitätskosten).

Alle Risiken sollten möglichst früh und umfassend identifiziert und analysiert werden, sodass sie beherrschbar sind. Führen Sie zu Störungen, können diese näher charakterisiert werden, je nachdem an welcher Stelle der Lieferkette sie entstehen, mit welcher Frequenz sie auftreten und wie lange die Störung andauert.

Störungen können beispielsweise folgendermaßen kategorisiert werden (Katsaliaki et al. 2021, S. 8):

- *Katastrophen,* höhere Gewalt (z. B. Naturkatastrophen, Terroranschläge, Pandemien, Umweltbeeinträchtigungen, Wechselkursschwankungen, neue Gesetzgebung),
- *Nachfrageseitige Ereignisse* (z. B. schwankende Nachfrage, Informationsverzerrung),
- *Beschaffungsseitige Ereignisse* (z. B. Ausfall von Zulieferern, Qualitätsmängel beim Produkt, Beschaffungsbeschränkungen),
- *Logistik und Transport* (z. B. Lieferverzug, schlechte Tourenplanung, Störungen im Distributionsnetz, Verzögerungen bei der Zollabfertigung),
- *Produktion und Infrastruktur* (z. B. Produktionsausfall, IT-Probleme, Hackerangriffe, Zerstörung der Infrastruktur).

Je nach Lage der auftretenden Stelle der Lieferkettenstörung und des Anteils des betroffenen Unternehmens an der Lieferkettenleistung, hat die Störung größere oder kleinere Auswirkungen. Prinzipiell gilt, je weiter die Störung der Lieferkette auf der Beschaffungsseite liegt, umso mehr Folgepartner in der Lieferkette sind von der Störung betroffen. Je größer der Spezialisierungsgrad einer Lieferkette oder auch die geografische Konzentration der Produktion ist, umso wahrscheinlicher ist, dass die Auswirkungen einer Störung nicht nur auf der unmittelbar betroffenen Stufe, sondern auch auf den folgenden Stufen der Lieferkette zu spüren sind.

Verdeutlicht man die Zusammenhänge an der Lieferantenpyramide (Abb. 3.2), ist sofort ersichtlich, dass Störungen beim First-Tier-Lieferanten, der den Original Equipment Manufacturer (OEM) mit komplexen und für die Funktionsweise und Qualität des Endprodukts entscheidenden Bauteilen versorgt, zu unmittelbaren Störungen beim OEM führen. Gleichwohl bedeutet dies nicht, dass Störungen bei einem Third-Tier-Lieferant für die Supply Chain und den OEM immer folgenlos blieben. Auch hier kann es Störungen in der kompletten Lieferkette kommen. Wichtig ist, im Vorfeld zu identifizieren, welche dieser Lieferanten von essenzieller Bedeutung für das Funktionieren der Supply Chain sind (Ivanov 2021, S. 12).

Die Auswirkungen einer Störung auf die anderen Lieferkettenteilnehmer werden auch als Ripple-Effekt bezeichnet, womit verdeutlicht wird, dass sich die Störung wellenartig von ihrem Zentrum aus ausbreitet. Die Störung ist folglich in ihren Auswirkungen nicht lokal begrenzt, sondern breitet sich kaskadenförmig aus und beeinträchtigt weitere Unternehmen der Lieferkette. Als Folge treten auf mehreren Stufen in der Lieferkette Engpässe, Lieferverzögerungen, Qualitätseinbußen oder ähnliche Effekte auf (vgl. weiterführend Dolgui und Ivanov 2021). Der Ripple-Effekt und der Bullwhip-Effekt können zusammen auftreten und sich gegenseitig beeinflussen und verstärken (vgl. weiterführend Dolgui et al. 2020).

Die Störungen in der Lieferkette sind identifizierbar, wenn sie aufgetreten sind. Das Ziel einer resilienten Lieferkette besteht indes darin, diese Störungen vorauszusehen und die Supply Chain entsprechend so auszustatten und zu gestalten, dass die Störungen überwunden werden können. Ein Überwinden der Störungen ist meist möglich, indem die Lieferkette mit Redundanzen wie mehreren Lieferanten, Sicherheitsbeständen oder Kapazitätspuffern ausgestattet wird. Offenkundig verhält sich damit die Ausstattung einer resilienten Lieferkette konträr zu den Zielen einer effizienten Lieferkette, bei der möglichst wenig Redundanzen und Bestände vorgehalten werden. Hier ist es wichtig, eine Balance zwischen den Zielen der Resilienz und der Effizienz zu erzielen (Ivanov 2021, S. 33).

Zur Erreichung der Resilienz gehört einerseits eine proaktive Tätigkeit, die vor Auftreten der Störung vorgenommen werden und die Auswirkungen der Störung eindämmen soll. Dazu gehören die oben genannten Redundanzen und Flexibilitäten sowie ein Vorhalten von Notfallplänen (vgl. weiterführend zu resilienten strategischen, taktischen und operativen Maßnahmen Kleemann und Frühbeis 2021). Mit Hilfe von Frühwarnsystemen und einer hohen Supply Chain Transparenz soll die Störung frühestmöglich und vollumfänglich identifiziert werden. Ist die Störung aufgetreten, gilt es, mit angemessenen Stabilisierungs- und Anpassungsmaßnahmen zu reagieren. Abschließend sollte eine Analyse erfolgen, um die aus der Störung gewonnenen Erkenntnisse wieder proaktiv in die Widerstandsfähigkeit einfließen zu lassen. Diese Zusammenhänge sind in Abb. 7.9 dargestellt.

Die Einrichtung und Aufrechterhaltung von resilienten Lieferketten ist ein immerwährender Prozess, da stets aktuelle Entwicklungen beobachtet und Einschätzungen vorgenommen werden müssen. Zur Bewertung der Resilienz ist es wichtig, diese in der

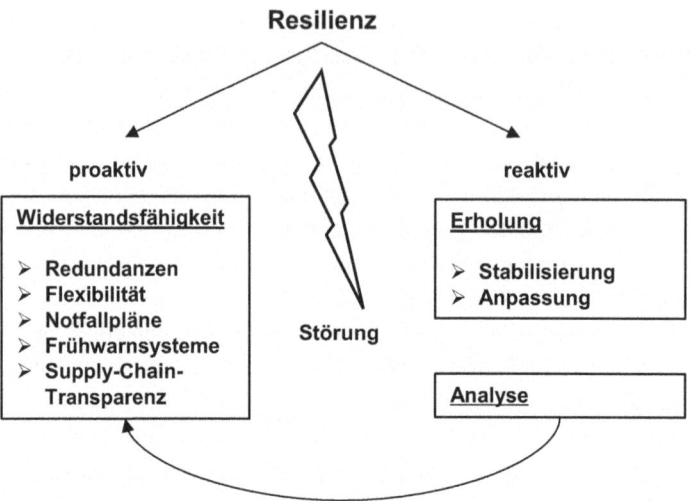

Abb. 7.9 SC Resilienz

Lieferkette und auch bei einzelnen Lieferkettenteilnehmern messbar zu machen, um die Belastbarkeit von Lieferketten einschätzen zu können. Dies setzt eine hohe Transparenz und Datenverfügbarkeit sowie eine profunde Kenntnis der Zusammenhänge und Funktionsweise der Lieferkette und ihrer Teilnehmer voraus. Gelingt es, eine Messung der Resilienz der Lieferkette vorzunehmen, dient dies auch als Vergleichsmaßstab gegenüber der Konkurrenz (vgl. weiterführend Ivanov 2021, S. 95 ff.).

Bei Lieferketten handelt es sich eher um Liefernetzwerke. Je komplexer eine Lieferkette ist, umso schwieriger ist die Herstellung, Messung und Kontrolle von Resilienz. Eine Voraussetzung zum Erreichen der Resilienz ist ein grundlegendes Verständnis des vorliegenden Netzwerkes. Gemäß Ivanov et al. (2010) lässt sich ein Liefernetzwerk in verschiedene Strukturen einordnen, die miteinander in Verbindung stehen:

- Produktstruktur, z. B. Stücklisten,
- Prozessstruktur, z. B. Struktur der Managementfunktionen und Geschäftsprozesse,
- Organisationsstruktur, z. B. Struktur der Anlagen, Unternehmen, des Personals,
- Technologische Struktur, z. B. Struktur der technologischen Abläufe bei der Herstellung, Maschinen, Betriebsmittel, Ausstattung,
- Logistikstruktur, z. B. genutzte Verkehrsmittel, Verkehrswege, Modal Split,
- Informationsstruktur, z. B. Informationsflüsse, Art des Informationsaustausches, technische Unterstützung,
- Finanzielle Struktur, z. B. Kostenstruktur.

Je grundlegender das Verständnis der Strukturen und der Funktionsweise der Lieferkette ist, desto transparenter ist sie und umso wahrscheinlicher ist es, dass sie bei Störungen geschützt werden kann.

Mögliche Störungen in Lieferketten sind oben kategorisiert worden, je nachdem welcher Faktor die Störung auslöst. Bislang ist jedoch die Schwere der Störung nicht betrachtet worden. Während in der Vergangenheit beim Thema Resilienz von Supply Chains von mehr oder weniger lokalen und kurzzeitigen Störungen ausgegangen wurde, hat die Corona-Pandemie seit 2020 alle bislang erlebten und kalkulierten Störungen in Ausmaß und Dauer widerlegt. Die Pandemie hat nicht nur lokale, sondern globale Störungen über einen langen Zeitraum ausgelöst. Folglich muss untersucht werden, ob die bislang verfolgten Ansätze zum Thema Resilienz für eine Situation derartigen Ausmaßes überhaupt noch angemessen sind. Fraglich ist, ob das „Zurückspringen" zum Vor-Störungszustand überhaupt noch realistisch ist in einem Fall, in dem weltweit alle Lieferketten zeitlich gestört sind. Möglicherweise muss die Betrachtungsweise aufgrund geänderter Voraussetzungen angepasst werden und die Frage in den Blickpunkt gerückt werden, wie sich Lieferketten in radikal veränderten Bedingungen anpassen und überleben können (Ivanov 2021, S. 131).

Im Zentrum der neuen Betrachtung steht damit nicht die Resilienz, sondern die Lebensfähigkeit der Supply Chain, die *Supply Chain Viability.* Sie zeichnet sich dadurch aus, dass ihr Ziel nicht im Überwinden von Störungen und Zurückspringen zum Ursprungszustand besteht, sondern vielmehr darin, Störungen als Impuls aufzunehmen und durch Anpassungen die Störung zu überwinden und sich weiterzuentwickeln. Diese Weiterwicklung könnte, analog zum Bild der Resilienz, ergo des Zurückspringens, als Voranspringen bezeichnet werden. Graphisch veranschaulicht ist dies der Abb. 7.10 zu entnehmen (in Anlehnung an Ivanov 2021, S. 132).

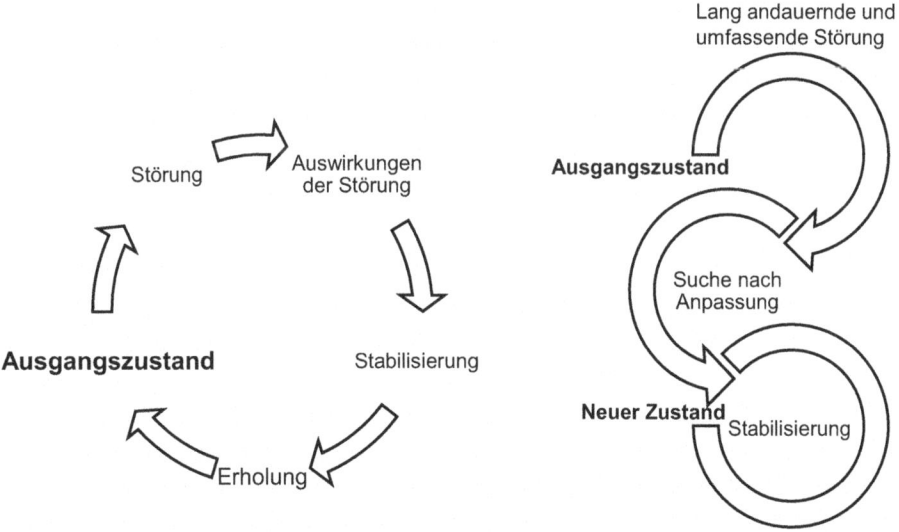

Abb. 7.10 Resilienz vs. Viability

Während es bei der Resilienz darum geht, nach einer Störung den Ausgangszustand wieder zu erreichen, ist dies bei einer lang andauernden und umfassenden Störung wie einer Krise entweder nicht innerhalb eines angemessenen Zeitraums oder gar nicht möglich. Als Konsequenz müssen die Supply-Chain-Teilnehmer nach Anpassungsmöglichkeiten suchen, um weiterhin am Markt zu bestehen.

Im Gegensatz zu Unterbrechungen und Störungen können Ereignisse wie Krisen nicht mit Redundanzen oder Notfallplänen umgangen werden, weil ihre Dauer zu lang und ihr Umfang zu groß ist. Die Anpassungsfähigkeit der Supply Chain ist die einzige Möglichkeit, über die Krise hinaus fortzubestehen.

Gemäß Ivanov ist eine Viable Supply Chain ein dynamisch anpassungsfähiges und strukturell veränderbares Wertschöpfungsnetzwerk, das in der Lage ist, agil auf positive Veränderungen zu reagieren. Es ist belastbar, um negative Ereignisse aufzufangen und sich nach den Störungen zu erholen. Ferner sollte es so ausgelegt sein, dass es in Zeiten langfristiger, globaler Störungen fortbesteht, indem es Kapazitäten, Auslastungen und deren Zuordnungen zu den Bedarfen als Reaktion auf interne und externe Veränderungen im Einklang mit den nachhaltigen Entwicklungen anpasst, um die Versorgung der Gesellschaft und der Märkte mit Gütern und Dienstleistungen langfristig zu sichern (Ivanov 2020).

Gemäß Ivanov ist Supply Chain Viability ein dreistufiges System. In der ersten Ebene geht es um die eigentliche Supply Chain, das Supply-Chain-Ökosystem, in dem sich alles im Normalzustand befindet. Unternehmen richten in dieser Ebene ihr Augenmerk auf die effiziente Funktionsweise und das Optimieren der Supply Chain. In einer zweiten Ebene wird die Resilienz der Supply Chain eingerichtet, sodass Unterbrechungen und Störungen verwunden werden können. Sind die Störungen langandauernder und umfassender, sodass sie als Krisen bezeichnet werden können, muss die Supply Chain auf einer dritten Ebene so anpassungsfähig sein, dass sie von ihrem eigentlichen Ökosystem abweicht und möglicherweise komplett neue Wege geht.

Ivanov nennt als Beispiel den Automobilhersteller Ford (Ivanov 2021, S. 135 f.), da Ford die Supply Chain in drei Ebenen organisiert. Das Hauptkonzept und somit Ökosystem der Lieferkette basiert auf Kosteneffizienz und Rentabilität, indem die Vorteile der schlanken Produktion wie Just-in-Time, Agilität und globaler Beschaffung genutzt werden. Um auf Störungen vorbereitet zu sein und die Lieferkette resilient zu gestalten, bewertet Ford die Risiken der Zulieferer, identifiziert kritische Zulieferer, und analysiert die Belastbarkeit der Lieferkette in Bezug auf Erholungszeiten und Widerstandsdauer. Die Lieferkette wird transparent gestaltet, um Störungen frühzeitig zu erkennen. Für den Fall einer schweren Krise tritt Ford in die dritte Ebene ein und hat ein überlebensfähiges Lieferkettendesign entwickelt. In der Coronapandemie wurden die Produktionssysteme und die Zuliefererbasis umgewidmet, um mit den verfügbaren Anlagen und Technologien Gesichtsschutz und Beatmungsgeräte anstelle von Autos zu produzieren.

Die Betrachtung der Resilienz von Supply Chains reflektiert, stellvertretend für alle Bereiche des Supply Chain Management, dass das Supply Chain Management und damit die in Wissenschaft und Praxis untersuchten und verwendeten Konzepte sich im Zeitverlauf ändern. Insbesondere in Krisenzeiten und Zeiten mit vielen und teils unerwarteten Entwicklungen stoßen Konzepte, die jahrelang erprobt und für praxistauglich, teils alternativlos, befunden wurden, an ihre Grenzen. Der weitere wissenschaftliche Diskurs und die Umsetzung in der Praxis wird zeigen, inwiefern bisherige Konzepte bestehen können, weiterentwickelt oder verworfen werden.

Literatur

APICS (2017): APICS. Supply Chain Operations Reference Model. SCOR Version 12.0. http://www.apics.org/docs/default-source/scor-training/scor-v12-0-framework-introduction.pdf?sfvrsn=2. Abruf: 14.03.2022.

APICS (o.J.): About APICS. http://www.apics.org/about/overview/apics-newsroom/2015/06/17/apics-and-apics-scc-announce-new-affiliate-sponsor-and-apics-one-programs.   Abruf: 14.03.2022.

Beer, A. (2014): Der Bullwhip-Effekt in einem komplexen Produktionsnetzwerk. Wiesbaden: Springer Gabler Verlag.

Biedermann, L. (2018): Supply Chain Resilienz. Konzeptioneller Bezugsrahmen und Identifikation zukünftiger Erfolgsfaktoren. Wiesbaden: Springer Gabler Verlag.

BMZ (2021): Fragen und Antworten zum Lieferkettengesetz. https://www.bmz.de/de/entwicklungspolitik/lieferkettengesetz. Abruf: 14.01.2022.

Borshchev, A., Grigoryev, I. (o.J.): The Big Book of Simulation Modeling. Multimethod Modeling with AnyLogic 8. Chapter 2. https://www.anylogic.de/resources/books/big-book-of-simulation-modeling/

Bowersox, D.J. (1997). Integrated Supply Chain Management. A Strategic Imperative. Council of Logistics Management (Hrsg.) Annual Conference Proceedings. Chicago, Illinois, October 5–7, 181–189.

Bradley, J.R., Amtzen, B.C. (1999). The simultaneous planning of production, capacity and inventory in seasonal demand environments. *Operations Research, 47*(6), 795–806.

Busch, A., & Rüther, M. (2001). SCM zwischen intra- und interorganisationaler Optimierung. Dan-gelmaier, W. et al. (Hrsg.): Die Supply Chain im Zeitalter von E-Business und Global Sourcing. Paderborn: Bonifatius Druck. 257–270.

Business and Human Rights Resource Center. https://www.business-humanrights.org/en/. Abruf: 14.01.2022.

Cachon, G.P., Lariviere, M.A. (1999): Capacity Allocation Using Past Sales: When to Turn-and-Earn. Management Science 45 (5): 685–703.

Chen, F. et. Al. (2000): The Impact of Exponential Smoothing Forecasts on the Bullwhip Effect. Naval Research Logistics 47 (4): 269–286.

Cooper, M. C. et al. (1997): Supply Chain Management: More Than a New Name for Logistics. The International Journal of Logistics Management 8 (1): 1–14.

Chopra, S., Meindl, P. (2014): Supply Chain Management. Strategie, Planung und Umsetzung. 5. Auflage. Hallbergmoss: Pearson Verlag.

Chopra, S., Sodhi, M.S. (2004): Managing Risk To Avoid Supply-Chain Breakdown. MIT Sloan Management Review. 46 (1): 52–61.

Corsten, D., Gruen, T.W. (2003): *Desperately seeking shelf availability: an examination of the extent, the causes, and the efforts to address retail out-of-stocks.* International journal of retail and distribution management, 31 (12): 605–617.

Corsten, H., Gössinger, R. (2008): Einführung in das Supply Chain Management. 2. Auflage. München: Oldenbourg Verlag.

Dangerfield, B. (2014): Systems thinking and system dynamics: A primer. Discrete-Event Simulation and System Dynamics for Management Decision Making. West Sussex, United Kingdom: John Wiley & Sons. 26–51.

Davis, S. M. (1987): Future Perfect. New York: Basic Books.

Davis, T. (1993): Effective Supply Chain Management. Sloan Management Review 34. 35–46.

DeSmet, B. (2021): The Strategy -Driven Supply Chain: Integrating Strategy, Finance and Supply Chain for a Competitive Edge. London: Kogan Page.

Die Bundesregierung (2021): Deutsche Nachhaltigkeitsstrategie. Weiterentwicklung 2021. https://www.bundesregierung.de/resource/blob/998006/1873516/3d3b15cd92d0261e7a0bcdc8f43b7839/2021-03-10-dns-2021-finale-langfassung-nicht-barrierefrei-data.pdf?download=1. Abruf: 14.01.2022.

Diels, J. et al. (2013): The impact of promotions on consumer choices and preferences in out-of-stock situations. Journal of retailing and consumer services 20 (6): 587–598.

Disney, S.M., Towill, D.R. (2003): Vendor-managed inventory and bullwhip reduction in a two-level supply chain. International Journal of Operations and Production Management 23 (6): 625–651.

Deckert, A., Klein, R. (2010): Agentenbasierte Simulation zur Analyse und Lösung betriebswirtschaftlicher Entscheidungsprobleme. Journal für Betriebswirtschaft 60 (2): 89–125.

Dm-drogerie markt (2022): dm designer. https://designer.dm.de/?utm_source=fotoparadies.de&utm_medium=website&utm_campaign=fp.www.disp.vts.fullsize.20211104.   Abruf: 25.03.2022.

Dolgui, A. et al. (2020): Does the ripple effect influence the bullwhip effect? An integrated analysis of structural and operational dynamics in the supply chain. International Journal of Production Research 58 (5): 1285–1301.

Dolgui, A., Ivanov, D. (2021): Ripple effect and supply chain disruption management: New trends and research directions. International Journal of Production Research 59 (1): 102–109.

Duden (2022): Resilienz. https://www.duden.de/rechtschreibung/Resilienz. Abruf: 30.03.2022.

Europäische Kommission (o.J.): Corporate social responsibility & Responsible business conduct. https://ec.europa.eu/growth/industry/sustainability/corporate-social-responsibility-responsible-business-conduct_de. Abruf: 11.01.2022.

Fernie, J. (2018): Relationships in the supply chain, Fernie, J., Sparks, L. (Hrsg.): Logistics and Retail Management. 5. Auflage. London: Kogan Page. 35–64.

Forrester, J.W. (1958): Industrial Dynamics. A major breakthrough for decision makers. Harvard Business Review 36 (4): 37–66.

Forrester, J.W. (1972): Industrial Dynarnics, 7. Auflage. Cambridge: MIT Press.

Georg, B. (2006): CPFR und Elektronische Marktplätze. Wiesbaden: DUV-Verlag/GWV Fachverlage.

Global Compact Netzwerk Deutschland (o.J.): United Nations Global Compact. https://www.globalcompact.de/ueber-uns/united-nations-global-compact. Abruf: 14.01.2022.

Gronwald, K.-D. (2020): Integrierte Business-Informationssysteme: Ganzheitliche, geschäftsprozessorientierte Sicht auf die vernetzte Unternehmensprozesskette ERP, SCM, CRM, BI, Big Data Analytics. 3. Auflage. Berlin: Springer Vieweg Verlag.

Gudehus, T. (2001): Optimaler Nachschub in Versorgungsnetzwerken. Logistik Management 3 (2/3): 86–101.

Günther, H.-O., Tempelmeier, H. (2012): Produktion und Logistik. 9. Auflage. Berlin: Springer Verlag.

Hammond, J.H. (2008): Barilla SpA (A). Harvard Business School Case 694–046, May 1994. (Revised March 2008).

Hertel, J. et al. (2011): Supply-Chain-Management und Warenwirtschaftssysteme im Handel. 2. Auflage. Berlin: Springer Verlag.

Heusler, K.F. (2004): Implementierung von Supply Chain Management. Kompetenzorientierte Analyse aus der Perspektive eines Netzwerkakteurs. Wiesbaden: DUV-Verlag/GWV Fachverlage.

Holland, H. et al. (2001): Efficient Consumer Response. Praxisbeispiele zur Effizienzsteigerung für Handel und Industrie, Frankfurt: Deutscher Fachverlag.

Holler, M.J. et al. (2019): Einführung in die Spieltheorie. 8. Auflage. Berlin: Springer Gabler Verlag.

Holweg, C. (2009): Consumer Value im Category Management-Modell nach ECR. Kritische Diskussion und empirische Evaluierung. Wiesbaden: GWV Fachverlage.

Ivanov, D. (2021): Introduction to Supply Chain Resilience. Management, Modelling, Technology. Cham, Schweiz: Springer Nature Switzerland Verlag.

Ivanov, D. (2020): Viable supply chain model: Integrating agility, resilience and sustainability perspectives. In Lessons from and thinking beyond the COVID-19 pandemic. Annals of Operations Research. https://link.springer.com/article/https://doi.org/10.1007/s10479-020-03640-6. Abruf: 08.04.2022.

Ivanov, D. et al. (2010): A multi-structural framework for adaptive supply chain planning and operations control with structure dynamics considerations. European Journal of Operational Research, 200 (2). 409–420.

Karrer, M. (2006): Supply Chain Performance Management. Wiesbaden: DUV Gabler Verlag.

Katsaliaki, K. et al. (2021): Supply chain disruptions and resilience: a major review and future research agenda. Annals of Operations Research. 1–38. https://link.springer.com/content/pdf/1 0.1007%2Fs10479-020-03912-1.pdf. Abruf: 30.03.2022.

Keller, S. (2004a): Die Reduzierung des Bullwhip-Effektes – eine quantitative Analyse aus betriebswirtschaftlicher Perspektive, in: Logistik Management 6 (1): 10 – 26.

Keller, S. (2004b): Die Reduzierung des Bullwhip-Effektes. Eine quantitative Analyse aus betriebswirtschaftlicher Perspektive. Wiesbaden: DUV Gabler Verlag.

Kleemann, F.C., Frühbeis, R. (2021): Resiliente Lieferketten in der VUCA-Welt. Supply Chain Management für Corona, Brexit & Co. Wiesbaden: Springer Gabler Verlag.

Klumpp, M., Jasper, A. (2007): Efficient Consumer Response (ECR) in der Logistikpraxis des Handels. Arbeitspapiere der Fachhochschule für Oekonomie und Management (FOM). 6.

Kreipl, C. (2003): Collaborative Planning, Forecasting and Replenishment (CPFR). DBW – Die Betriebswirtschaft 63 (2): 226–229.

Kürble, P.: Mass Customization. Kürble, P., Lischka, H.M. (Hrsg.): Trends und Forschung im Marketingmanagement. Berlin: De Gruyter Oldenbourg Verlag.115–142.

Lammers, L.M. (2012): Efficient Consumer Response. Strategische Bedeutung und organisatorische Implikationen absatzorientierter ECR-Kooperationen. Wiesbaden: Springer Gabler Verlag.

Lee, H.L. et al. (1997a): The Bullwhip Effect in Supply Chains. Sloan Management Review 38 (1): 93–10.

Lee, H.L. (1997b): Der Peitscheneffekt in der Absatzkette. Harvard Business Manager 19 (4): 78–87.

Lee, H.L. et al. (1997c): Information Distortion in a Supply Chain: The Bullwhip Effect. Management Science 43 (4): 546–558.

Leußer, W. et al. (2011): CRM – Grundlagen, Konzepte und Prozesse. Hippner, H. et al. (Hrsg.): Grundlagen des CRM. Strategie, Geschäftsprozesse und IT-Unterstützung. 3. Auflage. Wiesbaden: Springer Gabler Verlag.

Lietke, B. (2009): Efficient Consumer Response. Eine agency-theoretische Analyse der Probleme und Lösungsansätze. Wiesbaden: GWV Fachverlage.

LkSG (2021): Gesetz über die unternehmerischen Sorgfaltspflichten zur Vermeidung von Menschenrechtsverletzungen in Lieferketten (Lieferkettensorgfaltspflichtgesetz – LkSG). https://www. bgbl.de/xaver/bgbl/start.xav?startbk=Bundesanzeiger_BGBl&jumpTo=bgbl121s2959.pdf#__ bgbl__%2F%2F*%5B%40attr_id%3D%27bgbl121s2959.pdf%27%5D__1641900208883. Abruf: 14.01.2022.

Mau, M. (2003): Supply Chain Management. Prozessoptimierung entlang der Wertschöpfungskette. Weinheim: WILEY-VCH Verlag.

Metters, R. (1997): Quantifying the bullwhip effect in supply chains. Journal of Operations Man agement 15 (2): 89–100.

Mentzer, J.T. et al. (2001): Defining supply chain management. Journal of Business Logistics 22 (2): 1–25.

Mosekilde, E. et al. (1991): Coping with complexity: Deterministic chaos in human decision making behaviour. Casti. J.L.; Karlqvist. A. (Hrsg.): Beyond Belief: Randomness, Prediction and Explanation in Science. CRC Press. Boston.199–229.

Mustafee, N. et al. (2021): Distributed Approaches to Supply Chain Simulation: A Review. ACM Transactions on Modeling and Computer Simulation 31 (4): Article 25.

Nike (2022): Dein Schuh, dein Style. https://www.nike.com/de/nike-by-you. Abruf: 25.03.2022.

Persson, F., Araldi, M. (2009): The development of a dynamic supply chain analysis tool – Integration of SCOR and discrete event simulation. International Journal of Production Economics. 121 (2): 574–583.

Raghunathan, S. (2003): Impact of demand correlation on the value of and incentives for information sharing in a supply chain. European Journal of Operational Research 146 (3): 634–649.

Robinson, S. (2014): Discrete-event simulation: A primer. Brailsford, S. et al. (2014): Discrete-Event Simulation and System Dynamics for Management Decision Making. West Sussex, United Kingdom: John Wiley & Sons. 10–25.

Schneider, A. (2015): Reifegradmodell CSR – eine Begriffsklärung und -abgrenzung. Schneider, A., Schmidpeter, R.: Corporate Social Responsibility. 2. Auflage. Berlin: Springer Verlag. 21–42.

Schönsleben, P., Hieber, R. (2004): Gestaltung von effizienten Wertschöpfungspartnerschaften im Supply Chain Management. Busch, A., Dangelmaier, W. (Hrsg.): Integriertes Supply Chain Management. Theorie und Praxis unternehmensübergreifender Geschäftsprozesse. 2. Auflage. Wiesbaden: Gabler Verlag. 47–64.

Schulze, J. (2002): CRM erfolgreich einführen. Berlin: Springer Verlag.

Seifert, D. (2006): Efficient Consumer Response. Zerres, C., Zerres, M.P. (Hrsg.): Handbuch Marketing-Controlling. 3. Auflage. Berlin: Springer Verlag. 375–394

Star Alliance (o.J.): Über Star Alliance. https://www.staralliance.com/de/about. Abruf: 18.03.2022.

Sterman, J.D. (1989): Modeling Managerial behavior: Misperceptions of feedback in a dynamic de cision making experiment. Management Science 35 (3): 321–339.

Sterman, J.D. (2002): System Dynamics: Systems Thinking and Modeling for a Complex World. Working Paper. MIT. https://www.researchgate.net/profile/John-Sterman/ publication/44827001_Business_Dynamics_System_Thinking_and_Modeling_for_a_ Complex_World/links/54359e480cf2643ab9867cb0/Business-Dynamics-System-Thinking-and-Modeling-for-a-Complex-World.pdf. Abruf: 25.01.2022.

Stölzle, W. (2018): Beschaffungs- und Logistik-Management: Industrial Relationships. Reprint von 1999. Berlin: Oldenbourg Verlag.

Stölzle, W., Halsband, E. (2005): Das Supply-Chain Operations Reference (SCOR)-Modell. Controlling. 17 (8/9): 541–542.

Sucky, E., Karl, D. (2020): Toilettenpapier-Krise: Wird ein altbekannter Effekt neu entdeckt? https://www.uni-bamberg.de/pul/forschung/publikationen/coronavirus-toilettenpapierkrise/. Abruf: 10.02.2022.

Thonemann, U.: Operations Management. Konzepte, Methoden und Anwendungen. 3. Auflage. München: Pearson Studium.

Ullrich, C. (2003): Die Dynamik von Coopetition. Möglichkeiten und Grenzen dauerhafter Kooperation. Wiesbaden: DUV-Verlag/GWV Fachverlage.

UN (o.J.): The 17 Goals. https://sdgs.un.org/goals. Abruf: 14.01.2022.

Wäscher, G. (2018): Paletten- und Containerbeladung. Tempelmeier, H. (Hrsg.): Planung logistischer Systeme. 99–120. Berlin: Springer Vieweg Verlag.

Werner, H. (2020): Supply Chain Management. Grundlagen, Strategien, Instrumente und Controlling. 7. Auflage. Wiesbaden: Springer Gabler Verlag.

Yu, Z. et al. (2001): Benefits of information sharing with supply chain partnerships. Industrial Management & Data Systems 101 (3): 114–119.

Zäpfel, G., Wasner, M. (1999): Der Peitschenschlageffekt in der Logistikkette und Möglichkeiten der Überwindung chaotischen Verhaltens. Logistik Management 1 (4): 297–309.

Zäpfel, G. (2002): Supply Chain Management. Baumgarten et al.: Logistik-Management. Strategien, Konzepte, Praxisbeispiele. 1–31. Berlin: Springer Verlag.

Yang, B., Burns, N. (2003): Implications of postponement for the supply chain. International Journal of Production Research. 41 (9): 2075–2090.

Zeisel, S. (2021): Lieferkettengesetz. Sorgfaltspflichten in der Supply Chain verstehen und umsetzen. Wiesbaden: Springer Gabler Verlag.

Stichwortverzeichnis

© Springer Fachmedien Wiesbaden GmbH, ein Teil von Springer Nature 2022
S. Hohmann, *Logistik- und Supply Chain Management,*
https://doi.org/10.1007/978-3-658-13631-4

The manufacturer's authorised representative in the EU is Springer
Nature Customer Service Centre GmbH, Europaplatz 3, 69115 Heidelberg,
Germany. If you have any concerns regarding our products, please
contact ProductSafety@springernature.com

Printed and bound by CPI Group (UK) Ltd, Croydon, CR0 4YY

27/04/2026

02097656-0009